新儒学与新世纪

儒家传统与中国哲学：新世纪
的回顾与前瞻

彭国翔 著

河北人民出版社

图书在版编目（CIP）数据

儒家传统与中国哲学：新世纪的回顾与前瞻/彭国翔
著.—石家庄：河北人民出版社，2009.8
ISBN 978－7－202－04890－0

I. 儒… II. 彭… III. 儒家—研究—中国 IV. B222.05

中国版本图书馆 CIP 数据核字（2009）第 102165 号

丛 书 名	新儒学与新世纪	
书　　名	儒家传统与中国哲学：新世纪的回顾与前瞻	
著　　者	彭国翔	

责任编辑	李剑霞　李成轩	
美术编辑	李　欣	
责任校对	付敬华	

出版发行	河北人民出版社（石家庄市友谊北大街330号）
印　　刷	河北新华印刷一厂
开　　本	787×1092毫米　1/16
印　　张	25
字　　数	279 000
版　　次	2009年8月第1版　2009年8月第1次印刷
印　　数	1—3000
书　　号	ISBN 978－7－202－04890－0/C·121
定　　价	36.00元

总　序

　　"新儒学"在英文里有两个不同的用词，一个是"Neo-Confu-cianism"，主要指中国宋元明清时代以及同时期日本、韩国等地的"新儒学"；另一个是"New-Confucianism"，则是指 20 世纪以来的"新儒学"。就中国而言，宋元明清的"新儒学"，其"新"主要表现为在批判、排斥佛老的同时，广泛、深入地吸收了佛教与道家、道教的思想资源，对古典儒家的经典和思想作了新的诠释与发展，从而使儒学获得了适合近世社会文化的新的形态。20世纪以来的"新儒学"，其"新"主要表现为"吸取"但不是"批判、排斥"西方的哲学、宗教以及文化，立足于儒学基本的价值立场，谋求使儒学获得现代的发展。现代的"新儒学"发展至今已经有丰硕的成果，但仍在不断发展之中。如何充分消化和吸收西方文化的优秀因素而使自身在"未始出吾宗"的情况下获得"创造转化"与"综合创新"，正是现代新儒学的一个基本课题。

　　在 20 世纪 90 年代以前，"现代新儒学"往往被等同于所谓"海外新儒学"。事实上，所谓"海外新儒学"，其实本来根源于大陆，可以说，海外新儒学是儒学在特定历史时期在海外的开花和结果。改革开放以来，特别是 90 年代后期以来，中国传统文化在大陆获得了越来越多的肯定，儒学在中国大陆也得以重新发展。而中国大陆 20 世纪 90 年代以来儒学的逐渐发展，既有"海外新儒学"的影响，又是儒学传统自身在中国大陆"枯木逢春"之后自然抽发的"老树新枝"。"海外新儒学"固然不是铁板一块，大陆新儒学的发展也已成多元并进的面貌。不过，总体来说，在基本的价值关怀与立场方面，整个中文世界的"新儒学"之间是"所异不胜其同"的。至于在基本的价值立场与关怀之上发展出不同的思想形态和社会实践，在儒学传统中则是一贯如此，自然而然的。

儒学传统之所以能够历久弥新，在于儒家学者的思考从来都不是脱离现实生活世界的抽象思辨。面对时代提出的种种课题，每一个时代的儒家学者总会提出自己的因应之道。历史上的儒家学者固然是既有"思想世界"又有"历史世界"，其"造论立说"与其"经世致用"相与表里，20世纪以来整个中文世界"成一家之言"的儒家学者，无论是侧重"究天人之际"而从事理论建构的哲学家，还是侧重"通古今之变"而从事历史研究的史学家，其实同样也都拥有强烈的现实关怀。在这个意义上，儒学与时代始终是息息相关的。也正是在这个意义上，每一个新的世纪，总会产生出遵循孔子所谓"因革损益"之道而"与时俱进"的新的儒学。

河北人民出版社出版这套"新儒学与新世纪"丛书，反映了当代一些新的儒家学者对于新世纪中各种问题的思考与探索，可谓适逢其时。出版社盛情邀我作序，感其雅意，故略缀数语于上。

陈　来

2009 年 5 月 31 日

目　录

第三部分　当代儒学的课题与人物

第四部分　儒家传统的政治哲学资源

导　言

　　本书以"儒家传统与中国哲学——新世纪的回顾与前瞻"为主题，由"全球视域中当代儒学的定位"、"方法与成果的检讨"、"当代儒学的课题与人物"以及"儒家传统的政治哲学资源"四个部分构成。

　　第一部分"全球视域中当代儒学的定位"包括五篇文章。第一篇"儒学复兴的省思——缘由、问题与前瞻"，原刊于《21世纪经济报道》2006年12月18日第35版，是应《21世纪经济报道》编辑之约撰写的一篇专号文字。该文在回顾现代中国儒家传统的命运之基础上，对晚近所谓"儒学复兴"现象的缘由、问题与前景提出了一些个人的观察。第二篇"为道与为学——当代儒者的社会功能与角色定位"，原刊于台北《鹅湖》月刊1999年第9期"孔子思想与世纪之交"专号，大体反映了笔者对当代儒者的社会功能及角色定位问题的思考。依笔者之见，对儒学在当今时代由于种种限制所可能引发的异化危险，当代儒者尤其儒家学者自然应当保持高度的警惕与自觉，但"道"与"学"之间恒久的内在张力以及现代社会的基本结构，均不足以从根本上扼杀儒学生命的活力，在既定的存在结构中尽性立命，从来都是儒家精神的体现。第三篇"全球视域中当代儒学的建构"，原刊于《中国哲学史》2006年第2期，最早是2005年底提交给北京大学和哈佛大学哈佛—燕京学社主办的"全球化进程中的东方文明"国

际学术研讨会的论文。该文将儒学的发展放在全球的脉络中加以
考察，主要介绍了英语世界中几位有代表性的学者对于目前儒学
发展的参与和贡献，并对其间彼此的错综和同异有所分析。第四
篇"从西方儒学研究的新趋向前瞻 21 世纪的儒学"，最初刊于
《孔子研究》2000 年第 3 期，是笔者 1999 年 8 月参加在兰州举办
的"21 世纪的儒学与儒商学术研讨会"时提交的论文，后来全
文收入 2001 年《中国儒学年鉴》创刊号。该文介绍了儒学研究
在英语世界中的演变以及最新的动态，由此在全球的视野中对儒
学进一步发展的趋向提出了自己的观察和分析。第五篇"宗教对
话——儒学第三期开展的核心课题"，原刊于 2006 年《孔子研
究》第 3 期，随即为中国人民大学书报资料中心复印报刊资料
《中国哲学》2006 年第 8 期全文转载，同时亦为《中国社会科
学文摘》2006 年第 6 期摘录。该文在对儒学第三期发展的内涵
进行再诠释的基础上，指出了儒家传统固有的宗教性和对话性，
进而强调了儒家传统在将来全球不同宗教传统之间的对话中将
扮演一个重要角色，并在理论和实践方面提供其独特的贡献。
需要说明的是，第四、五篇由于关涉儒家传统的宗教性问题，
曾经收入笔者的《儒家传统——宗教与人文主义之间》（北京
大学出版社，2007），但由于同时也构成"全球视域中当代儒
学的定位"这一论题不可或缺的组成部分，因此也一并收入本
书第一部分。

　　第二部分"方法与成果的检讨"包括五篇文章。第一篇"合
法性、视域与主体性——当前中国哲学研究的反省与前瞻"，原
刊于 2003 年《江汉论坛》第 7 期，是应编辑之约撰写的笔谈文
字之一，刊出不久即为《新华文摘》2004 年第 1 期全文转载。该
文是在中文世界刚开始对如何理解"中国哲学"以及对中国哲学
研究的方法论进行群体性反思不久时提出的个人看法。第二篇
"中国哲学研究的三个自觉——以《有无之境》为例"，是 2006
年 12 月笔者参加深圳大学国学研究所和澳大利亚国立大学亚洲
研究院联合主办的"中国哲学建构的当代反省与未来前瞻"国际

学术研讨会时提交并宣读的论文，该文在区分"中国哲学的合法性"与"如何研究和建构中国哲学"两个不同问题的基础上，以陈来先生北京大学新版《有无之境——王阳明哲学的精神》为例，认为当前以及将来研究中国哲学必须具备文献基础、西学素养和国际视野这三方面的自觉。在对这三个自觉的内涵进行阐释的同时，对于三者之间的关系以及中国哲学的"研究"与"建构"之间的关系，该文也提出了自己的看法。该文可以视为对"合法性、视域与主体性——当前中国哲学研究的反省与前瞻"中笔者观点的进一步发挥。第三篇"中国哲学研究方法论的再反思——'援西入中'及其两种模式"，原刊于《南京大学学报》2007 年第 4 期，是应南京大学历史系颜世安教授之约为《南京大学学报》人文社会科学版"思想史"专栏撰写的论文。撰文期间笔者恰于台湾东吴大学哲学系客座，亦顺便宣读于 2007 年 5 月东吴大学哲学系举办的"儒家哲学的典范重构与经典诠释"国际学术研讨会。作为前两篇文字的继续，该文应当说是笔者对"如何理解作为现代学科意义上的中国哲学？""如何理解 20 世纪以来现代中国哲学研究的基本模式？"以及"中国哲学当下和未来发展的方法论考虑"等问题的较为全面的反省。该文首先交代写作的背景与所要探讨的问题，表明笔者撰写此文的用意；其次论证并指出，20 世纪以来作为现代学科意义上的中国哲学，在引入西方哲学的观念资源来诠释和建构现代中国哲学的意义上，其基本的研究模式与其使用"反向格义"来指称，不如以"援西入中"来描述；在此基础上进而对比、分析了"援西入中"的正、负两种模式及其特点，具体说明了西方哲学"援入"中国哲学研究的不同方式及其不同效果；最后总结全文论旨，再次指出对于作为一门"比较哲学"的现代"中国哲学"来说，西方哲学不仅不是"负担"，反而是"资源"。中国哲学当下和将来发展的必由之路不应当是"去西方哲学化"，其诠释和建构恰恰需要与西方哲学甚至整个人文学科的深度互动。如此才能真正避免那种"以西解中"的"单向格义"，从而在"以中为主"的"中西双向互诠"

中建立中国哲学自身的主体性。总之，这三篇论文代表了笔者迄今为止对于"中国哲学"研究方法论的基本看法。第四篇"20世纪宋明理学研究的回顾与前瞻"，原分上、下两部分刊于《哲学动态》2003 年第 4、5 期，对 2003 年以前现代学术建立以来宋明学研究的成果进行了介绍和检讨，并提示了进一步研究需要考虑的若干问题。第五篇"当代中国的阳明学研究：1930～2003"，原刊于《哲学门》2004 年第 1 期，但其实最早却是一篇英文稿，于 2003 年 6 月刊于美国出版的 *Dao：Journal of Comparative Philosophy* 卷 11 第 2 期。英文版有篇幅限制，中文版则有所扩充。该文对 1930 到 2003 年间中文世界的阳明学研究进行了较为全面的介绍和检讨，在此基础上，也同样提示了进一步推进阳明学研究所需要思考的问题。总之，如论题所示，本书第二部分的五篇论文恰好可以分为两组。如果说作为第一组的第一篇到第三篇主要反省 20 世纪以来作为一门现代学科的"中国哲学"研究的"方法"，那么，作为第二组的第四篇和第五篇，则主要检讨"中国哲学"研究中宋明理学尤其是阳明学研究到 2003 年为止的主要"成果"。

第三部分"当代儒学的课题与人物"包括七篇文章。第一篇"道德与知识：从宋明理学到现代新儒家——对现代新儒学的一个发生学解说"，曾于 2000 年 6 月刊于《原道》第 6 辑，是由儒学发展史的内在理路出发，从道德与知识的关系这一视角来解释现代新儒学的发生。该文虽然刊于 2000 年，但其实却是笔者 1991 年的作品，也是笔者关于中国哲学的第一篇文字。第二篇"以史证经与以史证子——钱穆《先秦诸子系年》与《两汉经学今古文平议》读后"，原刊于 2002 年 1 月 3 日第 23 版的《中国图书商报·书评周刊》，是应编辑之邀撰写的一篇文字。该文在介绍钱穆先生两部考证学杰作的基础上，以目前学界的动向为背景，对从事学术研究的应有态度以及学术与思想二者之间的关系提出了自己的看法。第三篇"牟宗三哲学的基本架构与核心概念——从中国哲学自身的演进来看"，原为笔者 1998 年 9 月参加在山东济南举办的"牟宗三与当代新儒学国际学术研讨会"（第五届当代新儒学国际学术会议）时提交的论文。和"道德与知识：从宋明理学到现代新儒家——对现代新儒学的一个发生学解说"一文一样，该文撰写时在方法和取径上颇受余英时先生《士与中国文化》（上海人民出版社，1987）一书中提倡的"内在理路"说的启发和影响，力求在中国哲学发展自身的脉络中来定位牟宗三哲学"两层存有论"的基本架构及其"自由无限心"的核心概念。第四篇"牟宗三早年对中国农村问题的研究"，最初曾提交于2005年9月武汉大学举办的"第七届当代新儒学国际学术会议"，2006年6月则正式刊于台湾的《清华学报》新36卷第1期。迄今为止，学界对牟宗三的研究基本上只是将其作为一个哲学家来处理的。但是，牟宗三一生其实具有强烈的现实关怀，决非躲在象牙塔内"独与天地精神相往来"，对关乎时代的政治、社会、经济、历史和文化问题，他往往都有深入独到的观察。有些问题贯彻其一生，有些问题则对应特定的历史时期，与当时的社会现实息息相关，构成当时知识分子群体讨论的组成部分。20世纪30年代前期，中国的农村问题成为关系国计民生的核心和社会各阶层普遍关注的对象，牟宗三也在1934年和1935年连续发表了一系列文章，提出了他对中国农村问题的一整套看法，成为30年代关注并探讨中国农村问题的知识人群体中的一员。如今看来，牟宗三的许多真知灼见尚在当时农村建设运动的知名人士如梁漱溟、晏阳初之上。可惜的是，80年代以来，无论在牟宗三研究领域还是在有关30年代中国农村问题研究领域，这些文章都未进入研究者的视野。因此，考察牟宗三20世纪30年代对于中国农村问题的研究，既可以使我们了解牟宗三思想历程的一个重要环节，从而认识牟宗三在哲学之外其他方面的关怀和成就，还可以扩展我们对于30年代中国农村研究及其相关问题的认识。笔者的该篇专论，不论对于牟宗三研究还是1930年代中国农村问题研究，都不无补白之益。而除此补白之外，笔者撰写此文更在于要探讨牟宗三的政治社会思想，这一方面同样是以往相关学者未尝措意的。该文和本书第四部分中"牟宗三的'自由'与'自由主义'观"一文,都是笔者探讨牟宗三政治社会思想的成果,只不过这两篇文字仍然只是涉及了牟宗三政治社会思想的部分,全面的论述,希望不久的将来可以与读者见面。第五篇"唐君毅的哲学观——以《哲学概论》为中心",曾刊于《中国哲学史》2007年第4期,是本书中较为晚近的一篇文字。该文以迄今为止唐君毅研究中颇受忽略的唐著《哲学概论》为中心,具体考察了唐君毅的哲学观,恰好可以与晚近学界关于"中国哲学"的认识和"中国哲学"研究方法的讨论相关联,更与本书第二部分中笔者关于中国哲学研究的方法论反省可以彼此呼应。第六篇"当代儒家知识人的典范——余英时先生荣获人文诺贝尔奖的启示",曾刊于《读书》2007年第1期。该文是中国大陆范围内正式刊发的为数不多的讨论余英时先生荣获克鲁积奖(John W. Kluge Prize,又称"人文诺贝尔奖")的文字之一。与人文诺贝尔奖的学术声誉之隆以及海外中文世界的重视相比,大陆正式发表的相关文字之少,实在是不成比例的。笔者的文字不仅在于介绍余英时先生荣获人文诺贝尔奖的消息,更在于借此针对当今学界的问题,反省如何在当今之世做一位真正儒家知识人的问题。以笔者之见,余英时先生正可谓为所有向往成为儒家知识人的广大学者树立了一个典范。虽然人文诺贝尔奖对余先生来说不过是实至名归的自然结果,原未尝在余先生的主观希冀之中,但该奖项颁发给余先生,却恰好可以说是对真正意义上儒家知识人的一种充分肯定。第七篇"儒家的文化自觉与价值立场——陈来《传统与现代》读后",曾刊于《中国文化研究》2007年第1期。该文以陈来先生《传统与现代——人文主义的视界》2006年的再版为机缘,一方面介绍了该书的内容与观点,另一方面更结合当前所谓"儒学复兴"的现象,对于该书所当具有的意义和启示提出了笔者自己的看法,尤其触及了文化立场、价值关怀与学术研究之间的关系问题。该文和本书第一部分第一篇"儒学复兴的省思——缘由、问题与前瞻"前后呼应,可以彼此参看。

　　第四部分"儒家传统的政治哲学资源"包括三篇文章。第一篇"儒学：自由主义与社群主义之间"，曾刊于 2002 年 4 月 4 日第 14 版的《中国图书商报·书评周刊》。该文一方面介绍了《儒学与自由主义》（三联书店，2001）一书的主要内容和观点，另一方面更借此机缘表达了笔者对于儒学传统与自由主义以及社群主义之间的关系。依笔者之见，只要是着眼于儒学与社群主义和自由主义的两头相通，而并非在 communitarianism 和 liberalism 彼此相斥情况下的单向求同，那么，"儒家社群主义"和"儒家自由主义"这两种表述，都未必没有其合法性及其自身特殊的含义。并且，在明同别异的前提下展开儒学、当代自由主义与社群主义三边的深度互动，无论对于儒学还是当代自由主义、社群主义来说，都会收到相互滋养、彼此取益的效果。第二篇"牟宗三的'自由'与'自由主义'观"，是本书中笔者最近的一篇文字，曾于 2007 年底刊于华东师范大学现代思想文化研究所主编并出版的《思想与文化》第 7 辑。该文除了弥补牟宗三研究的一项缺失之外，更在于通过检讨牟宗三关于"自由"和"自由主义"的一套论说，发掘现代儒学中所蕴涵的政治哲学资源。事实上，现代新儒学绝不仅仅只是所谓"心性儒学"，其政治哲学的蕴涵和视角深厚且独到，不仅不与自由主义相抵触，反而可以弥补自由主义的一些缺憾。如今讨论自由主义多囿于现代西方的话语脉络，仅在政治、经济建制的意义上立说，往往无视道德、宗教意义上的自由，更不深究道德自由与政治自由之间的关系。牟宗三论"自由"和"自由主义"，恰恰指出了二者之间的应有关系以及顾此失彼所导致的弊端。第三篇"公议社会的建构：黄宗羲民主思想的真正精华"，最初是提交 2006 年 4 月在浙江余姚召开的"黄宗羲民本思想"国际学术研讨会的论文，后来收入吴光主编的《从民本走向民主：黄宗羲民本思想国际学术研讨会论文集》（浙江古籍出版社，2006）。该文首先辨析《原君》文本，论证其与特定的历史境遇相关，乃针对明代尤其晚明的昏君而言，其中甚至隐含了承认易代鼎革合法性的思想。而即便抽离具体的历史脉络，《原君》文本的思想在理论层面上也并不构成对君主制本身的批判和否定。在此基础上，该文指出，黄宗羲民主思想的真正精华其实当在其《学校》一篇，其中包含的建构公议社会的思想甚至举措，即在今日亦颇有其合理性，其价值不在于以往所谓与西方议会性质近似，而在于与当代西方民主最为前沿的理论思考尤其是关于"公议"（public reasoning）的思想多有相合之处。依笔者之见，公议社会的建构尤当是如今中国民主建设的重要内容。缺乏"公议"的社会，恐怕很难臻于真正"和谐"之境。

本书所收文字，因时间跨度长达 15 年（1992~2007），不同时期文字的文笔难免有所差异。尤其是作于 90 年代初的那篇文章，笔者如今看来甚至不无稚嫩之感。但该文此次收入本书，笔者除了必要的修订之外，文字基本保留了原貌。如此一方面既可保留和见证笔者当时的所思，与后来的文字相较，亦可于笔者相关思想在时光演进中的踪迹略见一斑。此外，若干文字当初发表时有所删节，此次收入本书时不仅恢复了原貌，更对原文重加修订，或于文字有所修饰，或补充了相关的注释。这是要向读者说明的。当然，对于当初发表本书文字的各类出版物，笔者也借便在此一并表示感谢。

最后，笔者希望在本书导言部分对读者说明的是：对于"儒家传统"与"中国哲学"的讨论，可以而且必须分为两个层次：一是作为几千来中国文化传统尤其价值系统的"儒学"和"中国哲学"；另一个则是 20 世纪以来作为现代学科意义上的"儒学"和"中国哲学"。就回顾与前瞻来说，前一层次的"儒家传统"和"中国哲学"，主要是一个价值的问题，后一层次的"儒家传统"和"中国哲学"，则更多的是一个知识的问题。缺乏这两个层次的分殊，不免会产生认识和理解上的缠夹。但是，这种分别却不是在二者之间"一刀两断"。从儒学发展自身的历史来看，二者从来都是"须臾不可离的"。"儒学"和"中国哲学"在 20

世纪成为一门学科以来，迄今海内外不乏"知识化"的担心和批评。作为一种"价值"的"儒家传统"和"中国哲学"，自然是一种"生命的学问"，不能异化为与自己生命气质无涉的纯粹对象化的知识。但是，这种"生命学问"的养成，又从来都离不开理性的陶冶。孔子在《论语》中首举"学而时习之"示人，又言"十室之邑，必有忠信如丘者，不如丘之好学也"，以"好学"而非一般的"忠信"来自我界定，可见"学"之重要。正如古代所有大儒在"躬行实践"的同时都无不具备深厚的理论素养一样，当今认同儒家核心价值者，也不应当自外于知识界和学院体制。那种将传统和现代、实践和理论一刀两断，认为儒家只能和"传统"、"实践"相关而与"现代"、"理论"无缘，甚至认为现代的知识体系和学术建制与儒家必不相容的看法，实在是对儒学发展的历史缺乏了解以及思考力薄弱两方面所致的皮相之见，难免似是而非。在当下这个众口喧腾、网络和各种媒体足以让人产生"天涯若比邻"之感的多元与多变的世界中，真正儒家的文化立场与价值关怀反倒需要坚实的学术研究作为基础。是否具有真正儒家的文化立场与价值关怀，并不在于是否从事儒学名义下的各种社会活动，更不在于是否终日在公共领域抛头露面、摇旗呐喊。反倒那些沉潜于纯学术研究而对各种问题不是动辄发表意见的人文学者，才真正具有坚定的文化立场与深切的价值关怀。也正由于此，其从事学术研究的动力方能源源不断。现代的儒家知识人如牟宗三、余英时先生等，正是这种将强烈的政治、社会关怀建立于深厚学术素养基础之上的典范。事实上，"尊德性"与"道问学"恰如车之两轮、鸟之两翼，实在是相辅相成的关系，合则两美，离则两伤。从以往历代大儒到当今儒家知识人的真正代表，无不是德性与理性交相滋养，价值与知识相得益彰。其所成就者之所以能够"终久大"，端赖于此。也只有如此，才能使专业的学术研究与文化价值关怀相互支援、有机结合，既避免韦伯（Max Weber）所谓的知识从业员"没有心肝"，又避免晚明王学末流学养未逮而误以"情识"为"良知"的感性挥洒和气魄承当。正是在这个意义上，儒家传统与中国哲学要想不断推陈出新、生机勃勃，作为一种智慧和文明的源头活水而为全人类取用不竭，必须始终保持价值与知识之间的动态平衡，立足于二者之间统合与整全的发展。

【第一部分】

全球视域中当代儒学的定位

一　儒学复兴的省思——
缘由、问题与前瞻

（一）复兴缘由

儒家传统在中国至少有 2500 余年的历史，并且，汉代以降，儒学也成为古代中国社会主流的观念和价值系统。正是在这个意义上，西方许多学者将古代中国称为"Confucian China"（儒教中国）。但是，纵观整个 20 世纪，儒家传统的命运却发生了急遽且富有戏剧性的变化。如果我们将 1919 年迄今界定为"当代中国"的话，那么，儒家传统在当代中国的演变大体可以分为两个阶段。

第一阶段是 1919 年到 1980 年代末，整个中国社会主流的思想文化是激进和全盘性的反传统主义，儒家传统首当其冲，从"五四"时期的"打倒孔家店"到六七十年代"文革"时期的"破四旧"和"批林批孔"，再到 1980 年代末的"河殇"，批判和否定儒家传统的线索一以贯之且登峰造极。儒学遭遇到了全面解体的命运，至少在中国大陆最终沦为"游魂"。中国人也相应几乎成为全世界独一无二的要彻底抛弃自己思想文化传统的民族。第二阶段是 1990 年代迄今，首先是学术界开始反思激进与全盘性反传统思潮的偏颇，官方态度亦逐渐扭转。在广大国人开始日益认识到传统不可弃的情况下，社会上渐有复兴儒学之说。尤其 2000 年以来，复兴儒学的呼声日高，从官方到民间，出现了各种相关的活动，颇有"忽如一夜春风来，千树万树梨花开"

之势。就儒家传统自身来看，如果说前一个漫长的阶段简直是
"山穷水尽疑无路"，后一阶段虽为时尚短，却也不能不说是"柳
暗花明又一村"了。

如果我们意识到对儒家传统的批判晚清已经开始，到 1980
年代，反传统的思潮实已有百余年。百余年来，可以说已经形成
了一个新的"反传统的传统"（tradition of anti-tradition）。可是，
20 世纪 90 年代以来，重建中华民族精神传统、复兴儒学的呼声
由弱到强，逐渐赢得了广泛的认同。到 2006 年为止，认为至少
在社会声势的层面上儒学复兴之说日益深入人心，也许并不为
过。何以如此？笔者认为至少有三方面的缘由。

首先，儒学的基本价值在传统社会历来发挥着"齐人心、正
风俗"的作用。非但广大知识阶层多以儒学的核心价值为"安身
立命"的所在，普通凡夫俗子由于长期受儒学的教化，亦将儒学
的一些核心价值如"忠"、"孝"、"仁"、"义"等奉为为人处世
的"常道"，并在日常生活中以"百姓日用而不知"的方式来体
现这些价值。可是，如前所述，20 世纪中西文化剧烈碰撞所导致
的只是原有价值系统的崩溃，并没有给我们从"西天"取来"真
经"，使之足以作为一种替代性的价值系统来重塑中国人的心灵
世界。于是，在批儒学、反传统的过程中造成了严重的价值真
空、精神失落以及信仰危机。然而，无论是个体的人还是一个民
族，必须有其自身的价值系统和意义世界，否则即如没有灵魂的
行尸走肉。这一点，在各种西方理论涌入中国、轮番占据知识人
心灵而"城头变换大王旗"之后，终于逐渐为人所自觉。如何摆
脱"抛却自家无尽藏，沿门托钵效贫儿"（王阳明诗）的心态，
深入发掘传统中的精神资源，通过创造性的转化和综合创新来重
建中华民族文化的价值系统，终于成为中国广大有识之士共同的
问题意识。

其次，中国人之所以能够逐渐从反传统的传统中走出，开始
重新认同以儒学为核心的中国文化，全球化背景下的文化与价值
认同问题亦是一个重要的缘由。20 世纪 90 年代以来，全球化在

器物甚至制度层面带来"一体化"的同时，也日益突显文化认同与根源意识。越是与不同的文化接触，"我是谁"的问题就越来越突出。只有植根于自己民族文化的传统，才能真正在全球多元的格局中有一席之地。这一点，迫使每一个民族乃至每一个体不仅不能乞灵于任何纯然外部的文化来建立"自我"，反而必须深入自己的文化传统来"认识你自己"。海外的华人之所以对文化和价值认同问题有格外的体会，决非偶然。当然，任何文化都不是凝固不变的，其更新和发展需要不断吸收外部的资源。佛教传入中国就是一个很好的范例。不过，任何文化吸收新的成分从而转化和发展自身，其成功的前提必须是立足于已有的传统，否则即成"无源之水"和"无本之木"。现在中国正在崛起，从政治、经济上看，中国为世界作出了很大的贡献。但从文化上看，中国能给全世界带来什么样的思想资源？西方有源自希腊的理性文明和源自希伯来传统的宗教文明；伊斯兰世界有伊斯兰世界的文明，有支撑它的价值观念；那么，中国的是什么？在这样一个全球化的背景下，我们不得不开始重新体认我们是谁。不单是作为一个政治、经济的单元，更作为一个文化实体。我们是谁？我们的文化是什么？这是我们必须面对和回答的问题。因此，全球化一方面使我们日益了解世界文化的多样性，使我们越来越了解其他的文化传统，同时也使我们不得不正视自己的民族文化、尤其儒家传统。显然，如果弃数千年的中国文化、儒家传统于不顾，我们还能给世界提供别的什么呢？

此外，还有一个缘由不能忽略，那就是：一批真正深入了解、认同儒学价值同时又能欣赏、接受西方文化优秀成分的儒家知识人对于守护和重建儒家传统不遗余力的毕生奉献。尽管整个20世纪是反传统思潮当令，但自始即有一批为数不多的学者能够认识到儒学的基本价值不但不与西方的科学、民主、自由、人权相悖，反而彼此相通相济。从康有为、梁启超、陈寅恪、梁漱溟、熊十力、张君劢、钱穆到唐君毅、牟宗三、徐复观再到余英时、杜维明、刘述先、蔡仁厚、成中英等，都为在整个反传统的浪潮中保存儒家传统尽心尽力。1949年以后到80年代以前，这样一种价值取向主要在大陆以外的华人世界得以不绝如缕。80年代之后，随着大陆的改革开放，以儒学为代表的中国传统文化逐渐由批判的对象受到重新评价，以上这些人物所代表的广义的新儒学终于重新回到了大陆，并日益引发了深远的影响。唐君毅先生曾用"花果飘零"来形容中国文化在当代中国的命运，而这些一生为中国文化、儒家传统"招魂"的学者，对于如今儒学能在中国大陆呈现复兴之势，实在是功不可没。

（二）契机与危机之间

20世纪90年代也曾一度有所谓"国学热"的说法，但当时尚不具备广泛的社会基础。如今又是十几年过去了，再来看中国文化、儒家传统，笔者认为的确已经真正显示了"一阳来复"之机。对于传统价值的需求已不再只是部分知识人的呼吁，而真正表现为社会大众的心声。不过，这并不意味着儒学复兴"形势一片大好"。事实上，目前存在的问题甚至相当严重。对这些问题如不加以警觉和克服，儒学复兴的"契机"未尝不会转变为更大的"危机"。

首先，是狭隘的民族主义的问题。民族主义本身未必是一个完全负面的东西，对任何一个民族来讲，民族主义都不免在一定程度上存在。但是，狭隘的民族主义却会产生很多弊端。狭隘的民族主义往往与原教旨主义互为表里，而目前世界和平的大敌恐怖主义，其渊薮正是原教旨主义和狭隘的民族主义。因此，中国崛起向世界传达的文化信息如果是狭隘的民族主义，儒家传统的复兴如果被认为是狭隘民族主义的抬头，那么，从中华文明之外的角度来看，所谓"中国威胁论"的产生恐怕就是人之常情了。如此反过来会给中国带来怎样的后果，也就可想而知了。事实上，古往今来，真正能够于儒家传统深造自得者，一定不是一个狭隘的民族主义者。儒家知识人都是"以天下自任"而能超越一己与小群体之私的。综观近现代的整个中国历史，最具开放心灵而能吸收其他文化之优秀成分者，几乎无一不是当时最优秀的儒家知识人。不但中国如此，整个深受儒家文化影响的东亚地区包括日本、韩国等都是同样。狭隘的民族主义者可以假儒家之名号，甚至有时亦自以为是以儒学的价值为自我认同，但既不能于儒家传统深造自得，终不能得儒家之实，只能给儒家带来灾难。因此，要想在当今新的时代重建儒家传统，首先要加以警惕的就是不要落入狭隘民族主义的陷阱。弘扬民族精神、传统文化与利用民族主义情绪而"别有用心"之辨，识者不可轻忽。

其次，是目前无所不在的商业化对复兴儒学的侵蚀。社会上总有些人是"风派"，其实并无自己的原则。凡是能带来好处的，皆趋之若鹜；反之，则避之唯恐不及。如今，儒学已不再是批判的对象，而成为一种正面的文化象征和资源。于是，不少机构和人物纷纷奔赴儒学的旗下。问题是，如果这仅仅是因为儒家能够带来名利，而不是从事和提倡者出于自己对儒家的体认，出于对传统文化深厚的了解，势必会给儒学的真正复兴带来很大的麻烦。目前，广大社会民众确有了解和实践儒学价值的良好愿望。但是，相对于这种需求，在百余年反传统的传统下，真正有资格代表儒家传统发言的人并不多见。即便是基本儒家知识的介绍，也需要受过专业训练而学有所成的专家学者来从事，更不必论对儒家经典的解读了。如果面对公众讲儒学者自己并无有关儒家传统的深厚学养，既误人子弟，于自己也未必是福。因为长远来看，良莠朱紫终有水落石出之日。对于这一问题，一方面需要社会大众慎思明辨，提高自身的判断力；另一方面更需要广大知识人自我反省、自觉自律。

（三）拒绝死亡之吻

历史进入 21 世纪以来，的确是重建儒学传统的一个很好时机。社会上有这么多人尤其是年轻人，意识到我们需要在全球的范围来真正重建中国文化的精神和价值资源。但是，如果这个时机不能好好把握，上述问题不能够好好解决，那么，儒学是否能够真正复兴是很可怀疑的。各种表面上推波助澜的力量弄不好会成为儒学的"死亡之吻"（kiss of death）。它表示对你亲近，可带

来的结果是死亡；它所做的一切看起来是要提倡你、推动你，结果却让你早点毁灭。所谓"契机"变成"危机"，正在于此。

至于如何避免上述问题，笔者以为，当务之急莫过于树立对于儒学传统的正确认识。前已指出，我们目前仍然生活在一个"反传统的传统"之中。目前谈儒学的复兴，必须对这一历史背景有充分的自觉。可以试想，"五四"以后出生的中国人，尤其是在中国大陆，无不生活在这样一个反传统的传统里面。90年代时哪怕是七八十岁的老人，出生之日已身处反传统、批儒学的氛围之中，因而对儒家传统、中国文化究竟能有多少认识，是很值得思考的。长者尚且如此，1949年以后"生在红旗下、长在新中国"者，就更不必论了。佛教有"正见"与"正行"的说法。"见"是思想、观念、意识，"行"是实践。先要有"正见"，然后才能有"正行"。借用这个讲法，我们可以说，只有对儒学有比较深入全面的了解之后，才可以去讲儒学、实践儒学的相关价值。清人戴震（1724～1777）有言："舍夫道问学，则恶可命之尊德性乎？"同时的钱大昕（1728～1804）也说："知德性之当尊，于是有问学之功。岂有遗弃学问而别为尊德性之功者哉！"余英时先生1975年曾经援引这两句话，并指出："在今天的处境之下，我诚恳地盼望提倡儒学的人三复戴东原、钱竹汀之言！"①以笔者的理解，这正是余先生早就看到"正见"在反传统的传统中对于重建传统之至关重要而发出的语重心长之言。如果只是出于现实利益的考虑去讲儒学，则"起脚便差了"。如果让一些皮相或似是而非的对儒学的理解左右人们的认识，则重建儒学传统，从儒家传统中汲取身心受用的资源，将是无从实现的。因此，要发挥儒家传统的价值，从中汲取有益的资源而有所"受用"，首先在于确立"正见"。讲儒学的学者对儒家传统一定要有比较深入、全面的了解之后，才可以采用各种形式把真正儒家的信息传达到社会上去。有了"正见"，无论采用怎样的形式来讲

---

① 余英时：《论戴震与章学诚》（北京：三联书店，2000），"自序"，第9页。

儒学都无妨。但如果并无"正见"甚或根本是别有所图，则"死亡之吻"恐怕是难以避免的。在对中国文化、儒家传统已经隔膜甚深的情况下，要获得"正见"，除了激情之外，更需要清明和深沉的理性。没有孟子"掘井及泉"和荀子"真积力久则入"的工夫，很难真正接上儒家传统的慧命。

（四）　儒学的价值

最后，对于儒学在当代中国究竟能够发挥什么样的作用，笔者愿意从一种前瞻的观点来谈谈个人的看法。

儒家传统有很多层面，不同的层面具有不同的功能。在不同的历史时期，儒学的特点也各有不同。不过，儒学将来的主要价值，首先在于作为一个精神性的传统，能够为人们解决安身立命的问题提供资源。中国古代有所谓"四民异业而同道"的说法。"四民"即中国传统社会中士、农、工、商这四个阶层。"四民异业而同道"就是说作为一种精神价值，所谓"道"，儒学可以为不同社会阶层的人所体现，不论其职业如何。知识人固然能够且应当体现儒学的价值，农民、手工业者和商人也可以"当仁不让"。如今的社会分工早已不只"四业"，并且会越来越多。但是，只要是人，不论其职业如何，都会碰到人生的意义问题。而儒家传统恰恰具有可以解决人生意义问题的丰富资源，历久弥新，超越时空，可以为不同时期各行各业的人所受用。

除了人生意义的智慧之外，儒学的整体有机和谐观更是人类将来发展的宝贵资源。我们如今正在提倡构建和谐社会。其实，和谐不只是中国社会的问题。在笔者看来，在全球范围内，从个体的身心之间、人与人之间、人与自然之间、不同的国家与民族之间，如今都面临着和谐的问题。人格分裂、生态恶化以及文明冲突，都是缺乏"和谐"的恶果。而儒家传统的"万物一体"观以及"和而不同"、"理一分殊"的原则，都具有一种人类—宇宙的整体和有机的视野，恰恰可以为如何保持身心平衡，协调人与人、人与自然以及不同国家民族之间的关系提供丰富的思想资源。与其他文化传统相较，儒家传统的这一特点，业已获得了世界范围内广大有识之士的一致认可。如何将其中的普遍原则与当今世界的各种具体境域相结合，从而使之不断为世界的发展作出贡献，正有待于我们致力其中。

当然，儒家传统并不只是一种精神性的传统。笔者历来认为，儒学本身是一个包括政治、社会、伦理等等多向度的（multiple-dimensions）传统，除了精神性的资源之外，经过一定的转化，儒学还应当而且能够为现代社会提供其他各种不同的思想和实践的资源。即便在制度建设的层面，儒家传统同样不是"俱往矣"的博物馆陈列品，其中仍然蕴涵许多丰富的可以"古为今用"的内容。譬如科举制，背后其实隐藏着一种很强的理性的精神。过去俗话说"朝为田舍郎，暮登天子堂"，不论什么人只要通过科举考试，就可以进入社会的管理阶层，运用国家赋予的权力去为老百姓办事。这个例子说明，哪怕在一些具体的制度设计上，儒家传统仍然有许多理念可以为今天所取用。只不过，即便已经开始意识到这一点，但恰如对儒家传统的精神价值已经隔膜甚深一样，对于几千年来中国传统社会的各种制度，如今又有多少人能够深入其中，深明其得失呢？其实，无论哪一个层面，哲学性的、精神性的、政治制度的、社会伦理的，如果不能"入乎其内"而后"出乎其外"，任何关注和提倡就和以往那些"雾里看花"的批判一样，都无法免于口号式的肤泛。那样的话，儒家传统的真正诠释和重建，将是无从谈起的。因此，只有大家分工合作，沉潜深入地发掘儒家传统各个层面的内在资源，然后创造性的转化和综合创新才会出现。在这个意义上，朱子（1130 ~ 1200）所谓"旧学商量加邃密，新知培养转深沉"，是始终值得我们再三玩味的。

二　为道与为学——当代儒者的社会功能与角色定位

在传统的社会结构中，由于其官僚、学者和乡绅一体的社会角色，儒者发挥着"在朝则美政，在乡则美风俗"以及"传道、授业、解惑"的功能。但在当代，儒者仿佛只能限于知识人的圈子。并且，研究儒家学问的知识人亦并非个个服膺儒学的基本价值观念而堪称儒者。因此，对当代儒者来说，一种颇有代表性的定位是仅将其视为一种知识生产者，其职能只是制造多种知识产品中的一种，以为文化消费之用。这种看法其实也包含着对当代儒者的某种评价，因为较之传统儒者，当代儒者似乎只保留了"授业"的功能，"解惑"已难保证，"传道"更无从谈起。所谓当代儒学"知识化"的断语，主要也是包含了这种意义。而就传统儒学一贯的精神方向而言，若果真如此，则无疑表明了当代儒者角色和功能的退化。

这种对当代儒学的判断，其实首先是以"道"与"学"的范畴相异性以及"为道"与"为学"作为两种不同的取径为其预设的，所谓"为学日益，为道日损"（《老子》第48章）。知识系统和道德情操，二者具有不同的品格，而德性的铸就与知识的建立，也的确依赖不同的方式。古人早已看到了这一点，理学中"德性之知"与"闻见之知"的区别、"尊德性"与"道问学"的差异，正是反映了其中的矛盾与异质性。而就传统儒学一贯的德性优先立场而言，如果对与德性相关的各种问题的探究，异化

11

为一种单纯的知识系统，无法成为人的一种内在精神气质，则此时的"学"便成为一种"不见道"或恰足以障蔽道的东西，也就失去了儒者通常将其理解为"觉"的那种应然意义了。事实上，从价值信仰的角度而言，世界上各大宗教—伦理传统几乎无一例外地面对着同样的问题。应当作为内在价值的东西一旦沦为外在的知识产品，无疑便失去了其原初的意义。就首先作为一种价值信仰系统的儒学来说，这一点自然要常加反省。而传统儒学在其发展史上的种种自我批判，就某一视角来看，显然可以视为一种历代儒者在儒学面临丧失其内在价值的情况下，力图不断摆脱僵化凝固，从而回到其精神生命的过程。就此而言，对当代儒学知识化的评断，不啻是一种颇为严厉的批评。如果当代儒学果真成为一种单纯的知识系统，则无异意味着儒学已不成其为儒学，或至少意味着它失去了其原初的本然含义。

然而，尽管"为道"与"为学"的差异是一个不争的事实，但若因此便将"道"与"学"打作两橛，认为两者完全难以兼容，则不免既无视于人类历史的经验，又流于理论思考上的僵化与简陋。事实上，历代的儒者们在不同程度上意识到"道"与"学"之间矛盾的同时，也看到了二者的兼容互补。不能成为一种内在精神价值的儒学论说，固然只会是一套外在的知识系统，无法成为实有诸己的深刻体知，而道德理性和道德情感作为一种固有的"隐默之知"（tacit knowledge，借用 Michael Polanyi 的概念），若无后天学习的不断滋养，也难免隐而不彰，难以呈现发用（这在功能上实与不存在无异），至多是以一种"百姓日用而不知"（《周易·系辞上》第 5 章）的方式自发地偶尔有所激发而已。康德指出在缺乏理性反省的情况下容易产生"自然的辩证"，所论正是这种情况。而任何价值信仰、宗教—伦理传统，均有其表现为种种文字、言说的知识形态。并且，这种知识形态作为象征其实际指涉的符号系统，就像禅家指月的手指一样，尽管在终极的意义上可能只是方便设施，但却是不可或缺的。古人所谓"读书明理"，进而"以义理养心"，讲的便是这个道理。任何伟大传统也正因此而不能没有其知识形态的理论经典、文献等等。传统的儒者，也几乎无一不是通过对经典的研读、结合实际人生的历练，从而反省到自己内在的价值根源。就此而言，"为道"与"为学"又绝非势若水火，"道"反而须经由"学"的途径，方能获得其充实广大的流通贯注。所谓"百工居肆以成其事，君子学以致其道"。事实上，儒学发展史上最广大与精微的理学阶段，恰恰就是被称之为"道学"的。

认为当代儒学出现知识化倾向，只能"为学"，难以"为道"的持论者们，或许并不以那种"道"、"学"分裂的二元两极观为其立论的最终基础。他们可能会说社会基本结构的根本变化，致使儒者仅限于知识人群体，这才是当代儒学知识化的最终原因。诚然，社会结构的变化，已使儒者在当代无法扮演"士"那种官僚、学者、乡绅三位一体的角色。但当代那些服膺儒学基本价值观念的儒者们，是否仅限于知识人群体呢？再者，知识人群体中的儒者，又是否只能作为知识生产者和传播者，而无法承担价值创造与范导的功能呢？最后，知识形态儒学的成长发育，是否又必然要以儒学精神性的萎缩甚至丧失为必要条件呢？

论者指责当代儒学的知识化倾向，或许更多地是针对某些现代儒者相对于传统儒者缺乏足够的践履而言。但就理论本身来说，如果儒学的知识形态与其内在精神价值之间并非一种鱼或熊掌的关系，则当代儒学知识向度的扩展，就不必以儒学精神气质的萎缩或失落为代价。此外，这种指责或多或少也存在着忽略践履方式与形态在不同时空条件下之差异性的问题。就拿儒学知识化这一批评实际所指的现代新儒家们而言，尤其是第一、二代新儒学大师们，假如没有儒家一贯的精神价值为其学问的生命，没有"道"在其人格生命中的贯注与撑持，我们很难想象他们在种种恶劣的环境下如何能够从事艰苦卓绝的文化建设工作。由此可见，统合"道"与"学"而继续"道学"，既有理论上的可能性，亦不乏其实践上的见证人。至于说在与西方文化、宗教、哲学全面相遇这一新时代背景下，儒家学者们采取了更为现代化、

思辨性的言说方式，以更为知性的诠释与表达来阐发儒学的精神，本来就是因革损益这一儒家精神在新的时节因缘下的自然表现。我们如果囿于言说与诠表的形式而无法透视到其下跃动的精神气质，则不免误荃蹄为鱼兔。

诚然，传统的儒者形象在当今的社会结构中已然难觅。不过，儒者在当代是否只能退居于少数知识人群体之中，则是一个值得检讨的问题。历史上，尽管儒者似乎不无一种特定的社会身份，但儒者之为儒者，最为重要的却并不在于那种外在的身份标识。所谓"四民异业而同道"，就是指出，从"业"的角度来看，固然有"士、农、工、商"的不同，似乎儒学只是"士"的专业，但就"道"的角度而言，作为一种价值信仰系统，儒学则可以为各行各业的人们所接受而奉为人生准则。当今社会，情况仍然如此。以儒学研究为职业而并不以之为自己价值观的人有之，不以儒学研究为专业而其人生行为的价值尺度却与儒家思想相合（无论是明合还是暗合），对儒家思想并无太多的理论知识而却有着坚定的基本信念并能身体力行，这样的人亦不乏存在。因此，我们似乎应当在儒者、儒学研究者以及儒家学者这三种类型之间加以分疏。显然，儒者应是以儒家的基本价值为其人生准则的所有人，既包括专门从事儒学研究者，也包括儒学研究以外的其他从业人员。儒学研究者是指在现代社会专业分化前提下，以儒学研究为其职业的人。这些人中既有服膺儒家价值者，又有仅以儒学为专业研究对象，在价值信仰方面别有皈依者。而儒家学者，我们则将其理解为儒者与儒学研究者的交集，他们是既在价值信仰方面服膺儒学，同时又对儒家思想有着深入系统了解和高度理性自觉的那些人。儒者包括儒家学者，儒家学者则是儒者群体的集中代表。当然，我们在通常意义上所说的"儒者"、"儒家"，主要指的就是儒家学者。由此可见，就广义的儒者而言，儒学作为一种价值信仰系统，是可以渗透到社会的各个阶层，为各行各业的人所接受的。在这个意义上，儒学显然并非一种只能为少数知识人所掌握的精英文化（elite culture）。

同时，即便我们主要以儒家学者来指代儒者，现代社会的结构又使得儒家学者大多只能在学校、研究机构从事教学研究工作，我们亦不能由此断言儒者只能扮演一种知识生产者和传播者的角色。现在经常有人感叹现行教育体制拙于进行人文教养，只能承担一种传播知识技能以为谋生手段的功能，由此而对古代的书院制充满怀恋。的确，从孔子的"私学"到宋明的"书院"、"讲会"，那种结构下的师生关系更益于"传道"，使作为一种精神价值的儒学通过身教言传而得以薪火相传。但教化的种种外在形式，对于"道学"这种儒学精神价值的传承而言，却并非最终的决定因素。事实上，儒学知识化的问题，绝非随着西方文化的冲击、西式教育的引进才作为结果而出现。可以说，这是一个贯穿儒学发展史始终的问题。就儒学流于全然知识形态来说，这种危险其实莫过于隋唐以来的科举制。科举制将权力等各种资源的配享与儒学的研习直接相连，较之当今的教育制度，更易于将儒学异化为一种谋求富贵的工具。这在历代儒者对科举的批判中随处可见。但即便如此，科举制自隋唐至明清，却并未能将儒学化为一种纯然知识形态的工具理性。在科举制颇为完备的宋明时代，反而涌现了我们耳熟解详且最能体现儒家精神气质的那一大批儒家学者群体。显然，如果儒学作为一种精神价值有其超越性（这种超越性无论在理论还是经验层面都已得到了不断的证实），那么任何现实的结构尽管可以对其产生不同程度的影响，却不可能最终消解它。同样，当代儒者尽管会受到现行教育体制的限制，但儒者尤其儒家学者却不必由此只能成为儒学知识的生产和传播者。即便在西式的教育体制下，年轻一代儒家学者从老一辈儒家学者那里所接受和获得的，也绝非一种仅仅作为纯粹客观知识的儒学。当代儒学数十年发展的事实，已然表明了这一点，而在今后的儒学发展中，也无疑不断会有知行合一的儒家见证人。

正如题目所示，本节的重点和用心，就在于由"为道"与"为学"的辩证关系，引发我们对当代儒者社会功能及角色定位问题的思考。尽管"道"与"学"之间恒久的内在张力，以及现代社会的基本结构，均不足以从根本上扼杀儒学生命的活力，在既定的存在结构中尽性立命，也从来都是儒家超越精神的体现。但同时，对儒学在当今时代由于种种限制所可能引发的异化危险，当代儒者尤其儒家学者又应当保持高度的警惕与自觉。"问渠哪得清如许，为有源头活水来"，只有在深深植根于儒学源头活水而"深契道体"的情况下，儒者方能不为种种制约因素所转，反而充分利用那些既定的条件（转法华而不为法华所转），以道实学，以学彰道，让儒学的精神价值贯注到生活世界的方方面面，在不同的时空条件下以种种相应的方式去实现"为天地立心，为生民立命，为往圣继绝学，为万世开太平"的价值理想。由此，儒学也才能始终为人类的价值生活，提供一种取用不竭的精神资源。

三	全球视域中当代儒学的建构

（一）问题与背景

如今一提到当代儒学，无论学界还是社会人士，通常都是联想到所谓"现代新儒学"或"当代新儒学"。"现代新儒学"是中国大陆较为通行的说法，"当代新儒学"则是港台地区较为常用的称呼。其实，这两个概念具有相同的指涉，都是指20世纪20年代以来儒学传统在当今社会的新发展，主要代表人物包括熊十力、梁漱溟、马一浮、冯友兰、钱穆、张君劢、牟宗三、唐君毅、徐复观、余英时、杜维明、刘述先、蔡仁厚、成中英等人①。因此，我们不妨称之为"现当代新儒学"。从这一串名单中，我们可以看到，第一代代表人物熊十力、梁漱溟、马一浮是在中国大陆展开其论说，第二代代表人物牟宗三、唐君毅、徐复观无论师承还是学术思想的根源虽然仍在中国大陆，但是其学术思想的完全成熟并形成广泛影响已经是在1949年以后的港台地区了。至于目前仍然健在的最近一代代表人物，包括余英时、杜维明、刘述先、蔡仁厚和成中英，则全都生活在大陆以外的海外，其早

---

① 关于现当代新儒学包括哪些代表人物，学界一直存在不同的说法，但大同小异。最近对该问题的讨论参见刘述先：《现代新儒学研究之省察》，《中国文哲研究集刊》，第20期，2002年3月，第367～382页。该文后来收入刘述先：《现代新儒学之省察论集》（台北："中央研究院"中国文哲研究所，2004）。这里现当代儒学的代表人物即据列说。

年尤其大学时代的教育也都在台港地区。2005年9月份在武汉召开的第七届当代新儒学国际学术会议，有近两百位学者与会，可谓盛况空前。第一天作主题发言的当代新儒学代表，即杜维明、刘述先、蔡仁厚和成中英四位。由此可见，至少就当前的情况来看，在人们的认识当中，"当代新儒学"实际上已经无形中被等同于"海外新儒学"尤其是"港台新儒学"了。

在自觉不自觉中将"当代新儒学"的所指等同于"港台新儒学"，并不只是中文世界的现象。最近西方世界对于当代儒学的研究，也大都同样不知不觉将对"contemporary Confucianism"的讨论仅仅限定于上述"港台新儒学"的谱系。无论是在最近澳洲学者梅约翰（John Makeham）主编的专门讨论当代新儒学的书中①，还是成中英和牛津大学的 Nicholas Bunnin 合编的讨论当代中国哲学的书中②，我们都可以看到这一点。

不过，值得反省的问题是："港台新儒学"能否涵盖"当代新儒学"的全部？尤其是，就全球范围内当代儒学的理论建构而言，是否只有"港台新儒学"这些人物扮演着参与者的角色？事实上，在儒学发展伴随着全球化的浪潮而在西方精神世界有所开展以及随着中国大陆逐渐重新认同传统而使儒学呈现出新的发展契机这一背景下，即使我们将"当代新儒学"不单纯理解为一种理论的建构，同时要求其中包含有一定程度的自我认同，我们也应当看到，建构"当代新儒学"的参与者们也早已超出了上述"港台新儒学"的范围。

① John Makeham, edit. , *New Confucianism: A Critical Examination*, Palgrave Macmillan, 2003.

② Cheng Chung-ying and Nicholas Bunnin, edit. , *Contemporary Chinese Philosophy*, Blackwell Publishers, 2002.

牟宗三最早提出"第三期儒学"的说法①，但他的"第三期"开展的主要内容还是儒家传统自身如何发展或容纳科学与民主的问题，并未考虑中国以外儒学发展的相关问题。提倡"儒学三期说"最为有力的是杜维明，但他起初也不过是出于对列文森（Joseph Levenson）断言儒家已经死亡这一结论的回应②，而大体顺承牟宗三之说，只是在科学和民主之外增加了"宗教情操"和"心理学方面对人性的理解"两个问题③。只有到了后来，杜维明在多方论难以及国际形势变化的刺激下，才进一步明确了儒家第三期发展的问题可以在中国、东亚以及欧美三个不同的区域讨论。在笔者看来，杜维明"儒学三期说"的真正意义，与其说是描述了一种传统在其内部自身的时间意义上的绵延，不如说是指出了一种传统在与其他文明对话从而丰富自身的空间意义上的拓展。具体来说，第一期是从鲁国的地方性知识扩展为整个中国的国家意识形态，这一期的发展是在从春秋到汉代完成的。第二期是从中国的价值系统扩展为整个东亚意识和心理结构的重要组成部分，这一期的发展是在 11 世纪到 17 世纪逐渐形成的。而第三期儒学发展所面临的课题，则是从东亚的文化心理结构扩展到全球，成为世界人士价值系统和生活方式的一种可能的选择④。

因此，在文明对话的意义上，如果说当今之世儒学第三期开

---

① "儒学三期"的说法最早其实可以上溯到沈有鼎，只不过沈有鼎的"三期"说就是就整个中国文化和哲学来说的，但他同时指出第一期的中国文化以儒家为主脉，第三期中国文化和哲学的发展也应当以儒家哲学的自觉为动因。见其 1937 年 1 月在南京中国哲学会第三届年会中宣读的论文《中国哲学今后的开展》，该文最早刊于 1937 年 3 月《哲学评论》第 7 卷第 3 期，现收入《沈有鼎文集》（北京：人民出版社，1992），第 101～110 页。

② "提出儒学第三期发展的前景问题，是针对列文森在《儒教中国及其现代命运》一书中断定儒家传统业已死亡一结论而发。"见杜维明：《现代精神与儒家传统》，《杜维明文集》（武汉：武汉出版社，2002），卷 2，第 148 页。

③ 参见杜维明：《现代精神与儒家传统》，《杜维明文集》，卷 2，第 612～615 页。

④ 关于"儒学三期说"简要的考察以及笔者的再诠释，参见本书第一部分"宗教对话：儒学第三期开展的核心课题"。

展的确切含义之一是指儒家传统从东亚意识的核心组成部分进一步扩展到全球，成为西方人士自我意识的组成部分，成为一种西方人可能选择的信仰方式①，那么，如今像南乐山（Robert Neville）、白诗朗（John Berthrong）那样以"波士顿儒家"自居的西方学者在其相当程度儒家认同基础上进行的思考和理论建构，显然既不是杜维明、刘述先、蔡仁厚和成中英这一"港台新儒学"的谱系所能够涵盖，更与钱穆、余英时这一并不接受"新儒家"名号其实却颇能体现儒家传统核心价值的谱系没有多大关系。而安乐哲（Roger Ames）和郝大维（David Hall）将儒学的资源作为一种理论建构的要素与过程哲学、实用主义相结合，却并不公开宣称自己持有某种"儒家认同"，这种意义上对于当代儒学的重构，与"港台新儒学"的谱系就更不是一种形态了。

其实，除了西方学者在一定儒家认同基础上从事的思想工作构成当代儒学重构的有机组成部分之外。中国大陆 1949 年以来儒学的重构工作其实一直并没有中断，只不过以不同的形式来表现而已。20 世纪 80 年代以前，儒家传统遭到了前所未有的打击，似乎从人们的思想意识中销声匿迹了。但实则在那种情况下儒学仍然并未死亡，而是被当时一些最有原创性的思想家们以某种曲折的方式与主流的马克思主义结合起来。并且，不同的思想家结合二者的方式并不相同，成败不可一概而论。在这个意义上，就儒学而言，这也同样是一种重构的方式。更为重要的是，虽然 90 年代以后大陆的儒学重建似乎越来越少马克思主义的因素，但并不等于说迄今为止马克思主义在当代儒学的重构中只是扮演了一个"临时闯入者"的角色。就将来中国大陆的儒学重构而言，至少在相当时期内，马克思主义恐怕仍然是一个并非不相干的因素。至于说它能否扮演一个积极、正面的深度参与者的角色，则首先有赖于马克思主义自身能否在一种真正学术的意义上得以重

---

① 作为价值系统和具有宗教性的儒学进入西方学界的情况及其意义，参见本书第一部分"从西方儒学研究的新趋向前瞻 21 世纪的儒学"。

构从而真正参与到学术思想界话语的互动与交融之中。

就此而言，如果我们充分考虑到中国大陆以及西方世界中相当一批学者对于塑造当代儒学话语所发挥的重要作用，尤其是中国大陆儒学重建的参与者在将来所必然要发挥的主导作用，如果"当代新儒学"是指全球范围内具有不同语言、民族、地域背景的学者在一定价值认同的基础上共同参与儒学重建工作所形成的各种理论形式，那么，全球视域中当代儒学的重新建构，显然就不能仅以"港台新儒学"为限。

当然，客观而论，至少就 90 年代全球儒学的发展来看，从钱穆、牟宗三、唐君毅、徐复观这一代到余英时、杜维明、刘述先、蔡仁厚、成中英这一代"港台新儒学"的核心人物，的确在儒家传统遭受全面解构的历史过程中发挥了"存亡继绝"和"薪火相传"的作用。无论对于儒学在西方世界的传播并成为西方人士价值信仰系统的一种可能选择，还是对于儒学在大陆 90 年代以来的"枯木逢春"，港台新儒学的贡献都功不可没，毫无疑问构成"当代新儒学"的重要组成部分。但是，如本节开头所言，由于迄今为止从钱穆、牟宗三、唐君毅、徐复观到余英时、杜维明、刘述先、蔡仁厚、成中英所构成的"港台新儒学"谱系实际上已经无形中成为"当代新儒学"的代名词，而"港台新儒学"对于当代儒学重构所发挥的作用，学界的研究亦可谓汗牛充栋。因此，本文对当代儒学重构的问题将详人所略而略人所详，不再以"港台新儒学"为对象，而是在全球视域的观照下考察以美国为代表的西方世界中参与当代儒学重构的那些思想要素。重点考察两大类型，一个是南乐山、白诗朗所代表的"波士顿儒家"，另一个是安乐哲、郝大维所代表的另一种儒学建构的形态①。限

———————

① 尽管安乐哲与郝大维长时间一道著书立说，双方的思想至少在中国哲学的诠释方面已经水乳交融、不分彼此，但由于郝大维一直居住在德克萨斯州（Texas）的 El Paso 直到几年前去世，我们难以仿效南乐山和白诗朗的例子，而仅以安乐哲居住的夏威夷为名将安乐哲和郝大维两个人共同的儒学建构称为"夏威夷儒学"。另外还有一个原因，就是道家在安乐哲和郝大维两人的思想中和儒家一样扮演着重要的角色。

于篇幅，关于中国大陆当代儒学的重构，笔者另有专文讨论。

在这一部分的最后，我们需要对"重构"的意义加以界定。所谓"儒学重构"，首先是指一种以儒家思想为重要组成部分的理论性建构。在这种理论建构中，儒学可以扮演两种不同但却紧密相关的角色。一种是在作为主要思想资源的同时，还是一种价值主导性的要素，譬如"海外新儒家"牟宗三、余英时、杜维明、刘述先等人的理论建构。另一种是尽管对儒学在价值的意义上有相当的认同，但未必以儒家的价值为其理论体系的唯一旨归，同时还可以有其他的价值认同。譬如"波士顿儒家"南乐山和白诗朗，尽管在很大程度上接受儒家的核心价值，但他们同时更是虔诚的基督教徒，基督教的核心价值对于他们来说更是与生俱来的。不过，无论儒学扮演两种角色中的哪一种，作为理论建构中的重要思想资源则是共同的。在这个意义上，所谓"儒学重构"，就显然不是泛指一切对儒学的研究，而是指在当代对于儒学的较为系统性的理论重新建构。或者至少是指在一种较为系统性的理论建构中，儒学构成其中相当重要的思想资源，使这种理论系统具有相当的儒学特征。当然，"建构"与"诠释"又往往难以截然分开，有时前者是通过后者的方式来进行的。比如说，安乐哲与郝大维在文化哲学意义上对于当代儒学的参与，就更多地是通过一系列诠释性的著作来实现的。

（二）南乐山和白诗朗的"波士顿儒学"

就法理而言，早已加入美国籍的杜维明和成中英当然是在以美国为代表的西方世界中讨论有关儒学重构的重要代表人物。但是，如上所述，由于两人特定的华裔背景尤其是两人"港台新儒学"的谱系，他们对于当代儒学重建的贡献已经在"港台新儒学"的脉络中得到研究。余英时先生虽然既不接受"新儒家"称号，同时也将其师钱穆先生划出"新儒家"的阵营①，但其道德文章，无疑是儒家传统核心价值的现代体现。尤其是其"中国情怀"以及有意识地颇多运用作为母语的中文著书立说，更使得他儒学重构的论说适合在"文化中国"而非"当代西方"的脉络中来讨论。因此，这一部分对于西方当代儒学的重构，我们集中讨论那些就种族和文化背景而言纯粹的西方学者所作的贡献。

至少在国际儒学界，南乐山和白诗朗所代表的所谓"波士顿儒学"对于大部分人来说已经不是一个陌生的名字。不过，对于"波士顿儒学"的内涵，即使在专业的学界，也许还未必人尽皆知②。尤其在当代儒学重构的意义上如何理解"波士顿儒学"，更有必要加以考察。

"波士顿儒学"这一说法最早产生于 1991 年在柏克力（Berkeley）召开的第二届儒耶对话（Confucian-Christian Dialogue Conference）。由于 1988 年在香港召开第一届儒耶对话时，来自波士顿地区的认同儒学的代表只有杜维明和南乐山，而到了第二届时则增加了从加拿大转到波士顿大学神学院与南乐山共事的白诗朗以及从韩国转到波士顿工作的 Chung Chai-sik，因此，在第二届会议时一些与会者就评论说"波士顿儒家"这个学派正在发展③。如果说当时"波士顿儒家"或"波士顿儒学"还只是个善意的玩笑，因为大部分与会者还是认为恐怕只有东亚人士才可以成为"儒家"，那么，到了 1994 年南乐山在为美国文理研究院（American Academy of Arts and Science）院刊《代达罗斯》

---

① 参见余英时：《钱穆与新儒家》，收入余英时：《犹记风吹水上鳞——钱穆与中国现代学术》（台北：三民书局，1991）。亦见余英时：《钱穆与中国文化》（上海：远东出版社，1994）。

② 据笔者所知，在中文世界大概只有刘述先先生曾经有专文对南乐山的"波士顿儒学"进行过深度的回应，参见其《作为世界哲学的儒学：对于波士顿儒学的回应》，《哲学与文化》，第 30 卷第 5 期，2003 年 5 月，第 3~17 页。收入作者《现代新儒学之省察论集》（台北："中央研究院"中国文哲研究所，2004）。

③ 杜维明参加了第一届儒耶对话会议以及第二届儒耶对话会议的准备工作，但没有参加第二届会议。

（*Daedalus*）"转化中的中国"专号上发表"波士顿儒家的短暂美好生活"（A Short happy Life of Boston Confucians）一文，"波士顿儒家"便不再是一个偶然的话头，而成为南乐山经过深思熟虑的一个观念了。到 2000 年南乐山出版《波士顿儒学》，"波士顿儒家"则进一步得到了南乐山系统的阐发。广义的"波士顿儒家"当然也包括杜维明，但由于南乐山和白诗朗同时在波士顿大学神学院任教，而杜维明的华裔背景以及一般被归入"海外新儒家"的谱系，还有就是杜维明的儒学资源更多地来自于孟子以降到象山、阳明的谱系，重点在突出"仁"的根源性，而南乐山与白诗朗的儒学资源则更多地取法于荀子的谱系，重点在强调"礼"的实践效验①，因此，"波士顿儒学"其实往往就是指南乐山、白诗朗所代表的纯粹西方人士对于儒学的理解、诠释和建构。

所谓"波士顿儒学"，并不仅仅是指南乐山、白诗朗两人在其基督教信仰的基础上对儒家传统的核心价值有相当程度的认同。这一点或许是中文世界的儒学同行们在谈到"波士顿儒学"时容易首先想到的。但是，"波士顿儒学"还有一个重要的方面，那就是南乐山和白诗朗尤其是前者在西方思想世界中进行较为系统性的理论建构时，儒学的许多思想因素成为其中相当重要的有机组成部分。并且，如果说前一个方面的所谓"认同"主要是表示一种情感上的态度的话，那么，后一个方面的"建构"更多的是一种理性认知的结果。事实上，对南乐山和白诗朗来说，价值和情感上对于儒学传统的相当认同并不是一种先天文化背景的简单结果，这一点和许多在西方世界生活的华裔人士并不一样，而恰恰是基于他们在一个中西比较视域下对于儒家传统相当深入的了解。

无论对于南乐山还是白诗朗，尽管彼此之间有所差异，其理

---

① 由于南乐山和白诗朗所在的波士顿大学与杜维明所在的哈佛大学分别位于查尔斯河（Charles river）的南北两岸，也自然使广义的"波士顿儒学"分为两支。

论建构存在一个共同的基本特点，就是说，他们两人的理论建构可以说都是一种过程神学、实用主义和儒学的结合。换言之，在南乐山和白诗朗的理论建构中，西方的过程神学、实用主义和亚洲的儒家传统是主要的思想资源。

南乐山不仅根据过程神学、儒学和道家的思想资源进行了比较神学的系统思考①，更以他所消化、吸收并有机整合到其思想系统内部的儒学为据，对西方哲学、宗教哲学中的一些根本问题像存在（being）、超越（transcendence）、自我（self）以及宗教认同（religious identity）等进行了建构性的理论回应②。尤为重要的是，西方人士是否能够不依据中文的文献来了解儒家传统？能否在深入了解的基础上认同并体现儒家的核心价值从而被称为"儒家"？对于这种质疑，南乐山的回应相当发人深省。他指出，不论在美国还是亚洲、印度，既然那些没有希腊人的种族遗产以及没有掌握古希腊或希伯来文的现代西方哲学家仍然能够用英文对希腊哲学或基督宗教作出原创性的贡献，那么，我们又有什么理由认为儒家只能够存在于中国和东亚的文化土壤之中呢？由于深感儒家经典、儒家的礼仪实践以及儒家自我的观念对于当代美国教育（尤其是在培养人性意义上的教育）的意义，南乐山推荐"四书"和《荀子》以及宋明儒学大师包括朱熹、王阳明等人的选著作为美国大学教育课程的组成部分。在他看来，儒家道德修身的核心价值对于培养未来几代的美国领导人具有深远的意义。此外，在人文教育中，大学校园生活中礼仪实践的教导也既能够强化认知的明敏，又能够强化伦理的睿智。也正是由于这一点，南乐山特别呼吁要注重从荀学传统的儒家资源中阐释关于规范性文化的礼仪理论。并且，更为难能可贵的是，面对作为儒学原乡的中国听众，南乐山最近还从形上学、哲学宇宙论、人性论以及

---

① 参见其 *Behind the Masks of God: An Essay toward Comparative Theology*. Albany: SUNY Press, 1991. 该书有中国社会科学出版社 1997 年中译本。

② 参见其 *Boston Confucianism: Portable Tradition in the Late-Modern World*. Albany: SUNY Press, 2000.

社会理论这四个方面指出了儒学所面临的问题以及将来进一步发展的可能，直接参与到了中文世界当代儒学的重构之中①。南乐山理论建构的方法论，用他自己的术语来说叫做"主题分析"（motif analysis）。在其比较文化的视角中，并不预设任何特定传统的优越性。因为对他来说，后现代性的复杂性要求全球各地的思想家们齐心协力去"包容世界哲学文化的所有传统"。因此，南乐山面对当今世界各种问题所建构的思想系统，可以说是通过对美国哲学的创造性重建来发展一种世界哲学。而在这种整合了世界上诸多哲学因素的思想系统中，儒学显然是其中一个极其重要的建构性要素。

与南乐山相较，除了过程神学、实用主义等西方的本土资源之外，白诗朗还专门受过系统中国哲学尤其宋明理学训练。其芝加哥大学的博士论文便是研究朱熹弟子陈淳的《北溪字义》。而他不仅对于当代以过程神学为主的基督教与以当代新儒学（主要是牟宗三、杜维明这一谱系）的对话所可能激发的理论成果有深入的探讨②，同时也直接以怀特海（A. N. Whitehead）、南乐山所代表的过程哲学和神学传统以及朱熹所代表的儒家传统为资源，通过比较、分析这两大传统对于创造性（creativity）问题的相关理论，指示了融会贯通这两大传统从而深化创造性以及相关哲学和神学基本问题的思想前景③。在白诗朗看来，如果说女性主义、全球伦理、生态意识和宗教多元主义是塑造当今世界文化形态的四种主要思潮的话，那么，宗教多元主义则是四者之中最为有力的因素。事实上，宗教多样性不仅是当代世界的一个基本

① 参见南乐山 2005 年 8 月 8 日在上海华东师范大学进行的学术演讲 "The Expanding Family of Contemporary Confucian Thought"。

② 参见其 *All Under Heaven: Transforming Paradigms in Confucian-Christian Dialogue.* Albany: SUNY Press, 1994.

③ 参见其 *Concerning Creativity: A Comparison of Chu Hsi, Whitehead, and Neville.* Albany: SUNY Press, 1999.

事实，宗教多元主义也是人类观察当今世界不可避免的视角①。正是基于宗教多元主义的基本立场，白诗朗将儒学作为一种宗教性的传统引入全球范围内的宗教对话。在他的面对当今世界诸多问题的神学思考之中，儒学传统扮演着一个极其重要的建构性角色。之所以如此，很大一个原因在于：白诗朗认为，较之世界上其他的宗教传统，儒家传统历史上一个重要特点就在于它"在伦理上成功地处理了多元主义的问题，既未变成相对主义，又不丧失追求真理的热情"②。因此，如果说儒学构成南乐山所建构的某种世界哲学中的一个重要因素，那么，在白诗朗那里，儒学更多地构成其所试图发展的一种全球范围内多元宗教对话理论的重要组成部分。此外，对于当今世界所面临的一些普遍性的问题，如生态问题等，白诗朗也充分结合他所掌握的儒学资源进行建构性的理论回应③。

（三）安乐哲和郝大维的儒学建构

安乐哲早年曾经留学香港中文大学（1966～1967）和台湾大学（1970～1972），后来到伦敦大学亚非学院师从刘殿爵（D. C. Lau）并受到葛瑞汉（A. C. Graham）的相当影响，1978 博士毕业后以后一直在夏威夷大学哲学系任教。他不仅对古典儒学和道家有精深的研究，同时还是古代中国政治哲学研究的专家④。他

---

① 白诗朗对于宗教多元主义问题的强调，除了 *All Under Heaven* 之外，亦见其 The *Divine Deli*: *Religious Identity in the North American Cultural Mosaic.* Mary Knoll, NY: Obis Book, 1999.

② *All Under Heaven*: *Transforming Paradigms in Confucian-Christian Dialogue.* P. 28.

③ 譬如，白诗朗就曾经和另一位对日本儒学有深入研究的学者 Mary Evelyn Tucker 一起合编了 *Confucianism and Ecology*: *The Interrelation of Heaven, Earth, and Human.* Center for the Study of World Religions, Harvard University, 1998.

④ 参见其 *The Art of Rulership*: *A Study in Ancient Chinese Political Thought.* Honolulu: University of Hawaii Press, 1983. Albany: SUNY Press, 1983, 1994。中译本滕复译：《主术：中国古代政治艺术之研究》（北京：北京大学出版社，1995）。

所翻译的《孙子兵法》、《孙膑兵法》①，在西方被誉为里程碑式的译作。郝大维则是耶鲁大学西方哲学训练的专业西方哲学家，长期在德克萨斯大学（University of Texas）的 El Paso 校区哲学系任教，其专长是文化哲学和美学，同时也是一位怀特海和过程哲学的专家。南乐山和白诗朗在同一所大学的同一个学院共事，但两人的思想并不完全一致。与此不同的是，安乐哲和郝大维这两位哲学家虽然相隔遥遥，至少就运用中国哲学的资源进行理论建构而言，彼此之间却保持了一生的高度共识。两人长期合作，撰写了《透过孔子而思》、《期待中国：透过中西文化的叙事而思》、《由汉而思：中西文化中的自我、真理和超越性》以及《逝者的民主：孔子、杜威以及民主在中国的希望》等②。不仅这一系列著作在西方思想界产生了广泛和深远的影响，成为西方当代儒学重构的重要表现，两人数十年彼此相知、合作著书立说的经验，更是为儒家传统的友道（friendship）提供了感人的西方见证。有趣的是，这些著作已经全部被译成中文，相信也会在中文世界产生同样的影响，由此足见中文读者对于西方世界中儒学因素的关注，更说明全球当代儒学的建构已经联为一体了。

和南乐山、白诗朗有所不同，安乐哲和郝大维似乎从来没有

---

① 参见（一）*Sun-tzu*：*The Art of Warfare.* New Yok：Del Ray，1993；（二）*Sun Pin*：*The Art of Warfare.* With D. C. Lau（刘殿爵）. New York：Ballantine，1996，Albany：SUNY Press，2002.

② （一）*Thinking Trough Confucius.* Albany：SUNY Press，1987. 该书最早的中译本是《孔子哲学思微》，李志林、蒋弋为译，江苏人民出版社，1996。最近的中译本是《通过孔子而思》，北京大学出版社，2005。晚出本较佳。（二）*Anticipating China*：*Thinking Through the Narratives of Chinese and Western Culture.* Albany：SUNY Press，1995. 该书中译本即将由上海社会科学院出版社出版。（三）*Thinking From the Han*：*Self，Truth，and Transcendence in Chinese and Western Culture.* Albany：SUNY Press，1998. 该书中译本名为《汉哲学的文化探源》，施忠连译，江苏人民出版社，1999。（四）*The Democracy of the Dead*：*Confucius，Dewey，and the Hope for Democracy in China*，La sale，IL：Open Court，1999. 该书中译本名为《先哲的民主》，何刚强译，江苏人民出版社，2002。其中，前三部著作尤其被视为安、郝两人通过诠释的方式来建构其理论系统的三部曲。

明确宣称过自己的儒家认同。郝大维本人生前似乎也表示了对于道家思想更多的欣赏①。但是，无论从上述安乐哲、郝大维合著的几部诠释儒家传统尤其古典儒学的著作来看，还是从安乐哲对于几部最重要的儒家经典的哲学性翻译来看②，尤其是从安乐哲本人在待人接物中所体现的儒家君子风范来看③，我们都可以说，在他们两人尤其是安乐哲的思想构成与价值世界中，具有浓厚的儒家因素。最近，安乐哲的研究和教学开始从古典儒学进一步扩展到了宋明理学，显示了儒学在其思想中新的进境。

相对于南乐山和白诗朗的神学背景，安乐哲和郝大维参与当代儒学重构的形式更多的是对于古典儒学的建构性诠释。其建构性的理论诠释尤其侧重于一种文化哲学④。并且，这种文化哲学的建构更多的是通过以比较哲学的方式来突显以儒家为主的中国哲学较之西方哲学的特性以及对于西方思维方式所可能具有的贡献来实现的。在哲学家而非汉学家的意义上，以往的一些学者包括韦伯（Max Weber）、卡西尔（Ernst Cassirer）等都对中国文化有一定的了解，更从文化哲学的角度提出了许多富有睿识洞见的观察。但真正充分运用中国哲学的思想资源在西方世界从事一种系统的文化哲学的建构，或者说为西方世界的文化哲学建构提供了一种中国哲学的视角，目前则以安乐哲和郝大维为翘楚。全

---

①　这一点可以从郝大维个人的两部著作中看到。参见其 *The Uncertain Phoenix*：*Adventures Toward a Post-Cultural Sensibility*. New York：Fordham University Press，1982. *Eros and Irony*：*A Prelude to Philosophical Anarchism*. Albany：SUNY Press，1982.

②　包括（一）*The Confucian Analects*：*A Philosophical Translation based on the Dingzhou Manuscripts*. With Henry Rosement，Jr. New York：Ballantine，1998；（二）*Focusing the Familiar*：*A Translation and Philosophical Interpretation of Zhongyong*. With David Hall. Honolulu：University of Hawai'i Press，2001。

③　笔者 2003～2004 年曾经有过在夏威夷大学中国研究中心和哲学系担任客座教授的经验，这一点是笔者直接的切身感受。

④　当然，南乐山也可以说是一位文化哲学家。譬如，他有文化哲学的专著 *Normative Cultures*. Albany：SUNY Press，1995。在其中的第三章，他就特别指出古代儒家尤其是荀子的"礼"论与当代西方实用主义的符号学彼此多有相互发明之处。他认为，在一定意义上，后者可以视为前者的西方现代表达。

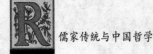

面、详尽地讨论安乐哲和郝大维在上述一系列著作中的儒学因素，在一篇论文中是不可能的；将他们诸多丰富、细致的论证进行概括，也很难避免化约主义（reductionism）的问题。因此，我们这里只能对其参与全球儒学重构的一些要点与特征略作提示。

从1987年出版的《通过孔子而思》到1998年出版的《由汉而思：中西文化中的自我、真理和超越性》，安乐哲和郝大维贯穿了一个重要但不无争议的对比中西文化基本差异的哲学判断。他们认为，西方文化的主流有一个根本性的区分，即经验世界以及超越于经验世界之上和之外并决定经验世界的超越者。简言之，即上帝与我们所在的世界。西方文化一切的意义几乎都从这种上帝与世界的二元对立中产生。并且，我们所在的经验世界中一切的最终理由最后都要归结到上帝（无论是神学意义还是非神学意义的），而这些理由本身并不在经验世界之内。在这个意义上，可以说上帝超越于经验世界。由于这种认识，西方文化主流就表现为一种在时间上注重先后、在逻辑上注重因果关系的线性思维方式（linear way of thinking）。与此相对，中国文化尤其孔子所代表的古典儒家的世界观，却可以说体现了一种"关联性的思维方式"（correlative thinking）①。这种思维方式尽管也包含许多对称性的思维范畴，譬如"阴"和"阳"等等，但这种二元关系却不是像西方文化中的上帝—世界那样一方超越于另一方，而是彼此相互规定，一方的存在和意义有赖于对方的存在和意义，恰如一节电池的两极，无彼亦无此，无此亦无彼。因此，如果说西方文化的世界观是"上帝—世界"或者说"两个世界"的话，中国文化的世界观则是"一个世界"。也正是由于这种看法，安乐哲和郝大维将西方文化中的那种二元关系称为"二元对立论"（dualism），而将中国文化中的这种二元关系称为"两极相关论"

---

① "关联性的思维方式"这一表述并非安乐哲和郝大维的首创，而是来自于葛瑞汉。参见葛瑞汉的 *Disputers of the Dao：Philosophical Argument in Ancient China.* La-Salle, Ⅲ.：Open Court, 1989。但无疑安乐哲和郝大维对其含义进行了更为丰富和细致的阐释。

（polarism），以示区别①。同样基于这种看法，安乐哲和郝大维反对用"内在超越"这种说法来形容儒学所代表中国文化的基本特征，因为对他们来说，在孔子所代表的中国文化中并没有上述西方严格意义上的那种"超越"。尽管他们也承认宋明理学中未必没有那种"超越"，但他们坚持那是佛教的影响所致，并非孔子所代表的古典儒学的本来面貌。前面所谓这种基本哲学判断的争议，主要正在于此②。而从这种中西文化基本差异的哲学判断出发，安乐哲和郝大维进一步提出了他们对于中西文化之间一些基本差别的观察。

除此之外，对于安乐哲和郝大维尤其安乐哲个人来说，参与当代儒学重构的另一个独特而重要的方式是对儒家经典的哲学性翻译。迄今为止，安乐哲与郝大维合作翻译了《中庸》，与罗思文（Henry Rosement, Jr.）合作翻译了《论语》。无论《论语》

---

① "二元对立论"和"两极相关论"是笔者的译法。关于 dualism 和 polarism 之间的区别以及各自的含义，参见安乐哲：《身体在古代中国哲学中的意义》（*The Meaning of Body in Classical Chinese Philosophy*），载安乐哲与 Thomas P. Kasulis、Wimal Dissanayake 合编：《亚洲理论和实践中作为身体的自我》（*Self as Body in Asian Theory and Practice*. Albany, NY：SUNY Press, 1993）。

② 这一点引起了广泛和长期的辩论，尤其导致了"港台新儒学"阵营的反对。参见李明辉：（一）《儒家思想中的内在性与超越性》，载氏著：《当代儒学之自我转化》（台北："中央研究院"中国文哲研究所，1994），第 129～148 页；（二）《再论儒家思想中的"内在超越性"题》，台北："中央研究院"第三届国际汉学会议论文；以及杜维明：《论儒学的宗教性：对〈中庸〉的现代诠释》，段德智译（武汉：武汉大学出版社，1998）；刘述先：《关于"超越内在"问题的省思》，台北：《当代》第96 期，1994 年 4 月，第 146～149 页；以及周勤：《儒学的超越性及其宗教向度——杜维明教授访谈》，北京：《中国文化》第 12 期，1995 年 5 月。另外，更值得注意的是，白诗朗也从比较宗教和比较神学的角度不同意安乐哲和郝大维认为儒家缺乏超越性的看法，认为他们过分夸大了"超越性"的中西差异。参见 John Berthrong, *All Under Heaven: transforming paradigms in Confucian-Christian dialogue*, p. 138。笔者以为，从另一个角度来看，如果安乐哲和郝大维承认理学传统不无所谓"超越"而同时不能否认理学是儒学传统的自然发展和内在有机组成部分，那么，认为宋明理学受了佛教影响而有违孔子儒学的本来面貌，却恰恰不免与他们所坚持的过程性的、反实体论的哲学立场相左。值得反省的是这一点。关于"超越"在中西文化脉络中语意差别所可能引起的误会，倒尚在其次。

还是《中庸》此前在西方世界中都有英译本。但是，在安乐哲等人看来，以前的译本在很大程度上可以说是将西方主流文化的世界观施加到了中国儒家的文本之上。譬如用"Heaven"来翻译"天"、用"Way"来翻译"道"、用"human nature"来翻译"（人）性"等等，都将不可避免地使得西方读者自然用"Heaven"、"Way"、"human nature"所关联的一整套西方的世界观去理解"天"、"道"、"（人）性"所在的儒家文本。而作为一种哲学性的翻译（philosophical translation），安乐哲等人对这些根本性的儒家经典的重新翻译，实际上恰恰体现了西方过程哲学、实用主义与儒学的结合。譬如，对于《中庸》一书的核心概念"诚"，安乐哲和郝大维的翻译就不再是传统的"sincerity"或"integrity"，而是用的"creativity"。对于《论语》中的核心观念"仁"和"君子"，安乐哲和罗思文的翻译就是"authoritative conduct"和"exemplary person"。对于为什么要用这样的翻译，安乐哲等人有明确和详细的说明①。对安乐哲等人来说，如此的翻译才能够使西方读者真正进入古代中国儒家的思想世界。一方面，这种翻译似乎是将西方过程哲学、实用主义的思想输入到了儒学之中；另一方面，通过这种翻译，儒家思想也同时进入到了西方哲学的脉络之中。正是以这种创造性的方式，和"波士顿儒学"一样，儒学在当代西方世界获得另一种不同于"港台新儒学"的重构。

总体来说，安乐哲和郝大维的基本哲学立场是反对西方哲学传统主流的实体论，而他们反对实体论所凭借并发展的思想资源，在西方是过程哲学、实用主义，在中国则是儒家和道家所代表的情境主义和关联性的思维方式。换言之，在他们所建构的文化哲学系统中，过程哲学、实用主义和古典儒家、道家，是主要

---

① 参见（一）Roger T. Ames and Henry Rosement, Jr., *The Confucian Analects: A Philosophical Translation based on the Dingzhou Manuscripts.* New York: Ballantine, 1998;（二）Roger T. Ames and David Hall, *Focusing the Familiar: A Translation and Philosophical Interpretation of Zhongyong.* Honolulu: University of Hawai'i Press, 2001.

的思想要素。也正是由于他们基本的哲学立场是反实体论，由此也是反目的论（teleology）的，因而对于是否可以将他们的文化哲学称为一种"体系"或"系统"，他们都持非常谨慎的态度。用安乐哲自己的话来说，与其说是"体系"，不如说是在他们的诸多著作中所体现的某种一致性和一贯性①。

（四）对比与结语

比较南乐山、白诗朗所代表的"波士顿儒学"以及安乐哲、郝大维的理论建构，我们可以发现，过程思想、实用主义和儒学传统构成双方共同的思想资源。在西方传统方面，像怀特海、皮尔斯（C. S. Peirce）、詹姆斯（William James）、杜威（John Dewey）等人的思想，可以说是双方进行理论建构时都经常援引的。在儒家传统方面，除了白诗朗受过宋明理学的训练并特别重视朱熹之外，南乐山与安乐哲都主要是从先秦古典儒学那里汲取灵感。如此一来，我们不免要问：既然在西方从事当代儒学建构的这两种类型在相当程度上具有共同的思想资源，为什么却又展现为不同的思想形态呢？换言之，这两种理论建构有何不同呢？这一问题关涉到许多复杂的理论问题，笔者在此只能有两点提示。

首先，由于南乐山和白诗朗具有强烈的基督教神学背景，因此，他们在过程思想方面的资源，进一步来说更多的是"过程神学"（process theology）而不是"过程哲学"（process philosophy）。尽管前者可以视为后者在神学方面的一个分支或衍生物，过程神学的开创者哈特桑恩（Charles Hartshorne）也将过程哲学的奠基者怀特海视为思想先驱，但自从哈特桑恩以来，过程神学已经形成了自己独立的传统，哈特桑恩也明确表示了与怀特海的不同。哈特桑恩将自己所进一步发展了的理论称为"新古典有神论"（neoclassical theism），这种理论并非一种对怀特海过程哲学的重读。与此相较，安乐哲和郝大维则几乎没有神学的色彩，因

① 参见：《通过孔子而思》"附录"中安乐哲自己对于问者的回答。

此，在南乐山和白诗朗那里作为重要思想资源的哈特桑恩、诺曼·皮腾格（Norman Pittenger）、威连姆·克里斯丁（William Christian）、丹尼尔·戴·威廉姆斯（Daniel Day Williams）、博那德·陆墨（Bernard Loomer）、大卫·格里芬（David R. Griffin）、约翰·小科布（John B. Cobb, Jr.）、亨利·詹姆斯·余昂（Henry James Young）、大卫·崔西（David Tracy）、路易斯·福德（Lewis Ford）、萨克奇（Marjorie Hewitt Suchocki）、诺博（Jorge Luis Nobo）、伊美特（Dorothy Emmet）、约翰森（A. H. Johnson）、麦克丹尼尔（Jay McDaniel）等过程神学传统的重要人物，基本上不构成安乐哲和郝大维吸收过程传统时的来源。

　　正是由于这一点的不同，南乐山与安乐哲在有关宇宙论的创造性（creativity）问题上，就产生了重要的区别。这是两种思想形态的第二点不同，也可以说是在理论形态表现上最重要的差别。由于基督教神学的背景，在宇宙论的创造性问题上，南乐山所持的是一种"无中生有"（*creatio ex nihilo*）的观点。这种"无中生有"的创造性的一个基本要点就是肯定上帝作为创造性的根源或者说创造者（creator）必须超越于世界或作为受造物（creature）的世间万物之外和之上。而对此，安乐哲有着完全不同的看法。和他坚持认为孔子所代表的古典儒学中并无严格的"超越"这种看法相一致，安乐哲本人对创造性的看法也是认为不能够在创造者和受造物之间作出那种超越的区分，从而将创造者作为超越于世界之外不受世界影响的独立存在。在安乐哲看来，创造者和受造物是彼此蕴涵和连续的，创造性始终是境遇性（situated）和交互性的（transactional）。并且，如果说"无中生有"的创造性过于将某种原初性（originality）作为其价值根源的话，那么，安乐哲所理解的创造性则更为重视创造过程当中每一个当下的价值与意义。与此相应，在注重更新（novelty）的根源从而不免忽视历史、发展以及注重历史、发展本身方面，"无中生有"的创造观也与安乐哲对于创造性的理解适成对照。总之，相对于南乐山"无中生有"的创造性，安乐哲理解的创造性用他自己的术语来说则是"由境而生"（*creatio in situ*）①。这与他最早在《通过孔子而思》中提出的"情境主义"（*ars contextualis*）的观点是一脉相承而前后一致的。我们可以看到，在不认为价值创造的根源（不论称之为"上帝"还是"天道"）可以全然独立于世界以及人类的经验之外这一点上，与儒家传统更为接近的是安乐哲而不是南乐山②。而在这一点上，白诗朗由于提倡哈特桑恩所谓"双向超越性"（dual transcendence）的观点，提出了所谓"对话性的上帝"（a dialogical God），因此与南乐山"无中生有"的立场有所不同，反倒与安乐哲"由境而生"的看法有可能暗中相通，尽管白诗朗认为安乐哲认为中国哲学中没有"超越性"的说法有过于极端之嫌③。

在此，我们无法对南乐山、白诗朗、安乐哲和郝大维的理论建构进行全面、详细的说明和比较。需要指出的一点就是：不论在南乐山、白诗朗的理论建构中，还是在安乐哲、郝大维对于古典儒家思想的建构性诠释之中，我们都可以看到，儒家传统扮演了不可或缺的角色，成为他们所建构的理论系统中的重要思想因素。我们或许还不能说他们所建构的理论系统是一种"新儒学"，不过，我们说他们所建构的理论系统具有相当的儒学色彩，却并不为过。也正是在这个意义上，我们可以说，就全球范围而言，他们参与了当代儒学的重构。当然，从西方的视角来看，他们自然也参与了过程哲学和实用主义的重构。

---

① 对于 *creatio ex nihilo* 和 *creatio in situ* 这两种创造性的不同，安乐哲曾经进行过详细的比较。参见其第三届中国出土文献国际会议提交的论文 "Colaterality in Early Chinese Cosmology：An Argument for Confucian Harmony as *Creatio In Situ*"。

② 杜维明也曾经对南乐山的这一基本立场表示了质疑，见其为南乐山 *Boston Confucianism* 一书所写的序言。

③ 参见 *All Under Heaven：transforming paradigms in Confucian-Christian dialogue*，chapter 5，"Process Theology and Dual Transcendence"。

四　从西方儒学研究的新趋向
前瞻 21 世纪的儒学

中国学者在讨论儒学时，有时难免不自觉地仅以之为一种中国的本土文化。但事实上，至少自宋明以来，儒学便已扩展成为东亚经验的一种了。在韩国、日本、越南等东亚地区，儒学自传入该地区以来，早已与当地原本的文化传统相结合，形成了具有该地区民族特色的儒学传统。如今，随着科技发展所带来的全球一体化，儒学更是开始进入西方的直接经验领域①。因此，在了解西方儒学研究的基础上前瞻 21 世纪的儒学，是一个很有意义的问题。

（一）北美儒家宗教性研究的趋向

西方对儒学的正式研究，最早属于汉学（Sinology）的范畴。但这种 Sinology 的范围相当广泛，决不仅限于儒学，与中国有关的各种文化现象，几乎均是其研究领域。并且，和埃及学（Egyptology）相似，Sinology 一个最重要的特点就是将研究对象视为已死的文化。该文化已然静态地被封存于历史之中，不再作为一

---

① 全球化固然以西方化为主要内容，但毕竟不等同于西方化。在西方文化广泛深入地影响非西方地区文化的同时，非西方的文化其实也绝不是只有被动地受影响，而是也进入了西方社会，在西方社会的多元文化发展中扮演了积极的角色。如今，我们在北美一些大城市处处可见非西方文化的影响。就此而言，相对于以往那种"the west and the rest"（西方及非西方）的两分思维模式，我们可以说"the rest is just in the west"（非西方即在西方之中）了。

种鲜活的传统可被经验。汉学研究或许可以称为"古董研究"，汉学家也类似于古董收藏家或鉴赏家。尽管不乏对中国文化情有独钟者，但许多汉学家对中国文化的兴趣只是出于一种对"异类"（the other）的猎奇心理，他们并不关心中国文化当下的现实生命。

　　西方传统的汉学研究，显然与殖民主义有关。因此，随着全球反殖民主义的兴起、世界格局的变化，战后西方汉学研究的重心不仅从欧洲移到了美国，其性质与内容也随之而变。目前，Sinology 一词至少在美国已渐呈被弃不用之势，取而代之的是 Chinese Studies。而 Chinese Studies 从 20 世纪 50 年代至今，其内容也在不断丰富。约略而言，五六十年代，Chinese Studies 主要以费正清（John King Fairbank）和芮沃寿（Arthur Wright）所主持的研究为代表。较之传统的汉学研究，这种研究有两个特点：一、对儒学研究在时段上的侧重由古代转换到近现代；二、不再将儒学视为一种已逝的历史遗迹，而是将其看做一种仍在运作的意识形态和观念系统。60 年代以后，在陈荣捷（Wing-Tsit Chan）和狄百瑞（Wm. T. de Bary）等人的推动下，以哥伦比亚大学新儒学研讨班（Neo-Confucian Seminar）为代表，儒学研究开始重视儒学内部的哲学性课题以及儒者的人格世界。而七八十年代迄今，则又出现了　种新的趋向，即不仅视儒学为一种仍在支配人们行为的观念系统，而且将其理解为一种宗教性的传统。在此趋向内部，又可分为两种类型：一是从宗教性传统的角度对儒学本身所作的专门研究；一是在视儒学为一种宗教传统的前提下，对儒学和基督教等其他宗教传统所作的比较研究。当然，这两种类型有时又并非泾渭分明，而是常常交织在一起。

　　对于这种新趋向，有一系列的著作可以作为代表。如 1972年芬格莱特（Herbert Fingaratte）的《孔子：即凡俗而神圣》（*Confucius: The Secular as Sacred*, New York: Harper Torchbooks），1977 年秦家懿（Julia Ching）的《儒与耶：一个比较研究》（*Confucianism and Christianity: A Comparative Study*, Tokyo Kodansha International, and the Institute of Oriental Religions, Sophia University)①，1982 年南乐山的《道与魔》（*Tao and Daimon*, Albany: State University of New York），1983 年杨意龙（John D. Young）的《儒学与基督教：初次相遇》（*Confucianism and Christianity: The first Encounter*, Hong Kong: Hong Kong University Press），1984 年史景迁（Jonathan D. Spence）的《利玛窦的记忆之殿》（*The Memory Palace of Matteo Ricci*. New York: Viking），1989 年杜维明的《论中庸》（*Centrality and Commonality: An Essay on Chung-yung*. Albany: State University of New York），1990 年泰勒（Rodney Taylor）的《儒家思想的宗教向度》（*The Religious of Confucianism*, Albany: State University of New York），1994 年白诗朗（John Berthrong）的《普天之下》（*All Under Heaven: Transforming Paradigms in Confucian-Christian Dialogue*, Albany: State University of New York）以及 1998 年白诗朗的《关于创造性：朱熹、南乐山和怀特海的比较研究》（*Concerning Creativity: A Comparison of Chu Hsi, Neville and Whitehead*, Albany: State University of New York Press），最近的则有杜维明和 Mary Evelyn Tucker 合编的两卷本《儒家精神性》（*Confucian Spirituality*, New York: The Crossroad Publishing Company, 2002, 2004）等等②。其他譬如狄百瑞（W. T. de Bary）1983 年的《中国的自由传统》（*The Liberal Tradition in China*, Hong Kong and New York: The Chinese University Press and Columbia University Press）、1988 年的《东亚文明：五个阶段的对话》（*East Asian Civilizations: A Dialogue in Five Stages*, Cam-

---

① 当然，秦家懿是在加拿大的多伦多，但鉴于美加的密切联系，此书亦可作为这一系列著作之一种。

② 白诗朗曾经对北美儒学宗教性研究的这一新趋向进行过介绍，参见其 *All Under Heaven: Transforming Paradigms in Confucian-Christian Dialogue*. Appendix, Albany: State University of New York, pp. 189~207. 但因白书出版于 1994 年，其后的著作包括其本人的 *Concerning Creativity: A Comparison of Chu Hsi, Neville and Whitehead* 等则没有包括在内。

bridge Mass.：Harvard University Press)、1991 年的《为己之学》(*Learning For One's Self*：*Essays on the Individual in Neo-Confucian Thought*，New York：Columbia University Press) 和《儒学的困境》(*The Trouble with Confucianism*. Cambridge Mass.：Harvard University Press) 以及史华慈 (Benjamin Schwartz)1985 年的《古代中国的思想世界》(*The World of Thought in Ancient China*，Cambridge，Mass.：The Balknap Press of Harvard University) 等，虽然不是专门讨论儒家宗教性的著作，但其中的相关部分对于儒学传统宗教性的问题也多有涉及。此外，欧洲也有一些同类的著作和研究成果，如 1985 年法国学者谢和耐 (Jacques Gernet) 的《中国与基督教的影响》 (*China and the Christian Impact*. Trans. By Janet Lioyd. Cambridge and Paris：Cambridge University Press and Editions de la Maison de Sciences de l'Homme) 等，但不如美国的集中，这里就不一一列举了。

当然，这一新趋向的出现，并不意味着对以往研究范式的取代，而毋宁说是在整个 Chinese Studies 领域内又一种研究范式和类型的开拓。甚至在 Chinese Studies 取代了 Sinology 的用法之后，传统 Sinology 的研究也未尝绝迹，而仍有其自身发展的空间。以上从 Sinology 到 Chinese Studies 的转变，以及 Chinese Studies 内部儒学宗教性研究新趋向的出现，也只是对西方儒学研究变化极为粗略的概括，自不足以把握整个西方儒学研究的全貌。需要指出的是，从宗教性的角度理解儒学成为晚近西方儒学研究的一个新趋向，并非偶然。儒学自身在现代的经验，在经历了被全面解构之后的综合创新，无疑是背后最为根本的决定因素。尽管当代儒学的经验仍在继续，创造性的转化尚未完成，但已有的成果或许已可以让我们对儒学在将来的发展方向略窥一斑。

(二) 现当代新儒学的影响和意义

就像作为一种东亚意识的儒学仍需以中国本土的儒学为基源和母体一样，上述西方儒学研究的新趋向，在相当程度上更是以儒学在中国的本土经验为背景。而现当代儒学的本土经验，又显

然和新儒学运动密切相关。

对于现当代新儒学①，有人认为不过是宋明理学在现代的回响。诚然，前者的确以后者为自己主要的思想资源，在精神方向上与之一脉相承。但前者所面临的变局，却远非昔日宋明时代可比。较之后者之消化和吸收佛教，前者对西方的回应和融汇，也实在因问题意识的极大丰富，而涉及到了经验领域的方方面面。况且，即便从梁漱溟、熊十力那一代算起，现当代新儒学发展到目前也已有四代。如果根据希尔斯（Edward Shils）传承三代即形成传统的说法②，现当代新儒学甚至已形成自己的传统。然而，无论现当代新儒学与宋明理学的关联如何，现当代新儒学兴起至今，却是一个在解构之中重建的过程。这和宋明理学的发展过程有着极为重要的区别。

现当代新儒学的兴起，以传统儒学被全面解构为背景。并且，不仅与顽固守旧的国粹派难以相提并论，现当代新儒学本身便是解构传统儒学的一支力量。只不过与激进的全盘性反传统思潮相较，现当代新儒学对儒学的解构可谓一种积极的解构，因为解构中有建构，而并非对传统只破不立，流于民族虚无主义。在对儒学解构与重建的过程中，现当代新儒学所做的一项重要工作，就是厘清传统儒学不同的层面和形态。尽管用语可能不同，但目前较为一致的看法是认为儒学大致有三个层面和形态：（一）精神性的儒学，即可以超越特定社会历史情境的作为一种价值信仰系统的儒学；（二）政治化的儒学，即传统社会中被统治集团意识形态化的那套观念系统。它虽然和儒家的政治思想不无关联，但显然绝非孔孟以来儒家政治理念的纯正和直接表达；（三）大众或民间化的儒学，即在民间大众的实际生活中发挥指导作用的儒学价值观念。尽管这种儒学很可能混杂了其他的东西而有世

---

① 港台地区习惯称当代新儒学，大陆地区习惯称现代新儒学，结合两种说法并考虑这一运动 20 世纪初即已产生且如今正方兴未艾，故我们这里称之为"现当代新儒学"。

② 参见希尔斯：《论传统》，傅铿、吕乐译，上海人民出版社，1991。

俗化的倾向，但它始终以精神性的儒学为自身的源头活水。历史上民间的蒙学读物和相关的各种善书，均可对此提供经验的支持。这种对儒学不同层面的厘清和解析，西方学者亦有类似的结论①。

在此基础上，现当代新儒学认为，尽管儒学传统在不同的时空条件下有各种现实形态，但儒学之为儒学，或者说儒学之所以能在历史的因革损益中保持其连续性，关键在于儒学的内核是一套精神性的价值信仰系统，可以为人们提供一种安身立命的一贯之道。如果我们能自觉地不以西方一神论和组织化的形态来理解宗教的含义，则儒学未尝不可以说是一种宗教传统。以往对儒学是否宗教的讨论之所以莫衷一是，相当程度上在于持论者们在判定儒学是否宗教之前对何为宗教往往并无明确的反省，缺乏进一步讨论的共同基础。显然，如果我们以一神论和组织化为背景来理解宗教，则儒学自不同于基督教、犹太教和伊斯兰教的形态。但如果宗教确如田立克（Paul Tillich）所言，是一种终极关怀（ultimate concern），或者如希克（John Hick）所言，可以被理解为一种对超越者的回应方式（Response to the Transcendent）（不论超越者在不同的文化背景中被冠以何种名称）②，且这种回应方式塑造了人们的日常生活并使人们的存在意义获得一种终极

---

① 如普林斯顿大学的罗兹曼（Gilbert Rozman）便认为有五种不同的儒学：皇权儒学（Imperial Confucianism）、改良儒学（Reform Confucianism）、知识分子儒学（Intellectual Confucianism）、商人儒学（Merchant House Confucianism）以及大众儒学（Folk Confucianism）。参见 Gilbert Rozman, ed., *The East Asian Region: ConfucianHeritage and Its Modern Adaptation*. Princeton, N. J.: Princeton University Press, 1991, p. 161. 而在《儒家精神性》的"导论"中，除了宗教性的儒学（Religious Confucianism）之外，Mary Evelyn Tucker 则认为儒学传统还可以包括政治儒学（Political Confucianism）、社会儒学（Social Confucianism）、教育儒学（Educational Confucianism）以及经济儒学（Economic Confucianism）这几个不同的层面。参见 Tu Weiming and Mary Evelyn Tucker, ed., *Confucian Spirituality II*, New York: Crossroad Publishing Company, 2004, pp. 18 ~ 20.

② 参见希克：《宗教之解释——人类对超越者的回应》，王志成译，四川人民出版社，1998。

性的转化，则儒学又足以称得上是一种宗教。事实上，随着我们对东西方文化了解的深入，我们越来越可以看到，虽然作为宗教的儒学和基督教、犹太教、伊斯兰教等具有完全不同的模式，但儒学在传统中国社会所发挥的"正人心、齐风俗"的作用，在西方正是基督教等宗教传统而非其他观念系统所承担的功能。说各大世界性宗教传统在中国文化中的对应物是儒学，或许并不为过。

将儒学作为一种精神性或宗教性传统，并非只是一种理论建构的结果，它既有历史经验的坚强支持，是整个儒学本土经验的如实反映，又在战后整个东亚范围的意识领域中获得了再次突显。儒学的价值观念仍然深深植根于"文化中国"范围内许多人的心中，对他们的现代生活继续发挥影响。对于儒学与东亚经济增长之间关系的复杂性，如今的研究已渐能超越非此即彼的简单认识①。本文在此无意介入这一课题的讨论，只是须指出，儒学价值观念在东亚仍广泛存在并发挥作用，与东亚经济的增长并行不悖，至少说明儒学如今的命运并未像列文森（Joseph Levenson）当初担心的那样。而儒学能在世易时移的过程中"随缘不变"，迄今作为一种有生命力的传统影响人们的生活，恰恰由于精神性、宗教性的儒学传统有其能够超越特定意识形态、政治社会结构和经济模式的品格。

西方从宗教角度理解儒学的新趋向，既与其宗教多元论和宗教对话理论的兴起密切相关，又无疑受到了诸如陈荣捷、唐君毅、牟宗三、余英时、杜维明、刘述先、蔡仁厚等现代儒家学者的巨大影响。在这一新趋向中，许多人对儒学的理解，相当程度上来自这些儒家学者。而在与作为一种宗教传统的儒学的对话中，西方学者也往往以这些儒家学者作为儒学传统的现

---

① 这方面最近的讨论可参阅 Tu Wei-ming, eds, *Confucian Traditions in East Asian Modernity: Moral Education and Economic Culture in Japan and the Four Mini-Dragons.* Harvard University Press, 1996。

代代言人。正如白诗朗所言："儒学在其漫长的历史发展中，是由那些自觉的儒者们自己对儒学的言说来规定的。虽然儒学传统之外的学者们均有权说现代的定义与过去的有所偏差，而我却相信，那些内在于儒学传统的人具有界定儒家传统当前轮廓的优先权。"① 显然，西方儒学研究这种新趋向的出现，最终根源在于作为一种价值信仰系统的儒学在当今所显示的顽强生命力。而现代新儒学运动，则是这种生命力在学界的一个重要表现。

（三）宗教性儒学全球发展的前景

儒学在现代所经历的解构，使得当代儒学至少在目前已无法像传统儒学那样全面安排人间的各种秩序②。但恰恰是这种看似对儒学不利的解构过程，反而使儒学作为一种价值信仰系统的超越向度得以突显。现代新儒学对儒学的重建，正是主要集中在这一向度。对于现代儒学，余英时先生曾有"游魂"的比喻，误解者认为"游魂"说的前提是把儒学和历史上儒学发生与成长的政治结构、社会组织及经济制度等看做是不可分割的必然关系，以至余先生不得不澄清说，将现代儒学比做"游魂"，恰恰是首先要承认它可以离开传统的历史情境而独立存在③。而这种不必然附着于某种特定历史形态的儒学之"魂"，只能是作为一种价值信仰系统或宗教性传统的儒学。

由此可见，现代儒学在解构中的重建，使得儒学越来越显明地将自身界定为一种具有超越品格的宗教性传统。前文所述西方儒学研究的新趋向，也说明儒学正以一种宗教传统的身份开始被

---

① John Berthrong, *All under Heaven: Transforming Paradigms in Confucian-Christian Dialogue. Albany*, N. Y.: State University of New York Press, 1994, p190.
② 认为儒学在传统中国社会发挥的作用是"全面安排人间秩序"，是余英时先生的看法，参见余英时：《现代儒学论》（上海：上海人民出版社，1998），"序"。
③ 上引余英时先生书"序"，第5页。

西方重新认识，并加入了全球范围内的多元宗教对话①。尽管这还只是个开端，我们却已可以想见，在 21 世纪，儒学虽然未必不会有多方面的展开，但作为一种宗教性传统发挥作用，无疑将是一个基本的主题。并且，其他方面的发展，也无法不与此密切相关。

需要说明的是，儒学作为一种宗教传统发挥作用，不必意味着只能退居于个人修养的"私领域"。不满现代儒学拙于事功而谋求所谓"政治儒学"的开拓，既未能体察孔子"施于有政，是亦为政"（《论语·为政》）的深意，也没有充分顾及儒学被专制主义利用的历史前鉴。其济世情怀虽亦是儒学精神的体现，但恐难免"气魄承当"，不能为深长久远之计。事实上，"公"、"私"领域虽各有所属，"外王"亦不必由"内圣"开出，但"公"、"私"、"内"、"外"却非毫无关涉，在"私领域"中不同的信守，以及在"内圣"方面不同的寄托，毕竟会使人们在"公领域"和"外王"方面有颇为不同的表现，进而对"公领域"和"外王"本身产生不同的影响。正如高度理性化的政治体制虽不会产生"人存政举，人亡政息"的局面，但不同品质的政治领导人仍然会在同样的政治组织结构下导致不同的政治结果。所谓"徒法不足以自行"，任何制度均离不开人的运作。而作为价值信仰或宗教传统的儒学，其功能恰恰在于德性与智慧的培养。虽然德性与智慧的培养并不仅仅有赖于儒学传统。由此我们应当看到，即便儒学在将来主要体现为一种价值信仰系统或宗教性传

---

① 迄今为止，在香港、柏克力和波士顿已经分别召开过多次儒学和基督教对话的国际学术会议。第一次儒耶对话国际会议于 1988 年在香港中文大学举行。第二次儒耶对话国际会议于 1991 年在美国加州柏克力举行。第三次儒耶对话国际会议于 1994 年在波士顿大学（Boston University）举行。第四次儒耶对话国际会议于 1998 年又回到香港举行。第一次儒耶对话的论文集，参见 Peter K. H. Lee, ed., *Confucian-Christian Encounters in Historical and Contemporary Perspective*. Lewiston/Queenstown: The Edwin Mellen Press, 1991. 第二次会议的论文收入 *Pacific Theological Review*, Vol. 24/25, 1993. 第四次会议的论文集中文版参见赖品超、李景雄编：《儒耶对话新里程》（香港：中文大学崇基学院宗教与文化研究中心，2001）。

统，儒学同样可以曲折地在政治、社会和经济等公共生活中作出贡献。并且，经由心灵的间接方式，较之以往直接进入政治等公共领域，儒学或许能避免异化而更好地发挥作用。

对于儒学的将来，一种较有代表性的关注是：儒学是否只能作为一种专业学院化的东西存在于少数知识分子群体之中。诚然，现代儒学在回应西学的情势下，对儒学传统的重建采取了更为学院化的表达方式。但在这种形式之下，跃动的仍然是儒学一贯的精神气质，无视于此，不免误荃蹄为鱼兔。现代儒学近百年的发展，绝非仅仅意味着一种知识产品的传承，服膺儒学的现代学者，对此皆可谓"莫逆于心"、"不言而喻"。并且，所谓"四民异业而同道"，儒学作为一种安身立命之道，从来都不是知识分子的专利，它可以为各类人士接受而奉为人生准则。尤其当儒学作为一种宗教性传统发生作用时，这一点表现得尤为鲜明。儒学走向生活世界，在人伦日用的实际生活中发挥影响，恰恰需要以确立儒学的宗教性或超越品格为前提。王阳明"不离日用常行内，直造先天未画前"的诗句，正是儒学超越性与内在性（人间性）相融无碍的表达。而中晚明以泰州学派为代表的儒学发展的重要特征之一，就是宗教性与民间化、生活化的统一。因此，儒学作为一种宗教性传统在将来的发展方向愈明显，儒学融入生活世界，成为各行各业人士行为准则的可能性就越大。对此，晚明以来的儒商现象早已提供了经验支持，而随着社会分工的日趋多样化，出现以儒学为自己人生信守的各类从业人士，即"儒×"、"儒×"，也是顺理成章的。

此外，由西方儒学研究的新趋向可见，儒学作为价值信仰的一种类型，已进入全球意识。它不仅可以为中国、东亚地区的人士提供安身立命之道，亦有可能成为西方人士信仰方式的一种选择。曾任波士顿大学神学院院长的南乐山便曾批评那种认为西方学者"只能研究儒学，不能成为儒家"的看法。他自己不仅以儒家自许，而且对当代儒学发展的一系列重要课题进行了发人深省的理论探讨①。起先，南乐山"波士顿儒学"之说还只是被视为一个善意的玩笑，但如今，随着南乐山《波士顿儒学》一书的出版，儒学在北美的传播和发展已经成为现实。正如白诗朗所言："儒学实际上已成为国际性的运动"，它"将在太平洋和北大西洋世界找到新的听众"，也"将变成欧洲思想自我意识的一个方面"②。

当然，这更多的只是白诗朗、南乐山等西方学者对未来远景的勾画与希望，我们则不应过于乐观。儒学研究目前在西方还远未成为显学，作为宗教传统的儒学要真正成为西方自我意识的组成部分，成为一种西方人可能选择的信仰方式，还有漫长的路程要走。并且，其结果如何，仍然首先有赖于它在中国和东亚的本土经验。我们一定要看到以儒学为代表的中国文化对西方文化确有补偏救弊之益，但如果认为西方文明已完全丧失了自我更新的机制和能力，身处绝境而有待儒学的拯救，则不免将极为复杂的问题简单化了。在 21 世纪，我们或许可见的是：儒学作为一种价值信仰系统或宗教性传统的自我界定将益发明确。在此基础上，儒学将逐渐参与全球范围内伦理—宗教传统的对话和互动，有可能成为世界各个民族而不仅仅是中国、东亚人士可以践行的生存方式之一。至少，较之世界其他各大宗教传统，儒学最为突出的兼容性特征，能够对不同宗教之间的和平共处以及多元宗教参与（multiple religious participation）的问题提供一笔丰厚的资源。在宗教之间的和平已经成为国家之间和平必要条件之一的今天，这一点尤有意义。

---

① 参见 Robert Neville, *Boston Confucianism: Portable Tradition in the Late-Modern World.* Albany: State University of New York, 2000.

② 参见其 Transmitting The Tao: The Case of Boston Confucianism 一文。Third International Conference on New Confucianism, Chinese University of Hong Kong, 28 ~ 30 December 1994.

五　宗教对话：儒学第三期开展的核心课题

作为一个不断累积的传统，儒学在不同的历史阶段都有其所面对的时代课题。如果清末民初以来儒学的发展可以被视为所谓儒家传统第三期开展的话，那么，尽管我们可以说与西方文明的互动交融一直构成儒学第三期开展一个基本而且未竟的主题，但在这近百年以来的发展过程中，儒学与西方文化互动交融也与时俱进，在不同的时段其重点也有相应的转移。依笔者之见，就当下以及将来的发展具体而言，宗教对话的问题将构成儒学第三期开展核心课题的主要内容之一，而儒家传统作为一种宗教传统，在全球的宗教对话中也将会有其特有的贡献。

（一）儒学第三期开展的再诠释

儒学第三期开展的说法，当以杜维明一度倡言最为有力，因而一提及此说，一般人士大概往往立刻会联想到杜维明。实则杜维明此说最早承自牟宗三，尽管其含义后来有所变化。而进一步溯源，作为一个说法，儒学第三期的提出，最早或许尚非源于牟宗三，而是来自于沈有鼎。

在刊于 1937 年 3 月《哲学评论》的"中国哲学今后的开展"

一文中①，沈有鼎正式提出了"第三期文化"的说法，认为"过去的中国文化，可以分作两大时期。尧舜三代秦汉的文化，是刚动的，思想的，社会性的，政治的，道德的，唯心的文化。魏晋六朝隋唐以至宋元明清的文化，是静观的，玄悟的，唯物的，非社会性的，艺术的，出世的文化"②。"第一期文化，是以儒家的穷理尽性的哲学为主脉的"，"第二期文化，是以道家的归真返璞的玄学为主脉的"③，此后中国哲学当进入"第三期"，而第三期的发展"是要以儒家哲学的自觉为动因的"④。严格而论，沈有鼎的所谓"三期"说其实并非仅仅针对儒家传统，而是就整个中国文化和哲学的发展来说的。只不过儒学既然构成中国哲学的主流，他又特别提出儒学当构成中国哲学和文化在今后发展的主角，因此，将儒学三期说的起源归于沈有鼎，或许并不为过。

正式就儒家传统而言三期发展的，则是牟宗三。牟宗三与沈有鼎相知⑤，其说受沈有鼎启发，亦属自然。牟宗三儒学三期说的提出，最早在其1948年撰写的《江西铅山鹅湖书院缘起暨章则》一文的"缘起"部分，但稍嫌语焉未详。其明确而系统的表述，则在后来的《儒家学术之发展及其使命》和《从儒家的当前使命说中国文化的现代意义》两篇文字⑥。与沈有鼎不同者，一方面牟宗三明确就儒学传统而非整个中国哲学立言；另一方面更为重要的是，牟宗三认为儒学第一期的发展并非先秦，而是从先

① 该文沈有鼎首先于1937年1月宣读于南京的中国哲学会第三届年会，最早刊于1937年3月《哲学评论》第7卷第3期，现收入《沈有鼎文集》（北京：人民出版社，1992），第101~110页。

② 沈有鼎：《沈有鼎文集》，第103页。

③ 同上书，第104页。

④ 同上书，第108页。

⑤ 牟宗三1935年出版《从周易方面研究中国之玄学与道德哲学》一书，当时沈有鼎即称赞该书为"化腐朽为神奇"，参见蔡仁厚：《牟宗三先生学思年谱》（台北：台湾学生书局，1996），第6页。

⑥ 《儒家学术之发展及其使命》一文刊于1949年，其中前半部分的文字几乎完全与《江西铅山鹅湖书院缘起暨章则》一文的"缘起"部分相同，"缘起"部分未刊，或许原因在此。

秦一直到两汉，第二期则是由宋以至于明清，主要以宋明新儒学为代表，至于民国以后儒学应当有第三期的开展。牟宗三虽然与沈有鼎有同样的看法，但是第三期儒学开展所面对的课题或者说内容，沈有鼎并未有明确的交代，而牟宗三则指出发展民主政治和科学这所谓"新外王"构成儒学第三期开展的核心课题。

杜维明曾经专门以"儒学第三期"为题出版过著作①，因而"儒学第三期开展"更多地成为杜维明而非牟宗三的话语的一个重要方面而为人所知，并非偶然。事实上，杜维明对于儒学第三期开展所面对的时代课题或者说具体内容，也的确在牟宗三的基础上有进一步的发展。对于第一和第二期儒学的划分，杜维明继承了牟宗三的说法，二者并无不同，"所谓三期，是以先秦两汉儒学为第一期，以宋元明清儒学为第二期"②。而对于第三期发展的内容，如果说牟宗三基本上还是着眼于中国范围内儒学自我更新的问题，那么，杜维明则进一步将其置入一种全球性的视野中来加以考察。因此，随着全球化过程中一些普遍性的思想课题的重点转换，杜维明关于儒学三期开展所面临的课题，在表述上也相应有所调整。起先，杜维明基本上还是顺着牟宗三的思路，只不过在牟宗三的"民主"和"科学"之外，又给儒学三期发展的内容增加了"宗教情操"和"心理学方面对人性的理解"两个方面。他指出："科学精神、民主运动、宗教情操乃至弗洛伊德心理学所讲的深层意识的问题，都是儒学传统所缺乏的，而又都是现代西方文明所体现的价值。这是中国现代化所必须发展的、必须要掌握的价值。"③ 尽管他同时也意识到了儒学在中国、东亚和

---

① 参见杜维明：《儒学第三期发展的前景问题——大陆讲学、问难和讨论》（台北：联经出版公司，1989）。该书后来收入《杜维明文集》第1卷（武汉：武汉出版社，2002）。

② 杜维明：《儒学第三期发展的前景问题——大陆讲学、问难和讨论》，《杜维明文集》，第1卷，第420页。

③ 杜维明：《现代精神与儒家传统》，《杜维明文集》，第2卷，第615页。

欧美三个不同的处境中各有自身存在的方式和面临的课题①，但当时尚未将儒家传统在全球发展所面对的问题过多地纳入三期说的论域。后来，随着全球化过程中文明对话问题的突显，以及其他一些学者对于以往儒学三期说的质疑，杜维明越来越强调儒学三期发展的全球性课题，在他看来，第三期儒学发展的核心课题已经不是儒学传统自身在中国这一范围内如何进行转化和更新的问题，而是如何进入中文世界以外的整个世界而与以西方文明为代表的其他文明进行对话沟通的问题了。譬如，他在同样专门讨论儒学第三期的文字中明确指出："第二期儒学的显著特征就是儒学传入朝鲜、日本、越南。正如岛田虔次暗示的那样，将儒学描述成'中国的'，不免狭隘；儒学同样也是朝鲜的、日本的、越南的。儒学不同于佛教、基督教、伊斯兰教，它不是世界性的宗教，未延伸到东亚以外，至今也未超越语言的边界。虽然儒家经典现在有了英译本，但是，儒学的信念似乎仍然和中国文字缠绕在一起。然而，至少可以看到，如果儒学还可能有第三期发展，那么，儒学的信念就应该可以用中文以外的语言交流。"②"无法预言唐（君毅）、徐（复观）、牟（宗三）所展望的儒学的未来走向。不过，考虑到眼下诸多卓有成效的迹象，我们可以指出这项事业进一步发展的步骤。如果人类的福祉乃是中心关怀，则第三期儒学绝不能局限于东亚，需要一种全球眼光使其关怀普世化。"③ 由此可见，可以说杜维明最为晚近的儒学三期说包含了两个基本要点：首先，儒学三期发展如今面临的问题是要使儒学走向世界，不再仅仅是中国、甚至东亚文明的主要组成部分；其次，就儒学的世界化来说，儒学三期发展所蕴涵的课题必然是文明的对话。尤其在"9·11"事件发生之后，以儒学走向世界和文明对话来界定儒学三期发展的任务，在杜维明的一系列话语中

①　杜维明：《儒学第三期发展的前景问题——大陆讲学、问难和讨论》，《杜维明文集》，第1卷，第425～427页。

②　杜维明：《论儒学第三期》，《杜维明文集》，第3卷，第640～641页。

③　同上书，第650页。

就格外突出。

不过，对于杜维明如此意义的儒学第三期开展，笔者认为仍有进一步诠释的必要，如此才能减少一些不必要的争议，使儒学三期开展目前和将来所面临的核心课题更为明确。有学者曾经在杜维明的三期说之外提出"四期"说、"五期"说①。事实上，无论是"四期"说还是"五期"说，其实都不应当构成三期说的挑战，关键在于究竟应当如何理解"儒学三期说"。

在笔者看来，"儒学三期说"的真正意义，与其说是描述了一种传统在其内部自身的时间意义上的绵延，不如说是指出了一种传统在与其他文明对话从而丰富自身的空间意义上的拓展。具体来说，第一期是从鲁国的地方性知识扩展为整个中国的国家意识形态，这一期的发展是在从春秋到汉代完成的。第二期是从中国的价值系统扩展为整个东亚意识和心理结构的重要组成部分，这一期的发展是在 11 世纪到 17 世纪逐渐形成的。而第三期儒学发展所面临的课题，则是从东亚的文化心理结构扩展到全球，成为世界人士价值系统和生活方式的一种可能的选择。如果我们在这个意义上来界定儒学的所谓三期发展，就既可以避免从时间角度分期所可能引起的各执一端，更可以突显儒学第三期开展在如今全球化过程中从东亚走向世界的趋势。

此外，文明对话当然毫无疑问构成儒学第二期开展当前和今后的主要内容。但是，从文明对话的角度来规定儒学第三期开展的课题，似乎还稍嫌宽泛。"文明"是一个内涵极其丰富的范畴，无论政治、经济、文化等均可视为文明的组成部分。但自"儒教中国"全面解体以来，我们已经很难说儒家还能够作为一种"全面安排人间秩序"（余英时先生语）的文明来和西方文明以及其他文明进行整体性、全方位的对话了。余英时先生曾经将儒学的

①　所谓"儒学四期"说是李泽厚提出的，参见其《说儒学四期》，见《己卯五说》（北京：中国电影出版社，1999）。所谓"儒学五期"说，参见成中英：《第五阶段儒学的发展与新新儒学的定位》，《文史哲》，2002 年第 5 期。

现代形态称为"游魂",一方面固然指出儒学已经不能够再像以往那样在社会的政治、经济等各方面发挥影响,所谓"全面安排人间秩序";另一方面也同时表示儒学具有超越任何特定社会政治、经济形态的方面,可以作为一种价值信仰系统而存活在人们的心中,不为时空所限①。因此,就目前而言,无论在中国大陆还是其他任何地区,儒学只能是作为一种宗教性的价值系统和信仰方式发挥作用,并非作为一种"全面安排人间秩序"的整体性的"文明"而存在和表现自身。在这个意义上,依笔者之见,用"宗教对话"而非"文明对话",或许更能够准确地反映和界定儒学第三期开展的时代课题。事实上,如果说宗教传统是某一个文明最为内核的部分,那么,文明对话最关键和最根本的部分就是宗教传统之间的对话。

(二)儒学是否一种宗教传统

如果儒学第三期开展如今和将来的时代课题即是儒学随着全球化而不可避免地在走向世界的过程中与其他文明传统进行对话和交融,而宗教对话又构成文明对话的核心,那么,我们或许首先需要回答"儒学是否一种宗教传统"的问题。

儒学是否可以称为一种宗教,首先取决于我们对于"宗教"的理解。毫无疑问,"宗教"是一个西方现代的概念。20世纪以往西方传统的宗教观基本上是基于西亚一神教的亚伯拉罕传统(Abrahamic tradition),包括(广义的)基督教(Christianity)、犹太教(Judaism)和伊斯兰教(Islam)。因此,一个超越并外在于人类经验世界的人格神、组织化的教会和专门的神职人员以及确定的经典,便构成了"宗教"不可或缺的部分。然而,随着西方宗教人士对于其他文明的接触和了解,他们逐渐认识到,除了西亚一神教这种宗教模式之外,在人类的其他文明形态中还有另外一些不同的模式,在这些模式中,未必有一个超越并外在于人类经验世界的人格神,未必有组织化的教会和专门的神职人员,其

---

① 参见余英时:《现代儒学论》(上海:上海人民出版社,1998),"序言"。

经典也未必是单一的，但这些模式在其所在的文明中发挥的作用，却几乎完全等同于基督教、犹太教和伊斯兰教在各自的社群中所发挥的功能。譬如南亚的佛教和印度教、东亚的儒教和道教等。如此一来，具有全球意识和眼光的西方宗教研究者便自然修正了以往传统的宗教定义，对宗教采取了一种更具包容性同时也更切近宗教之所以为宗教本质的理解。譬如，田立克（Paul Tillich，大陆译为"蒂利希"）将宗教定义为一种"终极关怀"（ultimate concern）。所谓："在人类精神生活所有机能的深层，宗教都可以找到自己的家园。宗教是人类精神生活所有机能的基础，它居于人类精神整体中的深层。'深层'一词是什么意思呢？它的意思是，宗教精神指向人类精神生活中终极的、无限的、无条件的一面。宗教，就这个词的最广泛和最根本的意义而言，是指一种终极关怀。"① 而从田立克的"终极关怀"到希克（John Hick）的"人类对于超越的回应方式"（human responses to the transcendent）以及斯狷恩（Frederic Streng）的"终极性的转化之道"（means of ultimate transformation）等等②，都是修正以往基于西亚一神教的宗教观的表现。而史密斯（W. C. Smith）之所以要在"宗教"（religion）之外再提出"宗教性"（religiosity）的观念，就是要强调人类所具有的普遍的"宗教性"是特殊的"宗教"的核心部分③。其实，"宗教性"是"理一"，"宗教"只是"分殊"。因此，即便"宗教"一词已经约定俗成地为西亚一神教的基督教、犹太教和伊斯兰教所独占，也不能否认其他文明中不同于西亚一神教的精神传统在不是那种狭义的"宗教"的同时具有

---

① Paul Tillich, *Theology of Culture.* Edited by Robert C. Kimball, New York：Oxford University Press, 1959. 中译《文化神学》，《蒂利希选集》（上）（上海：上海三联出版社，1999），第 382 页。

② 参见 John Hick, *An Interpretation of Religion：Human Responses to the Transcendent.* New Haven：Yale University Press, 1989；Frederick Streng, *Understanding Religious Life.* Third edition. Belmont, Calif.：Wadsworth, 1985.

③ 参见 W. C. Smith, *The Meaning and End of Religion.* New York：Harper & Row Publishers, 1978.

很强的"宗教性",从而在自身的传统中发挥着基督教、犹太教和伊斯兰教在各自传统中所发挥的提升精神和净化心灵的作用。

因此,儒家传统当然并非西亚一神教意义上的制度化宗教(institutional religion),但是,如果我们认识到宗教的本质在于"宗教性",其目的在于"变化气质",使人的现实存在获得一种终极性、创造性的自我转化,而不在于组织化的教会和专门的神职人员、超越外在的一神信仰等仅仅属于亚伯拉罕信仰传统的那些特征,并且充分顾及到各种非西方的宗教传统,那么,"宗教"(religion)不再局限于亚伯拉罕传统的模式,自然是顺理成章的。如果我们对于佛教传统有基本的了解,知道释迦牟尼开创的佛教就其本源而言根本是一种无神论的主张,如果我们知道道教根本否认凡人世界与神仙世界之间存在着异质性(heterogeneity)亦即本质的差别与鸿沟,而同时又承认不论佛教还是道教都可以为人们提供一种终极性的转化之道,都是一种宗教①,那么,以"修身"为根本内容,为追求"变化气质"并最终成为"大人"、"君子"、"圣贤"提供一整套思想学说和实践方式("工夫")的儒家传统,显然具有极强的宗教性而完全具有宗教的功能。只不过较之西亚一神教的亚伯拉罕传统,儒家"大人"、"君子"以及"圣贤"境界的达成不是从人性到神性的异质跳跃,而是人性本身充分与完美的实现。在这个意义上,我们当然没有理由否认儒学可以说是一种宗教传统。事实上,作为宗教的佛教和道教只是两个起源于东方的例子,而世界上还存在着大大小小、许许多多不同于西方宗教形态而同样被视为宗教的精神性传统(spiritual traditions)。

除了宗教观的定义问题之外,我们还可以根据两个判断的标准,来将儒学理解为一种宗教传统。首先,在文明对话的过程

---

① 如今,没有人会质疑佛教是一种世界性的宗教。而道教虽然一直被视为中国本土的一种地方性宗教,其实目前在包括西方世界在内的海外都有流传。法国著名的道教研究专家施舟人(Kristofer M. Schipper)教授自己即是一位道教信徒和修炼者,于此即可为一证。

中，其他文明中的宗教传统在很大程度上是将儒家传统作为一种功能对等物来看待的。关于儒学是否可以称之为一种宗教，在中文世界尤其中国大陆学界目前似乎还聚讼不已，有的人是在对"宗教"持完全负面的意义上（譬如说认为宗教是人们精神的鸦片）来论证儒家传统是一种宗教，有的人则是在对"宗教"持完全正面的意义上（譬如说认为宗教是人类终极性自我转化的方式）来论证儒家传统是一种宗教。初观之下都是赞同儒学是一种宗教传统，而其实立论的根据尤其是对儒学精神的基本理解实则几乎完全背道而驰。之所以出现这种现象，在相当程度上是由于持论者对于各自的宗教观和宗教定义缺乏明确的澄清所致。这与中国大陆真正学术意义上的宗教学研究起步较晚，人们对于宗教的理解长期以来受到意识形态的影响而持完全负面的印象有很大关系。然而，在国际范围内，不仅在学术界，即使在许多一般人的印象中，儒学作为一种宗教传统和精神性传统早已不再是一个值得争议的问题，而成为讨论许多相关问题的前提和出发点了。西方学术界 20 世纪 70 年代以来出现了相当一批从宗教学角度来研究儒家传统的著作，正是这一点的反映①。并且，在当今全球性的宗教对话中，儒家也早已被其他的宗教传统主动接纳为一个不可或缺的对话伙伴。迄今为止，在香港、波士顿和柏克力等地已经先后召开过多次儒学和基督教对话的国际会议。并且，随着全球化尤其是移民的浪潮，具有不同宗教背景的人士直接接触所产生的实际的宗教对话，早已远远超出了学术界的范围，在纽约、巴黎、罗马、东京的大街小巷甚至美国中西部的沙漠地区和夏威夷群岛的某个小岛，正在切实地影响和改变着人们的生活。这一点决非偶然，而是由于在许多其他宗教传统的代表人物和具有其他宗教背景的人士的眼中，在一个相当突出的层面上，儒学在中国以及东亚地区历史上发挥的作用，恰恰相当于他们的宗教传统在他们所在地区所发挥的作用。

---

① 参见本书第一部分"从西方儒学研究的新趋向前瞻 21 世纪的儒学"。

其次，某一种传统内部的人士具有界定该传统特性的优先权，这是一般大家都接受的。而在儒家传统发展的当代阶段，被人们视为当代儒学主要代表人物的牟宗三、唐君毅、杜维明、刘述先等人，恰恰是将"宗教性"作为儒家传统的一个突出特征来加以阐发的。譬如，牟宗三 1959 年曾经在台南神学院作过一场题为"作为宗教的儒教"的演讲，后来该篇讲词被作为第 12 讲收入其《中国哲学的特质》一书中①。其中，牟宗三特别指出儒家完全可以说是一种宗教传统，只不过这种宗教传统在表现形态上不同于以基督教为代表的西方宗教。在他看来，"一个文化不能没有它的最基本的内在心灵。这是创造文化的动力，也是使文化有独特性的所在。依我们的看法，这动力即是宗教，不管它是什么形态。依此，我们可说：文化生命之基本动力当在宗教。了解西方文化不能只通过科学与民主政治来了解，还要通过西方文化之基本动力——基督教来了解。了解中国文化也是同样，即要通过作为中国文化之动力之儒教来了解"②。而杜维明思想的一个重要方面，更在于在一个比较宗教学的全球视野中对于儒学宗教性的发挥。由于他身在西方学术思想的中心，对于西方宗教学领域的发展有近水楼台之便，因而诸如田立克的"终极关怀"、史密斯的"宗教性"以及斯狷恩的"终极转化之道"，都构成他阐发儒家宗教性的理论资源。他将儒家的宗教性定义为"一种终极性的自我转化之道"（a way of ultimate self-transformation），就直接来源于斯狷恩，而其中给"转化"添加的前缀"自我"（self），则显然是儒家传统一贯重视主体性的反映。杜维明指出："儒家的宗教性是儒家人文精神的本质特色，也是儒家人文精神和启蒙心态所显示的人类中心大异其趣的基本理由。正因为儒家的价值取向是既入世又需要根据道德理想而转世，它确有和世俗

---

　　① 该篇讲词最早刊于 1960 年 5 月 16 日的《人生杂志》第 20 卷第 1 期。
　　② 牟宗三：《中国哲学的特质》，《牟宗三先生全集》（台北：联合报系文化基金会、联经出版公司，2003），第 28 册，第 97 页。

伦理泾渭分明的终极关怀。"① 他还说："在比较文明的格局中，强调儒家人文精神的宗教性，无非是要阐明儒家的人生哲学虽然入世，但却有向往天道的维度。严格地说，儒家在人伦日用之间体现终极关怀的价值取向，正显示'尽心知性'可以'知天'乃至'赞天地之化育'的信念。"② 事实上，如果说 1958 年唐君毅、徐复观、牟宗三、张君劢联名发表的《为中国文化敬告世界人士宣言》是当代新儒学的纲领，那么，这篇宣言所特别强调的一点，可以说就是儒家传统的宗教性。正是由于这种宗教性，儒学才能作为一种活生生的传统而超越于特定的政治、经济结构，成为中国文化的精神价值。当然，儒家可以称为一种宗教决不只是儒学内部人士的私见，而的确有其坚强的理据。也正是因为这一点，西方许多具有宗教背景的人士才会不约而同地将儒家传统作为西方宗教在中国文化中的一种功能对等物。

事实上，无论形态如何，宗教在任何一个文化系统中都是不可或缺的。我们不妨将文化或文明比做一个房子。一个完整的房子必须至少具备卧室、客厅、厨房、卫生间这些基本单元，否则就不是一个完整意义上的房子。房子内部可以有各种各样的格局，但无论这些基本单元的结构、样式可以怎样的不同，这些基本单元都是彼此不能相互替代、一个不能缺少的。无论客厅、卧室、卫生间再大，没有厨房的房子也很难算是一个完整的房子。而宗教就是任何一个文化或文明中的基本单元之一。从另一个角度来看，由于宗教面对的是人生、宇宙最为终极的问题，因而在文化或文明的系统中甚至是最为重要的一个单元。尽管梁漱溟的宗教观或许更多地来源于佛教，但他以下所说，尤其显示了宗教对于人类文化的永恒性："宗教是有它的必要，并且还是永有它的必要，因为我们指出的问题是个永远的问题，不是一时的问题。该无常是永远的，除非不生活，除非没有宇宙，才能没有无

---

① 杜维明:《儒家人文精神与宗教研究》,《杜维明文集》,卷4,第580页。
② 杜维明:《论儒学的宗教性》"前言",《杜维明文集》,卷3,第374页。

常；如果生活一天，宇宙还有一天，无常就有，这问题也就永远存在，所以我们可说宗教的必要是永远的。"① 进一步而言，世界上各种文化之间的区别，不在于外在的器物层面，如日本的汽车、美国的微软电脑系统，如今已经是世界上不同文化共享的东西了，甚至也不在于制度的层面，因为有些制度也是可以为不同的文化共同采用的，而只能在于作为文化最为内核的宗教和价值的层面。正是宗教传统的不同，使得世界上各个不同的文化或文明显示出各自的特性。

（三）儒家传统的对话性

如果根据本节第一部分所论，我们将儒家传统迄今为止的三期发展更多地理解为一种空间意义的拓展而非一种时间意义的绵延，那么，我们就会更为明确地看到，儒家传统三期发展的历史，恰恰就既是一个内部不同分支和流派相互对话的过程，又是一个与其他思想系统不断对话的过程。正是这种对话性的过程，使得儒家传统自身日益获得丰富。

在先秦时期，儒学产生之初，不过是当时众多思想流派所谓"诸子百家"之中的一种。而从先秦到汉代，儒学第一期的发展，就是通过与诸子百家的对话，从鲁国曲阜一带的一种地方性的文化，最终成为整个华夏文明的主流意识形态和价值系统。甚至孔子本人的思想，也是在与其众多弟子门人的对话中来得以表现的。譬如，无论是反映孔子思想最为核心的文本《论语》，还是20世纪90年代以后新发现的不见于《论语》而保留在一些竹简上的孔子言论，都主要是以孔子与门人弟子之间的对话为形式的。

从唐宋以迄明清，儒学第二期的发展，则更是表现为一个文明对话的过程。在中国内部，儒学不仅经过与佛教、道教长期与充分的对话从而产生了理学（Neo-Confucianism）这种充分消化和吸收佛教思想的新的儒学的表现形式；同时，儒学还通过与韩

---

① 梁漱溟：《东西文化及其哲学》（北京：商务印书馆，1935），第104页。

国、日本和越南等不同文明形式的对话与交流，在这些国家和地区形成了具有其民族特色的儒学传统，如日本、韩国的朱子学和阳明学等，并且在整个东亚意识的形成中扮演了重要甚至是主导性的角色。作为一种区域文明，如果说东亚文明构成有别于以亚伯拉罕传统为核心宗教的西亚文明和以印度教、佛教为核心宗教的南亚文明的另一种文明形态，那么，东亚文明的核心宗教无疑可以说是儒教。我们可以看到，在儒学从中国的意识形态和价值系统扩展为整个东亚文明的精神内核这一过程中，儒家传统同样体现了鲜明的对话性。

清末民初迄今，儒家传统的发展进入了一个更新的阶段。而现代新儒学运动到目前为止，最为鲜明的特征之一就是其对话性。并且，较之以往儒学内部的对话以及与佛、道、伊斯兰教和基督教的对话，儒学目前与整个西方文明的对话更是全方位、多层次的。与以往历史上的儒家学者相比，现代儒家学者需要了解和应对的文化传统更为多样和复杂。在这个意义上，其担负无疑也更加沉重。譬如说，牟宗三、唐君毅一生和西方哲学对话，对西方哲学的了解不仅其师熊十力先生望尘莫及，甚至远远超过一些专治西方哲学的学者。至于余英时先生在深植中国历史文化传统的同时，对于整个西方文化尤其历史传统的了解之精深，亦非其师钱穆先生所能望其项背。

目前，宗教对话理论中有所谓宗教之间对话（inter-religious dialogue）和宗教内部对话（intra-religious dialogue）两种区分。简言之，宗教之间对话是指不同类型的宗教传统之间的对话，譬如基督教与儒家传统之间的对话、基督教与佛教之间的对话、伊斯兰教与基督教之间的对话等等。宗教内部对话则是指某一种大的类型的宗教传统内部不同分支（ramifications）、流派（schools）之间进行的对话。譬如基督教内部浸信会（Baptism）、卫理公会（Methodism）、福音派（Evangelicalism）等各种分支教派之间的对话等等。而无论从宗教之间对话还是从宗教内部对话的角度来看，儒家传统发展的历史都是对话性的。

先就宗教内部的对话来看，儒学传统始终都是高度对话性的。孔子本人思想的对话性以上已经有所交代。孔子以后，先秦儒学错综复杂，一直处于彼此的对话之中，孟子与荀子所形成的两条不同的思路，更是在后来的儒学发展史上形成长期的对话。汉代儒学虽号称一统，但其实也是异彩纷呈，诸家解经之别以及所谓今古文经学之辩，同样是当时儒学内部不同分支对话的表现。至于宋明理学数百年的发展，更是一种对话性的充分体现。不同思想系统之间的辩难，譬如朱熹和陆象山鹅湖之会所反映的所谓"千古不可合之同异"（章学诚语），固然是对话性的高度体现，某一种思想流派内部，同样是以对话性为其特色。阳明学内部"异见"多多，其良知学理论与实践的充分展开，就是通过王阳明身后众多弟子后学彼此论辩而实现的①。二程及其门人之学和朱熹及其门人之学，也无一不是通过对话而形成的。仅就他们思想的载体大部分是语录和彼此之间的通信这一点来看，即可为证。

再就宗教之间的对话来看，儒释道的三教融合唐宋以来绵绵不绝，至晚明达于高峰，而宋明理学的形成即是与佛教、道教长期对话的结果。这一点已是不刊之论。在儒学第二期的发展中，儒家传统与日本、韩国和越南等地原有的宗教传统对话从而最终铸造了东亚意识的形成，这一点前面也已经提到。笔者在此要补充的是，除了儒释道的三教融合之外，其实基督教和伊斯兰教大规模传入中国以来，儒学就一直与其保持对话，并产生了丰硕的成果。儒学与基督教对话所产生的成果，如杨廷筠（1557～1627）、徐光启（1562～1633）、李之藻（1565～1630）、利玛窦（Matteo Ricci, 1552～1610）等人的思想与实践，学界已有不少

---

① 参见彭国翔：《良知学的展开——王龙溪与中晚明的阳明学》（台北：学生书局，2003；北京：三联书店，2005）；吕妙芬：《阳明学士人社群——历史、思想与实践》（台北："中央研究院"近代史研究所，2003）。

研究①。而 16、17 世纪儒学与伊斯兰教对话产生的重要成果，如王岱舆（约 1570 ~ 1660）、刘智（约 1655 ~ 1745）的思想，如今也开始在全球范围内受到关注②。

　　所谓宗教内部的对话与宗教之间的对话这两种区分并不是绝对的。尤其对于儒家传统的发展来说，儒释道三教之间的对话既可以说是宗教之间的，又可以说是宗教内部的。内在于中国历史文化的发展，我们似乎可以说儒家传统与佛教、道教的对话是宗教之间的。但是，在佛教和道教的许多方面被儒家充分消化吸收而成为自身内在有机组成部分从而产生了宋明时期的新儒学（Neo-Confucianism）之后，当这种新儒学所代表的儒家传统与中国之外的宗教传统再进行对话时，相对于中国之外的那些宗教传统，儒释道之间的对话又无疑可以说是宗教内部的了。儒学传统的第二期发展固然已经如此，如今就与西方各种宗教传统的对话而言，中国传统的儒释道三教对话恐怕就更多地具有宗教内部对话的含义了。

　　儒家传统的这种似乎是与始俱来的对话性，并不需要笔者刻意的强调，西方学者对此其实早有意识。狄百瑞（W. T. de Bary）曾经认为，作为东亚文明主要组成部分的儒家传统中体现着一种对话律令（dialogical imperative）③。而马丁森（Paul Martinson）更是指出：中国人迄今为止经历了对所有世界性宗教谱系

---

①　如钟鸣旦（Nicolas Standaert）对杨廷筠的研究，参见其 *Yang Tingyun*, *Confucian and Christianity in Late Ming China*. Leiden：E. J. Brill；1988。中译本见《杨廷筠——明末天主教儒者》（北京：社会科学文献出版社，2002）。对于利玛窦的研究则更是汗牛充栋。

②　如村田幸子对王岱舆《清真大学》和刘智《真经昭微》的英文翻译和研究。参见 Sachiko Murata, *Chinese Gleams of Sufi Light*：*Wang Tai-yu's Great Learning of the Pure and Real and Liu Chih's Displaying the Concealment of the Real Realm*. Albany，N. Y.：State University of New York Press, 2000.

③　参见 W. T. de Bary, *East Asian Civilizations*：*A Dialogue in Five Stages*. Cambridge Harvard University Press, 1988。该书有中译本《东亚文明——五个阶段的对话》，何兆武、何冰译，南京：江苏人民出版社，1996。

61

的接受。其中，除了儒释道三教和中国的各种民间宗教之外，还包括诸如西方的犹太教、基督教以及伊斯兰教①。也正是由于这种对话性以及如今全球化时代的到来，恰如笔者在本文所要特别指出的，宗教对话的问题构成儒家传统第三期发展或者说当代儒学发展的核心课题。事实上，当代儒学的发展从牟宗三到杜维明、刘述先，也鲜明地显示了这一方向。譬如，牟宗三虽然归宗儒学，但对佛教哲学、道家哲学都有极为深入和系统的研究，对于西方文明核心之一的基督教，在一些关键问题上也有透彻的把握②。杜维明身在西方学术的中心，与世界主要宗教传统的对话可以说是其一生的轨迹之一。刘述先很早就注意到宗教对话的问题，近年来更是作为儒家传统的代表人物全程参与了联合国举办的全球伦理与宗教对话③。

（四）儒学传统对于宗教对话的应有贡献

如今，随着全球化的浪潮，宗教对话的问题格外引人注目，成为全球意识的焦点之一。如果说全球化其实是世界上各种不同文化传统之间"趋同"与"求异"的一体两面，那么，"求异"的根源在很大程度上在于不同宗教传统之间的差别。而如何对待宗教传统的差异，通过"对话"而非"对抗"来化解愈演愈烈的宗教冲突所导致的文明冲突，在"9·11"之后尤其成为全人类共同面对的一个尤为迫切的时代课题。亨廷顿（Samuel P. Huntington）所谓"文明的冲突"（the clash of civilization），固然包括政治与经济利益的内容，但本质上可以归结为不同宗教信仰的冲

---

① 参见 Paul Martinson, *A Theology of World Religions: Interpreting God, Self, and World in Semitic, Indian, and Chinese Thought*. Minneapolis, Minn: Augsburg Publishing House, 1987.

② 牟宗三对佛教哲学和道家哲学的研究参见其《佛性与般若》和《才性与玄理》，对于基督教的一些判断则散见于《中国哲学的特质》、《中国哲学十九讲》等诸多著作。

③ 参见刘述先：《全球伦理与宗教对话》（繁体字版，台北：立绪文化出版社，2001；简体字版，石家庄：河北人民出版社，2006）。

突。事实上，亨廷顿本人正是将宗教视为文化的最主要因素之一①。孔汉思（Hans Kung）所谓"没有宗教之间的和平就没有国家之间的和平"②，也已经不断得到事实层面的论证而成为广大有识之士的普遍共识。笔者以为，对于构成文明对话核心的宗教对话问题，以对话性为其显著特色的儒家传统至少可以有三点值得借鉴的思想和实践的资源。

其一，是"和而不同"的对话原则。宗教对话的理论和实践发展到今天，参与者已经越来越明确意识到一点，那就是，对话的目的不能是为了转化对方，使之放弃其自身原来的宗教立场而皈依我门。如果对话的每一方都是持这种立场的话，对话必将是自说自话、劳而无功甚至激发冲突。对话的最低目标是要加深彼此之间的理解。尽管理解未必意味着欣赏，但至少可以降低由于宗教冲突所引发的大规模文明冲突的可能。在儒家传统中，孔子提倡的"和而不同"，历来被视为一种不同个体之间的相处之道。不论在个体的人与人之间还是群体性的各个国家、民族与社群之间，都应当"和而不同"。所谓"和而不同"，简言之，就是指不同个体在彼此密切相关、连为一体的同时又不丧失自身的规定性。在全球化"趋同"与"求异"一体两面的背景下，对于当今与将来全球范围的宗教对话来说，"和而不同"显然是一种最基本的原则，大概也是对话所能够达至的现实可期的理想状态。认为对话无济于事，不同的宗教传统只能"鸡犬之声相闻，老死不相往来"，彼此处于孤立的状态，这是一种特殊主义（particularism）的立场，未免过于悲观；认为对话可以消解不同宗教传统之间的差异，最终出现一种全人类共同信奉的世界宗教或全球宗教，达到"天下大同"，则是一种普遍主义（universalism）的立

①　塞谬尔·亨廷顿：《文明的冲突与世界秩序的重建》（北京：新华出版社，1999），第 47 页。

②　这句话是孔汉思 1989 年 2 月巴黎"世界宗教与人权"会议上宣读论文的题目，代表了孔汉思的一个基本观点，如今得到了全球伦理与宗教对话参与者们的普遍认同。

场，又未免过于乐观。作为一种对话原则和合理期许，"和而不同"则可以超越普遍主义和特殊主义的极端立场，在两者之间取得一条切实可行的中庸之道。

其二，是"理一分殊"的多元主义宗教观。在宗教对话的问题上，从类型学的角度来看，一种宗教传统对于其他宗教传统的态度基本可以有三种，一种是排斥主义（exclusivism），即根本否认别的宗教传统的合法性，认为只有自己的一套主张才具有唯一的真理性①。另一种是包容主义（inclusivism）②。这种立场是承认别的宗教传统的合法性，但认为别的宗教传统的主张都可以在自己的教义中找到，并且，那些主张都并非是终极性的真理，终极的真理只存在于自己的教义之中。或者，即使别的宗教传统中能够发现终极真理的体现，那也是与自己的教义不谋而合，其实践者也可以说是自己这一宗教传统的匿名者而已。拉纳（Karl Rahner，1904～1984）所谓"匿名的基督徒"（anonymous Christians）一说③，正是这一立场的体现。借用佛教的说法，这种立场认为别的宗教传统不过是"权法"而非"究竟法"。因此，这种立场也恰似佛教中的"判教"。第三种是多元主义（pluralism）④。这种立场既能够肯定其他不同宗教传统的合法性，同时还能够意识到包括自身在内的每一种宗教传统的特殊性，并不预设不同宗教传统之间的高下。在此基础上，多元主义的宗教观认为不同的宗教传统都可以为人类存在的终极性转化提供一条道

---

① 代表人物有 Karl Barth，G. Lindbeck，H. Kraemer，W. Pannenberg，H. A. Netland 等。

② 代表人物有 Karl Rahner，G. D'Costa 等。

③ 参见 Karl Rahner，"Anonymous Christians"，in *Theological Investigations*，Vol. VI，Baltimore：Helicon，1969，pp. 390ff.

④ 代表人物有 John. Hick，P. Knitter 和 Raimon Panikkar 等。当然多元主义内部还可以再做进一步的细分，如前举三人便并不完全相同，这里的多元主义以希克为代表。事实上，宗教多元主义在全球最有影响的代表正是希克。

路，尽管超越的方式不同，但都是对于超越者的一种回应①。用希克（John Hick）著名的比喻来说，不同的宗教传统恰如信仰的彩虹，是对同一种神性之光的不同折射②。这三种宗教观既是一种类型学的划分③，也大体反映了西方神学界宗教对话理论演变的历史④。当然，每一种宗教传统都未必可以简单、绝对地归于三种中的某一种，每一种宗教传统内部也可能或多或少地同时包含这三种成分，并且，在全球众多的宗教传统中也可能存在着这三种类型的某种变种。我们可以看到，多元主义是一种开放的立场，也似乎越来越为具有全球视野的宗教界人士所接受。不过，一般意义上的多元主义却存在着流于相对主义的问题。而流于相对主义的多元主义表面对各种宗教传统都能肯定，其实否认宇宙

---

①　在希克看来，在不同的宗教传统中，超越者可以有不同的名称，如在基督教中为上帝，在伊斯兰教中为安拉，在印度教中为梵，在佛教中为法身，在道教中为道，在儒学中为天理、良知等等。

②　参见 John Hick, *The Rainbow of Faiths*. SCM, 1995。中译本有王志成、思竹译：《信仰的彩虹：与宗教多元主义批评者的对话》（南京：江苏人民出版社，1999）。

③　这种三分法最早见于 Alan Race, *Christians and Religious Pluralism: Patterns in the Christian Theology of Religions*. London: SCM, 1983。后来也有一些学者提出了不同的划分类型。但就其实际而言，这些不同大体只是形式上的。如尼特（Paul Knitter）曾经提出置换模式、成全模式、互益模式、接受模式这四种对话模式，参见其 *Introducing Theologies of Religions*. Maryknoll: Orbis Books, 2002，中译本有王志成译：《宗教对话模式》（北京：中国人民大学出版社，2004）。事实上，置换模式即相当于排斥主义，成全模式即相当于包容主义，互益模式和接受模式也并未超出多元主义。再如潘尼卡（R. Panikkar）在排斥主义、包容主义和多元主义之外又提出所谓"平行主义"（parallelism）和"相互渗透"（interpenetration），参见其 *The Intrareligious Dialogue*. New York: Paulist Press, 1999, pp. 3 ~ 22。中译本有王志成、思竹译：《宗教内对话》（北京：宗教文化出版社，2001），第 23 ~ 281 页。但其实多元主义即可包含平行主义，而相互渗透也不外是包容主义和多元主义的交集而已。

④　从 15 世纪一直到宗教改革期间，严格的排斥主义一直是被普遍接受的。16 世纪中天主教的天特会议（Council of Trent, 1545 ~ 1563）开始向包容主义转变，但正式讨论包容主义的主张，则要到 20 世纪初 John Farquhar 出版 *The Crown of Hinduism* 一书。而多元主义立场的出现，大概最早在 Ernst Troeltsch 1923 年发表的 "The Place of Christianity among the World Religions" 一文和 William Hocking 1932 年出版的 *Re-thinking Missions* 一书中。

间存在统一性的终极真理，不愿且无法正视各个不同的宗教传统在对终极真理的反映上可以存在侧面的不同、侧重的差异以及程度的深浅，无形中消解了不同宗教之间比较与对话的必要性，反而不利于宗教之间的彼此沟通与相互取益，不利于宗教冲突的化解。由于本身即是一种对话性的传统，儒学长期以来发展出一套"理一分殊"的多元主义宗教观，并在中晚明的阳明学中达到高峰并趋于完善①。这种"理一分殊"的多元主义既肯定"百虑"，又信守"一致"；既肯定"殊途"，又信守"同归"；既肯定不同的宗教传统都是"道"的体现，同时又指出各家所宣称的绝对真理都不过是"相对的绝对"（relative absolute）②，根源性的统一的"道"才是"绝对的绝对"，无论我们是否能够对于"道"有明确和一致的言说。显然，对于正确对待全球不同的宗教传统，化解彼此之间的冲突，这种"理一分殊"的多元主义是一个值得汲取的宝贵资源。

其三，是多元宗教参与和多元宗教认同的理论与实践资源。所谓多元宗教参与（multiple religious participation）和多元宗教认同（multiple religious identity），是指具有某一种宗教信仰的人士进入到别的宗教传统之中，成为一个内在的参与者而非仅仅是一个外在于该宗教传统的观察者。借用文化人类学的说法，即是"emic"的参与方式而非"etic"的参与方式③。而如果一位本来

① 关于这一点，参见彭国翔：《儒家"理一分殊"的多元主义宗教观——以阳明学为中心的考察》，《新哲学》第3辑，郑州：大象出版社，2004年12月，第76～92页。

② 关于"相对的绝对"这一观念的说明，参见（一）John Hick, *An Interpretation of Religion：Human Responses to the Transcendent.* New Haven：Yale University Press，1989；（二）Leonard Swidler, *After the Absolute：The Dialogical Future of Religious Reflection.* Minneapolis：Fortress Press，1990.

③ "emic"的参与方式是内在于某一文化传统并用该传统自身的观念去理解这一文化传统。而"etic"的参与方式则是用一种外在、客观和实证性的标准去观察该文化传统。不过，需要指出的是，这两个词其实最早起源于美国语言学家Pike对于"phonetics"和"phonemics"的区分。

具有某种宗教信仰的人士由于深入另外一种甚或几种宗教传统，成为内在的参与者而非外在的旁观者，最后竟然在不放弃自己原来信仰的同时在相当程度上接受了另外一种甚或几种宗教传统的核心价值和信仰，那么这位信仰人士便可以说具有了多元宗教认同。多元宗教参与和多元宗教认同的问题，都是在当代全球宗教对话的背景下由当代具有神学和宗教背景的西方学者提出来的①。对于西方的宗教传统尤其亚伯拉罕信仰来说，如果说多元宗教参与是近乎不可能的话，多元宗教认同就更是难以想象的了。然而，全球化所导致的宗教对话，尤其是实际生活中发生的宗教对话，却使得这一问题不得不构成西方宗教人士的焦点意识之一。有趣的是，如果说多元宗教参与和多元宗教认同是一个令西方人士倍感困惑的难题，中国甚至整个东亚却早就具有多元宗教参与和多元宗教认同的漫长历史了。无论在理论上还是在实践上，正如前文提到，在儒学发展的对话性历史中，已经为多元宗教参与和多元宗教认同的问题积累了丰富的经验。换言之，多元宗教参与和多元宗教认同对于儒家传统来说已经不是一个问题，而足以构成进一步思考的前提了。譬如，晚明时期出现了一大批往来于儒释道三教之间的儒家学者，如王畿（1498～1583）、周汝登（1547～1629）、管志道（1536～1608）、焦竑（1541～1620）、陶望龄（1562～1609）等人，他们一方面与佛道人物密切交往，注解、刊刻佛道两家的经典，修炼道教的内丹功法，深入佛道两家的精神世界，甚至直接就以居士、道人自居，另一方面又并未放

---

① 多元宗教参与是白诗朗提出的一个观念，参见 John Berthrong, "Syncretism Revisited: Multiple Religious Participation," *Pacific Theological Review*, vols. 25～26 (1992～1993), pp. 57～59。多元宗教认同也是白诗朗提出的一个观念，参见其 *All Under Heaven: Transforming Paradigms in Confucian-Christian Dialogue*. Albany: SUNY Press, 1994, chapter 6。南乐山（Robert Neville）则对其问题性（problematic）和意义（significance）进行了进一步的发挥，参见其 *Boston Confucianism*. Albany, New York: State University of New York Press, 2000, pp. 206～209。

弃自己的儒家认同①。而当时林兆恩（1517～1598）创立并在南方民间盛行的三一教，就是将儒释道三教融为一炉，同时尊奉三教的圣人②。并且，这种三教融合并不只是南方的一种地方现象，北方同样如此。直至今日，山西高平县的万寿宫（元代）、山西大同的悬空寺（北魏）、河北张家口鸡鸣山的永宁寺（辽代）等许多地方都有同时供奉着孔子、老子和释迦牟尼的"三教殿"。悬空寺的三教殿甚至在其最高处。这些都是多元宗教参与和多元宗教认同在理论与实践上的充分体现。西方学者同样看到了这一点，柏林（Judith Berling）在研究林兆恩的三一教时便意识到了多元宗教参与的问题③。马丁森（Paul Martinson）更是明确指出，贯穿其历史经验的各个主要时代，中国人的生活一直伴随着宗教差异性，并且在某些情况下，甚至发展出了诠释这种精神性差异的积极态度④。华裔学者何炳棣也曾经有力地指出，正是民族的多样性和文化的多重性构成了"汉化"和中华文明的精髓⑤。我们完全可以说，由于儒家传统中很早就发展出了那种"理一分殊"的多元主义宗教观，具有极强的兼容性，现代由于宗教对话问题而在神学界、宗教学界提出和讨论的多元宗教参与和多元宗教认同的问题，其实在相当程度上已经在儒家传统中获得了理论和实践上的双重回答。因此，我们能够而且应当从儒家传统中发掘出丰富的资源，在当今走向世界的第三期开展中为文明对话中

---

① 参见彭国翔：《良知学的展开》，第五章"王龙溪与佛道二教"，第七章"中晚明的阳明学与三教融合"第一节"三教融合"。

② 参见 Judith Berling, *The Syncretic Religion of Lin Chao-en*. New York：Columbia University Press，1980；郑志明：《明代三一教主研究》（台北：学生书局，1988）；林国平：《林兆恩与三一教》（福州：福建人民出版社，1992）。

③ 参见上引 Judith Berling 书。

④ 参见 Paul Martinson, *A Theology of World Religions：Interpreting God，Self，and World in Semitic，Indian，and Chinese Thought*. Minneapolis，Minn：Augsburg Publishing House，1987.

⑤ 参见何炳棣："In defense of Sinicization：A Rebuttal of Evelyn Rawski's 'Reenvisioning the Qing'"，*Journal of Asian Studies* 57，1：123～155，1998.

核心的宗教对话作出贡献。而波士顿儒学的出现，无疑是多元宗教参与和多元宗教认同扩展到儒家和基督教之间的一个最新的当代范例。这个例子本身也说明，儒学的走向世界首先是一个宗教之间对话与融合的问题①。

---

① 关于波士顿儒学的有关情况参见本书第一部分"全球视域中当代儒学的建构"。

【第二部分】

方法与成果的检讨

一 合法性、视域与主体性——当前 中国哲学研究的反省与前瞻

作为从现代学科意义上对"中国哲学"近百年发展的反思，认为中国哲学研究存在所谓"合法性"的问题，无疑具有相当的意义。但深究精察，其本身也存在问题。那就是，这种问题意识背后对于"哲学"的理解，或者说思考该问题时自觉不自觉所选取的作为一种参照系的西方"哲学"观，其实不免限于西方近代以来以理性主义为主体的哲学传统。或者说，对于西方"哲学"的理解，存在着化约主义与本质主义的问题。事实上，"哲学"这一概念在整个西方传统中并非铁板一块、固定不变。夸张一点地说，甚至有多少西方哲学家就有多少"哲学"的概念。有西方学者就曾经举出数十个西方哲学传统中不同的"哲学"概念。而如果我们根据 Pierre Hadot 对哲学的界说，即哲学是作为一种"精神践履"（spiritual exercise）的"生活方式"（way of life）①，或者根据 Martha Nussbaum 的诠释，将古希腊罗马哲学传统的精义视为一种"欲望治疗"（therapy of desire）②，那么，中国哲学作为一种"哲学"的"合法性"，似乎从来就不成问题。因此，我们不必自觉不自觉地仅仅以西方的"哲学"概念作为"哲学"

---

① 参见 Pierre Hadot, *Philosophy as a Way of Life*：*Spiritual Exercises from Socrates to Foucault*. Translated by Michael Chase. Blackwell Publishers Ltd. 1995.

② 参见 Martha Nussbaum, *The Therapy of Desire*：*Theory and Practice in Hellenistic Ethics*. Princeton：Princeton University Press, 1994.

的标准。如上所述，鉴于西方哲学传统内部"哲学"概念本身的歧义性，那种做法本身就是未经检讨而实际上存在着"合法性"问题的。而应当采取"理一分殊"的看法，将"哲学"视为一种普遍的"原型"或者"共相"，而世界上各大文明传统对于宇宙、人生的理论思考，如西方哲学、印度哲学、中国哲学以及其他文化传统的哲学，都可以说不过是"哲学"这种"理一"的分殊性表现。事实上，中国的哲学家或中国哲学的研究者，从老一代的张岱年、牟宗三到当今较年轻一代的陈来等人，恐怕都是这种"哲学"观，只不过在论及该问题时各自具体的表述有话语的差别而已。

对于那种作为"原型"和"共相"的所谓"哲学"是什么，我们当然可以进行探究和思考，但不必一定要采取本质主义的下定义方式。对于中国哲学的合法性问题，我们尤其不必受制于西方"哲学"（其实是西方某一种或某一类"哲学"）定义下的本质主义思考方式。当然，目前对"中国哲学合法性"问题的追问并非偶然，也不无意义，但问题的关键在于："中国哲学"研究的成就，在相当程度上并不取决于对该问题本身的纠缠不已。换言之，对"中国哲学合法性"问题本身的反思，还并不就等于、更不能替代在"中国哲学"这一广阔领域内各种具体的研究与思考。虽然二者不无关联，但只有后者才更能够切实推进中国哲学的研究，在研究与建构的双重意义上不断提升中国哲学的水准。正如在并没有将"中国哲学的合法性问题"设为鹄的之前，中国哲学已经取得了相当丰富的成果一样，对于今后的中国哲学来说，不论在古典的研究还是在现代的理论建构方面，我们同样可以取得更为深入与广泛的成就。只要在"理一分殊"的"哲学"观念下来看待作为世界哲学传统之一的"中国哲学"即可，无需过多地执著、纠缠于"中国哲学的合法性"问题本身。其实，就近百年来"中国哲学"发展的实际看，如果我们充分考虑到"中国哲学"既以西方哲学为参照而又并不完全对应于西方意义上"哲学"的特殊形态，那么，我们未尝不可以说，"中国哲学"作为世界上的"一种"哲学传统，已经具备了其自身的合法性。尽管这种学科意义上的"中国哲学"似乎更多地是近百年来对中国传统思想资源进行诠释和建构的结果，但它无疑与中国思想传统一脉相承，是后者在现代的开花结果。

因此，在今后的中国哲学研究中，对于不断提升中国哲学的水准而言，更为重要的与其说是如何在西方传统和中国传统的纠结中确立某种定义性、本质性和普适性的"哲学"概念，不如说是如何在西方哲学传统与中国哲学传统之间的互动与交融关系中，具体地处理中国哲学的各种问题。进一步而言，就是如何在深入把握中西方哲学传统中丰富的思想内容，包括人物、流派、问题意识等等的情况下，做到在两大传统之间游刃有余，从而以西方哲学传统作为诠释、建构与发展中国哲学的丰富资源。事实上，和中国的"西方哲学"研究不同的是，自有"中国哲学"这一观念和相应的学科建制以来，中国哲学研究就不是一个仅限于"中国哲学"的孤立行为，而是始终处在与西方哲学的关系之中。换言之，中国哲学的研究，从一开始就摆脱不了与西方哲学的干系。

鉴于以往较为简单地以西方哲学某家、某派来裁剪中国哲学思想材料的那种"人为刀俎，我为鱼肉"的局面，思考如何从事今后的中国哲学研究，更为明确地说，思考如何建立中国哲学的主体性，可以说是目前广大中国哲学研究者在不同程度上共同面对的问题。其实，对于"中国哲学合法性"问题的探讨以及其他一系列的相关论说，都可以说是反省与检讨"如何建立中国哲学主体性"这一问题的不同层面与不同角度的表现。不过，确立中国哲学的主体性，或者就目前的情况具体而言，改变以往那种简单袭取西方哲学某家、某派作为中国哲学诠释框架的做法，是否意味着要彻底摆脱与西方哲学的关系？中国哲学的主体性是否要在与西方哲学的绝缘中才能建立？恐怕是当前以及今后需要深思熟虑的问题。

针对以往中国哲学研究的问题，目前一些学者的确显示了希望从中国哲学研究中清除西方哲学因素的倾向。但是，笔者以为，简单地用某种西方哲学的框架裁剪中国哲学的思想材料，固然难以把握中国哲学的固有精神，无缘得见中国哲学的主体性，而由此即导致逆反，对西方哲学产生厌恶或者恐惧，希望全面清除中国哲学中的西方哲学因素，同样不免堕入"边见"，只能是从一个极端到另一个极端。以往对于西方哲学的运用不善，并不意味着中国哲学的研究不需要西方哲学，更不意味着真正的"中国哲学"中就不允许有任何西方哲学的因素。在目前世界各种文化传统互动沟通日趋深入的情况下，试图在拒斥西方哲学的情况下建立中国哲学的主体性，是既无必要也不可能的。并且，只有在与西方哲学深度互动与交融的过程中，作为一种真正富有特性的观念结构和价值系统而非单纯的话语形式，中国哲学的主体性最终才能够得以建立。我们可以看到，迄今为止，无论就古典研究还是理论建构（这两方面常常是难以截然分割而彼此交织在一起的）来说，在中国哲学领域取得巨大成就的前辈与时贤，几乎无一不对西方哲学传统有深入的了解与吸收。可以这样说，对中国哲学的发展而言，关键不是用不用西方哲学的问题，而是用得好坏与深浅的问题。我们当然不能以西方哲学为标准，但不可不以西方哲学（甚至可以包括印度哲学以及其他文化的哲学传统）为参照。事实上，只有在以"他者"为参照、与"他者"的沟通互动中，才能够获得更为明确的自我意识，并不断扩展深化自身的主体性和身份认同，这是如今世界范围内每一种文化传统、哲学传统都需要面对的问题。正如中国哲学的主体性需要在与西方哲学传统的深度互动中建立一样，当代西方哲学也日益认识到，包括中国哲学在内的非西方的哲学传统构成自身发展不可或缺的相关因素甚至组成部分。如今西方学者的中国哲学研究以及比较哲学的不断发展，恰恰说明了这一点。

如此看来，如果我们不停留在对中国哲学"合法性"问题的抽象反思，而是要以具体、坚实的研究为基础和内容，来充分发展作为一门学科的中国哲学，那么，我们进一步需要思考的，就是如何才能建立中国哲学的主体性。或者说，以建立中国哲学的主体性为宗旨与目标，当前的中国哲学研究尤其需要注意哪些问题。

首先我们要面对的，是一个视域的问题。所谓视域的问题，就是要具备怎样的一种视野，在怎样的一个脉络中来从事中国哲学的研究。对此，笔者以为至少有两点需要指出。第一，当前与今后中国哲学的研究，一定要自觉地在中西方哲学的互动交融中来进行，而不能在与西方哲学绝缘的情况下展开。具体而言，不论是古典的诠释还是现代的系统性建构，中国哲学的发展都需要西方哲学的资源。在一定意义上，对西方哲学了解得深浅甚至在相当程度上制约着中国哲学的诠释与重建。或者说，越是深入西方哲学，就越是有助于中国哲学的阐发。这一点以上已经略有说明，此处不赘。需要补充的是，对于西方的深入了解，甚至不能仅仅限于哲学传统，其他人文社会学科的传统如宗教学、思想史、人类学等等，都需要中国哲学研究者"循其性之所近，勉其智之所及"① 地加以消化和吸收。由于中国哲学传统自身的特性，有些属于中国哲学研究对象的内容，在西方或许更多地处于其他学科领域之中。比如说儒学传统的工夫理论和实践，或许可以在西方宗教传统与宗教学理论中找到更多的共鸣。事实上，以美国高等院校为例，我们中国哲学研究的同行们，主要并不是在哲学系，而是广泛地分布在东亚系、历史系、宗教系等等。总之，凡有益于中国哲学诠释与建构的西方资源，不论在西方的学科分类体制中处于何种位置，我们都应当充分了解和吸收。第二，中国哲学早已不再是中国学者的专利，而是包括欧美、东亚等世界范围内具有不同国家、地区和种族背景的学者群体共同从事的一项事业。因此，我们的中国哲学研究如果不能放眼世界，在国际中

---

① 此语出自明儒王畿（字汝中，号龙溪，1498～1583），见《王龙溪先生全集》（万历十六年刻本）卷17《学易说》。

儒家传统与中国哲学

国哲学研究的整体脉络内来从事、定位自己的研究和成果，便很难取得真正一流的成就。如今，如果有人还认为中国学者天然地具有中国哲学研究的优势，中国学者中国哲学研究的水平理所当然在海外学者之上，那只能说是坐井观天的无知之见。在许多方面，海外学者中国哲学研究所取得的既有成果，无论在广度还是深度上，都不能不让中国学者对之敛衽。譬如，在宋明理学的研究中，邵雍应当是一个重要人物，但大陆地区除了一本《邵雍评传》（南京大学出版社）之外，大概迄今还没有其他研究专著出版。而美国 1989 年和 1996 年已经有 Anne D. Birdwhistell 和 Don J. Wyatt 的两本分别从哲学和思想史角度研究邵雍的专著问世，法国 2002 年也出版了 Alain Arrault 研究邵雍的最新专著。再如，日本的荒木见悟早在 20 世纪 70 年代末就有研究晚明会通三教的重要人物管志道（字登之，号东溟，1536～1608）的专著出版，而对国内许多中国哲学甚至宋明理学的业内人士来说，恐怕管志道还是个陌生的名字。如果说以往的中国哲学研究曾经受制于意识形态的影响和学术交流的不畅，那么，自 80 年代末以来，随着全球一体化的趋势，国际学术界日益联系成为一个交往互动密切的整体。在这种情况下，我们的视域就不仅要扩展到包括港台地区在内的整个中文世界，更要充分伸展至包括日本和西方在内的整个国际学术社群。只有在充分了解国际范围内中国哲学研究状况的前提下，我们的中国哲学研究才能够避免闭门造车和低水平的重复，从而真正做到推陈出新，在整个国际学术界确立领先的地位。

对于建立中国哲学的主体性来说，宽广的视域是一个不可或缺的条件。但更为重要的决定因素，则是要能够把握住中国哲学自身的特质。无论对于传统中国哲学的诠释还是现代与将来中国哲学的系统理论建构，衡量其主体性确立与否的标准，首先在于中国哲学之所以为中国哲学的特质是否得到了彰显。而对于西方哲学以及海外研究成果的吸收运用，都应当是以此为前提的。只有始终明确中国哲学自身的问题意识，立足于此，才不会在充分吸收运用西方哲学以及海外研究成果时"从人脚跟转"，导致自身主体性的迷失。而只要内在于中国哲学的固有脉络，把握住中国哲学自身的问题意识，在吸收运用西方思想资源的过程中，就能够"左右逢源"、"得心应手"而始终不"出吾宗"、"以我为主"。前文所谓"越深入西方哲学就越有助于中国哲学的阐发"之所以可能，正是也只能是在这个意义上而言的。中国哲学的主体性，关键并不在于"言"层面的话语和词汇，而在于"意"层面的"语法"，所谓"依义不依语，依法不依人"①。比如，如今中国学者用中文甚至文言文、四六体写出的有关中国哲学的文章，有可能未必契合中国哲学的精神，而西方学者用英文以及其他外语写出的有关中国哲学的文章，却很可能说到点子上。但是，如何才能"转法华"而不"为法华所转"，在充分消化、吸收和运用西方哲学与海外研究成果、不以西方话语和名相为忌的同时，始终立足于中国哲学自身的问题意识和义理结构呢？笔者以为，这在相当程度上取决于我们中国哲学文献材料的工夫。

作为一种累积性的传统，中国哲学自身的问题意识和义理结构，即中国哲学的"义"和"法"，显然蕴涵在中国哲学的各种经典以及文献材料之中。只有对这些文献典籍烂熟于心，才能把握其中的"义"和"法"。这里所说的文献材料，不仅包括基本的经典文本，也包括古代历史上对这些经典文本的研究成果。譬如对孔子思想的研究，不仅要全面充分掌握孔子本人的思想材料，如《论语》以及散见于其他一些先秦文献中的材料，还要尽可能掌握历史上不同学者对孔子思想的诠释，如《论语》的各种注疏等。甚至去今不远的前辈学者（不论中外）的重要研究成果，也应当认真研读消化。因为如果就"意"而非"言"的层面来说，我们很难想象今人直接面对《论语》文

① 典出佛教所谓"四依"，即"依法不依人，依义不依语，依智不依识，依了义不依不了义"。

本所进行的思考一定能够发前人所未发，在同样的问题上较前人思考得更为深入。不了解前人的成就（如今还要加上"外人"的成就——海外学者的研究成果），很难有真正的创造性成果可言。真正的推陈出新和创造性，一定是在一个前后相续、左右相关的过程与脉络中实现的。就如今的中国哲学研究而言，无论古典诠释还是理论建构，无人会反对方法的多元性，但是，如果不首先全面深入地掌握文献材料、充分地咀嚼消化文献材料，任何外在的方法论都难以落实，未必有助于揭示中国哲学自身的特质。所谓"法无定法"，任何方法论都有其有效性的适用范围，而判断并选择合理有效的方法论的标准，只能是研究对象自身的特质。所谓"书读百遍，其义自现"、"读书破万卷，下笔如有神"，只要把文献典籍读熟吃透，其中的问题意识和义理结构自然会浮现出来。相反，如果不能首先虚心、平心地吃透文献，还没读几页书就浮想联翩，结果只能是在缺乏深透与坚实的理解和领会的情况下放纵个人的想象力，对源远流长的中国哲学传统终究难有相契的了解。其研究结果也只能是"六经注我"式的"借题发挥"与"过度诠释"①。事实上，这一点非独中国哲学研究为然，对西方哲学以及其他任何历史悠久的思想传统来说，情况恐怕同样如此。再者，"巧妇难为无米之炊"，再聪明的头脑，脱离深厚的文献典籍，其发挥的空间必然有限，其思想的展开，充其量只不过是个人经验与想象力的单独运作。反过来说，如果聪明的头脑再加上文献典籍的深厚功力，个人的自我经验与蕴涵在文献典籍中众多古圣先贤的历史经验融为一体，便不再是一种单薄的个体之思，而成为贯通古今并表现于当下的一股强大经验之流和思想之流，恰如"至大至刚"、"塞

---

① 关于"过度诠释"问题的讨论，可参考［意］艾柯（Umberto Eco）等著：《诠释与过度诠释》，王宇根译，北京：三联书店，1997。

于天地之间"的"浩然之气"①，其思想的展开必然是"若决江河，沛然莫之能御"②。这种情况下的中国哲学研究，其成就自不待言。老一代中国哲学的大家，无不强调文献典籍工夫的重要性，如冯友兰、张岱年对"中国哲学史料学"的重视，牟宗三对中国哲学研究要走"文献途径"的反复强调等等。如今较年轻一代在中国哲学领域中有所建树的学者，也都在中国哲学的文献材料方面自觉建立深厚的学殖。

尤其需要指出的是，从今后中国哲学的发展来看，对于更为年轻一辈治中国哲学的学者来说，所患者或许不在于西方资源的吸收与运用，而更多的在于中国哲学文献材料的涵泳与契入。事实上，在当今各种西方思想理论蜂拥而入、"城头变换大王旗"的情况下，要想既充分吸收西方的相关资源，同时又能够合理有效地有所取舍而为中国哲学所用，保持中国哲学的主体性，避免"生吞活剥"，只能以中国哲学自身的问题意识和义理结构为准，否则，难免重蹈以往教条主义中国哲学研究的覆辙，所不同者，只是西方理论话语的变换而已。而中国哲学自身的问题意识和义理结构，则是深深蕴蓄在中国哲学的文献材料之中的。"问渠哪得清如许，为有源头活水来"③，可以说，对于作为一种悠久传统的中国哲学来说，历代不断累积的丰富文献材料正是其"源头活水"。只有深深植根于这一源头活水，我们才能立足于中国哲学的主体性，在今后的发展中"溥搏渊泉而时出之"，在全球性的广阔视域中使中国哲学不断地综合创新。如果说在全球性的视域下融通吐纳西方哲学以及海外中国哲学的研究成果意味着"不可

---

① 语出《孟子·公孙丑上》，原句为："敢问何谓浩然之气?"曰："难言也。其为气也，至大至刚，以直养而无害，则塞于天地之间。其为气也，配义与道，无是，馁也。是集义所生者，非义袭而取之也。"

② 语出《孟子·尽心上》，整句为："孟子曰：舜之居深山之中，与木石居，与鹿豕游，其所以异于深山之野人者几希。及其闻一善言，见一善行，若决江河，沛然莫之能御也。"

③ 语出朱子（1130～1200）乾道二年（1166）所作《活水亭观书有感》诗原诗为："半亩方塘一鉴开，天光云影共徘徊。问渠哪得清如许，为有源头活水来。"

有门户"，那么，植根于中国哲学的文献材料，建立中国哲学的主体性，则意味着"不可无宗主"①。

---

① 所谓"不可有门户"、"不可无宗主"，取自章学诚（1738～1801）《文史通义》卷5《内篇五》"浙东学术"一篇，所谓："学者不可无宗主，而必不可有门户；故浙东、浙西，道并行而不悖也。浙东贵专家，浙西尚博雅，各因其习而习也。"

二 中国哲学研究的三个自觉——以《有无之境》为例

（一）引言

在反思与前瞻"中国哲学"的研究这一问题时，笔者认为首先有必要在两个命题之间加以区分：一个是所谓"中国哲学的合法性问题"；另一个则是"当前及将来应当如何研究和建构中国哲学的问题"。

对于第一个命题，前几年曾经一度引起广泛讨论，笔者也曾参与①。笔者自始即指出，认为"中国哲学"的概念存在所谓"合法性"问题的看法，本身就存在"合法性"的问题。因为这种看法背后对于"philosophy"的理解，或者说思考该问题时自觉不自觉所选取的作为一种参照系的西方"philosophy"观，其实不免局限于西方近代以来以理性主义为主体的哲学传统，未能充分顾及整个西方哲学传统内部"哲学"观念的多样性和歧义性。事实上，"哲学"这一概念在西方传统中并非铁板一块、固定不变。夸张一点说，甚至有多少西方哲学家就有多少"哲学"概念。并且，作为西方哲学的源头，如果说古希腊罗马的哲学观最能够代表"哲学"的本来意义的话，那么，根据目前西方一些一流的哲

---

① 参见本书第二部分"合法性、视域与主体性——当前中国哲学研究的反省与前瞻"。英文版"Legitimacy, Horizon, and Subjectivity: A Reflection on and Prospects in Contemporary Studies of Chinese Philosophy"见 *Contemporary Chinese Thought*, M. E. Sharpe, Vol. 37 No. 1, Fall 2005, pp. 89~96.

学史家和哲学家对于古希腊罗马哲学的理解，中国哲学作为一种"哲学"，本来就不成问题。笔者曾指出，根据法兰西学院古希腊和罗马资深讲座教授阿道（Pierre Hadot）的研究，古希腊、罗马的"哲学"本义应当被理解为一种生活方式（way of life）和精神修炼（spiritual exercise）。而阿道的哲学观并非其"独唱"，美国芝加哥大学哲学系、法学院和神学院合聘的弗洛伊德杰出伦理学和法学讲座教授（Ernst Freund Distinguished Service Professor of Law and Ethics）纳思浜（Martha Nussbaum）可谓阿道的同调，根据纳思浜对丁古希腊、罗马尤其是希腊化时期哲学的研究，对于古希腊罗马哲学家来说，哲学其实是一种"欲望治疗"的活动，而"哲学家"也应当被理解为"teacher/doctor"①。

笔者举阿道和纳思浜的例子，并不是仍要以西方"philosophy"为作为定义哲学的唯一标准，而只是意在说明西方哲学传统内部本身对于"philosophy"这一观念理解的丰富性。在笔者看来，我们应当采取"理一分殊"的看法，将"哲学"视为一种普遍的"原型"或者"共相"，世界上各个文明传统对于宇宙、人生的理论思考，如西方哲学、印度哲学、中国哲学以及其他文化传统的哲学，都可以说不过是"哲学"这种"理一"的分殊性表现。任何一种哲学传统，无论中、西、印，都不能单独代表作为"原型"或"共相"的"哲学"本身（philosophy as such）。事实上，在唐君毅先生的《哲学概论》中，唐先生就曾明确将中文的"哲学"与英文的"philosophy"加以区分，指出前者即可兼后者。关于这一点，详细的讨论参见本书下一篇文字。

如今有些人之所以反对中国"哲学"，其实不过是因为一说

---

① 关于阿道和纳思浜分别在"生活方式"、"精神践履"以及"欲望治疗"的意义上来理解"哲学"，笔者在讨论儒家传统中的身心修炼及其治疗意义的论文中，曾有简要的介绍。参见彭国翔：《儒家传统的身心修炼及其治疗意义——以古希腊罗马哲学为参照》，杨儒宾、祝平次编：《儒学的气论与工夫论》（台北：台湾大学出版中心，2005），第1～45页。该文亦见彭国翔：《儒家传统：宗教与人文主义之间》（北京：北京大学出版社，2007年1月），第10章，第230～263页。

到"哲学",这些人自己心目中自觉不自觉地总想到"philoso-phy"而已,再加上对整个西方传统中 philosophy 这一概念的复杂性不甚了解,仅仅局限于理性主义和知识论中心的狭义哲学传统,因而产生了不必要的混乱和顾忌。说到底,其实是对中国传统中"哲"字含义以及西方传统中"philosophy"的含义都缺乏全面深入的了解所致。

　　另一方面,更为关键的一点在于:"中国哲学"研究的成就,在很大程度上并不取决于对所谓"中国哲学合法性"问题本身的纠缠不已。换言之,对"中国哲学合法性"问题本身的抽象反思,还并不等于、更不能替代在"中国哲学"这一广阔领域内各种具体的研究与思考。尽管二者不无关联,但只有后者才能真正切实推进中国哲学的研究与建构。正如在并没有将"中国哲学的合法性问题"设为鹄的之前,20 世纪 20 年代以来中国哲学的研究和建构已经取得了相当丰富的成果一样,对于今后的中国哲学来说,只要在"理一分殊"的"哲学"观念下来看待作为世界哲学传统之一的"中国哲学",无需过多地执著、纠缠于"中国哲学的合法性"问题本身,我们同样可以取得更为深入与广泛的成就。就近百年来"中国哲学"发展的实际来看,如果我们充分考虑到"中国哲学"既以西方哲学为参照而又并不完全对应于西方任何意义上"哲学"的特殊形态,那么,我们未尝不可以说,"中国哲学"作为世界上的"一种"哲学传统,其实早已具备了自身的合法性。因此,在今后中国哲学的研究与建构中,对于不断提升中国哲学的水准而言,更为重要的与其说是如何在西方传统和中国传统的纠结之中确立某种定义性、本质性和普遍性的"哲学"概念,不如说是如何在西方哲学传统与中国哲学传统之间的深度互动与交融关系中,同时深入双方,从中国哲学固有的问题意识出发,充分利用西方哲学甚至其他人文社会科学的丰富内容作为诠释与重建中国哲学的资源,具体地处理中国哲学的各种问题。这一点,相信并非是笔者的私见,而是许多中国哲学同行的共识。

因此，"中国哲学的合法性问题"并不等于"当前及将来应当如何研究和建构中国哲学的问题"。如果说前者近乎一个伪问题的话，后者随着改革开放以来学术研究的渐趋正途，乃是中国大陆中国哲学界针对以往教条主义研究方式而必然要提出、反省和总结的。但是，对于如何思考这一问题来说，具体的说明或许更胜于抽象的议论。事实上，尽管这种反思意识的普遍产生似乎是晚近之事，可是，中国哲学界第一线学者的研究却早已将深入的反思化为了具体的成果。考察这种成果，或许更有助于我们思考"当前及将来应当如何研究和建构中国哲学的问题"的问题。以下，笔者就以陈来先生的《有无之境》一书为例，来说明当前以及今后研究中国哲学应当具备的三个自觉。该书一问世即受到海内外同行学者的推重，书中关于王阳明哲学的许多具体论断或许已经经常为后来的研究者在相关的研究加以引用，但是，该书所建立的中国哲学研究方法的典范意义，一直未引起足够的反思、考察和借鉴。这一点，或许与作者在书中并未明确交代自己在研究方法上的考虑有关。希望笔者所总结的以下三个方面，能够引起进一步的思考。

（二）文献基础

任何哲学史的研究，首要的一步是对于研究对象文献材料的掌握。牟宗三先生晚年反复强调中国哲学的研究要走"文献的途径"，也无非是要强调这一点。不但对于人物个案的研究是如此，对于哲学问题的研究也同样。因为任何哲学问题都是由相关人物的讨论构成的。离开相关人物的文献材料，所谓哲学问题的研究亦无从下手。可以毫不夸张地说，对于研究课题范围内文献掌握的完整与深入程度，构成研究成败、高下的一个先决条件。

熟悉陈来先生的读者大概都首先会对其文献考订的深湛工夫印象颇深。作者的《朱子书信编年考证》（上海人民出版社，1989）一书，正是以其对朱熹两千余封书信写作年代与相关问题的细致考辨而令国际朱子学研究的权威陈荣捷先生赞赏不已，同时令以文献考辨见长的日本学者叹服心折。该书的出版虽然晚于作者的成名作《朱熹哲学研究》（中国社会科学出版社，1987），其实却是作者研究朱熹哲学时用功于文献的一个见证和副产品。事实上，正是由于对朱熹文献的了解做到了"表里精粗无不到"而烂熟于心的程度，作者《朱熹哲学研究》一书对于朱熹哲学的诠释，才能够达到"全体大用无不明"而精义无遗的境界。对于文献掌握之于思想分析的基础意义，陈来先生无疑有着高度的自觉，这一点，同样鲜明地体现在《有无之境》一书之中。

《有无之境》最后一章（第十二章）作者题为"附考"，包括"年谱笺证"、"续编书札考"、"越城活动考"和"著述辨疑"四个部分。"年谱笺证"对现行王阳明年谱中的不少问题进行了考辨，纠正了长期习焉不察的错误。譬如，阳明早年实践朱子"格物"之说而"格竹子"的故事广泛流传，以往均依据年谱"弘治五年壬子，阳明二十一岁"条下的记载，认为此事发生在阳明 21 岁时。但是，作者根据对年谱本身文句的细致解读和再三玩味，认为此事不可能发生在弘治五年阳明 21 岁时（第 339～340 页）。后来《阳明先生遗言录》公布，其中第 49 条中阳明自己明确说"某十五六岁时，便有志圣人之道，但与先儒格致之说若无所入，一向姑放下了。一日寓书斋，对数箧竹，要去格它理之所以然。茫然无可得，遂深思数日，卒遇危疾，几至不起，乃疑圣人之道恐非百分所及，且随时去学科举之业"①，足证《有无之境》中的怀疑不虚。阳明究竟哪一年"格竹子"或许并不重要，但作者对于这一问题的怀疑和纠正，却为我们树立了阅读文献时细心和精察的榜样。没有这种细心和精察，大概很多问题都会与阅读者失之交臂。"续编书札考"则是类似《朱子书信编年考证》的工作。阳明与人论学书信，《文录》和《外集》中都注明了年代，但《续编》中的书信部分则完全没有注明年代。作者对 30 余封书信逐一考证，几乎确定了每封书信的年代，为利用

---

① 陈来等：《关于〈遗言录〉、〈稽山承语〉与王阳明语录佚文》，《清华汉学研究》（北京：清华大学出版社，1994），第 1 辑，第 186 页。

这些书信研究阳明的思想奠定了基础。王阳明之号"阳明"来自其曾经筑室阳明洞讲学的经历，可是阳明洞究竟在何处，阳明是否曾经讲学其中，自清代以来，都是未解决的疑问。"越城活动考"部分，就是以详细的考证，对于阳明洞的所在问题以及阳明越城讲学活动的情况提供了令人信服的解答。譬如，对于以往许多人沿袭的以阳明洞在四明山的说法，作者的驳论就基于坚实的文献材料而可称断案。至于"著述辨疑"部分，更是对《传习录》、《大学古本旁释》这两部研究王阳明思想的基本文献中的诸多问题进行了全面的清理。有关《传习录》的考辨，在此前陈荣捷先生《王阳明传习录详注集评》的基础上更进一步。

除了"附考"专门用力于文献考订工作之外，在全书其他研究王阳明哲学思想的部分，作者精湛的文献功夫亦随处可见。这里，笔者仅略举数例。譬如，在第六章中，当引用湛若水"答阳明王都宪论格物书"作为分析王阳明与湛若水格物之辩所涉及的问题时，作者顺便对这一封原无年月的书信进行了考证，指出该书当作于正德十六年辛巳（1521）正德十七年壬午（1522）之交（第142页，注1），如此阳明和甘泉讨论格物问题的前后过程即可定位，阳明在该问题上思想的变化亦可显现。在第八章中，当讨论"天泉证道"引用邹东廓"青原赠处"这篇文献时，作者同时指出，该文献中邹东廓将天泉证道和严滩问答混为一事（第201页，注1），因此，其"青原赠处"并不能作为天泉证道的第一手材料。

单就文献考证而言，作者的这些工作都是具有独立价值的。但是，作者这些工作显然并不是以文献考证本身为目的的。至少在笔者看来，和《朱子书信编年考证》一样，《有无之境》最后一章"附考"部分，其实可以视为作者精读王阳明文献的一个见证，而这种工作反映的是作者对于文献的熟悉程度。至于熟悉文献的目的，则并不以考证本身为限，而是要为真正深入透彻地了解和诠释王阳明的哲学思想提供一个尽可能坚固的基础。

对文献材料之于哲学诠释活动的意义缺乏相应了解者，或许会觉得作者对于王阳明文献的考证与其对于王阳明哲学的诠释无关，而好学深思的学者则会充分意识到这两者之间的紧密关系。无论在《朱熹哲学研究》还是在《有无之境》中，陈来先生并没有对这种方法论方面的考虑专门进行明确的交代。但是，笔者以为，这种方法论上的高度自觉可以说是从《朱熹哲学研究》到《有无之境》一以贯之而首先足称楷模的。进一步来说，如果"高度自觉"尚不能等同于"充分运用"、前者必以后者为归着而后者必然蕴涵前者的话，那么，从《朱熹哲学研究》到《有无之境》，更是将这种方法论充分付诸研究实践的楷模。毕竟，任何研究方法的考虑如果不能真正充分落实到具体的研究之中，未免不是真知。而研究方法在具体研究成果中的充分运用，则说明研究者对其所运用的方法必定有高度的自觉。用王阳明的话来说，正所谓"行之明觉精察处即是知"。

（三）西学素养

以全面、坚实的文献阅读和研究作为哲学思想诠释的基础，从研究对象的思想材料本身提炼出其所内在固有的义理结构，而不是以任何一种外在的诠释框架去进退、取舍研究对象的思想材料。这是《朱熹哲学研究》与《有无之境》两书在研究方法上共同具有的特征。而《有无之境》不同于《朱熹哲学研究》的一个重要方面①，同时在笔者看来也是90年代以来中国大陆中国哲学研究一个重要发展方向的率先反映，则是在分析王阳明哲学精神的具体方面时，作者引入了大量西方哲学的概念、命题和理论作为诠释的资源，从而使王阳明哲学的一些具有普遍性的内涵在一个更为广阔的中西比较和对话的思想脉络获得了进一步的展示，

① 当然，《朱熹哲学研究》中并非没有西方哲学观念的引入以及与朱熹相关思想的比较。如讨论"理气先后"时，作者便曾提到柏拉图哲学的有关内容；在讨论朱熹关于"所以然之故"的思想时，曾经与莱布尼茨的充足理由律加以比较；在讨论朱熹的认识论时，也曾经简略对比过朱熹与莱布尼茨的异同。但是，无论就涉及西方哲学人物的数量还是具体观念比较分析时的深入程度而言，《有无之境》都远远超过《朱熹哲学研究》。

在一些具体的分析和讨论上使得《有无之境》具有了某种比较哲学的特征，虽然作者在"绪言"结尾声明该书"并不是文化研究或比较哲学的专著"。

作者在第一章"绪言"中交代了贯穿王阳明哲学、宋明理学甚至整个中国哲学史的三个问题意识或者说三条线索。如果说"有我与无我"、"戒惧与和乐"更多地具有中国哲学的特性的话，"理性与存在"则似乎更多地是西方哲学史上的问题。然而，"以理性主义到存在主义的转向来把握宋代理学到明代心学的演变线索，力图在比较分析的视野中把心学的古典问题转化为现代哲学语言来了解"（《有无之境》内容提要），却恰恰是贯穿整个《有无之境》一书的一个基本线索。同样，在全书除最后一章"附考"之外的各个章节中，作者也屡屡引用西方哲学的不同观念来阐发王阳明哲学思想中的诸多内容。譬如，在诠释"心即理"这一王阳明哲学的第一命题时，作者援引了康德道德哲学的若干观念和命题；在讨论"心外无物"这一命题的具体含义时，作者引入了胡塞尔现象学的意向性理论；在分析"知行合一"时，作者借助了赖尔（Ryle）《心的概念》一书中对于"知道怎样"（knowing how）和"知道什么"（knowing what）的区分等等。由于"存在主义的转向"是作者对于王阳明哲学相对于朱熹哲学精神方向变化的一个基本判断，一些主要存在主义哲学家如克尔凯郭尔、海德格尔、萨特等人的若干观念，就更是在《有无之境》一书的不同章节中时常出现。至于该书"附录"的文章"心学传统中的神秘主义问题"①，则更是广泛地运用西方比较宗教学的相关观念以为参照，如 W. T. Stace、Ninian Smart 等人提出的一些范畴，对整个宋明理学传统中的神秘体验问题进行了现象学的描述，深度涉及到了超越的天道与内在的心性彼此之间一而二、二

---

① 该文原题为"神秘主义与儒学传统"，作于 1987 年 2 月，时正值作者访学哈佛大学期间，是作者当时在哈佛着手王阳明哲学研究的准备工作之一。该文最早刊于《文化：中国与世界》（北京：三联书店，1988），第 5 辑，第 28～57 页。

而一的关系问题。

不过，在引用西方哲学的若干观念来诠释王阳明哲学时，作者所做的其实是一种"双向互诠"而非"单向格义"的深度对话性的工作。在援用西方哲学来诠释中国哲学时，最常见到的是那种较为肤泛的"单向格义"式的做法，即简单地用西方哲学的概念来比附中国哲学的观念，将富有中国哲学自身特性的观念说成就是西方哲学的某种概念。这其实既是没有真正进入中国哲学文献所蕴涵的义理结构内部的表现，也是对西方哲学皮相之见的反映。而对中西双方都能有较为深入的了解者，既能够做到明同别异，不流于"贴标签"的简单比附，又能够做到互相发明，不忌讳所谓比较哲学的取径，从而不仅在借用西方哲学观念诠释中国哲学观念时有助于开显后者的思想蕴涵，同时在澄清其间的差异时也有助于对前者的进一步理解，达到在中西哲学之间"双向互诠"的境界。作者即明确指出："我们应当注意，任何西方哲学的范畴应用于中国哲学，都具有相对的意义，因为各自范畴都产生于一定的历史文化脉络，具有不同的问题指向和意义。"（第37页）这一点，凡作者援引西方哲学观念来阐发王阳明哲学的精神时，无不时时体现。

譬如，在与康德哲学进行比较的过程中来揭示王阳明哲学的特征时，对于双方的不同与可能产生的理论后果，作者有深刻的观察。在第七章"良知与致良知"最后，作者指出："在康德，意志与意念的分离，理性与情感的分裂，虽然使意志仅仅成为立法原则，失去了实践力，但以此为代价，换来的是理性与感性泾渭分明的界线，使感性无法混入理性。在心学，没有意志与意念的分离、理性与感性的两分，本心与心交叉使用，良知即体即用，良知包括感情好恶，可以成为践履原则，但也要为此付出代价。它借用了感性的力量，便无法排除感性的渗入，以至'任心率性而行'都可在良知的名义下求得合法性，使纯粹的良知无法保持童贞，这是王学'左派'的发生在理论上的必然结果。"（第192页）

再譬如，在借助康德的道德哲学来诠释阳明"心即理"的命题时，笔者所谓的"双向互诠"，在作者的以下论述中就格外明显：

　　　　对于康德的自律来说，只说心自立法度是不够的。"心即理"若要合于康德之自律，不能仅从抽象的意义上说，必须先肯定心是道德主体（即实践理性），和理作为"单纯普遍的立法形式"，并非任何主体的任何原理皆可称为自律，正是因为单纯普遍立法形式是理性自身的结果，才能说到理性的自己立法。正因为自律是指理性以其自身的"单纯普遍的立法形式"决定选择，所以才说"这种自律本身就是一切准则的形式方面的条件"。在规定自律原则的整个定理四中，康德注意的核心仍然是如何以普遍立法形式取代感性自然法则。因而简单地说，他律即遵从感性法则，自律即由普遍立法形式以建立义务。普遍立法形式既被看做理性自身的结果，所以康德认为理性应当遵从的不过是理性自己的法则，这个演绎过程的脉络下才有自律的说法，而不是说一切主张心提供道德法则的就是自律。从主体说，心学的"本心"虽是道德主体，但此道德主体与康德规定的道德主体仍有不同，本心虽排斥情欲，但仍有感性的色彩即道德感情。本心提供的道德法则也不指唯一的普遍立法形式，更不用说"形式"与"实质"的区分也是儒学所无。此外，康德的"自律"包含"服从道德律"，这表明康德的自律意味着理性的反思，而心学的良知具有直觉的意义，包含着道德感。康德在《道德形而上学探本》中特别强调了"人自己也得要服从他所规定的这种规律"。"服从"的观念显然是康德自律学说中与心学很不同的一个观念。可见，自律的范畴虽然为我们理解心学的特质有很大的帮助，由此可以开发出一种富有生命力的诠释方向，但也要了解彼此之间的差异，以免使之绝对化而产生不必要的纠葛（第38～39页）。

至于他律是否适用于与心学对立的理学，更一直是一个争议问题。事实上，对自律—他律用于宋明儒学诠释的疑问，主要也在他律上，而不在自律上。这个问题不必在此详加讨论，只需指出，康德伦理学包括自律原理主要讨论的是"法则"即如何确定道德法则，而不是"心体"，更不是"工夫"。而在法则的问题上，程朱陆王并无异议，他们都是以天理（理性法则）排斥人欲（感性法则）。如前引述康德的表述，一切他律都是与"意志的道德性"对立的，在康德哲学中，意志的道德性与行为的合法性相对，为个人幸福而做一件合乎道德法则的行为，只有合法性，而无道德性，只有"正其谊不谋其利"，把正其谊本身作为目的，才会有道德性。这样看来，"他律"所针对的乃是只讲合法性不讲道德性的倾向。而理学无论程朱还是陆王，都是把正谊不谋利作为基本实践原理。从这点看，康德所谓的他律与程朱伦理学显然有很大距离。从另一个角度说，自律与他律的分别用另一种形式表达，就是定言式与假言式的分别，而在用定言式方面，朱子学显然是为康德所肯定的（第39页）。

作者这里"双向诠释"的基本结论，在第一章"绪言"中更有简明扼要的总结，所谓："即使我们确认心学为自律形态，并不意味着心学与康德伦理学的基本取向完全一致，心学是否为自律与心学是否与康德伦理学相近是两个不同的问题。事实上阳明学主张的'工夫'与'境界'与康德有相当大的距离。其次，即使我们确认阳明学为自律，并不简单地导致我们必然承认朱子学为他律，也并不等于同时以否定和消极的意义来看待他律。"

另外，在引入赖尔的认知理论分析阳明"知行合一"这一重要思想命题时，作者最后总结说：

赖尔理论的出发点，他所企图解决的问题，他所讨论的重点都与阳明有很大距离。他的总体批判是针对笛卡儿式的

身心双重论，它以逻辑分析为手段是现代哲学的特色，他的行为主义立场更不是阳明所了解的。在 knowing how 方面，阳明讨论的知孝知弟等也不属于"知道怎样"的知，这些都是阳明不同于赖尔的地方。事实上，就阳明使用的"知"的一般意义而言，是包含着许多不同性质和形态的知的。阳明所关注的活动不是智力性的活动，而是道德性活动。然而，无论如何，阳明主张德性谓词"孝的"或德性知识"知孝"不是指意识对准则的知性了解，而指其在行为上能正确体现这些性质，因此这些心理谓词并非仅指心理性质而是指心理特质发挥的行为方式，在这些方面显然与赖尔的提法是相通的。

这里显示出，作者运用现代西方分析哲学来诠释王阳明哲学时，对于双方的同异同样有明确的了解。因此，其诠释自然恰当而不失彼此之间的分际。

最后，我们不妨再举一例。从中，同样可以看到作者在引用西方哲学观念诠释王阳明哲学时能够充分了解彼此的同异从而做到"双向诠释"。在第八章"有与无"的结尾部分，作者指出：

> 在具体的情感体验范畴方面，存在主义都很强调"烦恼"，但不同哲学家的理解并不相同。如萨特哲学中的"烦恼"含有"全面深刻的责任感"的体验，显然与儒家固有的"忧患"意识相同。正如《周易》的"忧患"是肯定的、积极的忧患，而《大学》"正心"要排除的"忧患"则是否定的、消极的个人忧患一样，与萨特具有某种积极性的烦恼不同，存在主义者如海德格尔则强调更多地体现了消极性的"烦"。阳明继承了道家和佛教的思想，也把"烦恼"看成完全消极的、异在于心之本体的情感，"烦恼"代表了一切消极性的情感情绪，而"心体"正是烦恼的对立面，无烦恼的安宁与平静、自在，才是人的本真的纯情绪状态。人的精神

生活的目的就是排除种种非本体所固有的烦恼，而回到内心本然的自由境界。当然，这并不意味着情感不发生，只是强调不要使情感情绪的留滞不化引起内心的障碍和失衡。从而，与海德格尔要通过"畏"达到无的澄明之境不同，阳明则要克服执著带来的烦恼达到不离不滞的自在之境。无，在无滞的意义上，是一个正面的体验。与存在主义者如萨特以否定、消极的态度看待空无或虚无不同，东方存在主义是要积极地利用必要的虚无化，以解除烦扰心灵的负荷，使主体得到全面的解放。当我们说阳明哲学具有某种存在主义性格时，并不意味着他与存在主义者具有相同的立场，毋宁说是指他所提出的问题是"存在主义式"的问题。事实上，在存在主义者之间对这些问题的解决也往往大不相同。

无论从以上对康德哲学的讨论和比较，还是这里与存在主义之间同异的辨别与互诠，我们都可以深切地感受到作者对于西方哲学了解的素养之深厚。相对于个别西方哲学学习背景而妄解中国哲学者，其高下悬殊何啻天壤。事实上，笔者认为，真正能够深入西方哲学堂奥者，如果要来认真地解读中国哲学，也同样能够做到明同别异并最终达到双向互诠的造诣。如安乐哲和郝大维对古典儒学和道家思想的把握、南乐山对儒家哲学尤其形上学和宇宙论的了解、麦金太尔对孔子伦理学与亚里士多德德行伦理学的比较等，都是很好的例子。比附、曲解和妄议，往往是于中西双方均浅尝辄止而未能掘井及泉的结果。

能否做到"双向互诠"而非"单向格义"，除了在具体概念、命题的诠释方面表现如何之外，还有一个重要的方面，那就是：是以某种外在的理论立场作为诠释中国哲学的先入为主的诠释框架，还是不预设任何外在的诠释框架而从全面、深入和细致的文献阅读中去掌握和提取蕴涵在文献之中的中国哲学的固有脉络。中国大陆 1949 年以后到 90 年代以前无论中国哲学史通史、断代哲学史还是个案、专题研究，反映的几乎都是前者，90 年代以后，才逐渐摆脱那种教条主义的生搬硬套。而初版于 1991 年的《有无之境》，却在当时便已尽脱窠臼。全书无论章节还是子目，其结构所体现的脉络完全来自于王阳明自己的文献材料。无论在具体观念的分析时可以如何充分地援引西方哲学作为诠释的资源，首先要从王阳明自身的文献中确定自己的问题意识和思想结构，作为诠释王阳明哲学的基本前提，这一点由全书的纲目即可感知。如今回过头来再看，在当时大多数研究著作尚未能完全避免教条主义的模式和话语的情况下，作者的研究方式是难能可贵的。这一点，无疑首先取决于作者对王阳明文献全面、深入和细致的掌握之功。离开了这一基础，任何的西学素养都没有用武之地。

（四）国际视野

除了广泛深入地借助西方哲学作为诠释的理论资源之外，作为《有无之境》的特点之一，另一个不同于《朱熹哲学研究》的方面，是作者在书中所显示的开阔的国际视野。这一点，大概同样与作者 1986 到 1988 年的哈佛访学经验密切相关。如果说缜密的辨名析理在一定意义上未必依赖西方哲学训练的话①，那么，国际视野的具备则一定离不开对于海内外相关研究成果的充分掌握。

中国哲学尤其是宋明理学的研究早已不是中国学者的专利，而是包括欧美、东亚等世界范围内具有不同国家、地区和种族背景的学者群体共同从事的一项事业。如果有人还认为中国学者天然地具有中国哲学研究的优势，中国学者中国哲学研究的水平理所当然在海外学者之上，那只能说是坐井观天的无知之见。即以阳明学研究为例，日本的荒木见悟先生从 70 年代开始就进行了大量深入细致的研究。如晚明会通三教的重要人物管志道，至今对于我们许多中国哲学甚至宋明理学的业内人士来说仍是一个较为

---

① 传统宋明理学以及中国佛学包括天台、华严的理论思辨程度之高，并不亚于西方哲学传统的任何一支。

陌生的名字，而荒木先生 70 年代末就出版了研究管志道的专书①。因此，要想在世界范围内跻身中国哲学研究的一流，就势必需要在国际中国哲学研究的整体脉络内来从事、定位自己的研究和成果，对海内外相关的研究成果有足够的了解，如此才能掌握前辈时贤已经做了哪些工作，哪些问题已经解决，哪些值得研究的问题尚未引起研究者注意，哪些问题既有的研究还有商榷的必要，等等。在此基础上做进一步的研究，才能避免闭门造车和低水平的重复，真正做到推陈出新，在整个国际学术界确立领先的地位。这一点，除了外文的掌握以及海外学术交流等客观条件的影响之外，研究者主观的自觉尤其重要。在全球化、信息技术日益发展的今天，海外许多研究成果的获取较之以往已经有相当的便利，未必一定需要"身在此山中"的海外经验了。但问题是，一些学者即使在今天似乎对此仍未有充分的自觉。回头来看，《有无之境》的写作固然有良好的海外研究的经验作为具备国际视野的条件，但作者自己对此的自觉或许更为关键。如果考虑到《有无之境》完成于 1988 年秋到 1990 年春，作者在中国哲学研究的国际视野方面，可以说更是早早着了先鞭，成为中国同行学者中国际化的"先行者"。

《有无之境》对英文、日文的相关研究成果多有吸收。譬如，在第一章"绪言"部分，当讨论阳明学与存在主义可比性时，作者就指出英语世界最早提及此点的韩裔学者郑和烈（Hwa Yol Jung）及其论文和出处（第 15 页，注 3）以及倪德卫（David Nivison）和冈田武彦对于该问题的研究（第 16 页，注 1）；当涉及儒家传统的"精神性"问题时，作者指出了加拿大籍华裔学者秦家懿（Julia Ching）对该问题的研究论文（第 19 页，注 1）。在第五章讨论知行问题时，作者留意到柯雄文（A. C. Cua）曾有专书研究知行合一的问题以及其中对于两种不同道德知识的区

---

① 参见荒木见悟：《明末宗教思想研究——管东溟の生涯とその思想》（东京：创文社，1979）。

分（第 100 页，注 1）。在第十一章结语部分讨论王阳明身后其学的流变时，作者借鉴了狄百瑞（de Bary）关于"个人主义"的说法（第 335 页，注 1）。在第十二章关于王阳明年谱的笺证中，作者考察阳明三十六岁条下有关问题时引用并肯定了日本学者河住玄发表于《东洋文化》的"王阳明先生流谪事迹考"（第 348 页，注 1）。

除了直接参考英、日文的相关研究成果之外，对于港台地区中文出版和发表的有关论著以及中译的海外研究成果，作者更是广为参考，消化、吸收和商兑之处俯拾皆是。譬如，第一章曾参考岛田虔次的《朱子学与阳明学》（陕西师范大学出版社 1986 年中译本）、牟宗三的《才性与玄理》（台北学生书局 1985 年版）、柳田圣山的《禅与中国》（三联书店 1988 年中译本）。第二章曾参考李明辉的《儒家与自律道德》（《鹅湖学志》第一期，台北文津出版社，1988）和《再论孟子的自律伦理学》（台北《哲学与文化》十五卷十期，1988）、杜维明的《人性与自我修养》（和平出版社 1988 年中译本）。第六章曾参考傅武光《四书学考》（《台湾师范大学国文研究所集刊》第十八集）。第七章曾参考陈荣捷的《王阳明传习录详注集评》（台北学生书局 1983 年版）、李明辉的《儒家与自律道德》、杜维明的《人性与自我修养》。第八章曾参考陈荣捷的《王阳明与禅》（台北学生书局 1984 年版）、傅伟勋的《从西方哲学到禅佛教》（三联书店 1989 年版）。第九章曾参考陈荣捷的《王阳明传习录详注集评》、唐君毅的《生命存在与心灵境界》。第十章曾参考陈荣捷的《朱子新探索》（台北学生书局 1988 年版）、余英时的《历史与思想》（台湾联经事业出版公司 1976 年版）。第十一章曾参考秦家懿的《王阳明》（台北东大图书公司 1987 年版）、蔡仁厚的《王阳明哲学》（台北三民书局 1974 年版）。我们可以看到，在 80 年代末的情况下，撇开直接参考外文研究成果之外，仅就港台地区有关论著的参考而言，作者的视野也是度越时流的。

仅仅具有国际视野，对海外学界的情况有相当了解，自然并非造就国际一流研究成果的充要条件。这对于中国哲学的研究尤其如此。不过，在全球学术社群联系交往日益密切的情况下，如果无法尽可能充分了解海内外相关的各种研究成果，不能尽量对这些既有的成果加以消化和吸收，从而在其基础上"更上一层楼"，恐怕很难真正处于国际中国哲学研究的第一线。这一点，即便在 21 世纪的今天，大概仍然未必是我们每一个中国哲学研究者都有足够自觉的。而《有无之境》在 1991 年的初版，实际上却早已通过"现身说法"的方式向学界指点了这一学术方向。当然，至于后学是否都能敏锐地捕捉到这一点并化为自己的研究方法，则要靠个人自己的悟性了。

（五）典范意义

以深厚的文献功底为基础，在国际视野的观照下，广泛借助西方哲学的理论资源进行细致入微的思想分析，《有无之境》成功地将王阳明哲学精神的丰富内蕴揭示无遗，成为王阳明哲学研究的一部杰作，是可想而知的。但是，读者在佩服作者考证之详、论断之精的同时，往往只是接受了作者关于王阳明哲学的具体论断，对于作者何以能够做出如许论断，或许未做深究。换言之，《有无之境》赖以成功的三方面要素，即文献基础、西学素养和国际视野，作为作者运用于该书的研究方法，恐怕未必充分进入广大读者的问题意识。其实，在笔者看来，对于一部学术精品而言，更重要的与其说是了解并记住其各个具体的论断，不如说是领会并掌握其如何进行研究从而得出那些论断的方法。依笔者之见，如果在文献基础、西学素养和国际视野这三个方面都能真正臻于上乘，相应的研究成果在世界范围内居于学界一流水平，实属必然之事，决不仅仅适用于王阳明哲学研究，在整个中国哲学的研究范围内都有其普遍的有效性。这也正是笔者以《有无之境》为例来说明目前以及今后研究中国哲学所应具有的上述三点自觉的原因。

正如本文开头提到的，历史进入 21 世纪以来，反思以往中国哲学的研究范式，探讨如何进一步研究中国哲学，一度成为学

界关注的重点。晚近对于究竟应当如何研究中国哲学的广泛讨论，其中关键的问题之一是在当前的"中国哲学"研究中如何处理与"西方哲学"的关系问题。自从现代学科意义上的"哲学"建立以来，"中国哲学"的发展就一直处在和"西方哲学"的关系之中。在这个意义上，我们不妨说"中国哲学"这一学科一开始就是某种比较哲学。无论是1949年以前冯友兰的《中国哲学史》，还是50年代以后海外新儒家对于中国哲学的重新诠释和建构，甚至1949年到20世纪末中国大陆的马列主义解释中国哲学的普遍模式，在一个较为宽泛的意义上都可以称之为"援西入中"的模式，尽管所"援"西方哲学的流派、程度不同，极端生硬者简单袭取西方哲学某家、某派作为中国哲学诠释框架，已经不是"援西入中"而直可谓"以西（教条马列主义）解中"了。如今的反省，也主要在于针对这种"援西入中"的基本模式。不过，以往"以西解中"的浅陋与失败，是否意味着"援西入中"全然不可取？中国哲学的主体性是否要在与西方哲学的绝缘中才能建立？则是当前以及今后需要深思熟虑的问题。对于究竟应当如何研究中国哲学以及中国哲学研究的发展方向，笔者也曾参与讨论，基本的看法，可以大体归纳为以下三个方面①。

第一，中国哲学的研究早已无法摆脱与西方哲学的关系。简单套用西方某种哲学框架来裁剪中国哲学的思想材料，如50年代到80年代中期中国大陆的研究，自然无法达到对中国哲学合理与有效的诠释和重建，而试图从现有中国哲学的研究中彻底清除西方哲学的所有痕迹，却是既不必要也不可能，其结果并无益于中国哲学自身的发展。只有在与西方哲学深度互动交融的过程中，作为一种真正富有特性的观念结构和价值系统而非单纯的话语形式，中国哲学的主体性最终才能够得以建立。在一定意义上，对西方哲学了解的深浅甚至在相当程度上制约着中国哲学的

---

① 详细内容参见本书第二部分"合法性、视域与主体性——当前中国哲学研究的反省与前瞻"。

诠释与重建。我们可以看到，迄今为止，无论就古典研究还是理论建构（二者密切相关）来说，在中国哲学领域取得巨大成就的前辈和时贤，几乎无一不对西方哲学传统有深入的了解。可以这样说，对中国哲学的发展而言，关键不是用不用西方哲学的问题，而是用得好坏与深浅的问题。我们当然不能以西方哲学为标准，但不可不以西方哲学为参照。凡有益于中国哲学诠释与重建的西方资源，不限于哲学一科，我们都应当充分了解和吸收。只有在以"他者"为参照、与"他者"的沟通互动中，才能够获得更为明确的自我意识，并不断扩展深化自身的主体性和身份认同，这是如今世界范围内每一种文化传统、哲学传统都需要面对的问题。

第二，中国哲学的研究需要广泛、深入地吸收海外学界包括西方、日本和台港地区的相关研究成果，充分意识到中国哲学研究早已不是中国学者的专利。我们的中国哲学研究如果不能放眼世界，在全球学术社群的整体脉络中来评估自己的研究成果，便很难取得真正一流的成就。我们的学术视野不但要扩展到包括港台地区在内的整个中文世界，还要充分伸展到包括西方和日本在内的整个国际学术社群。只有在充分了解国际范围内中国哲学研究状况的前提下，我们的中国哲学研究才能够做到综合创新，在世界范围内真正达到一流的水准。

第三，无论是充分吸收西方哲学的理论资源还是海外研究的相关成果，都必须深深植根于中国哲学固有的问题意识，如此才能始终把握中国哲学自身的特质，才不会在吸收运用西方哲学以及海外研究成果时"从人脚跟转"，丧失自身的主体性。而如何才能在充分消化、吸收西方哲学与海外研究成果，不以西方话语和名相为忌的同时，始终立足于中国哲学自身的问题意识和义理结构，则在相当程度上取决于我们中国哲学文献的功底。只有对这些文献典籍烂熟于心，才能把握蕴涵其中的中国哲学固有的问题意识和义理结构。就如今的中国哲学研究而言，无论古典诠释还是理论建构，无人会反对方法的多元性，但是，如果不首先全面深入地掌握文献材料、充分地咀嚼消化文献材料，任何外在的方法论都难以落实，未必有助于揭示中国哲学自身的特质。所谓"法无定法"，任何方法论都有其有效性的适用范围，判断并选择合理有效的方法论的标准，只能是研究对象自身的特质。只要把文献典籍读熟吃透，其中的问题意识和义理结构自然会浮现出来。相反，如果不能首先虚心、平心地吃透文献，还没读几页书就浮想联翩，结果只能是在缺乏深透与坚实的理解和领会的情况下放纵个人的想象力，对源远流长的中国哲学传统终究难有相契的了解。其研究结果也只能是"六经注我"式的"借题发挥"与"过度诠释"。其实，这一点非独中国哲学研究为然，对西方哲学以及其他任何历史悠久的思想传统来说，情况恐怕同样如此。再者，"巧妇难为无米之炊"，再聪明的头脑，脱离深厚的文献典籍，其发挥的空间必然有限；其思想的展开，充其量只不过是个人经验与想象力的单独运作。反过来说，如果聪明的头脑再加上文献典籍的深厚功力，个人的自我经验与蕴涵在文献典籍中众多古圣先贤的历史经验融为一体，便不再是一种单薄的个体之思，而成为贯通古今并表现于当下的一股强大经验之流和思想之流，其思想的展开必然是"若决江河，沛然莫之能御"。这种情况下的中国哲学研究，其成就自不待言。尤其需要指出的是，从今后中国哲学的发展来看，对于更为年轻一辈治中国哲学的学者来说，所患者或许不在于西方资源的吸收与运用，而更多的在于中国哲学文献材料的涵泳与契入。事实上，在当今各种西方思想理论蜂拥而入、"城头变换大王旗"的情况下，要想既充分吸收西方的相关资源，同时又能够合理有效地有所取舍而为中国哲学所用，避免"生吞活剥"，只能以中国哲学自身的问题意识和义理结构为准，否则，难免重蹈以往教条主义中国哲学研究的覆辙，所不同者，只是西方理论话语的变换而已。可以说，对于作为一种悠久传统的中国哲学来说，历代不断累积的丰富文献材料乃是其"源头活水"。只有深深植根于这一源头活水，中国哲学在全球范围的不断发展才能始终不丧失其主体性。

　　笔者之所以要提到晚近关于如何研究中国哲学的反思和讨论并重申自己的看法，决非偶然。事实上，笔者提到的三个方面，正是文献基础、西学素养和国际视野的问题。显而易见，如果说强化这三个方面是我们当前和将来研究中国哲学的方向，那么，对于如何以深厚的文献功底为基础、在国际视野的观照下充分吸收西学来诠释和建构中国哲学，陈来先生的《有无之境》恰恰为我们提供了极佳的例证。反思中国哲学研究的方法论自然不无意义，但是，抽象的反思毕竟不能等同和代替在"中国哲学"这一广阔领域内各种具体的研究与思考，只有后者才更能够切实推进中国哲学的研究，在研究与建构的双重意义上不断提升中国哲学的水准。并且，正如前文提到的，即使具有方法论的高度自觉，仍需贯彻到具体的研究工作当中。具体研究成果的水平，是衡量任何方法论高低的最终标准。在这个意义上，与其抽象地苦思冥想和议论不休，不如仔细体会包括《有无之境》在内诸多中国哲学研究的佳作。至于老一辈中国哲学大家如牟宗三、唐君毅、劳思光等人的工作，更是值得再三玩味，切不可轻易绕过，更不可在未能深入全面了解的情况下"妄议"。如此，我们才能进一步将中国哲学研究方法的"个中三昧"运用并发挥到自己的研究工作当中。

　　最后，笔者愿意指出的是，我们当然可以说哲学与哲学史难以截然分开，哲学的创造（construction）和哲学史的诠释（interpretation）活动也的确往往彼此交织。但是，哲学创作或哲学体系的建构，与哲学史的诠释活动又确有分别。总体来说，中国哲学的创造应该是中国哲学研究到相当程度之后的自然结果，任何人都不可能在对整个中国哲学史缺乏全面深入了解的情况下妄谈建立中国哲学的体系。在中国传统哲学与西方哲学彼此互动已近一个世纪，尤其是已经出现了牟宗三、唐君毅等先生融会中西印哲学传统所建构的新的中国哲学体系的情况下，建构新的有意义的中国哲学的体系更不是一件轻而易举的事。从大的文化氛围来看，晚清以来，反传统思潮日益强势，到 20 世纪 80 年代，可以

儒家传统与中国哲学

说已经形成了一个反传统的传统（tradition of anti-tradition）。对如今中文世界的学者来说，几乎所有人出生之日起即身在反传统的传统之中，对包括哲学在内的整个中国传统思想文化都已隔膜甚深，对西方思想文化的了解仍需进一步的扩展和深化。试想，无论是对传统中国思想文化的掌握，还是对西方思想文化的了解，如今有多少人可以望牟宗三、唐君毅以及钱穆、余英时等先生的项背？因此，在这种情况下，我们与其奢谈中国哲学的建构，不如首先踏踏实实多做些研究工作。待到"真积力久则入"之时，若真有成系统的度越前贤的真知灼见，建构中国哲学亦只是"水到渠成"而已。

三 中国哲学研究方法论的再反思——"援西入中"及其两种模式

（一）背景与问题

晚近几年来，关于中国哲学研究的方法问题在中文世界普遍引起了较为广泛的讨论。而且，这一讨论也引起了西方学者的关注甚至参与①。笔者本人曾经参与这场讨论，2002 年应编辑之约撰写的"合法性、视域与主体性——当前中国哲学研究的反省与前瞻"，发表于《江汉论坛》2003 年第 6 期，随即为《新华文摘》2004 年第 1 期全文转载。英译版后来也刊于《当代中国思想》（*Contemporary Chinese Thought*）2005 年的秋季号②。迄今为止，笔者认为自己的宗旨在那篇文章中已经交待得很清楚，目前和今后大概也不会有所改变。因此，本已不欲在这个问题上驻足。但由于当初该文是一组笔谈之一，受制于篇幅限制，虽主旨已出，有些方面或许还有详说的必要。2005 年陈来先生《有无之境——王阳明哲学的精神》新版出版之际，笔者即以该书为例，

---

① 比如，比利时鲁汶大学的戴卡琳（Carine Defoort）教授不仅在其主编的 *Contemporary Chinese Thought* 中花了几期专门翻译中国学者关于这一讨论的有代表性的文章，自己也参与其中，发表了两篇很有意义的文章，参见其 "Is There Such a Thing as Chinese Philosophy? Arguments of an Implicit Debate", *Philosophy East and West* 51：3（2001），393～413；以及 "Is 'Chinese Philosophy' a proper name?" *Philosophy East and West*，56：4（2006）。

② *Contemporary Chinese Thought*，M. E. Sharpe，Vol. 37 No. 1，Fall 2005，pp. 89～96。

进一步讨论了如今中国哲学研究所当具备的"文献基础"、"西学素养"和"国际视野"这三方面的自觉①。在 2006 年 12 月 12 ~ 14 日深圳大学国学研究所和澳大利亚国立大学亚洲研究院联合主办的"中国哲学建构的当代反省与未来前瞻"国际学术研讨会上，笔者也提交了《中国哲学研究的三个自觉——以〈有无之境〉为例》的论文②。可以说对此前《合法性、视域与主体性——当前中国哲学研究的反省与前瞻》一文有进一步的发挥。

不过，2006 年 12 月 15 ~ 16 日在香港中文大学召开的"中国哲学研究方法论"内部讨论会上，刘笑敢教授列举并分析了迄今为止有关中国哲学研究方法论问题讨论的有代表性的诸说。其中，对于笔者《合法性、视域与主体性——当前中国哲学研究的反省与前瞻》一文中所谓"对中国哲学的发展而言，关键不是用不用西方哲学的问题，而是用得好坏与深浅的问题"这一说法，他提出了"如何判断好坏、深浅"的发问。的确，无论在《合法性、视域与主体性——当前中国哲学研究的反省与前瞻》还是在《中国哲学研究的三个自觉——以〈有无之境〉为例》中，笔者一个一贯的看法就是：

> 简单地用某种西方哲学的框架裁剪中国哲学的思想材料，固然难以把握中国哲学的固有精神，无缘得见中国哲学的主体性，而由此即导致逆反，对西方哲学产生厌恶或者恐惧，希望全面清除中国哲学中的西方哲学因素，同样不免堕

---

① 彭国翔：《为中国哲学研究建立典范——试评陈来〈有无之境——王阳明哲学的精神〉》，《哲学门》（北京大学哲学系），总第 13 辑第 7 卷（2006）第 1 册，北京：北京大学出版社，第 223 ~ 241 页，2006。

② 该文与《为中国哲学研究建立典范——试评陈来〈有无之境——王阳明哲学的精神〉》有所不同。所不同者，在于《中国哲学研究的三个自觉——以〈有无之境〉为例》一文首先强调了应对"中国哲学的合法性问题"与"如何研究中国哲学的方法论反思"这两个不同的问题加以区分。前者是一个伪问题，后者则是集中于对以往用西方哲学来解释中国哲学这种做法的反思。《中国哲学研究的三个自觉——以〈有无之境〉为例》一文修订版已收入本书第二部分。

入"边见",只能是从一个极端到另一个极端。以往对于西方哲学的运用不善,并不意味着中国哲学的研究不需要西方哲学,更不意味着真正的"中国哲学"中就不允许有任何西方哲学的因素。在目前世界各种文化传统互动沟通日趋深入的情况下,试图在拒斥西方哲学的情况下建立中国哲学的主体性,是既无必要也不可能的。并且,只有在与西方哲学深度互动与交融的过程中,作为一种真正富有特性的观念结构和价值系统而非单纯的话语形式,中国哲学的主体性最终才能够得以建立。我们可以看到,迄今为止,无论就古典研究还是理论建构(这两方面常常是难以截然分割而彼此交织在一起的)来说,在中国哲学领域取得巨大成就的前辈与时贤,几乎无一不对西方哲学传统有深入的了解与吸收。可以这样说,对中国哲学的发展而言,关键不是用不用西方哲学的问题,而是用得好坏与深浅的问题。我们当然不能以西方哲学为标准,但不可不以西方哲学(甚至可以包括印度哲学以及其他文化的哲学传统)为参照。事实上,只有在以"他者"为参照、与"他者"的沟通互动中,才能够获得更为明确的自我意识,并不断扩展深化自身的主体性和身份认同,这是如今世界范围内每一种文化传统、哲学传统都需要面对的问题。

如果说这里强调的是要在中西哲学的密切互动关系中来诠释中国哲学,使西方哲学(甚至其他人文学科)成为中国哲学诠释与建构不可或缺的参照和资源,那么,对于西方哲学的这种"取用"如何做到"好"和"深",而不是"坏"和"浅",笔者在《合法性、视域与主体性——当前中国哲学研究的反省与前瞻》中并没有具体说明,尽管《中国哲学研究的三个自觉——以〈有无之境〉为例》一文,其实倒正好可以说是为运用西方哲学作为诠释中国哲学的参照和资源做到"深"和"好"提供了一个具体的例证。

在上述香港的会上，笔者当时对刘笑敢教授的发问虽然口头有所回应，但毕竟不等于专文的深思熟虑。并且，《中国哲学研究的三个自觉——以〈有无之境〉为例》一文虽然事实上提供了陈来先生有效而恰当地援引西方哲学观念资源研究王阳明哲学的例证，但也仍非直接针对该问题的进一步展开。如今，笔者觉得当有再作专文继续追究的必要。之所以如此，还并非由于会上刘笑敢教授的发问本身，另外一个重要的原因就是，笔者后来拜读了刘笑敢教授的《“反向格义”与中国哲学研究的困境——以老子之道的诠释为例》一文①，益发感到他在该文中所提相关问题的重要性。他所谓的“反向格义”，正是对运用西方哲学来诠释中国哲学这一基本取径的指谓和质疑。因此，对于上引笔者主张在与西方哲学深度互动中来诠释和建构中国哲学的看法，或者即所谓“对中国哲学的发展而言，关键不是用不用西方哲学的问题，而是用得好坏与深浅的问题”，本文的进一步讨论，可以作为笔者对于中国哲学研究方法论问题的再反思。

当然，本文不必是对刘笑敢教授该文的直接回应。原因有二：其一，刘教授该文主要以老子的现代诠释为例，本文则以中国哲学史的整体研究尤其儒家哲学的研究为例；其二，更为重要的是，刘教授文中所表示的忧虑并非他个人的想法，而是不少学者共同的问题意识。在这个意义上，本文与其说是对刘教授发问和文章的回应，不如说是对一个具有普遍性的问题的进一步思考。不过，如果没有刘教授发问和文章的“启发”，笔者或许也就没有本文对以往思考的“增益”，至少本文再反思的问题意识或者对象，也许未必能够那么明确。这是要特别向刘笑敢教授表示感谢的。

---

① 该文刊于《南京大学学报》（哲学·人文科学·社会科学），2006 年第 2 期，第 76～90 页。该文也是作者《老子古今》一书导论的一部分。参见刘笑敢：《老子古今——五种校勘与析评引论》（北京：中国社会科学出版社，2006），上卷，第 66～88 页。

（二）"援西入中"：现代"中国哲学"研究的基本模式

笔者在以前的文章中都曾经指出，20 世纪初至今，作为一门现代意义上的学科建立以来，"中国哲学"就一直处在与西方哲学的关系之中。进一步来说，现代意义上的"中国哲学"之不同于传统的以"经学"和"子学"为其主要表现形式的"中国哲学"，正在于其诠释和建构的一个不可或缺的重要资源和参照是"西方哲学"。这一点与中文世界的"西方哲学"不同，后者尽管以中文为书写方式，但其诠释和建构可以完全无涉于中国哲学（无论是传统的还是现代的）的任何内容。也正是在这个意义上，笔者以为，自从其创制以来，现代学科意义上的"中国哲学"就可以说是某种"比较哲学"。

对于 20 世纪以来现代中国哲学的这种研究和写作方式，刘笑敢教授在前述文中称为"反向格义"。他认为，中国历史上传统的"格义"是"以固有的、大家熟知的文化经典中的概念解释尚未普及的外来文化的基本概念的一种权宜之计"，而现代的"中国哲学"则是"要'自觉地'以西方哲学的概念体系以及理论框架来研究中国本土的经典和思想"。正是这种方向的"相反"，使得刘笑敢教授将"自觉以西方哲学概念和术语来研究、诠释中国哲学的方法"称为"反向格义"。

刘教授的这一看法并非他个人的私见，而是不少学者一个共同的意识所在。他自己也说："反向格义或许是一个新的说法，但却不是笔者的创见。很多人有过类似的观察。"并且，他还举了林安梧和袁保新两位教授的例子。不过，其文中将与"反向格义"意思一样的"逆格义"之说归诸林安梧教授，所谓"林氏之说"，则有所未审。事实上，据李明辉教授言，这个看法最早当出自袁保新，尽管袁教授或许未必直接使用"逆格义"这一术语。而即便就"逆格义"这一术语来说，在林安梧教授之前，于 2002 年的《当代中国哲学研究前景》和 2004 年的《中西比较哲学的方法论省思》两文中①，李教授本人都已经明确使用了。当然，谁最先使用"逆格义"这一术语也许并不重要，关键在于，这说明很多专业治中国哲学的学者都很清楚：援用西方哲学的观念资源来诠释和建构中国哲学，已经构成现代中国哲学的一种基本模式。譬如，景海峰教授虽然并未使用"逆格义"和"反向格义"之类的字眼，但他在2001年发表的《学科创制过程中的冯友兰——兼论"中国哲学史"的建构及其所面临的困境》一文中②，曾经以冯友兰为例具体说明了现代中国哲学的这一基本模式。郑宗义教授在其2001年发表的《论二十世纪中国学人对于"中国哲学"的探索与定位》一文中③，也同样指出了这一模式适用于20世纪以来几乎所有主要的中国哲学家。

需要指出的是，笔者所谓"援用西方哲学的观念资源来诠释和建构中国哲学"虽然和"反向格义"或"逆格义"所指的是同一个现象，即20世纪以来中国哲学研究的基本模式，但笔者是一种中性的描述，而"反向格义"和"逆格义"则不免含有明显的价值判断，尤其对刘笑敢教授等人来说，其中显然包含质疑的成分。当然，后者亦不可一概而论，如同样使用"逆格义"来指称现代中国哲学基本研究模式的李明辉教授，对于西方哲学的引入基本上就并非质疑而是肯定的态度④。因此，如果说现代学科意义上"中国哲学"研究的基本模式是笔者所谓"援用西方哲

---

① 李明辉：《当代中国哲学研究前景》，华梵大学哲学系编：《劳思光思想与中国哲学世界化学术研讨会论文集》（台北："行政院"文化建设委员会，2002），第241～245页。其中提到袁保新的"逆格义"。李明辉：《中西比较哲学的方法论省思》，《东亚文明研究通讯》（台北：台湾大学东亚文明研究中心），第3期（2004年4月），第30～34页；亦刊于《中国哲学史》，2006年第2期，第17～20页。

② 景海峰：《学科创制过程中的冯友兰——兼论"中国哲学史"的建构及其所面临的困境》，《开放时代》，2001年第7期。

③ 郑宗义：《论二十世纪中国学人对于"中国哲学"的探索与定位》，《劳思光思想与中国哲学世界化学术研讨会论文集》，第1～23页。该文后来也刊登于《中国哲学史》（北京），2006年第1期。

④ 参见其《中西比较哲学的方法论省思》一文。

学的观念资源来诠释和建构中国哲学",或者如刘笑敢教授所谓"以西方哲学的概念体系以及理论框架来研究中国本土的经典和思想",这一点大家并无疑义,那么,首先要反思的问题在于,对于迄今为止这一"中国哲学"研究的基本模式,用"反向格义"和"逆格义"这样的术语来概括是否精确和恰当?

除了其中涉及的明显的价值判断之外,使用"反向格义"或"逆格义"来指称 20 世纪以来中国哲学的基本研究模式或者书写方式,其实还有一个更加值得检讨的问题。刘笑敢教授之所以使用"反向格义"这一术语,是因为他认为这是 20 世纪以来"中国哲学"研究领域特有的一个现象。在他看来,"传统格义"与现代的"反向格义"之不同的关键,在于前者是用自己本来所在的文化传统的思想资源来帮助自己了解外来文化,后者则是利用外来文化传统的思想资源来帮助自己了解自己本来的文化传统。对此,其他学者也有同样的理解①。不过,笔者希望补充的是,如此理解的"反向格义"或"逆格义",其实并不只是 20 世纪以来现代中国才出现的特有的现象。在宋明儒学的传统中,儒家学者援引佛教、道家道教的观念资源来诠释和发明儒家传统中本有的思想,可以说是俯拾皆是的。并且,那种援引往往不仅没有使儒学的精义丧失,反而有时使其发挥得更加透彻。譬如,较之宋代儒学,明代以阳明学为中心的儒学尤以义理阐发的精微见长,所谓"牛毛茧丝,无不辨析"。而之所以能够达到这种细致入微和引人入胜的程度,在很多情况下正是阳明学者大量引入佛道两家观念资源的结果。这方面具体的例子很多,不胜枚举②。道家道教固然不是"外来"的,但相对于儒家传统自身来说,仍然是"外在"的。佛教传统是"外来"的自不必言,即使其经过了魏晋、南北朝、隋唐的长期消化,内化为整个中国文化的组成部

①　比如,在其《当代中国哲学研究前景》一文中,李明辉教授也是如此看待历史上的"格义"与现代的"逆格义"。

②　参见彭国翔:《良知学的展开——王龙溪与中晚明的阳明学》(台北:学生书局,2003;北京:三联书店,2005),第 5 章。

分，相对于那些内在于儒家传统的儒家学者来说，依旧是"外在"的。否则，儒释道三教之别或者说各自的相对独立性就无从谈起了。因此，对于宋明的儒家学者来说，援引佛道两家的观念来发明儒学的思想，也就恰恰可以说是"反向格义"或"逆格义"。

或许有人会说：经过长期的互动融合，到了宋明时期，儒家学者们对于佛道两家已经很熟悉了，如此才能保证他们的"反向格义"不致流于曲解自我的方凿圆枘。诚然，如果宋明儒者借用佛道两家的观念发明儒学自身义理的优劣与成败其实根本取决于他们在植根儒学传统的基础上对于佛道两家熟悉的程度或者说了解的深浅，而并不在于诠释方向的"正"还是"反"，那么，对于现代援引西方哲学来研究中国哲学，这个道理是否也同样适用呢？这一点，正是本节第三部分要重点讨论的。

前已指出，无论是"反向格义"还是"逆格义"的表述，实则都在于指出借用西方哲学的观念来诠释和建构中国哲学的现代形态这一 20 世纪以来"中国哲学"的基本模式。因此，既然"反向格义"或"逆格义"并不是"中国哲学"的现代形态所独有的现象，并且，正如宋明儒学借用佛道两家的思想资源一样，既然"反向格义"或"逆格义"的结果未必一定导致对原来思想传统的遮蔽或曲解，那么，使用"反向格义"或"逆格义"这样的术语来概括现代"中国哲学"研究（包括诠释和建构）的基本模式，就未必十分妥当。依笔者之见，以"援西入中"来概括这一基本模式，比较之下，或许是更为持平而且准确的表述。

首先，在"援西入中"这一用语中，明确交代了现代"中国哲学"研究中存在的两个基本要素，即西方哲学的观念资源和中国传统哲学的思想内容①。可以说，几乎所有现代中国哲学研究

---

① 刘笑敢教授在《反向格义与中国哲学研究的困境》一文中将传统中国哲学界定为"两千年年来以孔孟老庄、程朱陆王为代表的传统课授的子学与经学中的思想学术传统"。其实，且不论其对佛教传统有所忽略，此外，中国传统哲学的范围和内容也不限于经学和子学，史部尤其集部中许多思想内容都是传统中国哲学的重要组成部分。譬如，宋明儒学各个人物的哲学思想，大都反映在其文集之中。

方法论的反思，其中的一个核心线索或课题，就是思考如何处理传统中国哲学与西方哲学的关系问题①。这一点，是"反向格义"或"逆格义"的用语所不能反映的。其次，"援西入中"是对 20 世纪以来引入西方哲学的观念资源来诠释和建构现代中国哲学这一实际的基本模式的客观描述，并不预设某种价值判断。更为重要的是，该术语并没有预设这一基本模式必然是陷入困境的、必然是消极和负面的。换言之，"援西入中"可以同时包含了两种可能和结果，"反向格义"或"逆格义"不过指示了其不良的一面，即在引入西方哲学的过程中使中国哲学的主体性和特质逐渐丧失，思想内容逐渐沦为单纯被解释的材料。而另一方面，如果西方哲学观念资源的引入可以使传统中国哲学的固有内容在"未始出吾宗"的情况下能够不断丰富和扩展，恰如宋明儒学援引佛道两家的观念资源一样，那么，这种"援西入中"就是一种正面和积极的诠释与建构。一句话，"援西入中"可以同时包括后者与前者这两种正、负不同的方向和效果。

　　当然，刘笑敢教授在《反向格义与中国哲学研究的困境》一文中对其"反向格义"这一术语进行了广狭两义的区分。他说："反向格义或许可以分为广狭二义。广义可以泛指任何自觉地借用西方哲学理论解释、分析、研究中国哲学的做法，涉及面可能非常宽，相当于陈荣捷所说的'以西释中'。狭义的反向格义则是专指以西方哲学的某些具体的、现成的概念来对应、解释中国哲学的思想、观念或概念的做法。"不过，刘教授同时也审慎地说明，他在文中的讨论"集中于狭义的反向格义"，"广义的反向格义的范围、做法、结果会复杂和丰富得多，决不是狭义的反向

---

　　①　对于这一核心线索或课题，笔者在《合法性、视域与主体性——当前中国哲学研究的反省与前瞻》一文中已经有所提示，所谓"和中国的'西方哲学'研究不同的是，自有'中国哲学'这一观念和相应的学科建制以来，中国哲学研究就不是一个仅限于'中国哲学'的孤立行为，而是始终处在与西方哲学的关系之中。换言之，中国哲学的研究，从一开始就摆脱不了与西方哲学的干系"。

格义所能代表和涵盖的"。显然，刘教授的"反向格义"主要是就"狭义的反向格义"来说的，而用这种"反向格义"来概括20世纪以来整个中国哲学研究基本模式的问题，上面正文已经指出。至于"广义的反向格义"，即便其含义大体接近本文所谓的"援西入中"，但如前所述，鉴于"反向"的非特定历史阶段性，即并非20世纪以来"中国哲学"特有的现象，以及"格义"所含的负面价值色彩，笔者以为仍不如"援西入中"更为妥当。至于刘教授所提到的陈荣捷先生"以西释中"的确切含义，笔者未及详考，但如果就是刘教授所说的"泛指任何自觉地借用西方哲学理论解释、分析、研究中国哲学的做法，涉及面可能非常宽"，则笔者仍以为有所未安。因为在"以西释中"这一语意中，显然"西"居"主位"，是主动的诠释者；而"中"则居"客位"，成为一个被动的被解释对象。与之相较，"援西入中"的语意则不必是以西为主，因为"援入"可以是"中"方的自我要求和主动行为。而"援什么"、"如何援"以及"入何处"、"如何入"，其标准都可以在"中"而不在"西"。这种情况下，"西"方反而是较为被动的被选择方。因此，和"反向格义"或"逆格义"一样，"以西释中"或笔者所谓"以西解中"①，只不过反映了"援西入中"负面的方向和效果而已。

（三）"援西入中"的两种模式

既然"援西入中"这种20世纪以来中国哲学研究的基本模式既有可能流于负面的"反向格义"和"以西解中"，也有可能产生正面和积极的诠释与建构，那么，我们就有必要进一步区分、对比和分析"援西入中"之下的正负两种效果。这也是对笔者所谓中国哲学研究中运用西方哲学"好"、"坏"和"深"、

---

① 事实上，在知道刘教授提到的"以西释中"这一说法之前，笔者自己曾用过"以西解中"的表述，即指那种传统中国哲学被动地成为西方哲学解释材料的情况。参见本书《中国哲学研究的三个自觉——以〈有无之境〉为例》一节。刘教授所谓"狭义的反向格义"所指向的"中国哲学研究的困境"，实则也就是笔者所谓这种"以西解中"所产生的"人为刀俎，我为鱼肉"的问题。

"浅"的进一步说明。因为在笔者看来，"援西入中"既然是指将西方哲学的思想观念作为一种诠释和建构的资源"援入"现代的"中国哲学"，那么，深究精察的话，其中也可以有两种不同"援入"的模式。在两种不同的"援西入中"的模式之下，自然会产生正负两种截然相反的效果。而"援西入中"的两种模式，也正是现代中国哲学研究中运用西方哲学"好"和"深"以及"坏"和"浅"的不同反映。

刘笑敢教授在其关于"反向格义"一文的讨论中，具体是以过去使用"物质"和"精神"、"实然"和"应然"的概念诠释老子之道为例，来说明他所谓"中国哲学研究的困境"。仅就老子诠释本身的讨论而言，刘教授所论确有针对性而切中了问题的症结。但迄今为止整个现代"中国哲学"的研究是否均"无所逃于""反向格义"，从而都不可避免地陷入了"困境"，则是值得仔细分疏的。以下，我们就使用一些具体的例证，来对比说明"援西入中"的两种不同模式及其所产生的效果。

刘笑敢教授所谓的"反向格义"，其实就是指生搬硬套甚至"生吞活剥"西方的理论架构和观念资源来进退、裁剪传统中国哲学的思想内容。或者说，要求古代的中国哲学家对西方哲学特有的一些问题意识进行回答。打个比方，即用西方的观念框架和结构来对传统中国哲学的思想内容进行重新格式化。就此而言，与其说是"反向格义"，不如说是"单向格义"。而这一种"单向格义"的"援西入中"模式，可以说普遍而集中地体现在 1949 年到 1980 年代之间中国大陆整个中国哲学的研究领域。最有代表性的，就是这一期间各种《中国哲学史》的写作。

在 1949 到 1980 年代之间的中国大陆，几乎所有的《中国哲学史》都是清一色的以"唯物主义"和"唯心主义"、"辩证法"和"形而上学"这两对基本范畴作为诠释"中国哲学史"的基本理论框架①。中国历史上每一位哲学家都必须在这两对范畴之下被归类。思维和存在的关系问题，尤其是何者是第一性的问题，被理所当然地认为是每一个古代中国哲学家首要的问题意识。从先秦到晚清，每一位中国哲学家的思想，也几乎都可以在"认识论"、"自然观"、"世界观"、"伦理学"、"政治思想"和"社会历史观"这样的结构和模块之下被完全容纳。由于对以往这种"中国哲学史"的诠释方式大家基本上耳熟能详，笔者在此也就不必多说了。

相较之下，20世纪40年代到80年代之间港台地区出版的《中国哲学史》，则呈现出另外一种面貌。这里，我们可以劳思光先生撰写的三卷四册本《中国哲学史》为例加以说明②。显然，劳思光先生的《中国哲学史》仍然不脱"援西入中"的基本模式。但是，在具体的"援入"方式上，劳先生的《中国哲学史》与上述大陆出版的《中国哲学史》颇为不同。首先，劳先生并没有先行确立西方某一家哲学的问题意识作为"放之四海而皆准"的普遍标准，去审视一切中国历史上的哲学家；其次，在具体诠释中国历史上各个哲学家的思想时，也没有先行预设"认识论"、"自然观"、"世界观"、"伦理学"、"政治思想"和"社会历史观"这样的基本结构，然后要求古代中国哲学家的思想材料"就范"于这些"模块"。相反，劳先生的《中国哲学史》是尽量根据中国古代哲学家的思想材料或者文献，首先去发现那些哲学家们固有的问题意识，即那些古代的哲学家们自己所面对的是什么思想课题，然后再用现代的语言去诠释那些哲学问题。而在具体诠释中国哲学的思想课题时，则会根据不

———————————

① 这期间比较有代表性的《中国哲学史》有：任继愈主编：《中国哲学史》（四卷）（北京：人民出版社，1963年7月初版，1985年5月第4版）；肖萐父、李锦全主编：《中国哲学史》（上下卷）（北京：人民出版社，1983年10月第1版）等。

② 该书由台湾三民书局1981年1月初版，1984年1月由三民书局再出增订版，长期以来成为港台地区最为通行的《中国哲学史》教科书。2006年，该书由广西师范大学出版社引进在中国大陆出版了简体字版。

同的情况，即针对不同的哲学家，针对不同的具体问题，选择西方哲学传统中各种相关和恰当的观念，使中国古代哲学家们所思考的哲学问题能够在一个比较和参照的过程中更为明确地呈现出来。换言之，这种意义上对于西方哲学各种思想观念的"援入"，都是以首先确立中国哲学自身问题意识为前提，以现代话语阐明中国哲学的思想观念为目标的。当然，笔者并不认为劳先生的《中国哲学史》在处理所有古代中国哲学人物和问题时都能将这种"援入"的方式理想地加以贯彻。但是，这种"援西入中"的方向和方式，可以说是劳先生的《中国哲学史》不同于同时期大陆出版的一系列《中国哲学史》的一个基本所在。

除了劳思光先生的《中国哲学史》之外，牟宗三和唐君毅两位先生研究古代中国哲学的一系列里程碑式的著作，其实更是后一种意义上"援西入中"的范例。唐君毅先生虽然没有撰写一部《中国哲学史》，但是其《中国哲学原论》"导论篇"、"原性篇"、"原教篇"三部著作，则可以说是一部体大思精的中国哲学核心观念史。如果对中国哲学自身的问题意识缺乏极为深入、全面的掌握，是根本无法胜任这种写法的。牟宗三先生也没有撰写过一部《中国哲学史》，但是，其《才性与玄理》、《心体与性体》、《从陆象山到刘蕺山》以及《佛性与般若》，对于作为中国哲学骨干的儒释道三家的义理系统来说，无疑可以说是前所未有的专精深透的诠释。如今常常听到有人会说："牟宗三是用康德来解释中国哲学，唐君毅是用黑格尔来解释中国哲学。"其实这都是道听途说、口耳相传的皮相之言。真正认真钻研过牟、唐两位著作的学者，只要不是理解力不够或有先入为主的成见而不愿意进入，恐怕都不会得出这种似是而非的浅薄之论。他们两位对于康德、黑格尔哲学的"援入"，决非那种简单的"以西解中"。以牟宗三先生研究宋明理学的代表作《心体与性体》和《从陆象山到刘蕺山》为例，其诠释的方式是首先基于对宋明理学家们原始文献的精细解读，掌握其固有哲学思想的问题所在，然后在阐明宋明理学家们的具体哲学观念时，相关的所有西方哲学的观念资源，都会在适当的地方发挥"接引"和"助缘"的作用，决不仅仅是康德一家①。并且，在"援入"西方哲学作为诠释的观念资源时，是以宋明理学自身的哲学问题作为选择、取用相关西方哲学观念的标准而非相反。而一旦遇到理学家和西方哲学家共同的哲学问题，面对中西方不同的回答，牟宗三先生也往往都是站在中国哲学的立场。这一点，不仅体现于《心体与性体》和《从陆象山到刘蕺山》这两部诠释宋明理学的大著中，在其所有中国哲学研究的著作中，也无不贯彻。甚至在对康德哲学的翻译中，遇到与儒家哲学不同的立场，牟宗三也会根据后者来批评康德。譬如，在关于道德情感的理解上，牟宗三就并不认同康德将道德情感仅仅限于感性经验层面的看法，而力主道德情感尤其是孟子的"四端之心"可以而且必须是超越于感性经验之上的先天和理性的层面②。唐君毅先生对于西方哲学具体的"援入"方式，也是同样。

　　当然，上述中国大陆20世纪40到80年代的《中国哲学史》，是特定历史阶段的产物，早已不能代表如今大陆中国哲学的研究水平。1980年代中后期以后，中国大陆的中国哲学研究，可以说进入了一个崭新的阶段。一些研究者对于中国哲学的诠释，也充分体现了和牟、唐、劳等人同样的那种"援西入中"的模式。并且,在充分吸收西方哲学观念资源的同时,更注意广泛吸收西方及日本中国哲学研究的相关成果,具备了更为开阔的国际视野。对此,笔者曾经以陈来先生的《有无之境》为例专文加以分析①,也曾经专文讨论过中国大陆宋明理学尤其阳明学研究在 1990 年之后最新的进展,对其中"援入"西方哲学观念资源从而对宋明理学的相关人物和问题进行了有效和积极诠释的学者与著作也有大体的介绍②。因此,本文这里就不再赘述了。事实上,笔者认为,关于中国哲学研究方法论的广泛讨论之所以会在 2000 年以后的中国大陆大规模展开,很大程度上正是广大中国哲学研究者对于 1949 年到 1980 年代中期那种"中国哲学史"写作所代表的负面的"援西入中"模式的群体反思。至于群体性的反思要滞后于个别中国哲学研究者的自觉及其具体的研究成果,也是很自然的事情。

通过以上的对比与分析,我们可以尝试对正面和负面、积极和消极两种不同"援西入中"模式的特点和性质总结为以下两点。

首先,是"援入"过程中"中"与"西"之间关系的不同。对于正面、积极的"援西入中"来说,"中"是"主","西"是"宾"。对于负面、消极的"援西入中"来说,"宾主"关系正好相反。所谓以"中"为"主"、以"西"为"宾",意思是说,在诠释中国哲学史上各个哲学家的思想时,首先要从其自身的文献脉络中确定其固有的问题意识,然后在具体诠释这些中国古代哲学家自己的思想课题时,可以相应援引西方哲学甚至其他人文学科、社会科学的内容作为诠释的观念资源。并且,所有"援

---

① 参见本书《中国哲学研究的三个自觉——以〈有无之境〉为例》部分。

② 参见本书第二部分"20 世纪宋明理学研究的回顾与前瞻"和"当代中国的阳明学研究:1930~2003"。"当代中国的阳明学研究:1930~2003"亦曾以英文发表,参见 Peng Guoxiang, "Contemporary Chinese Studies of Wang Yangming and His Followers in Mainland China", *Dao: Journal of Comparative Philosophy* (U. S. A), Vol. 11, No. 2, June 2003.

入"的西方的观念资源只有在有助于阐明中国哲学自身观念的情况下才有意义。笔者所谓"助缘"的意思，正在于此。在这一点上，相对于中国哲学，西方哲学始终只是"参照"，而决非"标准"。如果"援入"的结果不仅不能有助于发明"自家意思"，反而徒增其乱，则不如不用。至于那种负面和消极的"援西入中"，方向与效果则正相反，可谓"喧宾夺主"。它往往是首先以诠释者自己所掌握的某一种西方哲学的理论框架为标准，去裁剪、取舍、范围中国哲学史的丰富材料，所谓"削足适履"。在这种"喧宾夺主"的"援西入中"之下，与其说是诠释中国哲学的思想内容，不如说只是利用中国哲学的文献材料给西方某一家的哲学思想提供证明。一部中国哲学史，最后不免成为某位西方神圣哲学理论的"中国注脚"而已。在这种"援西入中"的模式中，"西"对于"中"既然已经"反客为主"，自然不再是"参照"而成为"标准"了。对于这两种"援西入中"的不同模式，我们不妨借用王夫之的两句话来说明：正面和积极的"援西入中"，可谓"即事以穷理"；负面和消极的"援西入中"，则可以说是"立理以限事"。

其次，是对西方哲学（包括其他人文学科）具体运用方式的不同。对于正面和积极的"援西入中"来说，由于是在确立中国哲学自身问题意识的前提之下，根据具体的需要情况再来斟酌取舍相关的西学资源，那么，对于西学的取舍和运用，就必然不是单一性的和整体性的。譬如，当我们诠释王阳明的哲学思想时，在诠释"心即理"这一思想命题时，我们可以引入康德"自律道德"的观念，而在诠释"知行合一"这一思想命题时，我们又可以引入赖尔（Ryle）对于"知道如何"（knowing how）与"知道什么"（knowing what）的概念。在诠释孟子的"四端之心"时，我们可以引入康德的道德情感说，但同时不必预设康德理性、感性严格两分的整体框架。总之，诠释中国哲学的不同思想和观念时，只要有助于阐明这种思想和观念，我们可以引入任何相应的西方哲学的观念。而引入某一位西方哲学家的某些具体观念时，也可以将这些观念与该哲学家的整体哲学架构相对分开。与此相反，负面和消极的"援西入中"，对于西方观念的"援入"，则必然是单一性和整体性的。安乐哲教授在讨论比较哲学时曾经有"wholesale"（批发）和"retail"（零售）的比喻①。笔者认为恰好可以借用来表明中国哲学研究中这两种对于西方哲学的不同运用方式。换言之，在笔者看来，对于西方哲学的运用来说，正面和积极的"援西入中"恰好是灵活多样的"retail"；而负面和消极的"援西入中"则不免于整体和单一的"wholesale"②。

　　显然，正面和积极的"援西入中"，要求对西方哲学传统必须有深入和广谱的了解，如此方能根据诠释和建构中国哲学的需要"随机应变"、"随圆就方"③，相应选择恰当的观念资源为我所用。所谓对西方哲学运用的"好坏深浅"，正是在这个意义上来说的。而那种负面和消极的"援西入中"，既然往往流于单一性和整体性的"移植"和"生搬硬套"，其于西方哲学不能或无需广谱和深入的掌握，也就是可想而知的了。同时，正面和积极的"援西入中"，更需要对中国哲学传统本身有深入的了解。由于这种"援西入中"是以"中"为"主"、以"西"为"宾"，必须首先明确中国哲学文献中所蕴涵的自身的问题意识，然后以之作为选择、取用相关西方哲学观念资源的标准，因此，如果不能对中国哲学的各种文献材料"入乎其内"，无法掌握中国哲学固有的问题意识，一切也都无从谈起了。笔者所谓"越深入西方

---

　　① 在2006年12月15～16日香港中文大学的"中国哲学研究方法论"内部讨论会以及2007年3月26日台湾大学中文系的演讲中，安乐哲教授都曾提到这一说法。笔者两次活动都曾参加。前一次会议由于工作语言是中英文两种语言，本来精通中文的安乐哲教授选择用英文发表，笔者还临时"客串"担任安乐哲教授的现场口译。

　　② 当然，这里对"批发"和"零售"本来的含义已经有所"增益"。两者的区别不再只是数量上的"大小"与"多少"，而是如笔者所谓，前者是整体单一的，后者则是灵活多样的。

　　③ 这里作为"标准"和"尺度"的"方"、"圆"，在"中"而不在"西"，而"反向格义"或"逆格义"往往正相反。

哲学就越有助于中国哲学的阐发",必须是以此为前提的。而以前的几篇相关文章中笔者之所以在主张对西方哲学保持开放和深入的同时,再三提醒研究者要注意建立中国哲学坚实的文献基础,用意正在于此。

(四)结语

总之,在讨论现代"中国哲学"研究的方法论问题时,我们必须从一个无从闪避的基本事实出发,那就是笔者以前以及本节第二部分开头已经指出的:现代学科意义上的"中国哲学"就其创制以来,不可避免地始终处在与西方哲学的关系之中。就西方哲学对于中国哲学研究的不可或缺性而言,现代的"中国哲学"一开始就是一种"比较哲学"。当然,这种不可或缺性是否必要?是否有益?则正是目前关于中国哲学研究方法论讨论的焦点所在。

如果西方哲学的引入必然导致"中国哲学的困境",那么,诚如刘笑敢教授所言,面对这种困境大概只有两种处理方法:"一种是继续借用西方的概念来解释中国的术语,但同时指出这一西方概念用于中国古典语境时的局限和问题。另一种是尽可能不用西方或现代的现成的概念,以避免不必要或错误的理解和联想。"但是,这里有两个问题。第一,在目前运用现代汉语从事中国哲学写作时,不用西方或现代的现成概念是否可能?第二,更为重要的是,刘教授这里所谓两种处理方式是以引用西方哲学必然导致中国哲学的困境为前提的。但是,如果根据本文的分析,"援西入中"可以有正面与积极的方向和方式,"援入"西方哲学不一定只会给中国哲学带来困境,更有可能给中国哲学的诠释和建构带来发展和丰富的资源和契机,那么,我们在继续"援入"西方哲学来阐发中国哲学时,就不仅仅是要在消极的意义上注意"西方概念用于中国古典语境时的局限和问题",更要在积极的意义上更为深入、充分地吸收整个西方哲学(甚至不限于哲学)传统中古往今来所有可以有助于中国哲学诠释与建构的观念资源。

　　事实上，从目前全球各种文化互动日益密切的情况来看，如果过于担心"援入"西方哲学可能给中国哲学带来负面后果而试图尽量摆脱与西方哲学的关系，甚至试图与之"老死不相往来"，则不仅有"因噎废食"之虞，更不免"逆水行舟"而有违应有的发展大势。问题恐怕并不在于"不懂西方哲学似乎就完全没有资格谈论狭义的中国哲学"，而在于实际上不懂西方哲学的确严重限制了对于中国哲学的现代诠释。从胡适到冯友兰再到牟宗三，对于西方哲学的掌握程度，的确制约着他们对现代中国哲学的诠释和建构。显然，在现代的语境中，对《论语》和《老子》等传统中国哲学的文献即便能够倒背如流，也并不能保证对孔子和老子等古代哲学家的思想有真正深入的了解。而用现代的语言诠释和建构古代哲学家的思想，则必须以诠释者对文本的深度掌握为前提。就此而言，笔者愿意重申西方哲学甚至其他学科对于中国哲学研究的"参照"意义，即《合法性、视域与主体性——当前中国哲学研究的反省与前瞻》一文中的一个基本看法："在目前世界各种文化传统互动沟通日趋深入的情况下，试图在拒斥西方哲学的情况下建立中国哲学的主体性，是既无必要也不可能的。并且，只有在与西方哲学深度互动与交融的过程中，作为一种真正富有特性的观念结构和价值系统而非单纯的话语形式，中国哲学的主体性最终才能够得以建立。……我们当然不能以西方哲学为标准，但不可不以西方哲学（甚至可以包括印度哲学以及其他文化的哲学传统）为参照。事实上，只有在以'他者'为参照、与'他者'的沟通互动中，才能够获得更为明确的自我意识，并不断扩展深化自身的主体性和身份认同，这是如今世界范围内每一种文化传统、哲学传统都需要面对的问题。"

　　对于西方哲学之于现代中国哲学研究的不可或缺性，相对于如今不论中西文世界的"西方哲学"都可以无需"中国哲学"的局面，很多人认为这是西方文化"强势"所造成的一个"不对等"的结果。那种"为什么研究中国哲学一定要有西方哲学的训练"的质疑，既可以是理性的思考，也不乏对这种"不对等"之

"势"的情感反应。从历史发展的实然来看，这的确是"势使之然"，非"理所当然"。但是，"理"有多种，关键在于如何去看。既然如笔者所言，现代的"中国哲学"可以说一开始就是一种"比较哲学"，那么，现在研究中国哲学，就比单纯治西方哲学有"额外"的负担。因为除了要懂得传统中国哲学之外，还要对西方哲学有相当深入和广泛的了解。不过，在笔者看来，不必因"势"所激而不能平心以观"理"之所在。额外的"负担"同时也正是"优势"和"资源"。对任何一种传统来说，只有参照与借鉴的存在，才能获得不断的丰富和发展。对比 17、18 世纪启蒙运动时期和 20 世纪以来西方哲学界对于中国哲学的不同态度，正好可以说明这一点。17、18 世纪西方哲学之所以会涌现一大批灿烂的群星，在相当程度上正是以包括中国哲学在内的东方思想为参照和借鉴的结果①。在那个时候，中国文明是西方知识人的一个值得敬重和欣赏的参照系。伏尔泰甚至讲过"我们不能像中国人一样，真是大不幸"这样的话。当时欧洲一流的思想家很多都尽可能利用西文的翻译来认真了解中国的经典。而 20 世纪以来，西方哲学"the west and the rest"的心态所导致的妄自尊大和对于中国哲学、印度哲学的无视，看似强势，实则恰恰制约了其自身的丰富和发展。从文化双向交流和相互学习、彼此取益的角度来看，"吃亏"的并不是现代的"中国哲学"，而恰恰是"西方哲学"。西方的有识之士如今已经逐渐意识到了这一问题，晚近中国思想尤其儒学开始为更多一流的西方学者所取益，正是这一意识的反映。而如果我们不能意识到这一点，只是被西方强"势"所激发的民族主义情绪一叶障目，从而萌生"去西方哲学化"的心态，则只能是"自小门户"，势必使中国哲学落入断港绝河，其流不远。

就其根本而言，对"援西入中"来说，那种较为肤泛的"单

---

① 参见朱谦之：《中国哲学对欧洲的影响》（石家庄：河北人民出版社，1996；上海：上海人民出版社，2006）。

向格义"式的做法，即简单地用西方哲学的概念来比附中国哲学的观念，将富有中国哲学自身特性的观念说成是西方哲学的某种概念，其实既是没有真正进入中国哲学文献所蕴涵的义理结构内部的表现，也是对西方哲学皮相之见的反映。而如果对中西双方都能有较为深入的了解，便既能够做到明"同"别"异"，不流于"贴标签"的简单比附，又能够做到互相发明，不忌讳所谓比较哲学的取径，从而"批大郤，导大窾，因其固然"（《庄子·养生主》），不仅在借用西方哲学观念诠释中国哲学观念时有助于开显后者的思想蕴涵，同时在澄清其间的差异时也有助于对前者的进一步理解。

因此，"援入"西方哲学来诠释和建构现代"中国哲学"，关键并不在于方向的"正"与"反"，只要深入双方传统，真能做到游刃有余，最后的结果就自然和必然不再是"单向"的"格义"，而是"正"、"反"交互为用的"中西双向互诠"，达到所谓"依义不依语，依法不依人"、"不坏假名而说诸法实相"的境地。只有如此，中国哲学的主体性才能真正得以建立。当然，达到这一境界，并无巧法，只有老老实实读书，学思并进，于中西传统皆能深造自得之后方可水到渠成。同样，这一境界的达到也不是对中国哲学研究的方法论进行抽象反思所能奏效的。自觉当然不是不需要，但有了自觉之后，还有漫漫长途要走。也正因此，笔者原意再次重申，抽象的方法论反思虽不无意义，毕竟不能取代具体的研究成果，后者才是切实推进中国哲学研究的指标。尤其在目前浮躁的风气之下，不仅是中国哲学，甚至所有人文社会学科，都必须在长期沉潜的"退而结网"之后才能有丰厚的收获。学术思想上"终久大"的真正建树，是历来与喧腾和尘嚣无缘的。

四　20 世纪宋明理学研究的
　　　　回顾与前瞻

　　20 世纪初，中国哲学作为一门学科诞生之日，正值国内全盘反传统文化思潮占据思想界主流之时。因此，中国哲学的研究一开始便身处逆境，直到改革开放以后，大陆地区中国哲学的研究才逐渐纳入正常的学术规范。作为中国哲学的一个重要阶段和领域，宋明理学研究的情况自然与整个中国哲学的发展同呼吸、共命运。所不同者，自中国哲学创制以来，宋明理学的研究尤其受到思想界反传统思潮的冲击，长期以来一直研究相对薄弱，但由于宋明理学代表了中国传统哲学最高的理论思维水平，并且是现代新儒学得以产生在中国自身传统方面的主要凭借，其中蕴涵丰富的思想资源可以与西方的哲学、宗教传统对话沟通，因而，在新的历史条件下，应当进一步加强对宋明理学的研究。在此，本节对 2000 年以往中文世界宋明理学的研究状况稍事回顾，并对今后进一步研究所需要注意的一些问题略作提示。

（一）回顾：四个阶段

　　民国时期的宋明理学研究，尽管已然身处反传统思潮当令的时代，但由于反传统思潮尚未成为一种国家意识形态，加之国民党政府至少在口头和形式上一度提倡，因而虽然筚路蓝缕，相对于整个中国哲学的创制时期，却显示了良好的开端。除了冯友兰《中国哲学史》（北平：商务印书馆，1934）、范寿康《中国哲学史通论》（上海：开明书店，1936）、侯外庐《中国古代思想学说史》（文风书店，1944）、张岱年《中国哲学大纲》（北平：私立中国大学讲义，1943 年印刷，商务印书馆，1958）等通史性著作中对宋明理学的讨论部分之外，其他如吕思勉的《理学纲要》、陈钟凡的《两宋思想述评》、嵇文甫的《晚明思想史论》（重庆：商务印书馆，1944）以及容肇祖的《明代思想史》（上海：开明书店，1941）等宋明理学的专门研究，至今仍具有一定的参考价值。

　　建国以后，与整个中国哲学研究的发展相配合，大陆宋明理学的研究可以大致划分为三个阶段。80 年代以前是第一阶段，在这一阶段，整个中国哲学的研究受制于教条马列主义，陷入政治化、简单化的局面。整个中国哲学史的发展也被叙述为唯物主义和唯心主义、辩证法和形而上学的斗争史，中国哲学史上的人物也相应被整理和划分为两大阵营。这一时期出版的几部较有影响的中国哲学史，像侯外庐主编的《中国思想通史》、任继愈主编的《中国哲学史》、杨荣国的《中国古代思想史》以及北京大学哲学系编写的《中国哲学史》，都不免受到教条主义框架的限制。冯友兰运用马列主义立场、观点和方法重新撰写的《中国哲学史新编》虽然不乏睿识新见，但不难看到其中在试图统一中国古代哲学史料与其所运用的诠释框架这二者时所付出的艰难。在这种情况下，宋明理学几乎受到了完全的否定，因而也自然并没有出现专门的研究著作。除了千篇一律的口号式批判文章之外，有关宋明理学的讨论也主要反映在上述几部中国哲学通史著作中，而其中宋明理学的面貌，当然也不外是唯物主义与唯心主义、辩证法与形而上学两个对子的斗争。因此，从真正学术研究的标准来看，这一阶段的宋明理学研究大体是乏善可陈的。

　　80 年代初到 80 年代末这十年，是宋明理学研究的第二阶段。80 年代初，随着政治上对极左思潮的纠正和改革开放政策的确定，学术界中国哲学的研究开始不满足于教条主义的生搬硬套，试图重新面对中国哲学史上的思想材料而加以深入探讨。如果说1981 年在杭州召开的建国以来首次宋明理学国际学术研讨会标志着宋明理学的研究开始进入一个新阶段，那么，由于教条主义框框的突破，这一阶段的宋明理学研究很快出现了一批专门的研究成果。比较有代表性的有侯外庐、邱汉生、张岂之主编的《宋明理学史》上下卷（北京：人民出版社，1984），蒙培元的《理学的演变》（福州：福建人民出版社，1984）和《理学范畴系统》（北京：人民出版社，1989），张立文的《宋明理学研究》（北京：中国人民大学出版社，1985），陈来的《朱熹哲学研究》（北京：中国社会科学出版社，1988），邓艾民的《朱熹王守仁哲学研究》（上海：华东师范大学出版社，1989）以及徐远和的《洛学源流》（济南：齐鲁书社，1987），潘富恩、徐余庆的《程颢程颐理学思想研究》（上海：复旦大学出版社，1988）等。《宋明理学史》上下卷，大概是建国以后大陆地区第一部较为完备和系统的理学研究著作，尽管该书中还不能完全避免唯物、唯心的标签化使用，但对宋明理学本身的概念、范畴与命题，却表现出试图立足于文献材料来进行分析的努力。事实上，该书最有价值的所在之一，正是对于理学基本文献的搜集、整理与提示。迄今为止，这部著作的主要参考价值之一，仍然是其文献材料方面所做的工作。《理学的演变》、《理学范畴系统》和《宋明理学研究》等也都颇能体现这一阶段宋明理学研究的水准与特点。尽管仍然略有以往的痕迹，但由于作者已经开始具备了摆脱教条的自觉意识，因此，这些著作都能够较为深入宋明理学的思想脉络，尤其是对宋明理学自身概念、范畴与逻辑结构的系统探索，构成这些著作共同的特征。而注重有别于西方哲学的范畴系统与逻辑结构的研究，事实上也是这一阶段整个中国哲学研究的一个重要方向，不独宋明理学如此。这表明，中国哲学的研究已经基本上摆脱了政治化与教条主义的捆绑，开始了一个崭新的阶段。特别需要指出的是，作为 80 年代末期出版的宋明理学研究著作，《朱熹哲学研究》尤其预示了宋明理学研究的新方向。作者对朱熹这位宋明理学代表人物的研究，完全立足于对朱熹思想材料的细致入微的梳理与解读，而避免了解释框架的先入之见。如果说这部研究朱熹的著作以对文献材料的充分消化和理解见长的话，那么，在全面、深入掌握文献材料的同时，尽可能广泛吸收西方哲学的相关理论和观念作为诠释的资源，则相应构成 90 年代宋明理学研究的一个重要特征和发展方向。

在回顾 90 年代大陆宋明理学的研究之前，我们有必要首先交代一下 50 年代至 80 年代港台地区宋明理学研究的概况，因为这期间港台地区的宋明理学研究，不仅成果斐然，而且直接对 90 年代大陆地区的宋明理学研究产生了一定的影响。1949 年以后，由于特殊的历史原因，大陆与港台地区形成彼此隔离的状态，当大陆地区的宋明理学研究与民国时代的研究基础发生断裂并几近销声匿迹时，港台地区的宋明理学却相对没有受到太大影响，而能够在三四十年代的研究基础上继续发展，并逐渐取得了丰富的成果。港台地区 50 至 80 年代宋明理学的研究，应当以现代新儒家所取得的成就最大。其中，最有代表性的著作当为牟宗三的《心体与性体》三册（台北：正中书局，1968）、《从陆象山到刘蕺山》（台北：学生书局，1979），唐君毅《中国哲学原论·原教篇——宋明儒学思想之发展》（台北：学生书局，1975）等。较之前述民国时期三四十年代的宋明理学研究，无论是牟宗三还是唐君毅，都有明显和重大的推进。其后，整个港台地区像蔡仁厚、刘述先等更晚一代学者对于宋明理学的研究，尽管在不同的方向与层面上继续有所推进，但都无不受到牟宗三、唐君毅的巨大影响。另外，劳思光的《中国哲学史》三卷四册，在港台地区被广泛作为中国哲学史的教学范本，其中第三卷分上下两部分，也是对宋明理学深入系统的探讨，虽然与牟宗三对宋明理学的总体看法有所不同，但也具有一定的影响，代表了另一种诠释宋明理学的思路。当然，港台地区在 50 至 80 年代还有其他一些类型的宋明理学研究成果，如罗光在其《中国哲学思想史》中对宋明理学的研究等，但在整个学术界的影响远不如牟宗三、唐君毅和劳思光的研究。

90 年代以来，大陆地区的宋明理学研究可以说进入了第三个阶段。在学术研究基本上完全摆脱了 80 年代以前教条主义典范的情况下，该阶段的宋明理学研究到 2000 年十年间业已取得了极为丰硕的成果。这一阶段宋明理学研究的成果，既有主要代表 80 年代宋明理学研究特点的学者在 90 年代进一步的研究，如张立文的《走向心学之路——陆象山思想的足迹》（北京：中华书局，1992）、蒙培元的《心灵境界与超越》（北京：人民出版社，1998）等，也有青年学者在宋明理学研究方面的探索，如东方朔的《刘蕺山哲学研究》（上海：上海人民出版社，1995）、徐洪兴的《思想的转型——理学发生过程研究》（上海：上海人民出版社，1996）等。而最能反映 90 年代到 2000 年间宋明理学研究特点的著作，大概要算陈来的《有无之境——王阳明哲学的精神》（北京：人民出版社，1991）、《宋明理学》（沈阳：辽宁教育出版社，1992），杨国荣的《王学通论——从王阳明到熊十力》（上海：上海三联书店，1990）、《心学之思——王阳明哲学的阐释》（北京：三联书店，1997）以及冯达文的《宋明新儒学略论》（广州：广东人民出版社，1997）了。作为宋明理学史的专题研究，陈来的《宋明理学》充分立足于文献材料的解读，通过对二十多位宋明理学家的研究，较为全面地展示了整个宋明理学自身的思想蕴涵。冯达文的《宋明新儒学略论》则将整个宋明理学分为周敦颐、张载所代表的由本源论引申出的成德论，二程、朱子所代表的由主知论架构的成德论，陆象山、王阳明所代表的由主志论确立的成德论，陈白沙、王心斋、泰州学派与晚明思潮所代表的由主情论开示的境界论，以及王船山、黄宗羲所代表的由致用学体现的经验知识论，试图在以往宋明理学流派划分的基础上另辟蹊径。如果说这一阶段宋明理学研究一个最为重要的基本特点是在深入考察理学文献材料的同时充分吸收西方哲学的相关内容作为诠释理学思想蕴涵的资源和参照，那么，陈来和杨国荣的研究尤其具有代表性。以陈来和杨国荣两部同样是研究王阳明思想的专著为例，比较而言，陈来的王阳明研究更注重在宋明理学的固有脉络中突显王阳明哲学的精神，杨国荣的王阳明研究则更倾向于诠释出王阳明哲学中具有普遍意义的理论内涵，但毫无疑问，力图在一个中西方哲学比较的视域中将对王阳明思想材料的仔细解读与对西方哲学诠释资源的充分吸收有机结合起来，显然是两部著作的共同之处，也反映了 90 年代以来宋明理学研究者自觉的方法意识。当然，还有其他一些学者有关宋明理学的论著也比较能够体现这一阶段研究的特征，但限于篇幅，我们就不一一介绍了。

　　总而言之，20 世纪中文世界的宋明理学研究可以划分为四个阶段。20 世纪 20 年代自中国哲学创制以来到 1949 年中华人民共和国成立之前的民国时期是第一阶段，该阶段是现代学术意义上宋明理学研究的开端。50 年代到 70 年代末 80 年代初是第二阶段，该阶段大陆地区和港台地区的宋明理学研究分别呈现出殊为不同的状况，大陆地区的研究为教条主义和极左思潮所束缚，呈现出停滞的样态，而港台地区的研究则相对较少意识形态的干扰，取得了较大的进展，双方几无交流互动。80 年代初至 80 年代末 90 年代是第三阶段，大陆地区由于改革开放政策初见成效，学术界也开始摆脱以往教条主义和极左思潮的障碍，呈现出一片欣欣向荣、蓬勃发展的势头，宋明理学的研究也开始回到真正学术的轨道，对港台地区的研究成果多有参考和吸收，很快出现了一批破旧迎新的研究成果。90 年代以来是第四阶段，该阶段大陆的宋明理学研究取得了长足的发展，出现了一些在海内外学术界产生相当影响的论著，标志着大陆宋明理学的研究已经树立了较为成熟的学术典范，为将来更为深入与全面的研究打下了良好的基础。

（二）前瞻：四个问题

　　以往整个 20 世纪的宋明理学研究，迄今可谓已经积累了相当的成果。但就真正成熟的学术研究而言，无论港台新儒家学者在 50 至 70 年代所取得的成就，还是大陆学者在 90 年代到 2000 年间所作出的成绩，对于整个宋明理学的研究来说，也还只是开了个好头，宋明理学的研究仍然具有广阔的空间有待开拓。对于进一步推进并深化宋明理学的研究，还有几个彼此密切相关的问题值得研究者注意。

首先，迄今为止，就正式出版和发表的著作与论文来看，中文世界的宋明理学研究主要还是集中于一些"大"人物之上，如程、朱、陆、王。当然，由于其本身重要的思想内容与历史地位，这些人物理所当然会成为研究的重点。但如果研究始终围绕这些人物而不能充分涵盖整个宋明理学其他的人物，对宋明理学的理解恐怕难免化约论（reductionism）之虞。除了程、朱、陆、王之外，宋明理学其他人物是否有其自身的学术思想价值？当我们对这些人物有了深入的了解，从而进入到宋明理学的整体脉络之中，我们对整个宋明理学的理解是否会有新的进境？这都是值得研究者自觉思考的问题。举例来说，相对于历史上沿袭已久的程朱理学与陆王心学这两大系，牟宗三之所以能够提出宋明理学的三系说，将胡宏和刘宗周作为独立于程朱与陆王两系之外的另一种重要的思想形态，显然基于他对胡宏与刘宗周思想的深入研究，而胡、刘二人在以往的宋明理学研究中显然是不曾触及或语焉不详的。如今，无论研究者是否同意牟宗三有关宋明理学谱系的划分及其对于不同谱系的评价，胡宏与刘宗周思想的重要性，则恐怕是无人会否认的。事实上，大陆90年代以后出现胡宏与刘宗周的博士论文与专著，在一定意义上正是受到牟宗三的刺激而作的进一步研究。由此可见，要在宋明理学的研究中真正有所突破，除了运用新的研究方法继续对程、朱、陆、王这些人物进行多方面、多角度的研究之外，还需要拓宽视野，充分注意研究宋明理学中那些大量相对研究不足的人物。其实，某个人物是否称得上一流的思想家，或者其思想中是否存在有价值和原创性的东西，是要在有了较为全面与深入的研究之后才能够加以判断的。历史上一些重要的思想家，之所以会有经历受忽略之后再被重视的现象，常常是以往研究不够所致，并非这些思想家的思想本身缺乏内容。譬如，在国内学术界，王阳明之后中晚明的阳明学历来研究薄弱，但其实，中晚明的阳明学既非只是王阳明思想的余续，当时诸多阳明学者更不应当仅仅被作为王阳明到清初大儒之间的过渡人物，他们思想的深度和丰富性皆足以分别从事专门的个案或专题研究，而这在国内学术界还几乎是一个有待开拓的领域。

其次，以往中文世界的宋明理学研究之所以对许多值得研究的人物有所忽略或语焉不详，有一个很重要的原因是文献依据的问题，即研究者没有充分掌握那些理学人物的思想材料。客观方面是由于许多人物第一手的文献资料不易找到，主观方面则是研究者缺乏全面占有第一手文献的自觉意识。只有从全面掌握原始的文献材料入手，对这些思想材料进行深入细致的研究，才能真正发前人所未发，在宋明理学的广阔领域内开辟新的天地，突破以往既定的各种范式。而能够发掘出以往研究不足的思想人物与问题，从而改变或深化对宋明理学思想脉络的认识，恰恰是要以坚实的文献工夫为基础的。牟宗三之所以能够写出《心体与性体》和《从陆象山到刘蕺山》那样的著作，极大地推进了宋明理学的研究，关键之一就在于他能够从最基本的原始文献入手，走所谓"文献的途径"。事实上，这种文献的途径，正是牟宗三反复强调的一点，而他对整个中国哲学史的研究，包括宋明理学、隋唐佛学和魏晋玄学的研究，无不很好地贯彻了这一方法论原则。不论牟宗三诠释文献所得的各个具体结论是否人皆同意，他对材料熟悉和掌握的程度，相信是所有读过其著作者都会有深切感受的。同样，大陆80年代末以来在宋明理学研究方面获得普遍公认的成果，如陈来的《朱熹哲学研究》和《有无之境——王阳明哲学的精神》等，也几乎无不是立足于扎实的文献工夫。其实，"巧妇难为无米之炊"，离开对思想材料全面与深入的掌握，再聪明的头脑也难以施展。而聪明的头脑如果能再加上细密坚实的文献工夫，则一定会在具体的研究工作中不断有所突破，这大概是人文学科研究工作的一项通则，不独宋明理学的研究为然。

尽管不充分掌握第一手的文献材料一定无法取得最佳的研究结果，但仅有扎实的文献工夫，接触了以往研究者不曾注意的文献材料，却也未必就能理出思想内容上的头绪。尤其对于宋明理学这样一种代表中国哲学理论思维高峰的"义理之学"，除了文献的工夫之外，还要具备周密细致的分析思考的能力。只有能够抽丝剥茧般地"辨名析理"，才能真正充分理解宋明理学中诸多观念、命题和思想系统的内在蕴涵并进而将其诠释出来。而那种分析思考能力的培养，又与接受西方哲学的训练或者说吸收西方哲学的理论资源密切相关。这是推进并深化宋明理学研究需要考虑的第三个问题。当然，不接受西方哲学的训练，并不意味着不可以进行清晰严密的思考，宋明理学本身精微与严密的程度与理论思辨性就不亚于西方哲学的任何流派。不过，对于现代学科意义上的哲学研究工作来说，西方哲学作为需要消化吸收的理论资源或至少是参照对象，都是整个中国哲学的研究所不可忽视的。对于那种简单袭取西方哲学的某种框架裁剪中国哲学思想材料、削中国哲学之足以适西方哲学之履的研究方法，以及在中西方不同哲学观念之间的随意比附，固然应当警惕和摈弃，但亦不可矫枉过正，对西方哲学产生不必要的恐惧，试图无条件地清除中国哲学研究中的所有西方哲学成分，使中国哲学与西方哲学绝缘。自现代学科体系建立以来，在中国哲学方面能够推陈出新而真正有所建立者，几乎无不对西方哲学有深入的了解和吸收[1]。就此而言，在宋明理学的研究领域，老一代学者如冯友兰、牟宗三、唐君毅等人推进宋明理学研究的原因之一，就在于他们尽可能吸收西方哲学，以之为参照对象、诠释资源，从而对宋明理学的内在问题进行思辨严密的考察。而在新一代的学者中，像杨国荣等人对于宋明理学的研究，也尤其在吸取西方哲学的相关资源方面有特别突出的表现。只有在一个中西比较的广阔视域中，才能够更多地发掘出宋明理学中具有普遍意义的理论内容。

这里之所以使用"中文世界"的宋明理学研究这种说法，预

---

[1] 大概只有熊十力是一个例外。但熊氏的逻辑思维能力得益于内学院的唯识学训练，并且，熊氏对西方哲学也颇感兴趣。

设了宋明理学的研究其实并不限于中文世界。事实上，随着宋明时代儒学扩展成为东亚意识的重要组成部分，以及儒学在 20 世纪 80 年代以后开始进入西方的直接经验和意识领域并成为可供西方人士选择的一种价值系统与生活方式①，宋明理学研究也早已不再是中文世界的专利，而已经成为国际学术界许多学者的一项共业。如果对日本与欧美学术界宋明理学的研究状况有所了解，相信我们一定会益发感受到，无论在研究的细致程度还是在诠释的多样性方面，中文世界的宋明理学研究都的确还有广阔的空间需要我们进一步探索与开拓，而海外的宋明理学研究业已积累的相当的研究成果值得我们借鉴。譬如说，日本的荒木见悟先生早在 70 年代末就有研究晚明会通三教的重要人物管志道（字登之，号东溟，1536～1608）的专著出版，而对国内许多业内人士来说，恐怕管志道还是个陌生的名字。再譬如对邵雍的研究，大陆地区除了一本《邵雍评传》（南京：南京大学出版社，）之外，大概迄今还没有其他研究专著出版，而美国 1989 年和 1996年分别已经有 Anne D. Birdwhistell 和 Don J. Wyatt 的两本研究邵雍的专著问世，法国 2002 年也出版了 Alain Arrault 研究邵雍的最新的专著。当然，我们无需妄自菲薄，但开阔的胸襟与广阔的视野对于如今的学术研究来说格外必要。自 80 年代末以来，随着全球一体化的趋势，国际学术界也日益联系成为一个不同社群之间交往互动密切的整体。在这种情况下，我们的视野就不仅要扩展到包括港台地区在内的整个中文世界，更要充分伸展至包括日本和西方在内的整个国际学术界。当今之世，在自身缺乏中国传统历史文献严格训练的情况下对海外学界的中国研究趋之若鹜；在缺乏自身判断力的情况下"一切唯泰西是举"，自然无法在中国文化的广阔研究领域内真正卓然有所建立。而忽视海外中国文化研究的相关成果，不能尽可能全面深入地将其充分消化和吸收，也终难成为现代意义上学术研究的大家。假如我们对宋明理

---

① 参见本书第一部分"从西方儒学研究的新趋向前瞻 21 世纪的儒学"。

学的研究不能放眼世界、立足于国际学术界的整体脉络，不能尽可能充分吸收各种相关的研究成果，闭门造车，难免得一察焉以自好，以管窥天，终究无法真正做到推陈出新、居于前沿，得到国际学术界的普遍认可。90 年代以来，这一点尽管已经逐渐开始引起一些研究者的注意，但对海外研究成果的充分吸收，目前仍然是一个有待加强的问题。

本节的讨论范围限于宋明理学研究，但是，上述四个方面的问题，相信不但对于今后的宋明理学研究具有直接的相关性和重要意义，在相当程度上，也是整个中国哲学的研究需要认真面对的。

五　当代中国的阳明学研究：
1930 ~ 2003

　　儒学研究早已是一项国际性的共业，对于早在近世就已传入韩国、日本等地并构成整个东亚意识组成部分的新儒学（Neo-Confucianism）来说，情况更是如此。在全球范围整个儒学研究的领域内，除了古典儒学（先秦和汉代的儒学）之外，11至17世纪的宋明新儒学研究大概是另一个最为重要的领域。而作为宋明新儒学两大典范和主要组成部分之一的阳明学，和朱子学一道，也历来成为新儒学研究的主体。不过，相比较而言，西方新儒学的研究成果迄今为止似乎更多地集中于朱子学，对于王阳明及其学派的研究似乎还有较大的开拓空间①。有必要指出的是，正是宋明理学尤其阳明学，构成了当代新儒学的现代建构以及日本等东亚地区近代化在传统方面的主要资源和直接动力。因此，无论从哲学、思想史研究的要求还是与当代的相关性来看，阳明学的研究都是一项重要的课题。

　　20世纪以来，有关王阳明及其学派的研究，在中日两国都有

---

　　①　有关西方王阳明及其学派的研究情况，参见陈荣捷：《欧美之阳明学》，收入陈荣捷：《王阳明与禅》（台北：学生书局，1984），第149~179页，亦曾转载于《中国哲学》第9辑（北京：三联书店，1983）。该文对自有阳明学研究开始以迄20世纪80年代初欧美阳明学研究的状况有分门别类的详细介绍。

相当的成果①。也曾经有学者对 20 世纪 90 年代以前中国大陆的阳明学研究进行过介绍②。但是，一方面，中国大陆阳明学研究的成就其实更多地反映在 90 年代之后；另一方面，作为中文学术界的组成部分，台湾和香港地区的阳明学研究也不应当落在我们的视野之外，尤其在 50 到 80 年代，台湾、香港地区的一些学者对阳明学研究作出过重要的贡献。因此，无论是为了总结既有的研究成果并在此基础上推进中国学者阳明学研究的进一步深化，还是为了使海外学者能够了解中国学者阳明学研究的整体与最新状况，较为全面和深入地考察 20 世纪 20 年代现代中国学术创制以来中文世界阳明学的研究成果，尤其是中国大陆 80 年代以后迄今为止以及台湾、香港地区 50 ~ 80 年代阳明学研究的贡献，都颇有必要③。

（一）1949 年以前中国的阳明学研究

作为一门现代学术意义的学科建制，中国哲学的正式建立是在 20 世纪 20 年代。从中国哲学创制开始到 1949 年中华人民共和国建立之前，民国时代已经开始了有关王阳明及其学派的专门研究。正式出版的有钱穆的《王守仁》（上海：商务印书馆，1930）、谢无量的《阳明学派》（上海：中华书局，1930）、贾丰臻的《阳明学》（上海：商务印书馆，1930）、胡哲敷的《陆王哲学辨微》（上海：中华书局，1930）、宋佩韦的《王阳明与理学》

---

① 参见戴瑞坤：《阳明学研究目录》，收入戴瑞坤：《阳明学汉学研究论集》（台北：学生书局，1988）。但是，该目录所收文献仅限于 80 年代中期以前，因此，80 年代以后阳明学研究的进展无法得以反映。而大陆地区真正深入的阳明学研究，则恰恰是在 80 年代以后。

② 参见：（一）钱明：《当代中国的阳明学研究》，载《中国哲学论集》第 13 集，日本：九州大学中国哲学研究会，1987 年 10 月，第 67 ~ 78 页；（二）疋田启佑：《中国における阳明学研究动向と阳明学国际研讨会》，载《阳明学》（东京：二松学舍大学阳明学研究所，1990），第 2 号，第 150 ~ 163 页。

③ 由于大部分重要和有影响的单篇论文已经收入作者的相关著作或论集，后者在后来的著作中得到了进一步的充实，因此本书不专辟篇幅来讨论阳明学研究的相关论文。

（上海：商务印书馆，1931）、梁启超的《王阳明知行合一之教》
（《饮冰室合集》，《文集》三十六，上海：中华书局，1936）以
及嵇文甫的《左派王学》（重庆：商务印书馆，1944）。而在容肇
祖的《明代思想史》（上海：开明书店，1941）和嵇文甫的《晚
明思想史论》（重庆：商务印书馆，1944）这两部研究明代思想
的专著中，王阳明及其学派也仍然是讨论的重点。另外，在冯友
兰为后来整个中国哲学研究确立典范的《中国哲学史》（北京：
商务印书馆，1934）上下册，以及范寿康《中国哲学史通论》
（上海：开明书店，1936）和侯外庐《中国古代思想学说史》
（文风书店，1944）这些通史性的研究中，阳明学也理所当然地
构成其组成部分。

　　在以上这些著作中，除了钱穆的著作完全不涉及西方的思想
学说、而将其立论完全基于阳明学的原始文献之外，其他所有关
于阳明学的论述几乎都与西方的一些思想学说有关，试图在一个
中西比较的背景下用现代的学术表达来阐明阳明学的内涵。或者
用西方的某些理论框架来解释阳明学相关的思想内容，或者将阳
明学与西方的某些思想加以比较。如谢无量的《阳明学派》虽然
以文言文写成，但是以西方学术的分类标准为参照，从宇宙观、
人生观和伦理学三个方面来讨论阳明学。贾丰臻的《阳明学》中
也夹杂一些与西方哲学个别人物和概念的比较。

　　不过，所有这些民国时代阳明学研究的著作都有两个特点：
第一，所依据的文献材料基本上不出黄宗羲《明儒学案》的范
围，引用的文献简略，较少使用研究对象自己的文集等第一手完
整的资料，分析与讨论在深入与细致程度上也非常简单。并且，
几乎所有这些著作都不超过 10 万字，有限的篇幅也无法承担广
泛与深入的研究要求。第二，所涉及的西方哲学部分大多只是援
引一两个名词、人物，与阳明学的观念进行简单的同异比较，尚
谈不到深入系统的分析论证。至少在这些著作中，还看不到作者
深入、系统地吸收西方哲学，并将其作为一种自觉的方法论。

　　总体而言，无论在研究方法的自觉还是文献材料的掌握方

面，民国时期研究阳明学的这些著作虽然都还处于探索阶段，但作为现代学术意义上研究王阳明及其学派的开始，它们至今也仍然不无一定的参考价值，可以说为后来进一步的研究建立了良好的开端。

（二）1949 年到 1980 年代初台港的阳明学研究

1949 年以后到 80 年代以前，大陆整个中国哲学的研究受制于教条马列主义，陷入政治化、简单化的局面。整个中国哲学史的发展也被叙述为唯物主义和唯心主义、辩证法和形而上学的斗争史，中国哲学史上的人物也相应被整理和划分为两大阵营。这一时期出版了几部较有影响的中国哲学思想史，像侯外庐主编的《中国思想通史》（1947~1965）、任继愈主编的《中国哲学史》（北京：人民出版社，1964~1966）、杨荣国的《中国古代思想史》（北京：人民出版社，1954）以及北京大学哲学系编写的《中国哲学史》（北京：中华书局，1980），但都不免受到教条马克思主义框架的限制。甚至冯友兰也运用马列主义的立场、观点和方法重新撰写了《中国哲学史新编》（卷 1 至卷 6，北京：人民出版社，1962~1989）。其中虽然不乏睿识新见，但我们也不难看到冯先生在试图统一中国古代哲学史料与其所运用的诠释框架这二者时所付出的艰难。在这种情况下，儒家思想基本上受到了完全的否定，因而阳明学的研究乏善可陈，除了杨天石在"文革"期间写的一本篇幅不长的《王阳明》（北京：中华书局，1972）之外，大陆地区几乎没有阳明学研究的专著。

如果说中国大陆 1949 年以后主流意识形态是继承"五四"的激进反传统主义，这给整个中国哲学、思想与文化的研究带来极大的负面影响，那么，50 年代到 80 年代，中文世界阳明学研究的主要成绩应当说在台湾与香港地区。这与整个中文世界中国哲学的整体趋向也是一致的。在这一阶段，台湾和香港有关王阳明及其学派的研究可以分为三类：第一，是对王阳明本人的研究；第二，是对包括阳明后学在内的整个阳明学的研究；第三，由于阳明学在流传到日本、韩国以后逐渐形成了具有本国特色的阳明学传统，因此，比较东亚不同地区的阳明学，也相应构成阳明学研究的组成部分。

在第一类著作中，牟宗三的《王阳明致良知教》（台北：中央文物供应社，1954）大概可以说是在现代学术意义上系统、深入研究王阳明思想的第一部著作。尽管牟宗三本人后来对其中的一些观点不甚满意，并在《从陆象山到刘蕺山》一书中进行了修正，但他对王阳明思想基本结构和精神方向的分析与把握，则已经在《王阳明致良知教》中得到了体现。作为牟宗三的弟子，蔡仁厚撰写的《王阳明哲学》（台北：三民书局，1974）一书，则是对牟宗三《王阳明致良知教》基本思想进一步的系统阐发。秦家懿（Julia Ching）1976 年曾经出版过研究王阳明的英文专书[1]，1987 年出版的《王阳明》（台北：东大图书公司）则是傅伟勋、韦政通主编的《世界哲学家丛书》其中之一。该书虽然与原来的英文书在结构上大体相似，但并非完全一样。该书对王阳明思想的研究有两个特点：第一，由于作者身居海外，较少意识形态的束缚，因而视野较为开阔，对西方、日本有关王阳明思想的研究多有了解和吸收。并且，书后附有以往中、日、韩以及西文阳明学研究的重要参考文献目录，很有参考价值。第二，由于作者有宗教的背景，因而该书格外重视王阳明思想中的宗教性。除探讨了王阳明与佛、道二教的关系之外，作者还注意到了王阳明的"神秘体验"的问题。其他还有一些属于第一类的研究著作，包括王开府的《王阳明致良知说》（台北：学生书局，1974）、邓元忠的《王阳明圣学探讨》（台北：正中书局，1975）、朱秉义的《王阳明入圣的功夫》（台北：幼狮文化事业出版公司，1979）、钟彩钧的《王阳明思想之进展》（台北：文史哲出版社，1982）

---

[1]　Julia Ching, *To Acquire Wisdom: the Way of Wang Yang-ming*（New York: Columbia University Press, 1976）. 秦家懿虽然在加拿大，已经不是中国国籍，但作为华人学者，且著作以中文撰写并在台湾出版，因而也应当在我们的考察范围之内。陈荣捷的情况也是同样，并且，作为北美中国哲学研究的开创者尤其宋明理学研究的权威，陈荣捷在中文世界尤其是台湾香港地区也有着广泛的影响。

以及陈荣捷的《传习录详注集评》（台北：学生书局，1983）等。
除了《传习录详注集评》是对《传习录》的文献学研究之外①，
其余著作基本上都是对王阳明思想的研究。

在第二类著作中，钱穆的《阳明学述要》（台北：正中书局，
1955）是对王阳明及其学派的通论性研究，较为简明扼要。而牟
宗三的《从陆象山到刘蕺山》（台北：学生书局，1979）与唐君
毅的《中国哲学原论·原教篇——宋明儒学思想之发展》（香港：
新亚研究所，1975）则对王阳明之后阳明学的发展进行了较为深
入的研究。牟宗三认为阳明之后阳明学有两方面的发展：一方面
是顺着王阳明的思路而有进一步的推进，这方面以浙中的王畿
（字汝中，号龙溪，1498～1583）和泰州学派的罗汝芳（字惟德，
号近溪，1515～1588）为代表；另一方面是对王阳明思想的偏
离，这方面以江右的聂豹（字文蔚，号双江，1487～1563）和罗
洪先（字达夫，号念庵，1504～1564）为代表。并且，这种偏离
王阳明思想的运动在江右的刘文敏（字宜充，号两峰，1490～
1572）、刘邦采（字君亮，号师泉，1528 年举人，生卒不详）和
王时槐（字子植，号塘南，1522～1605）那里得到了进一步的发
展，最后终于出现了刘宗周（字起动，号念台，称蕺山先生，
1578～1645）所代表的不同于阳明学的另一种思想形态。如果说
牟宗三对阳明后学的研究主要在于区别不同的思想类型以及判断
几种不同思想形态与王阳明思想的关系——何者是对王阳明思想
的继承与"调适上遂的发展"，何者是对王阳明思想的偏离，那
么，唐君毅对阳明后学思想发展的研究，则侧重于不同思想形态
之间的互补性与统一性。唐君毅似乎没有牟宗三那种正统与异端
的意识，他没有试图要判断哪一种思想形态更符合王阳明本人的
思想。对唐君毅来说，阳明后学主要代表人物如王龙溪、钱德洪

---

① 该书的前身是陈荣捷对《传习录》和其他一些王阳明的文献材料的英文翻译
和注解书 Instructions for Practical Living and Other Neo-Confucian Writings by Wang Yang-
ming（New York：Columbia University Press，1964），后者较为英语世界的宋明理学研究
者所熟知。

（字洪甫，号绪山，1496～1574）、罗洪先等人思想的差异，更多地应当理解为是对王阳明思想的不同侧面或不同阶段加以发挥的结果。作为唐君毅的弟子，麦仲贵的《王门诸子致良知学之进展》（香港：中文大学出版社，1984）基本上继承了唐君毅的观点，没有提出太多个人的看法。但麦著充分利用了许多阳明后学第一手的思想材料，因而在运用文献、强化论证方面对唐著有所补充和推进。不过，不论牟宗三与唐君毅对阳明学的研究如何各有侧重，但有一点是共同的，那就是，就哲学分析与论证的深入细致而言，他们的研究都越过前贤和时流，因而成为后来研究不可忽视和绕过的重要成果。另外，劳思光在其《中国哲学史》（台北：三民书局，1980）第三卷下册中，对王阳明及其后学的思想也有基于他自己哲学立场的细致与清晰的分析。

至于第三类比较阳明学的研究，则有张君劢的《比较中日阳明学》（台北：中华学术院，1956）。至少在中文世界之内，对于比较阳明学的研究来说，《比较中日阳明学》是一个良好的开端。尽管从目前的学术积累来看，对中日阳明学的比较研究需要更为深入与细致的研究，但该书对中日两国阳明学各自特质以及双方异同的说明和归纳，简明精要，基本判断至今为研究者所认同。譬如，该书指出，虽然中日两国的阳明后学都是理论和实践并重，但相比较而言，晚明的阳明后学更侧重对王阳明的思想理论加以发展，而日本的阳明学者则格外重视阳明学的社会实践。可以说这为比较阳明学的进一步研究奠定了基础。

总之，50年代到80年代初，当大陆地区的研究陷入停滞的时候，包括阳明学在内的中国哲学研究在台湾及香港地区却取得了相当可观的研究成果。正是牟宗三、唐君毅、钱穆、张君劢等这些后来被称为当代新儒家的学者，对王阳明及其学派以及整个中国哲学的研究作出了突出的成绩和重大的贡献。他们的研究成果，对于大陆地区80年代以后阳明学以及整个中国哲学的研究产生了巨大的刺激和影响。

80年代以后，台港地区还出现了其他一些阳明学研究的著作。林继平的《明学探微》（台北：台湾商务印书馆，1984）是作者的一部论文集，作者尤其注重从体验的角度来理解阳明学的思想和工夫实践，在一些具体的问题上不乏洞见。古清美的《明代理学论文集》（台北：大安出版社，1990）除了重点讨论了阳明学一些人物的思想之外，还对明初和明末的一些理学人物进行了研究。另外，台湾地区的高校有不少博、硕士论文是以阳明学为论题的。比如，林月惠的博士论文《良知学的转折——聂双江与罗念庵思想之研究》（台湾大学中国文学研究所，1995）就集中讨论了聂豹和罗洪先二人的思想，并对二人思想的同异分合以及各自的发展进行了细致的分析。由于我们的讨论限于正式出版的著作，其他还有一些作得不错的博、硕士论文，这里就无法一一列举了。最近，吕妙芬出版了《阳明学士人社群——历史、思想与实践》（台北："中央研究院"近代史研究所，2003）。该书是作者在其博士论文（History Department, University of California, Los Angels, 1997）基础上增订而成，作者充分利用了大量的方志、文集等历史材料，并广泛参考了中西方相关的研究成果，主要从社会史的角度具体、深入地考察了作为一种社会群体的阳明学者的讲学活动，包括阳明学作为一个学派的建构和发展，以及不同地区如江西、安徽和浙江地区阳明学者会讲活动等。由于作者自觉地在观念史、思想史的研究取径之外另辟蹊径，因此，该书虽然也涉及并讨论了阳明学的一些思想性问题，但重在说"事"而不在论"理"，这是和以往主要侧重于思想领域的阳明学研究有所不同的，也在后者之外开辟了一个观察、了解阳明学的新视域。其他还有一些阳明学研究的论著，但限于篇幅，无法一一涉及。大体而言，80年代以后阳明学研究在台湾、香港地区虽然继续有所发展，但自90年代以来，随着大陆地区学术思想研究的渐趋成熟，中文世界阳明学甚至整个宋明理学研究的中心开始逐渐由台港转移到大陆。

（三）1980年代大陆的阳明学研究

80年代初到80年代末这十年，大陆的阳明学研究进入了一个新的历史时期。80 年代初，随着政治上对极左思潮的纠正和改革开放政策的确定，学术界中国哲学的研究也开始不满足于教条主义的生搬硬套，而试图内在于中国哲学传统来重新诠释中国哲学史的丰富思想内容。如果说 1981 年在杭州召开的建国以来首次宋明理学国际学术研讨会标志着宋明理学的研究开始进入一个新阶段的话，那么，由于教条主义框框的突破，这一阶段的宋明理学研究很快出现了一批专门的研究成果。

作为第一部有关宋明理学的通史性研究，侯外庐、邱汉生、张岂之主编的《宋明理学史》上下卷（北京：人民出版社，1984）尽管在思想的分析方面不无值得商榷之处，但该书对搜集、整理和考证宋明理学家的思想材料却贡献颇大，至今仍有重要的参考价值。对于王阳明的研究，该书也不再是套用传统马列主义的解释框架，而是按照《明儒学案》中对王阳明思想不同阶段的划分，从"心即理"、"知行合一"和"致良知"三个方面来讨论王阳明的思想系统。另外，对于阳明后学的研究，较之以往的研究，该书涉及到的人物和流派也更为广泛，比较充分地搜集了相关的文献材料，并试图立足于这些思想材料之上做出思想的诠释。如邹守益（字谦之，号东廓，1491～1562）、胡直（字正甫，号庐山，1517～1585）、薛应旂（字仲常，号方山，嘉靖十四年进士，生卒不详）、唐鹤征（字元卿、号凝庵，1537～1619）、黄绾（字宗贤，号久庵，1480～1554）、张元忭（字子荩，号阳和，1538～1588）、何心隐（原名梁汝元，字夫山，1517～1579）等人，都是以往的阳明学研究的著作不曾或很少涉及到的。大体而言，这部著作虽然在方法论的充分自觉运用和深入细致的哲学论证方面还有进一步完善的空间，但其网罗人物之广、材料搜集之丰，为进一步深入、全面研究阳明学提示了线索，奠定了基础，迄今仍有重要的参考价值。

相对于《宋明理学史》在文献材料运用方面的突出成绩，蒙培元的《理学的演变》（福州：福建人民出版社，1984）、《理学范畴系统》（北京：人民出版社，1989）和张立文的《宋明理学研究》（北京：中国人民大学出版社，1985）更注重发掘宋明理学中中国哲学固有的范畴、命题，例如"心"、"性"、"理"以及"知行合一"等等，并在此基础上尝试对宋明理学进行系统性的哲学重构。二书在一些具体的观点上虽然不无差异，但其中对王阳明哲学的讨论，却都是试图从王阳明自我表述的范畴、命题如"知行合一"、"心即理"和"致良知"等出发来理解并诠释其思想的内在意涵，而不是在唯物和唯心、辩证法和形而上学的简单框架下取舍王阳明思想的丰富材料。事实上，希望摆脱对西方哲学的生搬硬套（其实是摆脱教条马列主义的束缚），强调建设中国哲学自身的范畴系统和逻辑结构，掌握中国哲学自身的发展和演化，可以说构成80年代整个中国哲学研究的主流趋向①。

以上这些著作对于阳明学的研究，都是作为宋明理学的组成部分、放在宋明理学的整体脉络之内来加以讨论的。除此之外，这一阶段还出现了四部研究王阳明的专著。与整个中国哲学研究的特点相对应，沈善洪、王凤贤的《王阳明哲学研究》（杭州：浙江人民出版社，1981）和方尔加的《王阳明心学研究》（长沙：湖南教育出版社，1989）可以说较多地体现出了一种过渡性，一方面自觉试图摆脱旧的研究范式，体现了新的探索精神，但另一方面，由于成熟的新的研究范式还没有真正建立，因而在材料的运用和思想的论证方面尚未取得突破性的进展。值得特别加以讨论的是邓艾民的《朱熹王守仁哲学研究》（上海：华东师范大学出版社，1989）和《传习录注疏》（台湾：法严出版社，2000）。需要说明的是，《朱熹王守仁哲学研究》虽然包括朱熹，但其实是对朱熹和王阳明分别加以讨论，而且篇幅尤以王阳明的分量为重，因此也应当说是王阳明思想研究的一本专著②。另外，《传习录注疏》虽然2000年才正式出版，其实却是邓艾民生前80年代

---

① 80年代这种自我要求与趋向在中国哲学史整体研究上的代表是冯契的《中国古代哲学的逻辑发展》（上海：上海人民出版社，1983），在魏晋玄学研究方面的代表则是汤一介的《郭象与魏晋玄学》（武汉：湖北人民出版社，1983）。

② 该书是作者的遗著，由冯契编辑而成。

初完成的，因而应当算作 80 年代有关王阳明研究的成果之一。

《朱熹王守仁哲学研究》虽然是作者 80 年代初期的作品，但对于王阳明生平与思想的研究，却已经达到了相当高的水平，并预示了后来王阳明研究的方向。对王阳明生平与思想的研究，该书主要有三方面的特征。首先，作者对有关王阳明的文献材料有非常充分的掌握。因此，作者不仅对王阳明生平的介绍能够娓娓道来、栩栩如生，对王阳明思想的分析也能够紧扣文献材料，言之有据。这一点，在作者的《传习录注疏》中则有更为充分的反映①。其次，作者善于在掌握丰富材料的基础上，通过细致的分析来讨论王阳明的思想并提出自己的见解。就分析与论证的深入细致程度而言，该书应当说代表了 80 年代大陆地区王阳明研究的较高水平。最后，作者自觉地尽可能吸收西方、日本阳明学研究的相关成果，并消化运用于自己的研究之中。在当时大陆学术界与国际学术界的交流才刚刚开始的情况下，这是十分难能可贵的。

从总体上看，该阶段大陆的阳明学研究体现出一种过渡性，这和整个中国哲学的研究状况也是相一致的。一方面，以往教条主义研究方法的痕迹或多或少还存在，譬如还存在着唯物主义、唯心主义标签化使用的现象；另一方面，由于思想禁锢的打破，该阶段的研究成果无论在文献材料的运用还是解释框架的反省方

---

① 和陈荣捷的《传习录详注集评》相较，该书的特点在于将《传习录》的内容与《阳明全书》进行了细致的对勘，并将《传习录》三卷中思想内容相关的语录条目联系起来，从而对王阳明的思想予以整体上的考察和把握，可以说，该书虽然是注疏的形式，但其目的却并非文献学的研究，而是对王阳明思想的理解。陈荣捷的《传习录详注集评》详于介绍历代各种主要的《传习录》的评注，将各种主要的注解加以汇集，并对《传习录》中所涉及到的典故、术语、人物和观念进行了详细的注解，属于典型的文献学研究。邓艾民在撰写《传习录注疏》时参考过陈荣捷《传习录》的英译本，即 Instructions for Practical Living and Other Neo-Confucian Writings by Wang Yang-ming，这在《传习录注疏》中有反映，但他并没有见到陈荣捷的《传习录详注集评》。因为《传习录注疏》完成于 1983 年，而《传习录详注集评》也是在 1983 年出版于台湾。有关邓艾民《传习录注疏》的评论，可参考吴震的书评，载《中国学术》2002年第 2 期，总第 10 辑（北京：商务印书馆，2002 年 10 月）。

面，毕竟都有新的尝试，也为 90 年代阳明学研究的真正深化和新的研究范式的建立奠定了基础。

（四）1990 年代大陆的阳明学研究

自 90 年代以来，中国大陆地区的中国哲学研究进入了一个全面发展的时代，许多方面都取得了丰硕的成果，阳明学的研究也不例外。从 90 年代初到 2000 年，出现了许多研究阳明学的著作。其中，最能够代表这一时期阳明学研究水准而值得我们专门加以讨论的，应当说是陈来的《有无之境——王阳明哲学的精神》（北京：人民出版社，1991）和杨国荣的《心学之思——王阳明哲学的阐释》（北京：三联书店，1996）。

作为全面系统研究王阳明哲学的专著，陈来的《有无之境——王阳明哲学的精神》在 90 年代的研究成果中格外突出。该书共分十二章，第一章"绪言"、第二章"心与理"、第三章"心与物"、第四章"心与性"、第五章"知与行"、第六章"诚意与格物"、第七章"良知与致良知"、第八章"有与无"、第九章"境界"、第十章"工夫"、第十一章"结语"、第十二章"附考"。通过对王阳明哲学内容与含义的深度分析和不同发展阶段的细致考察，该书成功地揭示了王阳明哲学的宗旨与面貌。作者以理性主义到存在主义的转向为视角来把握宋代理学到阳明心学的演变，在比较分析的视域中把心学的古典问题转化为现代哲学语言来了解。通过将"有我之境"和"无我之境"发展成为一对普遍性的范畴，作者揭示出王阳明哲学有无合一的精神境界，进而展示了整个儒家思想的丰富意蕴与宽广意境。作者认为，王阳明的哲学思想是他与朱熹的哲学思想以及佛教尤其禅宗的思想对话互动的结果。我们可以看到，作者不但将繁复的史料考证与严密的义理辨析有机地结合起来，实现了学术性与哲学论证的有机统一，并且，由于作者自觉地将对王阳明哲学的诠释放在一个中西哲学比较分析的脉络中来进行，在分析王阳明哲学的具体观念和命题时广泛涉及到了胡塞尔的意向性理论、德国古典哲学以及克尔凯郭尔和海德格尔的存在主义等西方哲学的内容，因此，该书既是一本研究王阳明哲学的专著，同时还是一部中西哲学比较研究的佳作。在一定意义上，对于后来的阳明学甚至整个中国哲学的研究，该书的研究可以说提示了发展的方向并树立了典范。

杨国荣的《心学之思——王阳明哲学的阐释》是另一部特别值得一提的研究王阳明哲学的专著。全书共分十章，第一章"为学、为道与为人"、第二章"心体与性体"、第三章"心物之辨"、第四章"良知与德性"、第五章"人我之间：成己与无我"、第六章"本体与工夫"、第七章"知行合一"、第八章"言说与存在"、第九章"心学的内在张力"、第十章"心学的分化与演变"。该书尤其关注于那种作为理论分析与论证的诠释性工作。其独特之处在于：作者在方法论上充分吸收并运用了诸如伽达默尔的诠释学、哈贝马斯的交往行动理论以及威廉姆斯的伦理学说等西方话语，以之作为诠释王阳明哲学的理论资源。作者的研究充分显示出西方哲学在当代中国哲学研究中所扮演的重要角色。对于进一步反省和探索当代整个中国哲学研究的方法论来说，该书所代表的这种研究取向具有相当典型的意义。和陈来的研究一样，该书在讨论王阳明的哲学思想时常常能够提出自己独特的洞见。譬如，作者认为，在阳明学的发展中存在着一条由王阳明开启到黄宗羲显露无疑的存在主义。这种存在主义强调，道德本体自身的实现只能存在于道德意义的历史性建构过程之中。对此，作者引用黄宗羲的话来说，即所谓"心无本体，工夫所至即是本体"。

比较而言，陈来的王阳明研究更注重在宋明理学和整个儒家思想的固有脉络中突显王阳明哲学的精神，杨国荣的王阳明研究则更倾向于诠释出王阳明哲学中具有普遍意义的理论内涵。但毫无疑问，力图在一个中西方哲学比较的视域中将对王阳明思想材料的仔细解读与对西方哲学诠释资源的充分吸收有机结合起来，显然是两部著作的共同之处，这也反映了90年代以来宋明理学研究者自觉的方法意识。而这两部著作的出现，尤其是其中所体现的研究方法，可以说标志着中国哲学的研究彻底摆脱了过去教条主义的束缚，建立了较为成熟的真正学术意义上的研究范式。

除了上述陈来和杨国荣的著作之外，90 年代还有其他一些王阳明研究的专著。如丁为祥的《实践与超越：王阳明哲学的阐释、解析与评价》（西安：陕西人民出版社，1994）、赵士林的《心灵学问——王阳明心学》（昆明：云南人民出版社，1997）以及张祥浩的《王守仁评传》（南京：南京大学出版社，1997）等。作为《中国思想家评传丛书》中的一种，张祥浩的《王守仁评传》没有限于专门讨论王阳明的哲学思想，除了考察了王阳明的生平事迹之外，该书广泛介绍了王阳明思想的不同方面，包括政治、教育甚至军事思想等等。

另外，杨国荣的《王学通论——从王阳明到熊十力》（上海：上海三联书店，1990）、徐梵澄的《陆王学述——一系精神哲学》（上海：上海远东出版社，1994）和刘宗贤的《陆王心学》（济南：山东人民出版社，1997），也是以王阳明为主要研究对象的著作。《王学通论》是在作者博士论文的基础上修订而成，对于王阳明及其后学的进一步研究，则反映在后来的《心学之思》之中。徐梵澄是学术界的前辈大家，尤其精于印度思想，所著《陆王学述》并不属于中国哲学专业从业人员的研究成果。但是，作者以一位学识渊博的思想家的身份来解读陆王一脉的心学传统，虽然未必在王阳明研究的学术性上有所推进，但作者在对王阳明思想进行诠释和讨论时提出了许多洞见，就哲学思考本身而言颇有启发意义。陈来的《宋明理学》（沈阳：辽宁教育出版社，1991）介绍了宋明时代有代表性的二十余位理学思想家，叙述了宋明理学产生、发展、演变的过程，展示了宋明理学的基本人物、学术派别、概念命题和思想特色，揭示了宋明理学发展的固有脉络和内在讨论。该书尽管不是阳明学研究的专书，但其中有专节和相当的篇幅讨论王阳明、王畿、王艮和罗汝芳以及受阳明学影响甚深的刘宗周这些重要人物的哲学思想。

如果说 80 年代中国大陆的阳明学研究还具有某种过渡性，即尚未能完全摆脱以往意识形态、教条主义的束缚的话，上述 90

年代中国大陆的阳明学研究，尤其以我们着重介绍的陈来和杨国荣关于王阳明的专门研究为代表，则尽脱窠臼，不仅能够在细致解读文献材料的基础上对王阳明的哲学思想进行了深度的诠释，还能够在中西哲学比较与对话的宽广脉络中展开讨论，从而建立了比较成熟的真正符合学术规范的研究范式，使中国大陆的阳明学研究、甚至整个中国哲学的研究开始进入到国际性的学术共同体之中。

（五）2000 年以来大陆的阳明学研究

必须指出的是，尽管 90 年代的阳明学取得了丰硕的研究成果，但这并不意味着阳明学的研究已经非常充分，反而通过这种较为成熟的学术研究，使我们认识到阳明学的研究还有极大的空间需要开拓。和朱子学一样，如果阳明学不限于王阳明个人的思想，而是由阳明身后众多门人弟子的思想共同构成，那么，2000 年以后阳明学研究最新与最有代表性的几部专著，正是集中于王阳明后学的深入研究。相对于 90 年代的阳明学研究，2000 年至今，集中于王阳明后学的研究虽然不必划分为另一个阶段，但无疑是 90 年代阳明学研究所树立的典范的进一步展开。

对于王阳明的后学，学术界过去往往多将其仅仅视为王阳明思想的余绪，只是二流的思想家。其实，某个人物是否称得上一流的思想家，或者其思想中是否存在有价值和原创性的东西，是要在我们有了较为全面与深入的研究之后才能够加以判断的。历史上一些重要的思想家，之所以会有经历受忽略之后再被重视的现象，常常是以往研究不够所致，并非这些思想家的思想本身缺乏内容。而最近对王阳明后学的研究，恰恰有力地论证了这一点。2000 年至 2003 年出版的阳明学研究的几部主要著作有：左东岭的《王学与中晚明士人心态，2000》（北京：人民文学出版社）、方祖猷的《王畿评传》（南京：南京大学出版社，2001）、吴震的《聂豹、罗洪先评传》（南京：南京大学出版社，2001）

和《阳明后学研究》（上海：上海人民出版社，2003）①、钱明的《阳明学的形成与发展》（南京：江苏古籍出版社，2002）以及彭国翔的《良知学的展开——王龙溪与中晚明的阳明学》（台北：学生书局，2003）。

上述这六本书可以划分为三种研究类型。第一种类型是方祖猷的《王畿评传》和吴震的《聂豹、罗洪先评传》。两书分别考察王畿、聂豹和罗洪先的生平与思想，属于人物个案研究。除了思想的分析之外，由于传记的体例，这两部著作也花了相当的篇幅介绍研究对象的生平与活动。《王畿评传》的作者并非哲学、思想史专业科班出身，但其"文革"后期即在较为艰苦的条件下靠自学和个人研究进入阳明学的领域，积多年浸润之功，也能够在充分立足于文献材料的基础上提出自己的分析和论证。相比较而言，这两部人物个案研究中更值得注意的是吴震的书。该书分别对聂双江和罗念庵的生平思想进行研究，对研究对象的相关原始文献搜集全面，考辨细致，在此基础上对人物思想的讨论也较为深入，可以说比较充分地体现了作者在日本所受到的学术训练，反映了日本学界中国学研究注重文献的严谨扎实的学风。

第二种类型是左东岭的《王学与中晚明士人心态》、吴震的《阳明后学研究》和钱明的《阳明学的形成与发展》。左东岭、吴震和钱明的三部著作均将阳明学作为一个发展整体来考察，大体上是分章讨论阳明学的不同人物，重点是阳明后学，属于一种通论性的研究。当然，通论并不意味着泛论，三书对阳明学的研究都比较内在和深入。

左东岭的著作共分四章，第一章"明前期的历史境遇与士人人格心态的流变"，指出明初政治的集权化与科举制的僵化奠定了儒家知识分子"内倾"的思想格局。方孝孺和于谦之死是政治

---

① 作者 2003 年 9 月还出版了《明代知识界讲学活动年表：1522～1602》（上海：学林出版社）一书，并曾惠寄笔者。可惜当时笔者不在国内，无法亲睹，而编辑又要求本文限时修订，故很遗憾该书无法在此讨论。

集权化的结果，陈献章"内在超越"的心学则是有明一代儒者基本的精神方向。第二章"王阳明的心学品格与弘治、正德士人心态"，以王阳明为个案，具体分析了儒家知识分子在政治高压之下所发展出的思想形态。第三章"嘉靖士人心态与王学之流变"首先考察嘉靖时期的政治格局，然后以王艮、罗洪先、王畿和唐顺之为代表，考察了这一阶段儒家士人的思想形态。第四章"阳明心学与晚明士人心态"同样首先考察晚明的政局，然后以李贽、汤显祖、冯梦龙等人为例讨论了晚明时期阳明学影响下文学思潮的演变。该书作者虽然是受文学思想的训练，但作者占有文献材料充分，对材料的分析也颇为细致深入，尤其是对阳明学许多人物思想的具体讨论，常常能够得其内蕴。整体而言，认为政局对士人心态有着几乎是决定性的影响，而儒家知识分子在不同的心态之下产生不同类型的思想形态，这应当是作者基本的理论预设和研究取径。不论自觉与否，关注政治局势的变化与士人心态和思想形态之间的关联，这种角度可以说与以往运用唯物史观方法研究中国思想史有异曲同工之处。只不过唯物史观是强调经济基础决定思想形态，而该书则是强调政治局势对思想家的思想形态有决定性的影响。不过，从哲学史和思想史的角度来看，阳明学的发展有其儒家思想史尤其理学传统自身内在的理路，其起承转合是否与政局的变化有着紧密的对应关系？换言之，政局的演变固然对士人的心态产生不同程度的影响，但儒家知识分子尤其阳明学士人群体的问题意识有许多是理学观念自身发展演化的结果，相对于政局的演变，是否有其自身的独立性？这在方法论的意义上应该是值得考虑的。

　　吴震的著作中除了首章讨论"无善无恶"和末章讨论阳明后学的讲学活动之外，其余各章都是每章分别讨论阳明后学中的一位人物，从第二章到第八章分别讨论钱绪山、聂双江、罗念庵、陈明水、欧阳南野、王龙溪、耿天台。作者对这些人物的讨论并非面面俱到的研究，而是有选择地选取一些作者认为对该人物来说重要的论题，因而对于各章人物讨论的完整性以及彼此之间内在逻辑关联，作者就并未过多地措意。不过，作者对钱绪山、欧阳南野、陈明水的专章讨论，依据了第一手的文献资料，而不是仅仅根据《明儒学案》的选材，因而较为深入地提出了一些新的观察。由于此前对这些人物较为深入和专门的研究在中文学界非常欠缺，作者的研究就格外有意义。并且，和《聂豹、罗洪先评传》一样，该书也再次反映了作者对文献材料的掌握之功。

钱明的著作分上、中、下三篇，上篇"阳明学的形成"，探讨"王阳明的世家及后裔"、"王阳明早期思想性格的形成"、"王阳明中后期思想的嬗变"以及"王阳明与湛甘泉思想的异同"；中篇"阳明学的分化"，探讨阳明后学不同流派"分化变异的思想基础"以及"各流派的主旨与纠葛"；下篇"阳明学的展开"，探讨"二王（王龙溪、王心斋）思想的异同及其特质"、"罗念庵思想的演变及其对阳明学的修正"、"阳明学主意说的形成与终结"。该书作者同样受到日本的学术训练和影响，尤其重视原始文献的搜集和掌握，因而通过对文献材料的周密梳理，提出了许多有价值的见解。譬如，关于王阳明先世并非王羲之一脉而是东晋王导"乌衣大房"一系的考证；王阳明"立志"包括"建功"与"成圣"两方面及其从"介入"到"脱俗慕仙"的转变原因；王阳明中后期思想的两次突破；王阳明《大学》观的演变及其良知说的"情感化和个性化"；阳明学分化的渊源、思想基础和"两大系统"、"五个流派"的划分；二王思想性格、内涵的同异分析；罗念庵思想演变的四个阶段；尤其是阳明后学"主意说"的演变及其对阳明学的修正和影响等。

第三种类型是彭国翔的著作。全书共分七章，第一章为"导论"，交代全书研究的"意义与对象"、"目标与取径"以及"线索与脉络"。第二章至第五章研究王龙溪的思想。第二章"王龙溪的良知观"，探讨龙溪的良知观，包括良知的"有""无"二重性、良知与知识观念各自的内涵及其关系、"见在良知"观念的含义和作为信仰对象的良知这四个基本方面；第三章"王龙溪的致良知工夫论"，讨论龙溪的"先天正心之学"与"一念工夫"以及二者之间的关系，在此基础上对龙溪的致良知工夫论进行客观的评价；第四章"王龙溪的四无论"，考察龙溪的四无论，深入细致地分析"四无"的具体含义，并在与阳明四句教的关联中以及在龙溪思想的整体结构以及中晚明阳明学的发展脉络中，明确四无论历史与思想的定位；第五章"王龙溪与佛道二教"，全面研究龙溪与佛道二教的关联，既考察龙溪与佛道两家人物的交游以及龙溪对道教法门的修炼，更在此历史研究的基础上详细分析龙溪的三教观、自我认同以及在儒家基本立场上对佛道两家一些基本观念与命题的判摄与融通。第六、七章为对中晚明阳明学主要问题意识和论题的整体研究。第六章"中晚明阳明学的本体与工夫之辨"，主要着眼于儒学传统内部的相关问题，紧扣本体与工夫这两大理学传统的基本环节，考察阳明之后不同阳明学者围绕良知本体与致良知工夫所展开的包括"良知异见"、"究竟工夫"、"知识之辨"、"现成良知之辨"、"无善无恶之辨"、"格物工夫之辨"等诸多具体论辩的历史发展与理论内涵，既说明其中不同的发展方向，分析这种分化的原因，又指出其中的某些一致趋向。第七章"中晚明的阳明学与三教融合"，在顾及中晚明三教融合这一历史背景的自觉意识下，从儒释道三教的互动与融合这一视角出发，分别从"有无之境"、"生死关切"、"正统与异端"和"儒学的民间化与宗教化"这几个方面，具体考察了中晚明阳明学在"三教融合"这一视域下所呈现的若干独特内容。该书采取"点"、"面"结合的取径研究中晚明的阳明学。首先以中晚明阳明学的核心人物王龙溪为个案取样，全面、彻底地考察其哲学思想，进而扩展到中晚明阳明学的整体脉络，以王龙溪为中心探讨中晚明阳明学基本论题的发展线索与理论内涵。在王阳明之后中晚明阳明学的展开过程中，作为历经阳明学形成与发展全过程的唯一见证人，王龙溪成为各种理论辩难的焦点和中心，其思想内容的涵盖性颇能反映中晚明阳明学的基本方面，剖析其思想，不仅是人物个案研究的首选，在相当程度上还可以收到透视整个中晚明阳明学基本问题意识的效果。而具体检讨中晚明阳

明学的基本论题，也不仅可以充分了解中晚明阳明学的义理结构与历史线索，还能够掌握王龙溪思想发生与发展的脉络，反过来深化对其个人思想的了解。该书既进行专精深细的人物个案研究，又以问题为中心条分缕析地把握阶段哲学思想史的发展，并使二者彼此对照、相互支持、有机结合，从而使中晚明阳明学丰富的思想内容获得了深入清晰的展示。该书将繁复的史料考证与严密的义理分析有机结合，充分吸收海内外相关的研究成果以及西方哲学、宗教学的相关理论资源，将阳明学的研究置于一个比较和分析的广阔脉络之中。

另外，张学智的《明代哲学史》（北京：北京大学出版社，2000）虽然不限于阳明学，而是广泛包含了明代儒、道、释甚至晚明基督教的内容，但就其中所占篇幅而论，仍然是以阳明学为重。该书大概是第一部全面讨论整个明代哲学史的著作，全书共有三十四章，其中第六至第二十章分别讨论了中晚明的十七位阳明学者，包括"王阳明的良知之学"、"王龙溪的先天正心和钱德洪的后天诚意"、"黄绾的'艮止'与季本的'龙惕'"、"邹守益'戒惧'之旨及其家学"、"欧阳德的动静体用合一说"、"聂豹的归寂之学"、"罗洪先对于归寂主静说的全面阐发"、"王时槐的透性研几说"、"胡直对心学宗旨的发挥"、"李材的'止修'之学"、"王艮及泰州之学的初创"、"罗汝芳的'赤子良心'之学"、"耿定向的'不容己'之学"、"焦竑的儒释道三学"、"李贽的童心说"。作为一部较为全面的断代哲学史，该书显然可以使中国哲学专业的学生和有兴趣、有一定基础的读者对阳明后学的思想有进一步的了解。这是以往的中国哲学教科书在涉及明代阳明学时所不能提供的。

（六）阳明学文献的整理与建设

对于阳明学的研究，无论运用什么样的理论资源作为诠释的方法和工具，都必须以全面、充分地掌握相关的原始文献材料为前提。只有如此，才能深入、内在地了解阳明学自身的问题意识和思想蕴涵，不断发现和提出新的研究课题，不至于陈陈相因，甚至积非成是；也只有基于第一手文献材料的辨名析理，才是"阳明学"思想的研究，而不致流于过度诠释和作者自己的主观想象。在这个意义上，我们可见相关原始文献材料对于阳明学研究的基础意义，也可以说，原始文献材料的整理与建设工作是保证阳明学研究不断推陈出新的源头活水。

对于王阳明及其后学的文献整理工作，90 年代以来，大陆的学者尤其作出了重要贡献。吴光、钱明、董平、姚延福编校的《王阳明全集》（上海：上海古籍出版社，1992），是迄今为止第一部完整的王阳明全集，为王阳明的研究提供了较为完备的第一手资料。不过，《王阳明全集》并没有将王阳明的思想材料完全包括在内。陈来的《王阳明语录佚文辑校》（《清华汉学研究》第 1 辑，北京：清华大学出版社，1994）、《〈明儒学案〉所见阳明语录佚文》（《中国哲学》第 17 辑，长沙：岳麓书社，1996）、《王龙溪、邹东廓等集所见王阳明言行录佚文》（《中国哲学史》2002 年第 1 期），还有吴震的《王阳明逸文考》（《学人》第 1 辑，南京：江苏文艺出版社，1991）和钱明的《〈王阳明全集〉未刊散佚诗文汇编及考释》》①，就分别从语录、文集和诗文三种不同的文献渠道进一步搜集了《王阳明全集》中未收录的王阳明的思想材料，这对于王阳明思想材料的建设起到了重要的推动作用。

阳明后学方面，由于侯外庐先生的倡导，泰州学派的文献整理取得了较为丰富的成果。如容肇祖先生将何心隐（原名梁汝元，字夫山，1517～1519）的《爨桐集》标点整理为《何心隐集》（北京：中华书局，1960）。颜钧（字子和，号山农，1504～1596）的著作历来不为人所知，90 年代后期，黄宣民则根据留存民间的《颜山农先生遗集》，整理标点为《颜钧集》（北京：中国社会科学出版社，1996），书后还附了农民儒者韩贞（字以贞，号乐吾，1509～1585）的集子。这些工作，都为泰州学派的进一

---

① 该文收入作者《阳明学的形成与发展》"附录"。

步研究奠定了良好的基础。最近，还有陈祝生主编的新式标点本《王心斋全集》（南京：江苏教育出版社，2001），该书根据宣统二年袁承业编的《明儒王心斋先生遗集》点校。其中不仅收录了王艮（字汝止，号心斋，1483～1540）的文集和语录，还收录了王栋（字隆吉，号一庵，1503～1581）、王襞（字宗顺，号东崖，1511～1587）的遗集，也为泰州学派的研究提供了一定的便利。只是该书点校误植之处不少，甚至个别地方加以删节，未免美中不足。

另外，彭国翔分别撰写了《王龙溪先生年谱》①、《明刊〈龙溪会语〉与王龙溪文集佚文——王龙溪文集明刊本略考》② 和《钱绪山语录辑逸与校注》（《中国哲学史》2003 年第 3 期）。《王龙溪先生年谱》利用王龙溪的文集以及多种相关史料，展示了王龙溪作为阳明后学核心人物的一生。《明刊〈龙溪会语〉与王龙溪文集佚文——王龙溪文集明刊本略考》发现了以往中国学者所不知的王龙溪文集最早的明刻本，在对王龙溪文集总计 8 种明刻本进行对勘考察的基础上，辑录了《龙溪会语》中不见于后来王龙溪文集各种版本的语录等文字近百条，对研究王龙溪的思想奠定了重要的基础。《钱绪山语录辑逸与校注》则在日本学者吉田公平等人研究的基础上进一步搜集了与王龙溪齐名的另一位阳明高弟钱德洪（字洪甫，号绪山，1496～1574）散佚的语录，并加以校注。由于钱绪山的文集如今很可能已经亡佚，历来对其思想的研究之所以极其薄弱，客观方面的原因正在于"文献不足征"，因此，该文对于最能够反映钱绪山思想内容的"语录"部分的搜

---

① 该文作于 1996 年，曾发表于《中国文哲研究通讯》第 7 卷第 4 期（台北："中央研究院"中国文哲研究所，1997 年 12 月），但当时由于繁简字体转换及打印问题，致使文字多有讹误。以后数年来经修订增补，作为"附录一"收入作者《良知学的展开——王龙溪与中晚明的阳明学》。

② 该文最早发表于《中国哲学》第 19 辑（长沙：岳麓书社，1998），后转载于《鹅湖》（台北）1999 年第 4、5、6 期，增补了原《中国哲学》遗漏的若干文字并更正了其中的打印错误。该文的最后定本收入作者《良知学的展开——王龙溪与中晚明的阳明学》"附录二"。

集整理，可以说为进一步深入研究钱绪山的思想创造了条件。

阳明学尤其阳明后学以往之所以研究薄弱，有一个很重要的原因是"文献不足征"。由于四库全书编纂时正值批判阳明学的风气笼罩天下，很多阳明后学的著作要么被视为"杂禅"，要么被视为"异端"，因而未被采入四库全书，于是给后来的研究造成许多困难。以往的研究者大都过于依赖《明儒学案》，但其实《明儒学案》只是一部资料选辑，其取舍以及学派划分之间，未必尽善尽美。例如，彭国翔撰写了《周海门的学派归属与〈明儒学案〉相关问题之检讨》（台湾《清华学报》新 31 卷第 3 期）。该文以各种相关原始文献为据，详细考证《明儒学案》中周海门学派归属的失实。指出无论从地域、思想传承还是自我认同来看，周海门（名汝登，字继元，号海门，1547～1629）都应当作为王龙溪的弟子而归入浙中王门。在此基础上，该文进一步分析了黄宗羲在周海门学派归属问题上有违学术客观性的原因，指出黄宗羲撰写《明儒学案》时面临思想界批判阳明学为禅学的巨大压力，将周海门作为罗近溪弟子归入泰州学派，目的在于尽可能划清浙东阳明学与禅宗的界限，维护前者的声誉。其做法不仅扭曲了周海门的学派归属，更割断了浙东阳明学由王阳明→王龙溪→周海门→陶望龄等人的传承线索，而泰州学案的设置也更多的是为了区分王门的正统和异端，本身其实缺乏内在的统一性，难以构成一个严格意义上的学派。该文虽然并非整理阳明学的文献，但却指出了《明儒学案》并不足以成为治明代儒家学术思想史最终的文献依据，提请研究者应当充分利用明儒本人的全集、文录等第一手资料，如此方能真正全面深入地了解明代儒家学者的思想面貌，不致陈陈相因，积非成是。如今，随着《四库全书存目丛书》（齐鲁书社；台南庄严文化事业出版公司）、《续修四库全书》（上海古籍出版社）等大型古文献资料的出版，许多以往不易找到的阳明后学的资料都公诸于世，研究者从此不必再受制于《明儒学案》，这无疑为今后进一步的研究提供了极大的便利。

（七）结语

由上所述，我们可以看到，1949 年以前，在中国哲学创制之初，阳明学的研究已经开始。可以说，现代学术意义上的阳明学研究是与中国现代学术的开端同步的。1949 年以后至 80 年代初，阳明学的研究在中国大陆和台湾、香港地区分别呈现出了殊为不同的面貌。中国大陆的阳明学以及整个中国哲学的研究受到教条主义意识形态的禁锢，乏善可陈，可以说是阳明学以及整个中国哲学研究的冰冻期。但与此同时，以当代新儒家为代表，台湾、香港地区的阳明学研究却出现了许多重要的成果。这些成果既是民国时期阳明学研究的深化和推进，又对后来包括大陆在内整个中文世界的阳明学研究产生了深远的影响。80 年代初至 80 年代末这差不多十年间，随着改革开放带来的思想空气的活跃，大陆地区中国哲学的研究开始摆脱教条主义的束缚，力求向独立的学术研究发展，但新的研究范式尚未完全建立，带有某种新旧范式之间的过渡性质。这一时期，阳明学的研究似乎尚未构成一个明显独立的领域，也没有广泛深入地吸收海外阳明学研究的既有成果，相关的研究还大都是作为宋明理学研究的组成部分出现的。1990 年至 2000 年这十年间，中国大陆阳明学的研究获得了长足的发展。这一时期有代表性的著作完全摆脱了以往教条主义的限制，开始进入到国际阳明学研究的论域之中，以一种真正的学术话语来进行阳明学的研究，基本建立了融会中西、汉宋的较为成熟的研究范式。如果说 1990 到 2000 年期间中国阳明学的研究集中于王阳明个人的话，2000 年迄今，无论在大陆还是台港地区，阳明学的研究都不约而同地转向了以往研究薄弱的阳明后学。将 2003 年称为阳明后学的出版年，恐怕毫不过分。其实，无论从学术自身的发展还是学科建设的要求来看，这都是势所必至，并非偶然。学术研究发展的标志之一，正是空白的不断填补、薄弱环节的不断充实。并且，2000 年以来的阳明学研究，在进入国际阳明学研究的整体脉络方面，更为广泛深入；在融会中西、汉宋方面，也更为充分自觉。

综观 20 世纪 20 年代以来中文世界有关王阳明及其后学的研究，尤其是 90 年代以来的研究成果，笔者以为，有三方面逐渐强化的趋势值得我们重视和发扬。并且，这三个方面也不仅仅是阳明学研究的趋向，更应当是整个中国哲学研究将来的着力点和发展方向。

第一，越来越注意吸收西方哲学（还有宗教学等相关人文、社会学科）的相关理论，作为阐明阳明学中各种观念、命题的诠释学资源，使阳明学的思想内涵能够以一种现代的话语形式，在一个中西比较的宽广论域中得以呈现。

许多中国哲学的专业研究者日益认识到，中国哲学的研究早已无法摆脱与西方哲学的关系。或者说，中国哲学的研究已经是在中西哲学的比较与互动当中进行的了。简单地用西方的某种哲学框架来裁剪中国哲学的思想材料，如 50 至 70 年代中国大陆的研究，自然无法达到对中国哲学合理与有效的诠释和重建，而试图从现有中国哲学的研究中彻底清除西方哲学的所有痕迹，也是既不必要也不可能，因而无益于中国哲学的发展。只有在与西方哲学深度互动与交融的过程中，作为一种真正富有特性的观念结构和价值系统而非单纯的话语形式，中国哲学的主体性最终才能够得以建立。在一定意义上，对西方哲学了解的深浅甚至在相当程度上制约着中国哲学的诠释与重建。或者说，越是深入西方哲学，就越是有助于中国哲学的阐发。我们可以看到，迄今为止，无论就古典研究还是理论建构（这两方面常常是难以截然分割而彼此交织在一起的）来说，在中国哲学领域取得巨大成就的前辈与时贤，几乎无一不对西方哲学传统有深入的了解与吸收。可以这样说，对中国哲学的发展而言，关键不是用不用西方哲学的问题，而是用得好坏与深浅的问题。我们当然不能以西方哲学为标准，但不可不以西方哲学（甚至可以包括印度哲学以及其他文化的哲学传统）为参照。我们甚至不能仅仅限于西方的哲学传统，其他人文社会学科的传统如宗教学、思想史、人类学等等，都需要中国哲学研究者"循其性之所近，勉其智之所及"地加以消化和吸收。由于中国哲学传统自身的特性，有些属于中国哲学研究对象的内容，在西方或许更多地处于其他学科领域之中。比如说儒学传统的工夫理论和实践，或许可以在西方宗教传统与宗教学理论中找到更多的共鸣。以美国高等院校为例，我们中国哲学研究的同行们，主要并不是在哲学系，而是广泛地分布在东亚系、历史系、宗教系等等。因此，凡有益于中国哲学诠释与建构的西方资源，不论在西方的学科分类体制中处于何种位置，我们都应当充分了解和吸收。事实上，只有在以"他者"为参照、与"他者"的沟通互动中，才能够获得更为明确的自我意识，并不断扩展深化自身的主体性和身份认同，这是如今世界范围内每一种文化传统、哲学传统都需要面对的问题。正如中国哲学的主体性需要在与西方哲学传统的深度互动中建立一样，当代西方哲学也日益认识到，包括中国哲学在内的非西方的哲学传统构成自身发展不可或缺的相关因素甚至组成部分。如今西方学者的中国哲学研究以及比较哲学的不断发展，恰恰说明了这一点。

第二，越来越注意吸收海外学界的相关研究成果，包括港台地区、日本、西方学者的研究成果，意识到阳明学的研究是一个国际性的共业，以便实现学术思想研究上的真正创新。

中国哲学早已不再是中国学者的专利，而是包括欧美、东亚等世界范围内具有不同国家、地区和种族背景的学者群体共同从事的一项事业。因此，我们的中国哲学研究如果不能放眼世界，在国际中国哲学研究的整体脉络内来从事、定位自己的研究和成果，便很难取得真正一流的成就。如今，如果有人还认为中国学者天然地具有中国哲学研究的优势，中国学者中国哲学研究的水平理所当然在海外学者之上，那只能说是坐井观天的无知之见。在许多方面，海外学者中国哲学研究所取得的既有成果，无论在广度还是深度上，都不能不让中国学者对之敛衽。譬如，在宋明理学的研究中，邵雍应当是一个重要人物，但大陆地区除了一本《邵雍评传》（南京大学出版社）之外，大概迄今还没有其他研究专著出版。而美国 1989 年和 1996 年分别已经有 Anne D. Birdwhistell 和 Don J. Wyatt 的两本从哲学和思想史角度研究邵雍的专著问世，法国 2002 年也出版了 Alain Arrault 研究邵雍的最新专著。具体就阳明学来说，日本的荒木见悟先生已经进行了大量深入细致的研究。早在 70 年代末，荒木先生就有研究晚明会通三教的重要人物管志道（字登之，号东溟，1536～1608）的专著出版，而对国内许多中国哲学甚至宋明理学的业内人士来说，恐怕管志道还是个陌生的名字。在《明代思想研究》（东京：创文社，1988）一书中，荒木先生还有专章讨论周海门、张元忭（字子荩，号阳和，1538～1588）等人，而这些人物，国内目前研究的是很不够的。就中文世界内部来说，台港地区的研究成果也值得大陆学者借鉴。比如，晚明与王龙溪并称为王门"二溪"的罗近溪，迄今为止大陆尚无专著，台湾学者程玉瑛 90 年代中期则撰有《晚明被遗忘的思想家——罗汝芳（近溪）诗文事迹编年》（台北：广文书局，1995），为进一步研究罗近溪的思想提供了很好的文献基础。如果说以往的中国哲学研究曾经受制于意识形态的干扰和学术交流的不畅，那么，自 80 年代末以来，随着全球一体化的趋势，国际学术界日益联系成为一个交往互动密切的整体。在这种情况下，我们的视域就不仅要扩展到包括港台地区在内的整个中文世界，更要充分伸展至包括日本和西方在内的整个国际学术社群。只有在充分了解国际范围内中国哲学研究状况的前提下，我们的中国哲学研究才能够避免闭门造车和低水平的重复，从而真正做到推陈出新，在整个国际学术界确立领先的地位。

第三，越来越注重阳明学的研究必须充分立足于原始文献资料的搜集整理，以便在充分吸收西方哲学和海外研究成果的同时，不偏离阳明学固有的问题意识，不丧失中国哲学研究的主体性。

对于建立中国哲学的主体性来说，宽广的视域是一个不可或缺的条件。但更为重要的决定因素，则是要能够把握住中国哲学自身的特质。无论对于传统中国哲学的诠释还是现代与将来中国哲学的系统理论建构，衡量其主体性确立与否的标准，首先在于中国哲学之所以为中国哲学的特质是否得到了彰显。而对于西方哲学以及海外研究成果的吸收运用，都应当是以此为前提的。只有始终明确中国哲学自身的问题意识，立足于此，才不会在充分吸收运用西方哲学以及海外研究成果时"从人脚跟转"，导致自身主体性的迷失。而只要内在于中国哲学的固有脉络，把握住中国哲学自身的问题意识，在吸收运用西方思想资源的过程中，就能够"左右逢源"、"得心应手"而始终不"出吾宗"。前文所谓"越深入西方哲学就越有助于中国哲学的阐发"之所以可能，正是也只能是在这个意义上而言的。但是，如何才能"转法华"而不"为法华所转"，在充分消化、吸收和运用西方哲学与海外研究成果、不以西方话语和名相为忌的同时，始终立足于中国哲学自身的问题意识和义理结构呢？笔者以为，这在相当程度上取决于我们中国哲学文献材料的工夫。

作为一种累积性的传统，中国哲学自身的问题意识和义理结构，即中国哲学的"义"和"法"，显然蕴涵在中国哲学的各种经典以及文献材料之中。只有对这些文献典籍烂熟于心，才能把握其中的"义"和"法"。这里所说的文献材料，不仅包括基本的经典文本，也包括古代历史上对这些经典文本的研究成果。譬如对孔子思想的研究，不仅要全面充分掌握孔子本人的思想材料，如《论语》以及散见于其他一些先秦文献中的材料，还要尽可能掌握历史上不同学者对孔子思想的诠释，如《论语》的各种注疏等。甚至去今不远的前辈学者（不论中外）的重要研究成果，也应当认真研读消化。因为如果就"意"而非"言"的层面来说，我们很难想象今人直接面对《论语》文本所进行的思考一定能够发前人所未发，在同样的问题上较前人思考得更为深入。不了解前人的成就（如今还要加上"外人"成就——海外学者的研究成果），很难有真正的创造性成果可言。真正的推陈出新和创造性，一定是在一个前后相续、左右相关的过程与脉络中实现的。就如今的中国哲学研究而言，无论古典诠释还是理论建构，无人会反对方法的多元性，但是，如果不首先全面深入地掌握文献材料、充分地咀嚼消化文献材料，任何外在的方法论都难以落实，未必有助于揭示中国哲学自身的特质。所谓"法无定法"，任何方法论都有其有效性的适用范围，而判断并选择合理有效的方法论的标准，只能是研究对象自身的特质。所谓"书读百遍，其义自见"、"读书破万卷，下笔如有神"，只要把文献典籍读熟吃透，其中的问题意识和义理结构自然会浮现出来。相反，如果不能首先虚心、平心地吃透文献，还没读几页书就浮想联翩，结果只能是在缺乏深透与坚实的理解和领会的情况下放纵个人的想象力，对源远流长的中国哲学传统终究难有相契的了解。其研究结果也只能是"六经注我"式的"借题发挥"与"过度诠释"。事实上，这一点非独中国哲学研究为然，对西方哲学以及其他任何历史悠久的思想传统来说，情况恐怕同样如此。再者，"巧妇难为无米之炊"，再聪明的头脑，脱离深厚的文献典籍，其发挥的空间必然有限。其思想的展开，充其量只不过是个人经验与想象力的单独运作。反过来说，如果聪明的头脑再加上文献典籍的深厚功力，个人的自我经验与蕴涵在文献典籍中众多古圣先贤的历史经验融为一体，便不再是一种单薄的个体之思，而能够成为贯通古今并表现于当下的一股强大经验之流和思想之流，其展开必将是"若决江河，沛然莫之能御"。这种情况下的中国哲学研究，其成就自不待言。老一代中国哲学的大家，无不强调文献典籍工夫的重要性，如冯友兰、张岱年对"中国哲学史料学"的重视，牟宗三对中国哲学研究要走"文献途径"的反复强调等等。如今较年轻一代在中国哲学领域中有所建树的学者，也都在中国哲学的文献材料方面自觉建立深厚的学殖。

尤其需要指出的是，从今后中国哲学的发展来看，对于更为年轻一辈治中国哲学的学者来说，所患者或许不在于西方资源的吸收与运用，而更多的在于中国哲学文献材料的涵泳与契入。事实上，在当今各种西方思想理论蜂拥而入、"城头变换大王旗"的情况下，要想既充分吸收西方的相关资源，同时又能够合理有效地有所取舍而为中国哲学所用，保持中国哲学的主体性，避免"生吞活剥"，只能以中国哲学自身的问题意识和义理结构为准，否则，难免重蹈以往教条主义中国哲学研究的覆辙，所不同者，只是西方理论话语的变换而已。而中国哲学自身的问题意识和义理结构，则是深深蕴蓄在中国哲学的文献材料之中的。"问渠哪得清如许，为有源头活水来"，可以说，对于作为一种悠久传统的中国哲学来说，历代不断累积的丰富文献材料正是其"源头活水"。只有深深植根于这一源头活水，我们才能立足于中国哲学的主体性，在今后的发展中"溥搏渊泉而时出之"，在全球性的广阔视域中使中国哲学不断地综合创新。如果说在全球性的视域下融通吐纳西方哲学以及海外中国哲学的研究成果意味着"不可有门户"，那么，植根于中国哲学的文献材料，建立中国哲学的主体性，则意味着"不可无宗主"。

【第三部分】

当代儒学的课题与人物

**道德与知识：从宋明理学到
现代新儒学**①——**对现代
新儒学的一个发生学解说**

导　言

迄今为止，对现代新儒学的研究，无论在宏观还是微观上都
达到了相当的广度和深度。但是，对于新儒学兴起的原因，却未
有深入的反思与审视。当然，似乎有一个自觉或不自觉的普通共
识，即新儒学是在西方文化的冲击下产生，是对这一冲击的种种
反应之一。但是，近代以来各种思潮的产生几乎均可纳入这种
"挑战—回应"的模式之下。因此，这种认识就并不能充分说明
新儒学的产生。与其说指出了原因，倒不如说只是提供了背景，
另外，这种外缘的解释也不能将新儒学纳入整个儒家思想发展的
整体过程中来加以定位，无法揭示其与以往儒学的内在关联。而
思想的发展，是有其自身内在理路的。这一点，在思想史研究领
域内也早已成为基本的共识。

---

① 本文初稿作于1991年，如今的内容较最初虽有修订，但基本保留了最初的行
文风格。当时在方法论上颇受到余英时先生"内在理路"说的影响。当然，"内在理
路"并不否认政治、经济等各种外缘因素的影响，只是要对治完全将思想的发展单纯
归于社会经济变动的偏颇。事实上，余先生曾多次指出，任何单因论解释历史都不免
顾此失彼。

当然，笔者这里的研究取径与包括"挑战—回应"在内的任何持之有故的外缘解释不仅并不互相排斥，反而应当彼此配合。合而观之，或许对现代新儒学兴起的发生原因能有更为全面的了解。笔者希望强调的只是：思想史研究如果忽略其自身的"内在理路"而仅仅从外部着眼，和单纯从观念的推演来考察思想的发展同样，都是不能尽其整全的，甚至不免"对塔说相轮"。本节的目的，正是要从儒学自身发展的内在理路来探讨从宋明理学如何而有现代新儒学，相对于宋明理学，新儒学究竟只是一种回响还是确有其"新"，如果有，这种"新"又是就何种意义而言的。

上篇：宋明理学中道德与知识的纠结

（一）朱子的"格物穷理"及其偏差

圣人、佛、真人，分别是儒释道三家个人修养的终极境界。而如何达至圣贤境界这一贯穿儒学始终的基本归趣，在宋明理学中尤为彰显。只是"优入圣域"的道路并非一条，在不同道路上遇到的不同问题也与能否达至理想的圣贤人格直接相关。以下，我们就以朱子为线索与中心来检讨宋明理学中成圣之道所蕴含的问题。

儒家自孔子以降，思想的致广大与尽精微，未有能越出南宋朱子的。而朱子思想的最大特点，就在于开创了一条由格物致知而穷理尽性，由对其体事物的研求进而把握天理的道路。把握了理，就符合了成圣成德的要求。朱子格物穷理的道路，形上学的理论依据在其对理气关系的理解和理一分殊的命题①。其成熟的看法是：尽管从应然的层面看，理为气之超越的根据，从逻辑上"推上去"、"推其所从来"，可谓理在气先。但从实然的层面看，

---

① 朱子理气观有一个复杂的演变过程。可参阅陈来：《朱熹哲学研究》"理气先后——朱熹理气观的形成与演变"一章（北京：中国社会科学出版社，1987 年版），第 3～29 页。

理存在于气中，气涵载着理而周流不息，二者不相离，没有脱离气而独存的理，所谓"天下未有无理之气，亦未有无气之理"（《朱子语类》卷一）。至于理一分殊，最初程伊川提出时仅具伦理意义，而朱子则赋予其普遍的哲学意义。"理一"是指"天理"这一朱子哲学中的最高范畴，天理是万事万物的本体，宇宙的本原。而经验世界、人伦日用处事事物物皆有特殊的存在之理。所谓"上而无极太极，下而至于一草一木昆虫之微，亦各有理"（《朱子语类》卷十五）。只是作为"理一"的天理，与分殊的众理，并非两类异质的理，也非整体与部分的关系。朱子曾借禅宗"月印万川"来比喻理一分殊，形象地说明了理一分殊即"一理而多相"①。经验世界的百理纷呈只是天理的各种"相"，众理的本质即天理，所谓"天下之理万殊，然其归一则一而已矣，不容有二、三也"（《朱文公文集》卷六十三"答余正甫"）。由理气关系看，理只是气的形上依据，现实中理气不离，这就决定了把握天理须从具体的事物入手；就理一分殊言，客观世界理的分殊决定了认识必须由特殊上升到一般，只有"于分殊中事事物物，头头顶顶理会得其当然，然后方知理本一贯"（《朱子语类》卷二十七）。这同样决定了明天理必须始于格物。

格物穷理是朱子从具体的人伦日用处铺向天理世界的道路，它包括"居敬"的基本态度和"穷理"的具体内容。"居敬"就是要戒惧敬慎，并贯穿整个格物穷理的过程。所谓"敬字工夫，乃圣门第一义，彻头彻尾；不可顷刻间断"（《朱子语类》卷二十一），但作为穷理时主体的一种状态，"敬"只是必须保持的一种常惺惺的态度，并无特定内容。从具体事物上升到天理世界，是要由格物致知、穷理尽性，一步步方可达到的。格物穷理的实际内容，朱子有一段精要的概述：

---

① 参阅蔡仁厚：《宋明理学·南宋篇》（台北：台湾学生书局，1980 年版），第 209～212 页。

> 所谓致知在格物者，言欲致吾之知，在即物而穷其理也。盖人心之灵莫不有知，而天下之物莫不有理。惟于理未穷，故其知有不尽也。是以大学始教，必使学者即凡天下之物，莫不因其已知之理而益穷之，以求至乎其极。至于用力之久，而一旦豁然贯通焉，则众物之表里精粗无不到，而吾心之全体大用无不明矣（《大学章句·格物补传》）。

对其中具体的要素与环节，我们可以概括为四句话：一、心存诚敬，即物以求；二、循序渐进，一物一理；三、积累类推，穷尽众理；四、脱然贯通，把握天理。朱子的格物穷理可说是一种真善同一的方法论。天理虽是先验预设的"至善"，但天理体现于现象世界的"真"中。朱子将"求善"（把握天理）建立在"求真"（研求天下众理）之中，如此，现象世界便与天理世界联结起来。但是，由具体事物到天理，对主体而言是否为一直线式的上升？经由朱子的道路究竟能否达到对天理的把握？对此，我们应作一番分析。

分殊的众理是形而下者，而作为"理一"的天理则是"洁净空阔"、"无情意、无什度、无造作"的形而上之道。对朱子格物穷理的四个环节而言，从第一到第三，是经验知识的积累，并未越出现象世界的范围，而第四环节，却是从现象世界上升到了形而上的本体世界，这是一个异质的跳跃，其中必须涉及主体状态及认识方法的改变。对如此重要的一环，朱子却将其归结为"零零碎碎凑合将来，不知不觉，自然醒悟"（《大学章句·格物补传》），则不能不说是语焉不详而颇具神秘色彩的。

经验知识无论怎样积累，也只能局限于现象界的范围，并不能达到本体界，也不能直接导致人们对道德主体意志自由的把握。康德已经指出这一点，而反对朱子格物穷理之路数者，如陆象山、王阳明等人，实际上也触及到了这个问题。朱子的缺失，正在于不知把握天理的主体状态与方式，是不同于经验认知的主体状态与方式的。将不可由经验知识来推证的天理，作为经验认知的对象来考察，只能犯类似于怀特海（A. N. Whitehead）所谓的"错置具体性的谬误"。朱子所侧重的自然是道德伦理的领域，所谓"去父慈子孝处理会"。这是符合朱子儒者身份的。然而，即便在道德领域内，朱子泛认知主义的方式也很可能导致人们去符合外在的具体道德规范，无法挺立内在的道德良知；只能建立他律道德的假言律令，无法树立自律道德的绝对律令。所形成的伦理学也只能是规范伦理学而非德性伦理学①。对于以内在道德性为首出的儒家，这种成圣之道的结果，自然是在"大头脑"处有所偏差。陆象山称朱子"见道不明，终不足以一贯耳"，实在并非贬损朱子本人，而是觉察到了其中的问题。

（二）"逆觉体证"的道路及其限制

在整个宋明理学中，或至少朱子之前，朱子格物穷理的路数其实并不占主流。其他一些主要思想家在追求成圣成德的方式上，显示出另外的特征，对此，我们可略作检视。

理学的开山是周濂溪，其成圣之道是慎动无欲的主静说。有人问学作圣人的要领，濂溪回答说："一为要。一者，无欲也。无欲则静虚动直。静虚则明，明则通；动直则公，公则溥。明通公溥，庶矣乎。"（《通书·圣学第二十》）强调的是成圣贤必须"养心而至之"（《周子全书》卷十七"养心亭说"），并不像朱子主张的那样由经验知识的积累而后上达。这是一种直觉体认的方法。尽管濂溪有"思"的说法，但其"思"却是一种反观内省的功夫，是一种玄悟，并非那种主体对客体的思辨探求。

濂溪以下是张横渠，其成圣功夫的要点是落在"心悟"上，所谓"学贵心悟，守旧无功"（《张子全书》卷六"理窟义理"）。"心既虚，则公平，公平，则是非较然易见。当为不当为之事，自知。"（《张子全书》卷六"理窟学大原上"）"大其心，则能体天下之物。物有未体，则心为有外 。世人之心，止于见闻之狭。

---

①　此处的分析得益于刘述先：《朱子哲学思想的发展与完成》（台北：台湾学生书局，1982）。本文规范伦理学与德性伦理学之分相当于刘先生德俗学与德性学之分。

圣人尽性，不以见闻梏其心。其视天下，无一物非我。"（《正蒙·大心》）并且，横渠似乎也看到了经验知识的积累并不能导致德性的成就。理学中"德性所知"与"见闻之知"的区别，便始自横渠。

横渠同时稍后便是二程。朱子对二程尤为推重，所谓"国初人便已崇礼义，尊经术，欲复五帝三代，已自胜如唐人，但说未透在。直至二程出，此理始说得透"（《朱子语类》卷一百二十九）。但是，明道的成圣工夫，明显与朱子有异。朱子讲循序渐进，下学上达，明道则认为"穷理尽性以至于命，三事一时并了，元无次序，不可将穷理作知之事"（《遗书》卷二上）。圣人即仁者，对明道而言，"仁者以天地万物为一体，莫非己也。认得为己，何所不至？"（同上）。可见，明道不仅不讲环节步骤，直趋本根，而且其方式显然是内向型的返求诸己。

对于程伊川，则需特别加以说明。伊川朱子的承继关系，已是共识定论。程朱者，主要即指伊川、朱子。朱子格物穷理的路数，就直接源自伊川的"涵养须用敬，进学则在致知"（《遗书》卷十八）。然而，尽管伊川给朱子的路数奠定了理论基础，但他却并未如朱子般采取泛认知主义的态度，而是另一方面亦相当注重内省的工夫。我们不妨举出一些证据：

> 子曰：学也者，使人求于内也。不求于内而求于外，非圣人之学也。何谓求于外？以父为主者是也。学也者，使人求于本也。不求于本而求于末，非圣人之学也。何谓求于末？考详略，采同异是也。二者无益于德，君子弗之学也。（《二程全书·释言》"论学"）
>
> 致知在格物，格物之理，不若察之于身，其得尤切。（《遗书》卷十七）
>
> 今人欲致知，须要格物。物不必谓事物然后谓之物也，自一身之中至万物之理，但理会得多，相次自然豁然有觉处。（同上）

　　或问：如何学可谓之有得？曰：大凡学问，闻之知之，绋不为得。得者，须默识心通。（同上）

　　寂然不动，万物森然已具，在感而遂通。感则只是自内感，不是外面将一件物来感于此也。（《遗书》卷二十五）

由此可见，伊川对工夫取径的主张，是不同于朱子格物穷理路数的，反倒近于明道乃至后来的象山、阳明。当然，这并非否定伊川与朱子的思想渊源，而是意在指出伊川成圣工夫的思想中，包含有直觉内向的一个向度，这是常为人所忽略的。后来朱子所极力阐扬的，主要是其理性认知的一面。

　　由对周张二程成圣工夫的钩玄提要，可见宋初发展的基本上是一条不同于朱子格物穷理，而以内向直观为特征的工夫入路。这种反求诸己，从自我内在道德性以把握天理的方式，借用牟宗三先生的用语，可称之为"逆觉体证"。根据牟宗三先生的划分，周张二程之后，理学分为两路：龟山闽中系和上蔡湖湘系。前者以杨龟山的"反身而诚，万物皆备于我"，到罗豫章、李延平的"静中体验喜怒哀乐未发之前气象如何"，走的是"超越的逆觉体证"路数。后者从谢上蔡以觉训仁，到胡五峰以心著性、"先察识后涵养"（五峰弟子张南轩始曾与朱子辨，后未能阐扬师说而转附朱子），走的是"内在的逆觉体证"之路。"内在的逆觉体证"，是就现实生活中良心发现处，直下体证而加以肯认，不必同现实生活相隔离而从静中谋求。"超越的逆觉体证"，则是同现实生活暂时相隔离，由闭关静坐中去体会喜怒哀乐未发前的大本气象。二者虽有不同，但在"逆觉体证"这一点上则是彼此一致，而与朱子的"格物穷理"方向不同。

　　和朱子并称于世的是陆象山。象山的成德工夫，是讲"先立乎其大"而直接发明本心，更是与朱子直接对立。所谓"宋儒有朱陆，千古不可合之同异"（《文史通义·内篇二》"朱陆"），根本就是指成德道路的不同。这一点已是古今共识，我们也就无须赘述了。

从宋代这几位可堪与朱子相并举的儒家来看，朱子格物穷理的道路显然不占主流。而明代儒学，以阳明学为中心，从整体上可以视为对朱子学的反激。尽管阳明学与朱子学的差异可以从不同的方面加以揭示，如在心性论方面最基本的心、性、理之间的关系等。但就工夫论而言，阳明学修德入圣的路数在方向上与象山一致，已不是不刊之论。并且，尽管阳明学内部也可以从不同的角度作出细致的分疏，包括成圣成德的方式，但相对于朱子的"格物穷理"，整体上可归于"逆觉体证"的路数，是可以成立的。例如，主张"归寂"说的聂双江，在把握良知的方式上就颇类于李延平，而主张主良知自然流行的王龙溪、罗近溪等人，相对于能所对列的"顺取"方式，也仍然可以说是"逆觉"。总之，明代理学的工夫取径，显然以内向的直觉主义为特色。由于这一特色也早已是古今共识，我们也就不必以重点列举的方式来说明了。

成圣成德的"大头脑"是要把握天理良知，觉悟到自我作为一个道德存在的真实性。而对这种真实性的把握，是不能靠知性推求的方式来达成的。天理良知不能作为现象世界的认识对象，这在前面分析朱子思想内在缺失时已指出。"逆觉体证"的道路，正是不走经验认知的路子，而是向内观照，在一种"存在照明"（existenzerhellung，雅斯贝尔斯语）的状态下①，以"智的直觉"（intellectual intuition）而当下即是地把握到自我的内在道德性。这样方能树立一个定言而非假言的道德律令，确立真正的道德主体。因此，就儒家的终极关怀是成圣人而言，"逆觉体证"可以避免"格物穷理"的缺失，更契合儒家的根本意旨。

然而，"逆觉体征"虽在"大头脑"处未发生偏差，但这种

①　"存在照明"，是雅斯贝尔斯于1932年发表的《哲学》三卷中第二部的名称。"认识"只是关系到客观事物的普遍意识的活动，而"照明"却是无论如何都不可能成为客观对象的存在者从自身内部产生出存在意识，即成为自己本身（sich selbst werden）。总之，存在照明就是要让一个存在从作为对象的东西超越到非对象的东西，使万物均回到自己本体自身的状态。

路数亦有其相当的不足与局限。尽管把握天理良知是成圣成德的根本，但以孔子和《论语》中的标准衡量，则圣人不仅应是道德人格的榜样，同时也应是集知识、技艺于一身的典范。圣人必须身兼"好仁"与"好学"两个方面①，"修德"与"讲学"并重②，"依仁"与"游艺"兼行③。而"逆觉体证"一路，却不免在"好学"、"讲学"、"游艺"一面有所欠缺，存在着轻忽知识的倾向。象山的"学苟知本，六经皆我注脚"，唱出了道德主体性的最强音，同时也将轻知的倾向流露无遗。当然，若认为他们是反智主义（anti-intellectualism），反对知识、不要知识，则未得其实而有失公允。象山阳明等人在以道德意志为本、经验知识为末的同时，并不视二者为异质。他们认为德性与知性是"根"与"枝叶"的关系，有了"根"，自会生出"枝叶"。但是，这里却有一个大问题。我们可引阳明的一段话来加以分析。

> 爱曰：……如事父一事，其间温清定省有许多节目，不亦须讲求否？先生曰：如何不讲求。……此心若无人欲，纯是天理，是个诚于孝亲的心，冬时自然思量父母的寒，便自要去求个温的道理；夏时自然思量父母的热，便要去寻个清的道理。这都是那诚孝的心发出来的条件。却是须有这诚孝的心，然后有这条件发出来，譬之树木，这诚孝的心便是根，许多条件便是枝叶。（《传习录》上）

有了"诚孝的心"，天气冷热时我们当然会去考虑父母的寒暑，但此"心"的直接结果，只能仍是去"关心"、去"想"，至于

---

① 《论语·阳货》中孔子对子路言："好仁不好学，其蔽也愚；好知不好学，其蔽也荡；好信不好学，其蔽也贼；好直不好学，其蔽也绞；好勇不好学，其蔽也乱；好刚不好学，其蔽也狂。"

② 《论语·述而》载："子曰：德之不修，学之不讲，闻义不能徙，不善不能改，是吾忧也。"

③ 《论语·述而》载："子曰：志于道，据于德，依于仁，游于艺。"

具体如何才能为父母驱寒避暑，并不会因我们去想去关心就自然会通晓。其中"温的道理"、"清的道理"，都要靠具体的认知活动才能掌握。而认知活动中的心灵状态，是不同于"诚孝心"之状态的。良知天理（诚孝的心）固然可以推动认知活动的发生，却不能直接成就知识本身。而缺乏具体的经验知识，有时会使道德意志的目的无法实现。比如一位仁者，当他遇到一个生命垂危之人时，他必然由不忍之心、恻隐之心而产生强烈的救死扶伤之愿。但这时他若只有此心愿而无具体的救护知识，便无法解人之危，其心愿也就落空。当然，阳明这里并未直接说有了"诚孝的心"便自然会懂"温的道理"与"清的道理"。他说"去寻"，仍然可以仅就推动认知活动发生而言。但是，阳明将"心"（道德意志）与"道理"（经验知识）比作根与枝叶的关系，便不能不谓其中涵有认为德性自身即可直接成就知识之意，起码是对二者的关系缺乏明确的反省。象山亦有"根"与"枝叶"之喻，而他则明显流露出有了道德意志自然会有经验知识的思想，所谓"知道，则根即是本，枝即是叶"，"有根则自有枝叶"（《象山全集》"语录"）。

由此可见，"逆觉体证"的失误在于：以为体证天理良知的内在觉悟能力可以伸展到经验知识的领域并直接成就它。康德曾指出："在这种研究领域中（按：指经验知识的研究领域），我们若不在物质机械性的普遍法则中探求其原因，而直接诉诸最高智慧的不可究极的命令，……那我们对原因的探求便会变成一件极容易的事，使我们认为理性的工作已经完成，而这实际却只是废弃理性的使用而已。"[1] 正如感性直观（时空）、知性范畴只能在现象界内发生作用，若逾越其限度而侵入本体界便必然会产生"先验幻相"（transcendental illusion）一样，若将"智的直觉"、"知体明觉"（阳明语）下拉到现象界去从事认知活动，也只能

---

① 康德著、蓝公武译：《纯粹理性批判》（北京：商务印书馆，1960），第485页。本文译文稍有变动，可参阅 Kemp Smith 英译本，第562页，A691～B719节。

"错位"而"废弃理性的使用"。因此，较之"格物穷理"，"逆觉体证"同样涉及到一个主体状态与认识方式的转换问题。而"逆觉体证"的失误，正是其虽不反知识，却不能不由轻知识而必然导致拙于知识的理论根源。

（三）道德与知识的困境及检讨

朱子格物穷理的道路，大概与其早年即养成的先分解、再通贯的治学之方有关①。由于这种早年习惯的影响，朱子入延平门后对道南一脉静中体验未发的指诀并未甚为措意②。但若谓朱子从未受"逆觉体证"的影响而直接便有了其"格物穷理"，则未审其详而忽略了朱子思想发展中的一些重要环节，无以把握"格物穷理"的由来。

朱子从延平学时，虽未能对道南指诀有深切的体会，但延平的早逝，对朱子打击颇大，以至于使朱子"遽有山颓梁坏之叹。怅怅然如瞽文无目，挺植索图，终日而莫知所适"③。出于对恩师的极度尊敬，朱子觉得未能得延平真传而有愧于先师，所谓"辜负教育之意，每一念此，未尝不愧汗沾衣也"④。于是朱子开始苦参中和，决意禀承龟山一系的要旨。因此在延平初逝时，朱子是发自内心地认定那种"超越的逆觉体证"为正确的。然而，尽管朱子做了很大的努力，却始终未能捕捉到那种大本未发时的体验，所谓"旧喜安心苦觅心，捐书绝学费追寻"，正是那时心境的写照。不过，正是由于延平的这种触媒作用，朱子的"格物穷理"才能得以最终确立。

丙戌之悟和乙丑之悟，是朱子思想发展的重要里程碑。对于朱子苦参中和的具体历程，此处无法详述⑤，只能着重指出这两

---

①　可参阅《朱子语类》卷一百二十中朱子自谓二十岁读上蔡论语一段话。

②　参见《朱文公文集》卷四十"答何叔京三十二书第二书"。

③　《朱文公文集》卷四十"答何叔京三十二书第一书"。

④　同上。

⑤　可参阅：（一）陈来：《朱熹哲学研究》，第 91～130 页；（二）刘述先：《朱子哲学思想的发展与完成》，第 71～137 页。

次"悟"的思想导向及其特征。丙戌之悟，朱子受到张南轩介绍的湖湘学影响，认为"人自婴儿以至老死，虽语默动静之不同，然其大体莫非已发，特其未发者为未尝发耳"①，提出未发已发并非指一个事物有发前发后的区别，未发与已发只是一种体用的关系，这样，朱子就将"已发之心"与"未发之性"区分开来，放弃了道南一脉于静中体验未发的宗旨，从而在思想上倒向了湖湘一系。这在朱子丙戌答张南轩"人自有生"第一书和戊子答何叔京第十一书中可以得到印证②。此时，朱子的修养工夫主张与其后来的"格物穷理"大不相同，而其专主于良心发现，猛省提撕，以日用持敬为不然，以为由博览多识而求道不如默会于心而立本等，倒颇近于后来的象山之学。

丙戌之悟，朱子觉得自己的思想彻底通透了，甚至"虽程子之言有不合者，亦直以为少作失传而不之信也"③。而那句著名的"问渠哪得清如许，为有源头活水来"，也正是当时朱子兴奋之情的表露④。但是，这时期的思想却并非朱子的"晚年定论"⑤。乙丑之悟，朱子又推翻了丙戌之悟的思想，指出以心性分别为已发和未发的不当，同时又认为"日用工夫上以察识端倪为下手处"，便"缺却平日涵养一段工夫"⑥。这样，朱子一方面以心之体为性，以心之用为情，建立起心、性、情三分架局的心性论，一方面则以程伊川"涵养须用敬，进学则在致知"为基础而发展出了自己的"格物穷理"。

总之，丙戌之悟，朱子放弃了"超越的逆觉体证"；乙丑之悟，朱子又放弃了"内在的逆觉体证"，经过这两次大彻大悟，

---

① 《朱文公文集》卷七十五"中和旧说序"。
② 见《朱文公文集》卷三十和卷四十。
③ 同上。
④ 参阅陈来：《朱熹观书诗小考》一文，载《中国哲学》第七辑（北京：三联书店，1992）。
⑤ 王阳明曾误将朱子答何叔京第十二书收入其作《朱子晚年定论》。
⑥ 《朱文公文集》卷六十四"与湖南诸公论中和第一书"。

朱子才抛开了"逆觉体证"这一内向直观的道路，确立以主敬致知为宗旨的"一生学问大旨"。

对"逆觉体证"一路的缺失，我们前面已经进行了分析与说明。朱子当然不会有如此的认识，但这并不等于朱子不能从他特定的角度对此有所觉察。"逆觉体证"轻忽知识，对知识掌握不足，这在成圣的过程中自然导致于"仁"处无所滞碍，于"智"处却不免欠缺，从而有悖于"仁且智"的理想圣贤人格。如果从"理一分殊"的角度来看，便是不能将对"理一"的把握建立在掌握分殊众理的基础上。而做到这一点，在当时环境下则是圣学区别于禅学的一个重要标准。"逆觉体证"的局限，发展到李延平那里已经露出了端倪。延平曾对朱子说，在静坐体验万物一体的境界上，儒学还难以与禅学划清界线，只有在把"一视同仁"的境界落实到人伦日用的分殊处，才能真正显示儒者气象①。对深契道南指诀，"充养得极好"的李侗来说，"要见一视同仁气象却不难"，难的是在"日用间著实理会"。延平晚年这句话，对自小便养成"打破沙锅问到底"态度的朱子而言，就不能不有深刻的影响②。

朱子摆脱"逆觉体证"而另辟"格物穷理"，除个人倾向外，的确是看到了"逆觉体证"的局限。朱子对"逆觉体证"一路人物的相关批评，无不显示了这一点。《语类》载：

> 问：周子是从上面先见得？曰：也未见得怎地否。但是周先生天资高，想见下面工夫也不大故费力。而今学者须是从下学理会，若下学而不上达，也不成个学问。（《朱子语类》卷九十二）

---

① 参阅《延平答问》"李侗庚辰七月与朱子书"。

② 《宋史·道学传》载："熹幼颖悟，甫能言，父指天示之曰：'天也。'熹问曰：'天上何物？'松异之。"

濂溪是理学开宗，朱子尽管未直接批评，但朱子强调"而今学者须是从下学理会，若下学而不上达，也不成个学问"，可见对所谓"从上面见得"，并不以为然。因而对《通书》中的成圣之道，朱子便说"这话头高，卒急难凑泊"（《朱子语类》卷十二）。就工夫来说，朱子抓住伊川思想中理性主义的认识成分大加阐发，对直觉主义的成分则避而少谈甚至不谈。但与明道的差异却无法回避，所谓"明道说话浑沦，煞高，学者难着"（《朱子语类》卷九十三），"明道定性书自胸中写出，如有物在后面逼逐他相似，皆写不办。一篇之中，都不见一个下手处"（《朱子语类》卷九十五）。诸如此类，不能不谓是对明道的批评。即便对延平，朱子晚年亦不无微辞。当学生举朱子所作延平行状中"终日危坐，以验夫喜怒哀乐之前气象为如何，而求所谓中者"一语相问时，朱子便回答说："这是旧日下得语太重。今以伊川之语格之，则其下工夫处，亦是有些子偏。"（《朱子语类》卷一百零三）算是借伊川来批评延平。

濂溪、明道等人是理学的先驱，延平是自己的恩师，朱子不能不为贤者讳，而对其他程门后学，朱子则几乎个个都有严厉的指责。所谓"程子诸门人，上蔡有上蔡病，龟山有龟山病，无有无病者"（《朱子语类》卷九十三）。在朱子看来，这些人的"病"均在于"理一"处用功，轻忽对事事物物之理的探求，无法落实到人伦日用的具体"分殊"处。这种为学之方不符合圣人"博学、审问、慎思、明辨"的标准，因而不能算是正统圣门之学。朱子虽不能以我们现代的眼光来发现"逆觉体证"的局限及其根源，但他从理想的圣学标准出发，也敏锐地感到这一路数"推说不下去，不能大发明"，有"上学不能下开"的短处。

如果撇开时间上的先后而俯瞰整个宋明理学，朱子"格物穷理"的理性主义认识路线，可以说是在照察了占主导地位的"逆觉体证"这一直觉主义认识路线之不足的基础上，所另辟的新道路。其目的就是要克服"上学不能下开"的局限，将道德意志的证成，建立在丰富的经验知识之上，所谓"寓约礼于博文"，使之获得一种普遍必然性，真正体现"仁且智"的圣人之学。

　　尽管朱子用心良苦，另辟新径以求圣学之完善无缺，但却未能如愿以偿，反而于儒学的"大头脑"处有凑泊不上的缺憾。因此，从本文以朱子为线索而对整个宋明理学的观察来看，不能不说道德与知识的纠结实已陷入了困境。本来，理学中有"德性之知"与"闻见之知"的区别。大致而言，这种划分始于横渠、定于伊川、盛于阳明，而泯于明清之际①。由此区分作深入的反省，应当能够引申到道德与知识的异质性，以及对此二者不同认识方式的问题。但是，理学家们由于自身的局限，未能于此深究下去，只是笼统地讲有这两种不同的"知"。于是，化解道德与知识纠结的种子，便未能结出相应的果实。

　　作为两种不同的成圣之道，"逆觉体证"认为只要抓住了大本，自然"泛应曲酬，发必中节"；"格物穷理"则认为必须经由经验知识的积累而贯通之后，才能真正把握天理良知。然而，将这两条道路各自的缺失放在一起加以考察，我们会发现，它们背后实际有着某种共同的东西：二者均未对道德意志与经验知识以及对各自的认识方法有明白的分界，并且，双方均认为道德意志可以涵摄经验知识。就"逆觉体证"而言，其认为天理良知可以直接成就知识的思想倾向，显然是将经验知识附着于道德意志之下，这自不待言。就"格物穷理"来说，表面上看来是注重经验知识，实则不然。朱子的终极关怀是要把握天理的成圣德，经验知识只是其入手的途径而非归宿，所谓"若以此为朱子之科学精神，以为此乃专为求知识者，则诬朱子矣"②。而朱子之所以信心十足地认为道德的建立必须经由知识的积累，其背后无疑有着这样一个预设，即德性与知性并非二种异质的东西而分属不同的领域。联系朱子的归宿而言，显然道德是本，知识是末。所以，从

　　①　参阅余英时：《清代学术思想史重要观念通释》一文，载余英时：《中国思想传统的现代诠释》（南京：江苏人民出版社，1989），第260～269页。
　　②　冯友兰：《中国哲学史》下册（北京：中华书局，1984），第120页。

本质上看，将经验知识寓于道德意志之中而以后者涵摄前者，当是"逆觉体证"与"格物穷理"的一个共同预设。二者各自的"错位"，只是这同一预设的两种不同表现形态而已。

由以上的检讨可见，理学在道德与知识纠结中之所以陷入困境，有其内在的理论根源，这一点实可以说是传统儒家思想的一个根本限制。贯穿于整个理学史中所谓"尊德性"与"道问学"的长期聚讼不已，也不过是这种限制在困境中的表现罢了。内在于儒学自身的发展而言，如何站在儒家的基本立场上对道德与知识的问题给出一种合理性的解答，实已是呼之欲出了。

下篇：新儒学对道德与知识问题的解答

（一）对唯科学主义的批判及其意义

近代以来，以儒家为主的中国文化受到了西方文化的强势挑战。尽管各种文化系统本身均是一个包含多种因素的复杂形态，但不同文化相较，仍然可以从总体上显出各自的特色。相对于儒家思想重德性的一面，西方文化重知性的特征尤为鲜明。而这种对照，在中西文化并不正常的交流与碰撞下，就使得道德与知识这一隐含在儒学内部的问题，在文化现实的层面得到了突显。现代新儒家要解决如何从自身的文化传统中发展出科学民主，而不是天真地企图从西方作"整体移植"，其背后所要解决的理论问题，正是道德与知识的关系问题。因此，虽然现实的触缘是西方文化的挑战，但新儒学所处理的问题，却是儒家思想的一个内在症结，而突破传统儒家思想的根本限制，也是儒学自身发展的要求。

如果从克服传统儒学根本限制、解决宋明理学遗留问题的角度，来看待新儒学的发展过程，我们便可以首先确立一个划分阶段的理论标准，前文已指出道德与知识在宋明理学中的症结，而要克服这一限制，必须经过两个步骤：（一）首先，将道德与知识区分开来，明确其领域不同，认识方法相异；（二）在此基础上，从儒家心灵中开发出知性主体，进行独立的认知活动以成就知识。这是理论标准。反观新儒学运动的历史过程，20世纪20年代至40年代，梁漱溟、熊十力、张君劢、冯友兰、贺麟等人，通过对唯科学主义的批判，以强调哲学与科学各有其领域和认识方法的特定方式，确立了一种作为整个新儒家理论基本架构的二分世界模式和思维方法，为解决传统儒学在道德与知识问题上的症结奠定了基础。50年代之后，牟宗三、唐君毅、徐复观等人则作出了进一步的反省。尤其是牟宗三，具体阐发了如何从道德心灵中开出知性主体以成就知识的思想，相对于宋明理学，明确提供了一种道德与知识的关系模式，对道德与知识问题作出了某种理论解答。新儒学的发展，正体现了这样一种层次性与阶段性①。

由于不是正常的文化濡化，国人近代以来对西方文化的态度似乎总不能心平气和，从最初以"西学中源论"为代表的妄自尊大，一转而为"一切唯泰西是举"（樊锥语）的妄自菲薄。到本世纪初，狂热崇尚西方文化，激烈地反传统达到了高潮。而唯科学主义的流布与泛滥，正是一个重要标志。

人们从近代中国的苦难中认识到科学的价值，当然值得庆幸。但唯科学主义和科学本身却相去甚远，可以被看做是一种在与科学本身几乎无关的某些方面利用科学威望的倾向②。对此，牟宗三曾敏锐地指出：

> 须知我们这三十年来真正献身于科学研究的人并不多。浅尝辄止，反是跳出来"用科学"的多。读科学的人舍弃了科学研究而从政而革命而作校长作官的，比比皆是。三十年来内在地浸泊于科学所得之利，抵为不过其跳出来"用科

① 关于现代新儒家包括哪些人物，学术界仍有争议，本人以为，只要服膺儒学的核心价值观念，以儒学为自己的安心立命处，并对儒学（当然不限于儒学）研究有所成就，皆可称为新儒家。
② 参阅郭颖颐著、雷颐译：《中国现代思想中的唯科学主义》（南京：江苏人民出版社，1989），第1~16页。

学"所成之害。我这里所谓跳出来"用科学",并不指用科学之成果而从事工业制造言,中国尚未达到这个程度。就是适才所说的作官从政也不能尽"用科学"之意。我说用科学乃是指科学一层论、理智一元论言①。

且不论其用语是否有过激之处,牟宗三的确指出了这样一个事实,即近代以来国人对西方科学的莫大兴趣与热情并不在科学本身,而是希望用科学来解决中国的所有社会历史及人生问题。"科学一层论"、"理智一元论"实在体现了唯科学主义的根本特征,那就是认为宇宙间所有的问题,包括精神、价值、自由等等,无不可以通过科学来解决。用其代表人物之一王星拱的话而言就是:"科学是凭借因果和齐一两个原理而构造起来的,人生问题无论为生命之观念或生活之态度,都逃不出这两个原理的金刚圈。"② 当时的中国思想界,就是弥漫着这样一种科学万能论。这种认识与心态,可谓影响至深,"科学的"一词变成了一种价值论用语而至今流通,便是明证。

新儒学的兴起,直接的发端正在于对唯科学主义的反省。强调哲学(玄学)与科学的不同,不仅是作为中国现代哲学逻辑起点的"科玄论战"时所争论的主题,作为对唯科学主义的否定,它更是第一阶段新儒家们的共识。我们不妨看看他们的有关言论。梁漱溟说:

> 玄学所讲的,与科学所讲的,全非一事。科学所讲的是多而固定的现象(科学自以为讲现象变化,其实不然,科学只讲固定不讲变化),玄学所讲的是一而变化、变化而一的本体③。

---

① 牟宗三:《关于文化与中国文化》,载其《道德的理想主义》,第255页。
② 王星拱:《科学与人生观》,载《科学与人生观》(上),第13页。
③ 梁漱溟:《东西文化及其哲学》(台北:台湾虹桥书店,1968),第31页。

冯友兰从功能的不同指出：

> 科学可以增加人的积极知识，但不能提高人的境界。哲学可以提升人的境界，但不能增加人的积极知识①。

贺麟说得更加明白：

> 盖科学以研求自然界的法则为目的，有其独立的领域。没有基督教的科学，更不会有佛化或儒化的科学。……反之，儒家思想亦有其指导人生，提高精神生活，发扬道德价值的特殊效准、独立领域，亦无须求其科学化②。

张君劢则既说明了科学与人生观的不同，又指出了各自方法的差异。所谓：

> 科学为客观的，人生观为主观的；科学为论理学方法所支配，而人生观则起于直觉；科学可以以分析方法下手而人生观则为综合的；科学为因果律所支配，而人生观则为自由意志的；科学起于对象之相同现象，而人生观起于人格之单一性③。

最为敏锐而具代表性的，于此一阶段人物中则首推熊十力。熊氏指出：

> 哲学和科学底出发点与其对象及领域和方法等等根本不同。哲学是超越利害和计较的，故其出发点不同科学；他所

---

① 冯友兰：《三松堂自序》（北京：三联书店，1984），第269页。
② 贺麟：《当代中国哲学》，第38页。
③ 张君劢：《人生观》一文，载《清华周刊》，1923年第26期。

穷究的是宇宙真理，不是对于部分的研究，故其对象不同科学；他底领域根本从本体论出发而无所不包通，故其领域不同科学；他底工具全仗着他底明智与神悟及所谓涵养工夫，故其方法不同科学。

科学假定外界独存，故理在外物。而穷理必用纯客观的方法，故是知识的学问；哲学通宇宙、生命、真理、知解而为一，本无内外，故道在反躬。非实践无由证见，故是修养的学问①。

不管这些人物在概念的使用上是否一致、严密，也不论他们的区分与对比是否可以作出更为细致的分疏，以这种特定的方式对治唯科学主义，其洞见在于指出科学有其限定的领域和方法，并非全知全能、无所不包。科学的"事实世界"之外尚有一个"意义世界"、"价值世界"。必须说明，新儒家们指出科学的有限性，并非是用他们所理解的哲学去否定科学，他们只是反对唯科学主义而非科学本身。近代中国的悲惨命运，自然令人无不意识到科学的功用，新儒家们当然也不例外。就拿率先发起"科玄论战"，于科学之局限发挥最详的张君劢来说，他也宣称，"今后所以补救所以奋起之法，惟有侧重科学。"② 因此，这一阶段新儒家的基本共识是主张"哲学与科学、知识与非知识的，宜各划范围、分其种类、别其方法"③，二者应当"相济为用，不可或缺"，否则，"犹车之两轮，其一或倾或折，则滞于中途而丧其前进之能事"④。

透过这种认识，我们显然可见一种两分的世界模式和思维方法：科学领域与哲学领域、科学方法与哲学方法。当然，新儒家这里所说的哲学，有其特定的内涵，基本是以传统中国思想为背

① 熊十力：《十力语要》卷一。
② 张君劢：《中西印哲学文集》（台北：台湾学生书局，1981），第529页。
③ 同上。
④ 同上书，第40页。

景，以道德修养、境界提升为内容。前引贺麟文中直接以儒家思想与科学对举，便很能说明问题。而区分所谓"科学"与"哲学"、"科学方法"与"哲学方法"，实则是自觉反省到了道德和知识的异质性及各自的认识方式。例如熊十力以佛学的用语强调"真谛"和"俗谛"、"性智"和"量智"的区分以及各自的对应关系，就说明了这一点。

虽然以上所举人物的思想主张不尽相同，有些地方还差异颇大。但是，就二重世界以及对不同世界须以不同方式来认识这一点而言，则是这一阶段新儒家们思想的一个共同特征。我们知道，在传统儒学中，道德涵摄知识，后者实无独立地位。而新儒家们这种思想，则肯定了科学认知活动有其独立的领域和自身的发展规律。因此，20 至 40 年代的新儒学，由对唯科学主义的批判而确立的那么一种两分的世界模式和思维方法，对于克服传统儒学的根本限制，解决道德与知识的问题，就迈出了重要的一步。

（二）道德与知识的关系定位——"良知坎陷说"辨正

新儒学发展的第一阶段，新儒家们虽然洞见了唯科学主义"理智一层论"的浅陋，同时对科学、民主的价值有了足够的认识，但对如何植根于自己的传统，从儒家思想自身开发出科学与民主，则未有深入的理论阐释。而在理学中已相当突显的道德与知识的关系问题，正是以儒家思想自身如何开出科学与民主这一形式下，由牟宗三、唐君毅、徐复观等人来解答的。其中，牟宗三在其"二层存有论"架构下提出"良知坎陷说"，既是直接针对如何开出科学民主所提示的原则，又是对道德与知识关系予以肯定的最具理论性的说明。

由于传统儒学的根本限制，儒家虽在源头处，在孔子那里具备一个"仁智双彰"的线索，但其发展的实际形态却基本上是一个"仁的系统"（道德的系统），"智的系统"（知识的系统）并未形成。即便如"格物穷理"一路，似乎有一个知性主体和知识形态，但朱子那种基于混淆道德意志与经验知识基础之上的知性

主体，只能说是一个"错误"的知性主体。而由于缺乏知性主体，没有知识的发育以为延展的桥梁，"仁"只能收缩于个人内圣一面而无法拓展到社会外在的一面，实际上成了萎缩发育不良的"仁"。作为对此的反省，唐君毅在《为中国文化敬告世界人士宣言》这篇新儒学的纲领性文件中写道：

> 中国人之缺乏此种科学精神，其根本上之症结所在，则中国思想之过重道德实践；恒使其云能暂保留对于客观世界之价值判断，于是由此价值判断，即直接地过渡至内在的道德修养与外在的实际的实用活动，此即由"正德"直接过渡至"利用厚生"。而正德与利用厚生之间，少了一个理论科学知识之扩充以为其媒介，则正德之事，亦不能通到广大的利用厚生之事，或只退却为个人之内在的道德修养。由此退却，虽然使人更体悟到此内在的道德主体之尊严、此心此性之通天心天理——此即宋明理学之成就——然而亦同时闭塞了此道德主体之向外通的门路，而趋于此主体自身之寂寞与干枯①。

《为中国文化敬告世界人士宣言》一文，是由唐君毅执笔，经与牟宗三、徐复观、张君劢三人反复商讨确定，最后四人联名发表的，当然可以作为四人共同的看法。牟宗三自己也有一段类似的反省之词，此处就不赘引了②。

由此可见，新儒家的反省不能不说是一语中的。而对于如何从德性转出知性，二者关系究竟如何定位，牟宗三在理论上所做的阐发，正是奠基于此种深刻反省之上。

牟宗三"无执的存有层"和"执的存有层"这一架构，基本

---

① 此文收于张君劢：《新儒家思想史》（台北：宋文馆出版社，1986），"附录"。

② 参阅牟宗三：《中国文化的特质》一文，载《中国文化的危机与展望——文化传统的重建》（台北：时报文化出版事业有限公司，1982），第20～21页。

上对应于康德的本体界与现象界之分。但牟宗三哲学两层存有论的基本架构，则和康德有着根本的区别，可以说是一种儒家式的"一心开二门"①。但由于康德否认人有"智的直觉"，则本体界对人而言实则一片冥暗，只是个无意义的否定性说法，仅在划定现象界边界的意义上有意义。牟宗三则认为，从中国哲学的传统出发必然要肯定人有智的直觉。这是牟宗三有别于康德的根本之处②。在牟宗三看来，人既有限而又无限，有着德性主体（无执的存有）和知性主体（执的存有）这双重身份。人既可以认识本体，把握道德意志，又可以认识现象，了解经验知识。只不过对于不同对象的认识，须以主体的不同身份经由不同的认识方法而已。因此，人由"执的存有层"而至"无执的存有层"，或由"无执的存有层"而至"执的存有层"，只须经过自我身份的转换与认识方法的改变，即可往来无间。这里有两条路向：（一）由"执的存有层"至"无执的存有层"。人必须由知性主体（执的存有）转为德性主体（无执的存有），以智的直觉去把握本体（天理良知），方不会产生"先验幻相"。这一转换是由人内在的良知提升而促成。（二）由"无执的存有层"至"执的存有层"。人必须由德性主体转为知性主体，以感性直观、知性范畴去认识现象（经验知识），方不至于"废弃理性的使用"。这一转换是良知之下落而促成。所谓"在中国是无而能有，有而能无；在西方是无者不能有，有者不能无"③，就是指出从中国哲学而言，人实有两种存在样态而可于二种存有层往来无间。

以上二条路向只是从"纯理"的角度说明二种可能性。就儒家思想而言，应当考虑的则是第二种路向，即如何从德性主体中转出知性主体。具体来说：德性主体（良知）是以"无执的存有"方式存在的，这时是"浑然与物同体"，无主客之别、人我

①　对此，参见本书这一部分"牟宗三哲学的基本架构与核心概念——从中国哲学自身的演进来看"一节。

②　参阅牟宗三：《现象与物自身》（台北：台湾学生书局，1984），"序"。

③　同上。

之分。而当良知发觉需要经验知识，并且对现象界经验知识的认识，必须建立人我之分，在主客对列的格局下方可达成时，作为纯善之价值根源的良知，为了掌握经验知识以为其用，便会自我要求下落转为知性主体，以"执的存有"方式存在。这便是牟宗三"良知自我坎陷"说的主要内容。这里的"坎陷"是指良知由德性主体转为知性主体以成就知识的一种自觉要求，并非贬义、负面的字眼，没有道德意义上的坎落和陷溺之意①。

良知自我坎陷之所以有必然性，其动力根源就在于良知自己。对此，仍可用前文分析理学中"逆觉体证"不足时所举的仁者之例来说明。对于"满腔子都是恻隐之心"的仁者来说，面对生命垂危者必生救死扶伤之愿，但是，当他发现单有一片仁心而无具体救护知识并不足以解人之危时，由于仁心的驱动，他没有理由不去探求那些具体的救护知识。这时，他必须要以经验认知的方式去掌握具体的救护知识，如此方可解人之危，真正满足自己仁心的要求而使其得到安顿。所谓"讲良知、讲道德，乃重在存心、动机之善，然有一个好的动机却无知识，则此道德上好的动机亦无法表达出来。所以，良知、道德的动机在本质上即要求知识作为传达的一种工具"，正是说的这个道理。若用韦伯（Marx Weber）的术语表述，即"目的合理性"（Zweckrationalitat）的动力根源在于"价值合理性"（Wertrationalitat）。

良知经由"自我坎陷"而转出知性主体后，知性主体在主客对列格局下进行探究，便会成就各种分门别类的具体知识系统。成就具体知识之后，良知再由知性主体还原为德性主体，对那些经验知识施以价值的规约，使其服务于"善"而不为"恶"所用。这样，就"良知自我坎陷"而言，整个心灵运动便显示为一个"德性开显知性，知性回归德性"的过程。

---

① 牟宗三"良知坎陷"思想的最早表述，在先后刊于《历史与文化》第 3 期（1947 年 8 月）和《理想历史文化》第 1 期（1948 年 3 月）的"王阳明致良知教"（上、下）。在后来不同的文字中，也都有不同形式的表达。

　　"良知自我坎陷"说实际上提供了一种道德（德性）与知识（知性）的关系模式。但这种理论解说自问世以来，便遭到了不少的质疑与批评。总之，是认为新儒家并未越出传统儒学泛道德主义的窠臼，其思想中并无真正独立的知性。这种看法又可分解为两个基本问题：（一）知性主体为何非要由良知开出；（二）知性主体成就知识后，为何又要回归于德性主体。

　　知性主体之所以要由良知坎陷而成，其根本的一个背景就是中国人的文化心灵基本上是一个道德取向的心灵，中国传统文化基本上是一个"仁的系统"。在西方文化中或许并不存在由德性开出知性问题，但中国要自己发展出一套知识系统，而不是简单地想以外科手术的方式来移植别人的东西，就必须正视自己文化的特征，从文化既定的存在样态出发。如此，当然要说从德性生命中发展出知性生命。所谓知性主体需由良知坎陷而成，不过是特就中国传统文化的特质，指明其应有的一步转换而已，并不意味着首先要成为儒家的圣贤之后，才能再转而去从事独立的知性活动。

　　知识成就之后，知性主体再转回德性主体的状态，对所成知识施以价值规约，这一步可以叫作"摄智归仁"。但这种"摄智归仁"与传统儒学以道德涵摄知识，却有着根本的不同。传统儒学是在混淆道德与知识分际的基础上用前者包容后者，知性主体并未独立透出来，也未形成独立的知识系统。既无独立的知识系统，也就谈不上"摄智归仁"的问题。必须首先有独立的"智"，然后方可摄其归"仁"。而"摄智归仁"是以承认知性主体成就知识活动的独立性为其前提的。此外，"摄智归仁"又是十分必要的一步。知性活动所成就的科学知识本身并无价值取向，所把握的只是"事实之真"，如果不对其进行价值规约与道德指向，它就很可能为"恶"所用。如高科技被用于制造杀人武器而涂炭生灵之类。因此，"事实之真"理所当然要统属于"价值之善"。从这个意义而言，道德相对于知识自然具有优先性（priority）。这种在明确道德与知识分属不同领域的基础上，再确立道德对知识的统属性，显然并不会导致化约主义（reductionism）。

如果泛道德主义是指混漫道德知识的分际，并在此基础上以前者笼罩后者，而不能透显独立的知性主体以成就知识，则可以用来针对传统儒学①。前文对宋明理学中道德与知识的纠结及困境所作的分析，也说明了这一点。但是，就此而言，"良知坎陷"说在理论上对泛道德主义是有所突破的。其关键就在于自觉肯定了知性活动的独立性。对于肯定知性主体成就知识的独立性，我们不妨引牟宗三自己的一段话以为证：

> 经由这一执所成的认知主体（知性）是一个逻辑的我、形式的我、架构的我，即有"我相"的我，而不是那知体明觉之"真我"（无我相的我），同时它亦不是那由心理学意义的刹那生灭心态串系所虚构成的心理学的假我。它的本质作用是思，故亦曰"思的有"（thinking being），"思维主体"（thinking subject），"思维我"（thinking self）。它由知体明觉之停住而成。它一旦成了，它正恰如其性地而不舍其自性，因而也就自持其自己而为一"思的我"。此时，它的本质作用是思，也就是执的思，它的本质就是"执"，不必再说它是由知体明觉之自觉地要执而成者。此后一语是说它的来历，而前语则是说它本身。知体明觉之自觉地要这一执，这执即转而就是"思的我"之自己，故"思的我"之本质就是执，它以执为其自性②。

这里所谓"执"和"知体明觉之停住"，就是指良知的自我坎陷。由"执"或"知体明觉之停住"所成者，即为知性主体。知性主体确立之后便以认知为其本质，所谓"它的本质作用是思"。而

---

① 有关泛道德主义的详细辨正，可参阅李明辉：《论所谓"儒家的泛道德主义"》一文，见其著《儒学与现代意识》（台北：文津出版社，1991），第67～133页。
② 牟宗三：《现象与物自身》，第124页。

对于此知性主体，则"不必再说它是由知体明觉之自觉地要执而成者"。可见，知性主体一经确立，就有其自在的独立性，能够进行独立的认知活动以成就知识。正所谓"故思的我之本质就是执，它以执为其自性"。对于传统儒学在道德与知识上的根本限制，我们必须以确立独立的认知主体而有独立的认知活动去成就知识，作为其克服的标准。而以此衡量，我们有理由说，现代新儒家，从熊十力到牟宗三，无疑是思想理论上有所突破，从而构成了儒学思想这一生命之流在现代的新开展。

新儒家们多半是些哲学家，他们对道德与知识问题的解答自然是理论上的，对于如何从儒学自身开发出科学与民主，也只是提出一种原则和方向。当然，这并不意味着新儒家的理论可以和实践无涉，但具体问题落实地解决，则是一个社会各界人士协力运作的问题。新儒家们自然不能"包打天下"。因此，尽管我们可以对新儒家的理论从各种角度和层面进行检讨，但不应当指责新儒家们仅有理论建树而无具体事功，否则，就不免如同指责工程师未有建构出哲学体系一样，流于"不知类"的无的放矢。

有人曾认为，从熊十力到牟宗三，构成了现代新儒学发展的逻辑全程，牟宗三之后，新儒学无可争辩地终结了①。如果从本文道德与知识问题的视角，单就理论的开展而言，倒大体可以这么说。因为迄今为止，对道德与知识关系定位的理论阐释，尚无较"良知自我坎陷"说为更佳者。但是，虽然道德与知识问题可以说是新儒学理论所处理的核心问题，但新儒学作为一种思想运动，涉及到了生活世界的许多领域和层面，我们不能仅仅将其视为一个克服传统儒学根本限制的过程。它本身所蕴涵、产生的新老问题，无疑将使得新儒学运动与时俱进。牟宗三之后，目前活跃在台湾及海外的新儒家学者们，已显示了新的动向与特征。并且，新儒学在大陆业已引发了种种不同但却相当强烈的回响。

---

① 这是李泽厚在《略论现代新儒家》一文中的观点。

当然，本文的视角和论域，只在于揭示从宋明理学到现代新儒学的内在理路，说明二者的内在关联，从而对新儒学的产生和总体特征，进行一种发生学的解说。而由本文来看，从宋明理学到现代新儒学，道德与知识问题是贯穿其中的一个线索。新儒学之所以为新，除了融合中西哲学而有严谨、思辨的诠表形式外，正在于对道德和知识问题，较之宋明理学提供了明确的分疏，作出了理论上的推进。

二 以史证"经"与以史证"子"
——钱穆《先秦诸子系年》与
《两汉经学今古文平议》读后

　　钱穆（字宾四，1895～1990，江苏无锡人）先生被称为一代国学大师，无疑当之无愧。钱先生一生著书百余种，撰文逾千篇，约1500万字，远溯先秦，下及晚清，经、史、子、集四部，皆有深究。读钱先生之书，不仅令人叹服其学问渊博淹贯，尤令人深有所感的更是其中所蕴涵的精神气质，那种精神气质，正是中国古典文化陶铸而成的博大精深与宽裕温柔。

　　2002年七八月份，北京商务印书馆连续分别重印出版了钱穆先生的《两汉经学今古文平议》和《先秦诸子系年》。这两部书是钱先生早年的成名作。《系年》1935年12月由上海商务印书馆初版，《平议》初版则在1958年8月，出版者为香港新亚研究所。这次重印之前，两部书初版后都曾有过不止一次的再版。《系年》1956年6月由香港大学出过增订版，1986年2月又由台湾东大图书公司出过再版。《平议》则由东大公司分别在1971年8月和1978年7月两次再版。台湾联经出版公司1998年出版《钱宾四先生全集》时，也理所当然地将这两部著作包括在内。但由于初版在1949年前，后来的几次再版也均不在大陆，鉴于改革开放前极左思潮造成的文化阻隔，在大陆的文化界，除非业内的精专之士，钱先生这两部书恐怕是鲜为人知的。因此，在目前已逐渐摆脱全盘否定传统文化极端思潮的情况下，北京商务印书馆重印《系年》与《平议》，具有特别的意义，值得推介。

《平议》一书由四篇专论构成，包括《刘向歆父子年谱》、《两汉博士家法考》、《孔子与春秋》和《周官著作时代考》。四篇文字分别成文并发表于不同的年代，《刘向歆父子年谱》最初刊于 1930 年 6 月《燕京学报》第 7 期，《周官著作时代考》初刊于 1931 年 6 月《燕京学报》第 11 期，《两汉博士家法考》初刊于 1944 年 7 月中央大学（南京大学前身）的《文史哲》季刊第 2 卷第 1 号，《孔子与春秋》初刊于 1954 年香港大学东方文化研究院的《东方学报》第一卷第一期。该书初版虽然晚于《系年》，但《刘向歆父子年谱》和《周官著作时代考》的发表，其实在《系年》之前，最早发表的《刘向歆父子年谱》，更是钱先生积学多年而在学界奠定地位的第一部作品。1927 年顾颉刚先生由中山大学转赴燕京大学任教途中，返苏州家中小住，曾与钱先生见过两次面，并阅读过钱先生《系年》的手稿，极为赞赏，1930 年 6 月《燕京学报》的《刘向歆父子年谱》，便是时任《燕京学报》主编顾颉刚先生推荐发表的。当时国内各大专院校开设的经学史和经学通论一类的课程，多主康有为的今文家言，而《刘向歆父子年谱》不仅指出康氏《新学伪经考》一书曲解史实、抹杀反证 28 处之多，更由于举证详密、立论坚确而震撼了当时整个北方的学术界，被誉为划时代的杰作，以至有"南钱（穆）北胡（适）"之说。《刘向歆父子年谱》发表的同年秋后，各大院校便几乎都停开了经学史和经学通论的课程，足见此文在当时学界影响之深远。不过，在当时承继清儒余绪，今文经学（康有为为代表）和古文经学（章炳麟为代表）聚讼不已的情况下，钱先生并非执此废彼，而是兼辟两家之谬，力探两汉经学实况，建立一家之言。事实上，无论是《刘向歆父子年谱》还是后来陆续发表的《周官著作时代考》、《两汉博士家法考》以及《孔子与春秋》，都既显示了钱先生深厚的学术功力，更表明了钱先生不立门户而学有宗主的立场。诚如先生在自序中所谓"本书宗旨，则端在撤藩篱而破壁垒，凡诸门户，通为一家"，"本书之用心，则不在乎排击清儒说经之非，而重在乎发见古人学术之真相。亦惟显真相，而后伪说可息，浮辨可以止。诚使此书能于学术界有贡献，则实不在尽为经学上之今古文问题持平论、作调人，而更要在其于古人之学术思想有其探源抉微、钩沉阐晦之一得。读吾书者，亦必先自破弃学术上一切门户之成见，乃始有以体会于本书之所欲阐述也"。《平议》的出版，不仅在一定意义上终结了晚清百年来的经学今古文之争，更重新梳理了经学发展的历史，成为中国经学史研究的典范和治中国经学史的必备参考书。

如果说《平议》是钱先生"以史证经"的杰作，作为"以史证子"的典范，《系年》在《刘向歆父子年谱》发表之后5年的正式出版，进一步奠定了钱先生当时中国学界一线学者的地位。事实上，顾颉刚先生之所以推荐《刘向歆父子年谱》发表于《燕京学报》，正是由于先前已经阅读过《系年》的手稿，通过这部书稿而了解到了钱先生的学术造诣。《系年》主体分考辨与通表两部分，"考辨详其立说之根据，通表著其结论之梗概"（通表例言）。考辨有163篇，分为4卷，共30万言，1923年秋始着笔，历四五载而成，所谓"一篇之成，或历旬月，或经寒暑。少者三四易，多者十余易，而后稿定。自以创辟之言，非有十分之见，则不敢轻示于人也"（自序）。通表为1930年撰成，分4节，与考辨部分相对应。目前商务印书馆重印的这部《系年》，根据1956年香港大学出版的增订本，除考辨和通表之外，还有附表3节以及先秦诸子生卒年表。据钱先生书前新版增订本识语，该本较之1935年初版有所增益，钱先生视之为定本。《系年》一书不仅对先秦诸子的学术渊源与生卒年代有全盘的交代，同时也将幽暗了两千年的战国史真相发掘而出。钱先生自述该书有如下三点贡献：（一）"余之此书上溯孔子生年，下逮李斯卒岁。前后二百年，排比联络，一以贯之。如常山之蛇，击其首则尾应，击其尾则首应，击其中则首尾皆应。以诸子之年证成一子，一子有错，诸子皆摇，用力较勤，所得较实。此差胜于昔人者一也。"（二）"凡先秦学人无不一一详考。若魏文之诸贤，稷下之学士，一时风会之所聚,与夫隐沦假托,其名姓在若存若亡之间者无不为之辑逸证坠,辨伪发覆。参伍错综,曲畅旁达,而后其生平出处师友渊源学术流变之迹,无不粲然条贯,秩然就绪。着眼较广,用智较真。此差胜于昔人者二也。"(三)"于先秦列国世系多所考核。别为通表,明其先后。前史之误,颇有纠正。而后诸子年世,亦若网在纲,条贯秩如矣。寻源探本,自无踵误袭谬之弊。此差胜于昔人者三也。"对于这样一部学术著作,蒙文通先生曾盛赞其"体大思精,惟当于三百年前顾亭林诸老辈中求其伦比,乾嘉以来,少其匹矣"。而陈寅恪先生1934年5月16日对杨树达先生言《系年》"极精湛"、"至可佩服",更可谓客观的评论,因为那既是陈寅恪与杨树达的私人谈话,且当时陈寅恪并不认识钱先生。这样看来,钱先生弟子余英时先生称《系年》一书"为诸子学与战国史开一新纪元,贡献之大与涉及面之广尤为考证史上所仅见",便绝非虚誉而是的评了。1978年国内"左倾"思潮尚未完全解冻,而余先生当年访问大陆时遇到一位先秦史专家,居然能将钱先生《系年》卷首的自序熟读成诵,尤可见此书之引人入胜。

以上对《系年》与《平议》的介绍,对于治先秦两汉学术的精专之士而言,或许卑之无甚高论,其"门道"也只有真正的内行才能彼此心领神会。不过,如今重印重读钱先生这两部专业性极强的考据著作,所思所得当与往日不同。联系目前学界的情况,笔者认为至少有两点启示值得申论。随着地下材料的不断出土,钱先生两部书中的具体结论容或有所损益,但以下两点启示则超越了先秦两汉学术史以及考据学的专业范围,值得我们认真思考。

目前史学界的主导方向可以说是"走出疑古时代"。作为对当年"古史辨"派极端疑古思潮的回应,这一方向可谓80年代以来反思全盘否定传统文化思潮在史学领域的反映,既更为理性,也获得了考古材料的支持。在当今史学界反对"疑古"倾向,可谓大势所趋,可是在"疑古"思潮风行,"古史辨"派当令的 30 年代，若能不为风气所转，客观地从事古史重建的工作，便属难能可贵。而从这一学术大势变迁的角度来看，《系年》重建先秦诸子的学脉，恢复战国史的本来面目，正可谓力抗时俗，着了"走出疑古时代"的先鞭。其实，随波逐流，为世所转，固然难以在学术思想上卓然自立，而刻意不与人同，动辄逆势而为，好为标新立异之说，也不免因"我执"太重而同样不能海纳百川、真正有所成就。钱先生自谓有时"疑古"更甚于顾颉刚，所谓"颉刚史学渊源于崔东壁之《考信录》，变而过激，乃有'古史辨'之跃起。然考信必有疑，疑古终当考；二者分辨，仅在分数上。如'舜为大虫之说'，颉刚稍后亦不坚持，而余则疑《尧典》、疑《禹贡》、疑《易传》、疑《老子》出庄周后，所疑皆超于颉刚"。但钱先生之所以终不偏于一味疑古，发了我们这个时代的先声，正在于一种平情、客观与深入的态度，所谓"疑古终当考"，根据考的结果，当疑需疑，当信则信，"疑"与"信"并非对立不容。而只要本此态度积学深入，不凌躐蹈虚，像钱先生撰写《系年》那样，终能真正有所建立，既不为世风流俗所裹挟，亦不为其所反激。这种平情、客观与深入的态度，不唯治史所需，恐怕是研究各门学问都应当奉行的。

有人曾说 90 年代以来学界是"思想家淡出，学问家突显"，指出学界的重点由思想转趋学术。此说不失为正确的观察。而作为纯粹考据学的著作，《系年》与《平议》目前的重印，似乎也恰恰印证了这一说法。提出此说者或许不纯然是事实描述，而有不以为然的价值判断。但依笔者之见，80 年代文化讨论热固然新见迭出，但由于尚缺乏中西学互动交融基础上的深厚积累，以至在许多方面遭受尚未超越"五四"之讥，亦在所难免。如今随着中西交流的深入广泛，学者不忙于造论立说，而先植学问根柢，为思想上真正的综合创新奠定基础，实可谓理有固然，势所必至。事实上，学术与思想本非截然两途，学术有待于思想的提升，思想则需要学术的充实。缺乏学术上的严格训练与深厚积累，很难真正提出睿见卓识以度越先人、外人，不免以管窥天。

钱先生后来著《国史大纲》，晚年撰《朱子新学案》，与胡适、傅斯年等人所代表仅重考订史实的所谓科学史学异趣决裂，批评后者"治史譬如治岩矿，治电力，既无以见前人整段之活动，亦于先民文化精神，漠然无所用其情。彼惟尚实证，夸创获，号客观，既无于成体之全史，亦不论自己民族国家之文化成绩也"（《国史大纲》"引论"）。正说明钱先生不以单纯史料考订的学术为旨归而流为乾嘉余绪，而是关注民族的历史文化精神，终于成为"一生为故国招魂"（余英时先生语）的学术思想大师。但最初奠定其学界一线地位的，却恰恰是《系年》和《平议》这两部曾被科学史学派引为同调的考据杰作。这是非常值得我们深思的。专事实证性的学术研究，不求思想的发明，尽管难以承担民族精神继往开来的使命，但尚可有其独立的价值。而欲在思想上有所创发，却终究离不开深厚的学植。若目前学问家的突显是为将来造就真正的思想大师积蓄力量，则学问家不妨多多益善。像《先秦诸子系年》和《两汉经学今古文平议》这样的著作，笔者也盼望能够不断问世。

三　牟宗三哲学的基本架构与核心概念——从中国哲学自身演进的视角来看

（一）引言

对当代新儒学的了解，学界尽管仍然存在着道听途说和浅尝辄止的现象，但迄今为止，在较为专业的范围内，对新儒学的研究，无论宏观还是微观上，还是取得了相当丰硕的成果。只是目前的许多研究，似乎还不自觉地受制于一种观察视角或理解模式：挑战—回应，即从如何应对西方文化、哲学的冲击这一角度来考察新儒学的发生和发展。诚然，一如宋明理学始终贯穿一个如何消化吸收佛老的问题，当代新儒学也的确面对如何消化融汇西方文化所代表的又一个异质传统的问题。但是，作为一条生命之流，文化传统尤其哲学思想的展开有其自身的内在理路，这亦是不容否认的客观实际①。有人认为当代新儒学不过是宋明理学

①　"内在理路"是余英时先生最为提倡的学术思想史的研究方法，亦以余先生在具体的研究中运用得最为出色。但这一方法并不排斥政治、社会、经济等因素对于学术思想的影响。诚如余先生所言："'内在理路'说不过是要展示学术思想的变迁也有它的自主性而已。必须指出，这种'自主性'只是相对的，不是绝对的；学术思想的动向随时随地受外在环境的影响也是不可否认的客观事实。我之所以强调'内在理路'，是因为它足以破除现代各种决定论（determinism）的迷信，如'存在决定意识'之类。""它不但不排斥任何持之有故的外缘解释，而且可以与一切有效的外缘解释互相支援、互相配合。我唯一坚持的论点是：思想史研究如果仅从外缘着眼，而不深入'内在理路'，则终不能尽其曲折，甚至舍本逐末。"参见余英时：《论戴震与章学诚》，"增订本自序"（北京：三联书店，2000年6月），第2~3页。

在现代的回响①，这种论断其失在于过于化约了当代新儒学的丰富性且下语过早，其得在于看到了当代新儒学与宋明理学之间内在的连续性。当代新儒学既然被视为儒家思想的第三期开展②，我们就有必要注意它与传统中国哲学尤其宋明理学之间的内在关联。

当然，内在理路作为一种方法论原则并不新鲜，顺此视角研究新儒学也非但不与"挑战—回应"的思考模式相悖，反而可以在其基础上增加一个理解的层面。只是眼下对新儒学的研究似乎尚缺乏这种方法论原则的具体运用。本文拟从中国哲学自身演进的视角，对牟宗三哲学"两层存有论"的基本架构和"无限心"的核心概念略事考察，不单是以求开启新的视域，更重要的是，依本人之见，一些在"挑战—回应"思考模式下不易说明的问题和无法觉察的层面，可以由此得到揭示。从中，我们亦可把握中国哲学自身发展的连续性。

（二）基本架构：两层存有论

牟宗三哲学，以其自己的用语，可称为道德形上学或实践形上学。其内容的系统表述，则是《现象与物自身》一书③。正是在这部被视为自己所学之"综消化"的著作中，牟宗三建构了其道德形上学的"两层存有论"。这一哲学系统的基本架构，就是摄于一心的"无执的存有层"和"执的存有层"。

在《现象与物自身》中，牟宗三可以说基本上以康德为对话方。不仅书名直接取自康德的两个基本概念，并且，牟宗三"执的

---

① 这是李泽厚看法。

② 儒学三期说最早由牟宗三提出，而以杜维明在世界范围内倡言最为有力。参见 Tu Wei-ming, Confucianism 一文，收入 Arvind sharma 所编的 *Our Religions* 一书，为该书第三章，HarperCollins Publishers, 1995, pp. 140～227. 该文由彭国翔中译，作为杜维明《东亚价值与多元现代性》（北京：中国社会科学出版社，2001）一书的下部。

③ 就牟宗三的哲学系统而言，《智的直觉与中国哲学》和《圆善论》皆是重要的著作。但前者可视为《现象与物自身》的前奏（牟宗三自己亦如此说），后者更多地针对德福如何统一这一具体问题。另外，牟宗三的许多哲学睿识，也散见于对中西哲学的专门性研究或讲论之中。

存有层"和"无执的存有层",也基本上对应于康德的"现象界"和"智思界"("本体界")。但是,牟宗三的架构其实和康德有着根本的不同。依康德之见,现象和物自身只是对人(康德称之为"有限的理性存有")和上帝分别各具意义。同一对象对感性直觉而言为现象,对智的直觉(intellectual intuition)而言为物自身(thing in its self,也译为物自体)。人只有感性直觉,智的直觉只为上帝所有(上帝亦无感性直觉)。于是,无限的上帝眼中无现象,只有物自身。作为有限存有的人则只知现象,并不知物自身。人尽管可以通过想象推知现象与物自身的超越区分,但对物自身却不能有任何内容的了解,物自身对人来说只是个消极的限制性概念。因此,整个世界相对于人实则只有一个层面①。康德的架构可以图示如下:

上帝(无限)——智的直觉——物自身(智思界)

人(有限)——感性直觉——现象(现象界)

中间的实线表示超绝相隔。由于上帝和人的异在性,虽然康德有现象与物自身之分不过是同一对象其表象之两面的说法,但同一对象的物自身和现象却均无法知晓自己另一面相的存在。

较之康德这种"天人相分"的架构,牟宗三"两层存有论"的基本架构,则可谓是"天人合一"的。牟宗三哲学和康德的根本区别在于是否承认人有智的直觉(这和是否承认人的无限性是彼此蕴涵的一而二,二而一的问题)。依牟宗三之见,中国传统哲学儒释道三家其实均肯定人有这种直觉。上帝的本质不过是"无限心",而儒家的良知明觉、佛家的如来藏自性清净心以及道家的道心皆是无限心。无限心的发用便是智的直觉。如此,人便不再只是单纯的有限存在,而获得了无限性的意义。上帝也被消

---

① 仅就人的角度而言,现象与物自身的超越区分委实是不稳当的。牟宗三在《现象与物自身》中对这种不稳定性的层层剖析是极严密而有力的。参见牟宗三:《现象与物自身》(台北:台湾学生书局,1984 年 8 月 4 版),第一章,第 1~19 页。

解而归诸人之本心。在牟宗三看来，人的本体实是一"自由无限心"。人既有智的直觉，又有感性直觉，即有"无执"和"执"之两面。当其无执时，自由无限心呈现其本身，此时心之所发之智的直觉所在者，即是物自身意义上的存在①；当其执时，作为本体的自由无限心坎陷停住转为认知心（识心），此时心之所发为感性直觉，感性直觉所对者在先验范畴（佛家所谓"不相应行法"）的决定下即成现象。如此，人心提上去为自由无限心，处于无执的存有层，以"智"知者为物自身，落下来则为认知心，处于执的存有层，以"识"知者为现象。所谓"无而能有，有而能无"②，即是此意。牟宗三的架构可以图示如下：

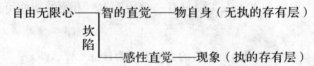

必须说明的是，上图所示牟宗三的架构虽是现象与物自身皆摄于一心，但自由无限心并不直接生起现象，开启执的存有层，而是当其由与物无对、不预认主客之别的无执状态转化为能所格局下的认知心时，才"挑起"或"绉起"现象③。因此，如果说无执的存有层由自由无限心直接开启的话，执的存有层则是间接地凭依于自由无限心，它所直接依持的是自由无限心经由一步曲折所转成的有限的认知心。牟宗三虽然判定认知心不过是识心之执，但他并不像以往佛教那样对俗谛只采取消极的态度，而是积极肯定执的存有层存在的必要性，认为自由无限心自我否定而成认知心以开出现象界，有其辩证的必然性，是自由无限心为了充分达成其发用的自我要求。而这，正是引起了诸多争议的"良知

---

① 牟宗三认为，对智的直觉严格而论不能说对象（Object），只能是"内生的自在相"（Eject）。参见其《智的直觉与中国哲学》和《现象与物自身》。

② 参见牟宗三：《现象与物自身》，第四章第一节，第 121～122 页。

③ 牟宗三曾用陆象山"平地起土堆"之语和"吹绉一池春水"的诗句来比喻现象的生起。

坎陷说"的核心内容。

牟宗三哲学系统的基本架构，同时即确立了一种德性（道德）与知性（知识）的关系模式。就牟宗三的儒者立场而言，直接由作为无限心的道德主体所成就的德性处于无执的存有层，而知性则是来源于由无限的道德心灵坎陷而成的识心之执，处于执的存有层。因而，几乎所有对良知坎陷说所构成的批评，关键均集中于一点，即：知性为何要由德性开出，认识主体为何要由道德主体坎陷而成？① 在良知坎陷说中，牟宗三赋予了认知主体和知性独立的地位②。牟宗三的弟子蔡仁厚亦曾以"德性开显知性，知性回归德性"的五个环节，对牟宗三的说法作了清楚而恰当的诠释③。真正了解牟宗三该说法的批评者，其实亦并非单纯从是否承认知性有无相对独立性来提出质疑。只是良知坎陷说预认了德性的逻辑先在性，知性在由德性开出后才有独立的地位。这种对德性与知性关系的看法之所以会引起批评者的不安和不解，其实根本在于这些批评者自觉不自觉地选择了"挑战—回应"的观察视角。就此角度而言，牟宗三哲学基本架构所确立的这种道德与知识的关系模式，不过是为了应对以知性为中心的现代西方文化之冲击所作的一种折中。在他们看来，牟宗三所谓"辩证的必然性"，其实只是"逻辑的相容性"而已。

面对批评，亦不乏对牟宗三这种架构和模式的有力辩护与澄清。但若不转换批评者的视角，恐怕终难释批评者之疑，无法使之对牟宗三提出此种架构与模式的必然性有相应的理解。事实上，道德与知识的关系问题，可以说是贯穿传统儒学发展史的一个内在问题。尤其在宋明理学中，不仅"德性之知"与"闻见之知"的观念反映了道德与知识的关系问题，"格物穷理"和"逆

---

① 蒋庆对牟宗三的批评，所谓"良知只能呈现，不能坎陷"（参见其《中国文化》14 期文）大概是个例外。

② 牟宗三：《现象与物自身》，第 123～124 页。

③ 蔡仁厚：《王阳明哲学》（台北：三民书局，1992 年 8 月修订 3 版），第 73～74 页。

觉体证"两种实践方式的纠结,更加揭示了这一问题在宋明理学
中所面临的困境。尽管王阳明已有"良知不由见闻而有,而见闻
莫非良知之用"的洞见,在同相关学者的一系列辩难中,阳明高
弟王龙溪也对良知与知识的关系做出了进一步的推演①,但道德
与知识的关系究竟应当如何确立,宋明理学传统内部的解答仍然
难以回应近代以来西方知识中心、科学主义冲击所产生的问题。
而当代新儒学从兴起到牟宗三哲学的系统建立,既是对西方哲学
冲击的回应,又可以视为解决道德与知识关系这一儒学内在问题
的过程②。对于自觉承继宋明儒心性传统的当代新儒家而言,既
然道德与知识的关系如何定位是一个儒家自身的历史遗留问题,
再加上突出知性的西学刺激这一外缘,牟宗三提出如此的哲学架
构以解决道德与知识的关系问题,亦可谓是理有固然,势所必
至了。

　　如果我们由儒学自身的演进来审视宋明理学与当代新儒学的
内在关联,我们就当看到,牟宗三哲学的基本架构,是顺着传统
儒家强调道德优先性的基本立场,就着传统中国文化缺乏独立的
知识系统这一背景,对如何解决道德与知识关系问题进行的一种
理论建构。顾及宋明理学乃至整个传统儒学一贯的道德优先性,
就儒学发展的连续性而言,我们应当理解,作为一名儒者的牟宗
三之所以要说识心由无限心执成、认知主体由良知明觉坎陷而
出,很重要的一点就是内在于儒学传统、从历史背景的实际出
发,就中国传统儒家知识分子既定的心灵状态说话,进而指出儒
学在现代发展所需要的必要转换,表明当代的儒家学者要求儒学
的基本价值与科学、民主在当代社会结合的内在自觉,并不是说
科学与民主逻辑上只有在儒学的基础上才能产生。如此考察牟宗

<hr>

① 对中晚明阳明学有关良知与知识的详细讨论,参见彭国翔:《中晚明阳明学
的知、识之辨》,《中国学术》2002年第2期(总第10期,北京:商务印书馆,2002
年10月),第245~277页。

② 参见本书"道德与知识:从宋明理学到现代新儒学——对现代新儒学的一个
发生学解说"部分。

三的哲学架构，应当会在把握其与康德思想关联的同时，在不脱离思想史发展脉络的情况下，多一份深入和同情的理解。至于纯粹就学理而言道德与知识的关系究竟如何，则是另外一个问题。当然，如果道德优先性还包括另一层含义，即在承认知性活动的独立自足性之同时，始终强调道德对知识的规约与价值导向作用，那么，凡有识之士恐怕无人会反对这种道德优先性①。对此，在我们坐享高科技之利而同时又屡遭其害的今天，尤值得深入反省并常系心头。

　　我们前已指出，牟宗三哲学在基本架构上与康德有着根本的不同②。而牟宗三《现象与物自身》一书所建立的哲学体系，尽管可以说是借康德的形式架构作进一步的表达，但其"两层存有论"基本架构的洞见，却可以说完全来自中国哲学自身的传统。在《现象与物自身》之后的《中国哲学十九讲》和《中西哲学会通之十四讲》中，牟宗三便指出，由自由无限心直接开启"无执的存有层"和间接开启"执的存有层"这一架构，亦即《大乘起信论》"一心开二门"的义理间架。牟宗三认为"一心开二门"的架构是哲学思想上一个很重要的格局，并认为"这个格局非常有贡献，不能只看做是佛教内的一套说法。我们可以把它视

---

　　①　这种道德优先性并不等同于在混淆道德与知识分际前提下以道德涵盖甚至消解知识的泛道德主义。对该问题的澄清与辨正，参见李明辉：《论所谓"儒家的泛道德主义"》，《儒学与现代意识》（台北：文津出版社，1991），第 67～123 页。

　　②　认为牟宗三《现象与物自身》无形中几乎承袭了康德主体主义哲学所有预设的看法，其实并不恰当。如果要用主体主义或主体性哲学来指称牟宗三用无限心所开两层存有论哲学系统的话，我们同时应当意识到"主体"这一原西方哲学的概念其实已发生了变化。西方哲学中谈到主体必然预设主客二分，但在牟宗三的哲学系统中，作为"智主体"的自由无限心恰恰是"与物无对"而消解了主客体的对立，至少"自由无限心"与其所对应者所构成的是"我—你"关系而非主客对立的"我—它"关系。这时中文主体一词所对应的英文词其实是 intersubjectivity，而不是 subjectivity。就这种意义上的主体而言，实不必接受西方主体主义哲学的种种二分（主客、现象与物自身、事实与价值）或三分（知、情、意）。表达上的"分"，亦是言说上的方便而已。

为一个公共的模型，有普遍的适用性"①。他之所以要指出"一心开二门"作为一种思想架构具有普遍性，不只是佛教内的一种说法，其实是对《大乘起信论》中"一心开二门"这一架构进行了形式和内容的区分。具有普适性的是这一架构的形式，并非这一形式下所包含的佛教的思想内容。由自由无限心开出"无执的存有层"和"执的存有层"，固然是"一心开二门"，但这并非在内容意义（intentional meaning）上等同于《大乘起信论》的"一心开二门"。前者可以包容后者，后者只是前者的一种特定形态。"心"不必只是佛教意义上的"如来藏自性清净心"，"门"也不必只是佛教意义上的"真如门"与"生灭门"。牟宗三"两层存有论"的基本架构，可以说是在儒学基本立场上融合了佛道两家智慧的一种具有高度整合性的"一心开二门"。

事实上，儒家式的"一心开二门"在王阳明的"四句教"和王龙溪的"四无论"中，已经有所显露。无论龙溪的先天正心工夫还是作为这种工夫所必至的理境的四无论，均构成阳明思想的必然展开和晚年宗旨的充分发挥。在阳明处，如果说有善有恶的意念和诚意工夫处在"心生灭门"的层面，则王龙溪由心、知、意、物的体用关系，从"无善无恶心之体"合乎逻辑地引出四无之说，显然构成了"心真如门"的层面②。当然，王阳明四句教和王龙溪四无论本身，并非针对道德与知识的关系问题，但其中蕴涵一个儒家式"一心开二门"的义理间架，则是显而易见的。牟宗三在讲儒学的"无限心"时主要以王阳明的良知明觉为据，

---

① 牟宗三：《中国哲学十九讲》（上海：上海古籍出版社，1997 年版），第十四讲，第 274 页。

② 参见彭国翔：《良知学的展开——王龙溪与中晚明的阳明学》（北京：三联书店，2005 年 1 月初版），第四章。

并格外欣赏王龙溪①，在讲儒家"无执的存有论"时常引王龙溪四无之说，绝非偶然。从中，同样可以显示牟宗三哲学与传统哲学尤其宋明理学之间的连续性。

（三）核心概念：自由无限心

牟宗三哲学基本架构所显示的"一心开二门"之所以并不等同于佛教的"一心开二门"，前者之所以可以包含后者，关键在于牟宗三哲学的核心概念"自由无限心"并不等于佛教的"如来藏自性清净心"，前者可以包容后者。而要深入理解"自由无限心"这一概念的含义，更需要我们从中国哲学自身的演进处着眼。

大陆学界已前曾有所谓"新理学"、"新心学"、"新气学"的说法，并在这种说法中将牟宗三哲学定位于"新心学"的范畴，这种说法注意到了现代中国哲学与宋明理学的关联，但事实上，不仅"新理学"和"新气学"的说法并不能反映儒学自身发展的连续性，远离思想史的真相，因而难以成立。并且，将牟宗三哲学划归"新心学"，也基本上只是由对牟宗三在其宋明理学的研究著作中判定陆王为孔孟正宗、朱子学为歧出的感觉而来，对牟宗三的"新心学"与宋明理学中心学一系的内在关联，尤其是"心"概念的演变，"新心学"的持论者们并未深入加以考察。

从牟宗三哲学与宋明理学之间的连续性来看，尽管牟宗三自己对宋明理学的二系划分已自觉不取传统"理学"、"心学"的二

---

① 牟宗三对王龙溪的看法，亦有一个变化过程。在四十左右岁时，牟宗三尚顺通常的旧说批语龙溪近禅荡越。但待牟宗三对王学有了较为深入的研究，到了《王学的分化与发展》（《新亚学术年刊》，1972 年 9 月）的《"致知议辩"疏解》（《新亚学术年刊》，1973 年 9 月）和后来的《从陆象山到刘蕺山》（台北：台湾学生书局，1979），牟宗三已认为龙溪精授阳明义理而有"调适上遂的发展"。蔡仁厚在出版《人文讲习录》时，亦指出这种变化，见蔡仁厚：《人文讲习录》（台北：台湾学生书局，1996），第 74 页。

分法①，也不论牟宗三在某种意义上其实更欣赏胡宏（1106～1162，称五峰先生）、刘宗周（1578～1645，字起东，号念台，称蕺山先生）"心性分言"、"以心著性"的形态②，牟宗三自己的哲学形态，倒也不妨可以称为一种新的"心学"形态。因为牟宗三哲学"自由无限心"的核心概念，的确是与儒家的心学传统一脉相承，同时，从孟子到陆象山到王阳明再到牟宗三，儒家"心"的概念在内在含义的丰富性和融摄力上，也可以说达到了最大限度的拓展③。

牟宗三在《圆善论》中亦将"自由无限心"称为"无限智心"。而无论在《现象与物自身》还是在《圆善论》中，"无限心"的概念似乎都直接是在消解并融摄康德"上帝"这一设准的基础上提出的。尽管牟宗三建立的"圆善论"最终不是解决了康德的问题，而是转化了康德 das hochste Gute 的含义，并有"销福归德"之嫌④，但牟宗三指出：在康德处，上帝的本质不过是"无限心"，而人格神的上帝只是经由实体化、对象化、人格化所成的"情识作用"，这一点却是极具批判力的。因此，牟宗三在《现象与物自身》中，通过肯定人有智的直觉，进而将在康德处散列的上帝、自由、灵魂不灭这三个设准收摄凝聚而为一"无限心"，亦是顺理成章的，然而，如果仅仅从应对消化康德哲学的

———————————

① 我们可以从思想史发展"实然"的层面对牟宗三的三系说提出质疑，但牟宗三从逻辑关联的角度对宋明理学中不同思想形态的揭示，却远较以往"理学"、"心学"的说法来得细致和深入，并具有极强的理论说服力。而牟宗三三系说（亦可说二系三型）与劳思光先生一系三阶段说（见氏著《中国哲学史》三卷上册，台北：三民书局，1981 年）的区别，主要在于对《易传》、《中庸》的理解和评价不同。

② 牟宗三无论在《心体与性体》还是《从陆象山到刘蕺山》中，均曾明白地表示过对五峰、蕺山系的欣赏，认为此一系于主观面的"心"和客观面的"天"之间平衡较好，而陆、王之"心"虽不碍包括"天"，但毕竟于客观性方面稍虚歉。

③ 杨祖汉曾经对儒家"心"的观念做过相应的考察，参见杨祖汉：《儒家的心学传统》（台北：文津出版社，1992）。但尚可进一步对儒家"心"的义理内涵与结构进行动态的观念史研究。

④ 彭国翔：《康德与牟宗三之圆善论试说》，台北：《鹅湖月刊》，1997 年第 8 期，第 21～32 页。

角度来理解牟宗三的"无限心"，就无法对其丰富的含义获得较为完整的把握。

牟宗三在《现象与物自身》最后一章的"判教与融通"一节，曾明确指出：

> 不管是佛家的般若心，抑或是道家的道心，抑或是儒家的知体明觉，它们皆是无限心。同一无限心而有不同的说法，这不同的说法不能形成不相容；它们只是同一无限心底不同意义。无限心本有无量丰富的意义，每一意义皆与其他意义相熔融，相渗透，而不能形成其他意义的障碍。……若义义相碍而不相通，那便不是无限心；而相碍的义便是决定概念所决定成的抽象的义，而不是无限心底具体的义。就空如无相的幻化缘起而言，我们就说般若智心或如来藏自性清净心，所谓真常心。而系属于这主体，我们就说空如无相的幻化缘起，而不能说实事实物。这种相对应而成的限定只是教之入路使然，但般若智心或真常心既是无限心，由一特定入路而呈现者，则当其既呈现已，它便不能排拒其他意义，如道家的道心玄智义，或儒家的知体明觉义。如若不然，它便不是无限心。如果般若智心不能排拒知体明觉义，则空如无相的幻化缘起亦不能排拒其自身之为实事实物。般若智心既是无限心，则它无理由必排拒道德意义的知体明觉之感应，亦无理由认为此道德意义的知体明觉之感应有碍其清净。道德意义的知体明觉之感应无外因而引生德行之纯亦不已而成己成物，这亦是在佛菩萨身上所当有的事。不然，佛心便有限。因此，佛心不能排拒道德意义的知体明觉之感应。佛心如此，儒家的圣心亦然，道家的道心亦然。我们不能说圣心（知体明觉之感应）定排拒般若智心义及道心玄智义。若如此，那便不是圣心。因此，佛家所说的如来藏自性清净心所具有的无量无漏清净功德，以及道家所说的自然无为的孔德之容，儒家的知体明觉之感必不能排拒之。若排拒

之，是即无异承认自己不清净而且不自然而有造作。焉有知体明觉之感应而不清净且不自然而有造作乎？同理，我们亦不能说道心玄智必排拒般若智义及知体明觉义。若必排拒之，是即无异承认玄智可有执而且不道德。焉有道心玄智而尚可有执而不道德者乎？（你可以超自觉而浑化，然而不能排拒道德心）①

由此可见，在牟宗三哲学中，儒家的良知明觉、佛家的真常心（"如来藏自性清净心"）以及道家的道心，已经融为一体。无限心成为一个会通传统儒释道三家智慧的高度整合性概念。从中，我们也可以看到儒家"心"这一观念自孟子、王阳明以来内涵的不断丰富。

牟宗三会通传统儒释道三家智慧的依据是"实有层"与"作用层"（境界层）的区分，依牟宗三之见，在实有层上，儒家肯定万事万物的实在性，与佛家"缘起性空"和道家不作判断的基本立场难以相容。但在作用层上，佛老尤显精彩的无执不滞的超越企向，却是人们普遍的一种精神追求，所谓"共法"，并非佛老的专利。儒家的"心"以道德意志为其本质内容，这和佛道两家不同，但道德之"心"的作用，却完全可以而且应当采取无执不滞的形式，所谓"焉有知体明觉之感应而不清净且不自然而有造作者乎"。因此，就牟宗三的儒者立场而言，"无限心"同时具备实有和境界二重向度，它在实有的意义上，以道德意志为其内容规定，在境界的意义上，以清静自然为其作用方式。应当说，这是一个充分融摄佛道二家心灵境界的结果。

尽管从孔子的"毋意，毋必，毋固，毋我"、孟子的"不动心"起，儒家的心灵在结构上并不缺乏超越的向度，但佛道毕竟在此尤显殊胜。视宋明理学为"阳儒阴释（或道）"，自然失之肤浅，但如何吸收佛道超越的心灵境界，却的确构成宋明理学的主

---

① 牟宗三：《现象与物自身》，第 449～450 页。

题之一。从程明道的"天地之心，以其心普万物而无心；圣人之常，以其情顺万物而无情"（《定性书》），儒家发展到王阳明，已经对佛道两家在人生境界上的超脱精神，做出了十分自觉的吸收①。王阳明晚年四句教的首句"无善无恶心之体"，就充分体现了这一点。王阳明以"无善无恶"形容心体，既非告子或存在主义意义上的善恶无定性，亦非佛教缘起性空意义上的"无自性"，而是一方面指出了心体的绝对至善，相对的善恶概念不足以名之，所谓"无善无恶，是为至善"，另一方面则显示了心体本来具有一种不执著于具体善恶观念或行为的活泼自由的品格，所谓"心之本体原无一物，一向着意去好善恶恶，便又多了这分意思，便不是那廓然大公"（《传习录》上）。这在王龙溪处尤其得到了充分的发挥。至善的本质内容和不执善于善的作用形式，构成王阳明、王龙溪等阳明学者对心体的二重规定②。前者是儒家的一贯立场，后者则正是充分吸收佛老生存智慧的结果。由此可见，从中国哲学自身的演进来看，牟宗三"无限心"的概念，亦可谓在儒家传统中渊源有自，而与王阳明、王龙溪一脉相承。牟宗三在《现象与物自身》中就曾明确指出："言及儒家的'无执的存有论'，则当集中于阳明所言之'知体明觉'而言之。本书开始由道德的进路展露本体，本即是依阳明而言的。"③ 而牟宗三在《从陆象山到刘蕺山》、《中国哲学十九讲》和《圆善论》中对王龙溪的激赏，也是其来有自。

虽然阳明以"无善无恶"赋予心体的二重含义，明儒中不无解人，除王龙溪之外，周海门（1547～1629，名汝登，字继元，号海门）所谓"维世范俗，以为善去恶为堤防，而尽性知天，必无善无恶为究竟。无善无恶，即为善去恶为无迹，而为善去恶，

---

① 参见陈来：《有无之境——王阳明哲学的精神》（北京：人民出版社，1991），第九章"有无之境"一节，第235～242页。

② 参见彭国翔：《良知学的展开——王龙溪与中晚明的阳明学》、（北京：三联书店，2005年1月初版），第四章、第七章"有无之境"部分。

③ 牟宗三：《现象与物自身》，第435页。

悟无善无恶而始真"①，亦为善解。但阳明之意，其后往往多是误解，由东林顾宪成（1550～1612，别号泾阳，字叔时）、高攀龙（1562～1626，字云从，改存之，别号景逸），以及刘蕺山、黄宗羲师徒对阳明龙溪"无善无恶"之说的评论即可见。王阳明、王龙溪传统的表达方式缺乏概念的确定性，自是难遇解人的一个原因，对儒释道三家义理的分际缺乏的然不移的把握，亦难以对王阳明以"无善无恶"形容心体的二重含义有明白的理解。牟宗三在精研儒释道三家义理的基础上，指出人生境界意义上的"无"是儒释道三家的共法，实在是揭示阳明"无善无恶心之体"含义的关键，阳明对良知心体的相关论说，则正是首先经牟宗三的诠释，其意涵才变得清晰明确，而牟宗三自己"无限心"的概念，也正是沿着阳明融合佛老这一方向，对儒家"心"这一基本概念所作的更具融摄力与整合性的建构。

牟宗三曾言："吾兹所言并非往时三教合一之说，乃是异而知其通，睽而知其类，立一共同之模型，而见其不相为碍耳。此是此时代所应有之消融与判教。"② 如果说以往的三教合一之论多是混漫凑合之论的话，牟宗三"两层存有论"的哲学系统以及该系统的核心概念——"无限心"，则真正在"异而知其通，睽而知其类"基础上，既是对以康德为代表的西方哲学的吸收与消化，又是对传统儒释道三家智慧的整合与重铸。

（四）结语

以上从中国哲学自身演进的角度，对牟宗三哲学"两层存有论"基本架构和"无限心"概念所作的粗略考察，意在进一步加深对牟宗三哲学的理解，而就中国哲学发展的连续性，对当代新儒学进行多方面个案或整体性的研究，是否会有进一步的收获，我想是一个值得思考的问题。

---

① 语见周汝登：《东越证学录》卷一《南都会语》。《明儒学案》卷三十六《海门学案》亦有录。
② 牟宗三：《现象与物自身》，第15页。

当然，视角不同而引起的视域差别，往往只是观察者的问题，就被观察者本身而言，被提示的不同面相其实均属于同一个整全。对牟宗三哲学来说，回应西方哲学传统与推进中国哲学自身的发展，其实是交织在一起的同一问题的两个方面。而诠释学上所谓"视域的融合"，也不外是希望诠释者能够意识到自身视角的限制，充分顾及不同的角度，以求达到对理解对象较为全面的把握。否则，各执一端，肝胆楚越，只能破裂大道。

其实，就中国哲学的发展而言，所谓内因与外缘亦非一成不变。如果说在宋明理学发展之初，佛老两家的许多思想成分对儒家而言尚是外部刺激因素的话，经由宋明儒者的不断消化与吸收，尤其到了今天的牟宗三哲学，这些成分则早已成为儒学的内在有机组成部分了。同样，以康德为代表的西方哲学对牟宗三而言可以说是一种外在刺激因素，但随着新儒家哲学的进一步开展，当代中国哲学的继续开拓，在牟宗三处得以充分消化吸收的康德哲学，也必将内化为中国哲学的有机组成部分。当然，这又以我们能否充分消化吸收牟宗三哲学为前提。

如果说现代的学院型哲学家必然意味着思想和行为不具同一性，则在这个意义上将牟宗三划为现代学院型哲学家并不十分恰当。以知识化来形容牟宗三哲学，也不免滞于牟宗三哲学的诠表形式，未能相契地把握到跃动于这种形式下儒家一贯的精神气质和价值理想。正如牟宗三自己所言："圣人和理想的哲学家之间当该有一点距离。作为人类理性诠表的立法者，理想的哲学家虽未至圣人（人类理性践履的立法者）之境，但亦并非无实践。"①且不论圣贤更多地是作为一种"心向往之"的理想标的而非现实形态，此外，"千圣同堂而作，其议论作为，亦不必尽合"（陆象山、王龙溪皆有此语），儒者的形象，更不必只是一种模式。无论如何，牟宗三哲学作为中国哲学发展到当代的一座高峰，既是对传统中国哲学的某一种总结，又显然是今后中国哲学发展的出

---

①　牟宗三：《现象与物自身》，第 463～464 页。

发点。认为如何消化牟宗三哲学将是中国哲学发展相当一段时间内的课题，并非虚言。只是，对牟宗三哲学和当代新儒学，目前似乎还不能说已获得了完整与透彻的理解与消化，只有在"入乎其内"的基础上"出乎其外"，才能真正有所超越，中国哲学也才能真正体现出发展的连续性。就此而言，作为中国哲学史的重要一环，牟宗三对传统哲学的研究及其理论建构本身，就具有某种范式的意义。

至于中国哲学将来发展的前景如何，笔者以为，既无需为了超越牟宗三哲学而刻意追求系统性的理论构造，也不必认为牟宗三之后无法再有新体系的建树，只有资料性、社会性和文教性的工作可做，只要我们"循其性之所近，而勉其智之所及"（王龙溪语），在充分消化牟宗三哲学的基础上，真正吸取借鉴牟宗三从事哲学研究与思考的方式，一方面深入中国古典的各种文献，而不是浅尝辄止；一方面充分吸收消化西方各种相关的学术思想资源，统之有宗，会之有元，如此自然会以不同的方式在各个方面推动中国哲学的发展。当代新儒学最大的贡献之一就是保持了中国哲学自身发展的连续性。相信在今后多元互动的格局中，中国哲学更加会不断有新的开拓。

四 牟宗三早年对中国农村
问题的研究

（一）引言

如果说作为一个重要学术课题并成为知识分子群体关注对象的现当代新儒学研究肇始于 20 世纪 80 年代中期①，迄今为止，现当代新儒学的研究已经经历了差不多二十年的历史。二十年来，作为现当代新儒学研究最主要的对象之一，有关牟宗三的讨论或许是最多的。但是，或许是研究者大都只能从自身的哲学学科训练出发，或许是"文献不足征"——牟宗三许多非哲学的文献没有被研究者掌握，到目前为止，牟宗三基本上只是被作为一个哲学家来处理的。当然，牟宗三一生最大的成就无疑在于以融摄西方哲学的方式来系统地诠释和重建中国哲学尤其儒家的道德形上学。但是，除了哲学之外，牟宗三其实还有不少其他方面的成就和关注值得我们研究。以牟宗三最主要的成就为哲学可，仅以哲学家视之则不可。

事实上，牟宗三一生有强烈的现实关怀，决非躲在象牙塔内"独与天地精神相往来"。对关乎时代的政治、社会、经济、历史和文化问题，他往往都有深入独到的观察。有些问题贯彻其一

---

① 大陆学界多用"现代新儒学"而港台学界则多用"当代新儒学"，其实均指20 世纪 20 年代以来迄今仍在继续发展之中的"新儒学"。鉴于大陆史学界"现代"多指 1919 年以后和 1949 年以前，"当代"多指 1949 年以后迄今，为兼顾大陆与港台的用法，本书对于从 20 世纪 20 年代以来迄今的整个新儒学运动统称为现当代新儒学。

生，有些问题则对应特定的历史时期，与当时的社会现实息息相关，构成当时知识分子群体讨论的组成部分。20 世纪 30 年代前期，中国的农村问题成为关系国计民生的核心和社会各阶层普遍关注的对象。如何在正确认识中国农村性质的基础上解决农村的问题，不仅是各个政治党派最为主要的考虑，更首先成为广大知识分子的焦点意识。例如，陶直夫在作于 1935 年 8 月的《中国农村社会性质与农业改造》一文中便指出："中国的农业改造问题或农民问题，在整个民族的国民经济的改造运动之中，应当占首要的地位；同时这个农业改造或农民问题的任务与性质，在规定中国整个改造运动的任务与性质的时候，是有决定的作用的。"[1] 而发生于 30 年代有关中国农村社会经济性质的论战以及乡村建设运动，可以说正是这一焦点意识的两大表现。牟宗三1933 年北大哲学系毕业后曾返山东任教于鲁西寿张乡村师范，1934 年秋至 1935 年秋在天津社会科学研究所工作。正是在这一段时间，和参与中国农村社会经济性质论战以及从事乡村建设运动的许多知识分子一样，牟宗三发表了一系列文章，提出了他对于中国农村问题的一整套看法，成为 30 年代关注并探讨中国农村问题的知识分子群体中的一员[2]。可惜的是，80 年代以来，无论在牟宗三研究的领域还是在有关 30 年代中国农村问题研究的领域，这些文章都未进入研究者的视野。因此，考察牟宗三 30年代对于中国农村问题的研究，既可以使我们了解牟宗三思想历程的一个重要环节，从而认识牟宗三在哲学之外其他方面的关怀和成就，还可以扩展我们对于 30 年代中国农村研究及其相关问

---

① 中国农村经济研究会编：《中国农村社会性质论战》，民国丛书，第四编，第13 册，第 2～3 页。该书于 1935 年 9 月由新知书店初版。民国丛书所收者乃据新知书店 1936 年版影印。

② 参见蔡仁厚：《牟宗三先生学思年谱》（台北：台湾学生书局，1996），第 5～6 页。唯 1935 年 5 月 15 日刊于《再生杂志》第 3 卷第 3 期的《中国农村生产方式》以及 1935 年 7 月 15 日刊于《再生杂志》第 3 卷第 4、5 期合刊的《中国农村经济局面与社会形态》两文，蔡先生将其系于 1934 年条下。或此二文撰于 1934 年，而正式发表于 1935 年，则不得而知。

题的认识。

牟宗三20世纪30年代对于中国农村问题的分析基于其对当时中国社会形态的认识，而他对当时中国社会形态的认识，又属于他的整个中国社会发展史观的一个有机组成部分。牟宗三20世纪30年代时的中国社会发展史观及其对于中国社会不同历史阶段的认识与分析，我们需要另作专论，此处不能枝蔓。以下，我们根据牟宗三的有关文献，具体考察牟宗三在20世纪30年代对于中国农村问题的研究，包括他对于中国农村经济局面和社会形态的基本判断以及解决农村问题的具体方案这两个方面。

（二）牟宗三对30年代中国农村经济与社会的基本判断

1935年3月15日，牟宗三在《再生杂志》第3卷第1期发表了《中国土地分配与人口分配之原则》，提出了他对于认识中国农村土地分配和人口分配的基本原则。1935年5月15日，牟宗三又在《再生杂志》第3卷第3期发表了《中国农村生产方式》，提出了他对于当时中国农村生产方式的观察。正是基于对中国农村生产方式、土地分配和人口分配的认识，牟宗三在1935年7月15日刊于《再生杂志》第3卷第4、5期合刊的《中国农村经济局面与社会形态》这篇文章中，具体通过对"自给自足"经济含义的分析，在当时所谓"资本主义"与"封建主义"的争辩之间，提出了他自己对于中国农村经济和社会形态的基本判断。

1. 土地分配与人口分配

牟宗三认为，中国农村的土地分配遵循五个原则。第一，是"家庭单纯的对于土地发生关系"。牟宗三指出，"组织社会的基本团体是家庭"[1]，"每一个继承其祖先遗产的家庭便是组织社会的基本单位。这个基本单位可以说就是经济关系中的组织细胞"[2]，

① 《牟宗三先生早期文集》（下），《牟宗三先生全集》（以下简称《全集》），第26册，第777页。
② 同上。

而所谓"家庭单纯的对于土地发生关系",是指这样一种情况:

> 在经济关系不复杂、生产力生产方法不扩张的时候,这些组织细胞(国翔按:指家庭)间的经济关系是十分外在的、表面的。他们只与自然的土地发生密切的关系,以期达到生产收获的目的。目的一达,他们便可以掩柴扉,不出头,各扫门前雪,老死不相往来。这是简单的农业社会必有的现象①。

至于这种情况在中国的地域差别,牟宗三也有所意识。所以他紧接着又说:"这种现象在黄河流域更其显然持久。所以黄河流域与长江珠江流域其经济状况是有显著差别的。这差别将就在这个单纯的与土地发生关系,以及不只单纯的与土地发生关系,这方面去认识。"②

第二,是"土地的自然分配"。在牟宗三看来,这种分配是指在生产力不发达的较为原始的社会中,每个家庭彼此占有差不多的土地,于是在分给其子孙后代时,结果也相差无几。对此,牟宗三的解释是这样的:

> 土地的供给,于人们是公的、无偏向的:只是经过了各家庭的祖先的占有开垦的劳动的施与,它才成了私的、特属的。各家庭的祖先将其由所变成的、私的、特属的土地,按其子孙之多少,均匀的分配之。劳动力大的祖先,耕种力广的祖先,其所属的土地将也比较的多。但是,人们的劳动力(国翔按:疑缺"是")有限度的并且是相若的,其耕种力也是有限度的并且是相若的。超过了他的劳动力,超过了他的耕种力,那土地便成为无用的。因此在原始土地的占有将是

---

① 《牟宗三先生早期文集》(下),《全集》,第26册,第777页。
② 同上。

不差上下的。以此不差上下的土地均匀地分给他的子孙，将也是不相上下的。这叫做自然的分配①。

第三，是"土地的盛衰分配"。牟宗三认为，这种分配是在"自然分配"的基础上发生的。在接着上引说明什么是"自然的分配"的那段话之后，牟宗三说：

> 只是在有些子孙只消费不生产的时候，才有悬殊的情形发生。只消费不生产的子孙，虽有地租的供给，也会坐吃山空的。穷了，把祖宗的遗产转卖给另一部分人。另一部分人富了，其子孙也会给他坐吃山空的消解了，而另转卖他人。这种转来转去的分配法便叫做盛衰的分配法②。

在牟宗三看来，"盛衰的分配法与自然的分配法结合起来，即造成现在的土地分配的局面"③。不过，除了自然的分配法和盛衰的分配法之外，牟宗三指出，还有两种属于社会范围内的影响土地分配的因素，即社会力的分配和政治力的分配。

第四，是"社会力的分配"。牟宗三指出，所谓社会力的分配，是指社会变乱造成的分配。对此，牟宗三引用了武仙卿发表在《食货》半月刊第1卷第2期《魏晋时期社会经济的转变》一文来加以说明。在该文"庄园的形成"一段中，武仙卿具体分析了魏晋时期大集团形成的三种原因和四种形式：

> 这时大集团的形成，有三种原因：一是因为税役繁重，自由农民离村避役，离村以后成为农民，流民或自相屯聚而成部落，或投靠豪强以作佃客。二是奴隶欲得身体的解放，

---

① 《牟宗三先生早期文集》（下），《全集》，第26册，第778页。
② 同上。
③ 同上。

223

脱逃主人而为流民，再依庇于豪强保护之下。三是因为社会
的纷乱，弱小的地主，自己不能防御暴乱以保护自己的财
产，不得不依大族与有力集团的庇护，同时无地可耕的农
民，也愿向大土地所有者要求土地耕种，有力者之得到贫弱
的依附，遂形成大集团组织的形式。这集团的组织，造出贫
弱对富强的附属关系，在身份一方面成为部曲或佃客，在生
产一方面，小土地归于大地主支配之下。依附的人民由自由
的地位沦为半自由的农奴，被依附的豪强就变成了封建领
主。所谓大集团的形成，不外四种形式：（一）流民之相聚，
（二）宗族之相聚，（三）部曲之招引，（四）贫弱之依附①。

在牟宗三看来，"这四种形式所形成的大集团即表示土地权的集
中，而耕种权的分散"②。并且，虽然"这种形成的方式在现在
不必能发生，但遗留下来的土地分配的现状，由这种形式却很能
说明其形成的原委"③。因此，牟宗三认为，这也是支配中国土地
的分配的原则之一。

第五，是"政治力的分配"。关于政治作用造成的土地分配，
牟宗三认为也可以有四种形式，即"（一）帝子神孙的皇庄，
（二）官僚的食田，（三）宗教的寺院（譬如佛）与祭田（譬如
孔），（四）行军时的屯田"④。对于这四种政治力的作用所造成
的土地的分配，牟宗三都具体进行了说明。譬如，他引用鞠清远
在《中国经济》第2卷第7期发表的《皇庄起源论》，说明了第
一种形式带来的土地分配。他还联系当时的局势，指出虽然革命
导致了寺院庙产的减少，但由于"戴院长的修庙念佛"、"近年来
的尊孔"等因素，寺院庙产和孔子后裔祭田又都重新获得了保
障。在牟宗三看来，"这四种政治力造成的土地分配，在现在还

---

① 《牟宗三先生早期文集》（下），《全集》，第26册，第778～779页。
② 同上书，第779页。
③ 同上。
④ 同上。

是或多或少或变形的继续存在著。所以这种政治力的分配不但是过去，就是现在也可适用"①。

对于这五种土地分配原则各自所造成的后果，牟宗三进行了如下的概括：

> （1）家庭单纯的对于土地的关系：因此关系，不易有其他经济上的条件使穷富过于悬殊，使土地分配超于极端。
>
> （2）土地的自然分配原则：按此原则，无穷富之悬殊。
>
> （3）土地的盛衰分配原则：按此原则，有穷富之悬殊。
>
> （4）土地的社会力的分配原则：按此原则，易造成私人地主与庄园。
>
> （5）土地的政治力的分配原则：按此原则，不但能造成私人地主和庄园，而且也容易造成特殊式的公有地主或庄园②。

大体而言，牟宗三所概括的这五种土地分配的原则是基于对中国历史的观察。当然，他也明确意识到中国历史上南北地区的差别。譬如，就社会力和政治力原则所影响的土地分配而言，牟宗三便指出："不过历史上华北的战乱比较多，所以社会力的分配容易在华南出现，故华南的地主占成数比较多，而政治力的分配的（国翔按．疑此"的"为衍字）中的屯田容易在华北出现，故华北私人地主占成数比较少，而国家庄园在以往却常占比较多的成数。"③ 因此，他总结认为，"这五个原则便是认识中国（尤其是华北）的农村经济的主要关键。"④

对于牟宗三来说，家庭不但是组织社会的基本团体，更是中国农村经济关系的基本单位。而家庭的各种分化，直接导致人口

---

① 《牟宗三先生早期文集》（下），《全集》，第26册，第780页。
② 同上书，第783页。
③ 同上书，第780页。
④ 同上。

的不同分配。在牟宗三看来，家庭的分化又可以有四种情况。

第一，是自然的分化。牟宗三指出：

> 每一家庭便是以男女夫妇为中心的一个小集团。有成为夫妇的资格，便有成为家庭的资格。夫妇譬如是一个主座，环而拱之的譬如是附庸，附庸与主座的结合便是一个自足的排他的自成一系的整体。这个整体每欲自成门户而独立，即是说，其离心力非常之大。每自成一系而独立的整体便是一个小家庭。因为他最容易自成一系，又因为他最富有离心力，所以中国在伦理上虽赞美大家庭，然而事实上，一关于利害的经济关系，则又最易于分居，而小家庭几成为普遍的事实。这种家庭的分化便叫做自然的分化①。

家庭自然分化的结果，是人口的分散，即每个家庭的人口不会很多。牟宗三接着说：

> 由自然的分化而成立的小家庭，其人口自然不能很多，平均为五口之家。然而，事实上每不如此整齐单一，四五口、五六口、七八口，总是错综著。然无论如何，人口总不能很多②。

第二，是伦理的分化。牟宗三指出：

> 除去家庭的自然分化而外，还有一种受礼俗影响的伦理分化。这种分化即是礼俗所赞美的大家庭的维持。大家庭即是好多自成一系的小整体的合作。支系愈多，人口亦愈多。人口增加便随著也必须增加土地，不然便不足维持。乡间老

---

① 《牟宗三先生早期文集》（下），《全集》，第 26 册，第 781 页。
② 同上。

人常言，出生一个人便须买地一亩①。

按照伦理的分化，家庭会越来越大，人口也相应会越来越多，土地也会越来越集中。但是，牟宗三同时认为，这种会导致人口增多和土地集中的伦理分化往往只是表面现象。由于大家庭其实由相对独立的小家庭构成，小家庭的离心力自然会使大家庭逐渐趋于瓦解。他说：

> 看起来，这一个家庭，土地很多，牛驴骡马成群，其实它乃是好多支系的集合，它有好多支系在背后预备著来分它。所以乡间有句俗话说："大日子分小了，小日子分了了。"大家庭因为礼俗的关系，总是喜欢维持著这一个纸老虎，及至农场经营出入不相抵，消费多，生产少的时候，便不得不分化而成为各顾自己的小家庭②。

所谓"中国在伦理上虽赞美大家庭，然而事实上，一关于利害的经济关系，则又最易于分居，而小家庭几成为普遍的事实"，恰恰正是基于这样一种判断。这种判断，大体符合中国传统社会的家庭结构。

就人口的分配来说，自然的分化和伦理的分化都是常态之下的自然演化。除此之外，牟宗三认为，影响土地分配的社会力和政治力，也同样会对人口的分配发生作用。因此，社会力和政治力所导致的人口分化，是人口分配的另外两种情况。这两种分化的原因虽然不同，但结果却异曲同工，就是使得小家庭更为孤立。牟宗三说：

> 这两种力把土地弄成所有权的集中与耕种权的分散，随

---

① 《牟宗三先生早期文集》（下），《全集》，第 26 册，第 781 页。
② 同上书，第 781～782 页。

着也是把家庭弄得非常小，或甚至只用了些单人独马集合起来，耕种地主们的地。在这种情况下，各个小家庭都是对土地所有者的地主负责，并不像在伦理分化下的大家庭中的各个分子间的对立关系。并且在这种情形下，大家庭固然不易出现，即小家庭也（国翔按：此处当缺一"不"字）易健全。中国人口分配之零碎与不健全，这种情形也可解析一大半①。

和考察土地分配一样，在逐一说明了不同人口分配原则之后，牟宗三也对这四种人口分配各自所造成的后果进行了总结：

（6）家庭的自然分化原则：按此原则分化，则家庭每不易大。

（7）家庭的伦理分化原则：按此原则分化，每有集合各系之大家庭出现。

（8）家庭的社会力的分化原则：按此原则分化，许多小家庭为同一地主的庄户或佃户。这种庄户或佃户在人格上亦是隶属关系。

（9）家庭的政治力的分化原则：按此原则分化，则许多小家庭可以独立地互不相关地同为或兼为某一寺院、某一皇庄、某一公田的耕户②。

土地分配和人口分配并非彼此孤立，二者之间存在一定的关系。在总结土地分配与人口分配的不同原则及其不同后果的基础上，牟宗三对于土地与人口之间不同的比例关系及其后果，做出了如下的两点结论：

---

① 《牟宗三先生早期文集》（下），《全集》，第 26 册，第 782 页。
② 同上书，第 783 页。

（10）土地与人口之正比例关系：按（6）（7）两分化原则，则家庭小土地少，家庭大土地多，反之亦然。此种比例关系不易发生穷富悬殊的现象。

（11）土地与人口之反比例关系：按此种关系，则土地多人口少。前者变而为富农，为地主；后者变而为佃农，为雇农，为土棍，为流氓。两极端阶级由此关系发生。但此极端却不必由前所云社会力及政治力而造成。

2. 生产方式

在具体讨论中国农村的生产方式之前，牟宗三首先进行了两个区分。一是指出了生产方式与土地制度的不同；一是指出了生产方式与生产关系的不同。对于生产方式与土地制度的不同，牟宗三说：

生产方式就是如何去生产的问题。此又与制度稍微不同。制度可以是知识阶级的理想，可以是政府的策划，可以是关于地权分配的整顿、分配的形式，而不关于生产问题，尤其不关于生产方式问题。如是，生产方式只限于生产方面的如何生产，其范围侧狭而具体。如是，在历史上，耦耕的籍田制，换土易居的爰田制，一亩三圳的代田制，可以表示出一种生产的方式来，而井田制（或有或无，都无须论），董仲舒的限田制，王莽的王田制，西晋的占田制，后魏的世业口分的均田制，以至宋之不能行均田籍均税以均田，直至王安石的方田之均田制，至最近等等制度，都是属于私有下的土地分配问题的，都不能看出一种生产方式来。它们是土地制度而不是生产方式。土地制度可以愈行而愈远，名目百出，而生产方式则常握在实际耕种的农民手里，它总是顽固的为能力为时代所支配，急也急不得，快也快不得的。土地制度纵然当其生效时能影响了生产方式，但其对于地权的分配，人与人的关系有直接的影响，而对于生产方式却无直接的影响；即是说，有时土地制度改变了，而生产方式却并不能随之而改变。同样，生产方式改变了，土地制度也不一定随之而变①。

对于生产方式与生产关系的不同，牟宗三认为：

> 生产方式与生产关系并不相同。生产关系是法律政治所表现的生产制度，如地权关系、雇佣关系等便是。而生产方式仍纯是经济上的范畴，它是凝固在活动的生产过程中的。我主张生产工具与生产方式不能决定社会形态，其原故就在这里。而马克司（国翔按：即马克思）的经济史观却恰恰正以这两个东西决定社会形态的，吾未见其对。须知纵然有石器时代、铜器时代、铁器时代等名称，但是这些工具与社会形态之间究无直接的必然的因果关系。在以往如此，在现在亦复如此。你从这些工具来看社会形态可，你说他决定社会形态则不可②。

牟宗三之所以要强调生产方式与土地制度和生产关系的不同，当时主要针对的是马克思主义的经济史观，正如上引文中最后部分所显示的那样。这也是牟宗三早年一开始即从学理上不接受马克思主义的一个表现。不过，早年的牟宗三虽然不接受马克思主义的许多基本论断，但在思考中国社会问题的着眼点或者说方式上，却可以说不能不受到马克思主义的影响，譬如对于土地分配、人口分配以及生产方式的重视，以及后文将会介绍的解决农村问题的方案中对于经济因素的注重等，都无不说明了这一点。对于以儒家思想为代表的中国传统文化与马克思主义之间的许多根本差异，牟宗三一开始就有着高度自觉，并终其一生始终

---

① 《牟宗三先生早期文集》（下），《全集》，第 26 册，第 801 页。
② 同上书，第 801～802 页。

对马克思主义进行批判和回应。可是，就连他这样的人当时在思考中国社会问题时都受到马克思主义思维方式的制约。事实上，无论接受与否，马克思主义所关注的问题及其分析社会问题的方式，30 年代的确几乎成为广大知识分子普遍的问题意识。由此可见，马克思主义在当时中国知识分子中影响之大，以及最终取代延续两千余年的儒家思想而成为中国的意识形态，实非偶然，值得深思。

尽管牟宗三为了回应马克思主义的经济史观，从而首先对生产方式与土地制度和生产关系的不同做出了说明，但他并没有割裂三者之间的密切关系。事实上，对于当时中国农村生产方式的特点，牟宗三恰恰是紧密关联于土地分配制度和生产关系，采取历史回溯的方式来加以研究的。

对于中国历史上不同的生产方式，牟宗三概括为三种，就是前引文中所谓的"耦耕的籍田制，换土易居的爰田制，一亩三圳的代田制"。关于籍田制下耦耕的生产方式，牟宗三引用了曾謇发表于《食货》第 1 卷第 7 期《西周时代的生产概况》来加以具体说明。他概括所谓"耦耕"的特点如下：

> 他（曾謇）说西周的农业是继承着殷代的。这时是使用青铜器的时代，铁尚未被使用着，器具的供给是很稀少的。他们用的耒耜是两人用脚蹈踏而入土的。这种情形就（国翔按：此处疑缺一"叫"字）做"耦耕"。"耦耕"就是两人共用一具而耕。所谓耒耜是一器的两部名称，并非两件器具。"入土曰耜，耜柄曰耒。"（韦昭《国语》注）京房云："耜，耒下耒丁也。耒，耜上勾木也。"可见耜是入土的部分，耒是两人把柄的部分。两人蹈耒而耕，故耦耕皆从耒旁。其形似与今之铁锹相类。每见农夫用脚踏锹而取土，盖一踏则力大，力大则铁锹入土快而深。当年蹈耒而耕，恐亦是此种情形，不过两人耦蹈而已。所谓籍田之"籍"，据云

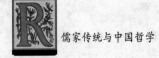

即系像人蹈耒而耕之形，故曰"籍田"①。

在籍田制之后爰田制之前，牟宗三还提到了井田制。中国历史上是否有所谓井田制，在 20 世纪 30 年代的学界还是一个有争议的问题。井田制下的生产方式如何，当时学界所知更是不多。关于井田制的问题，牟宗三大体接受钱穆的看法，并有他自己的推断。他的看法是这样的：

> 及至人口渐渐多了，社会的组织渐渐的复杂了，铁的使用已经普遍了，工具的种类已经繁多了。这种耦耕的籍田制，便可以消灭。继之而起的便可谓井田制。井田制至现在还是争论的问题：有人承认它有，有人承认它无。钱穆先生对于井田有新的解析。他以为孟子所说的"方里为井，井九百亩，其中为公田，八家皆私百亩，同养公田"这种整齐的豆腐块式的土地未必有，但是几家共耕著一块土地，并从中取出一块来为公家耕种，这种情形却可以存在。他这见解，我觉得很可取。籍田制可以符应著氏族社会及家族社会，即氏族共有制与家族共有制下才有籍田制的发生。井田制则符应著封建制，即由家族共有制转化为国家共有，在这种国家共有下，共耕种一块土地的家族或家庭便是井田制②。

至于井田制下的生产方式，牟宗三则是这样推测的：

---

① 《牟宗三先生早期文集》（下），《全集》，第 26 册，第 802 页。

② 同上书，第 803 页。牟宗三这里所谓钱穆对于井田和公田的解释，当指钱穆发表于 1932 年 6 月《燕京学报》第 11 期的《〈周官〉著作时代考》一文（现收入收入《钱宾四先生全集》第 8 册，台北：联经出版有限公司，1998），尤其是该文第三节"关于田制"的内容。事实上，牟宗三曾经在其《从社会形态的发展方向改造现社会》一文中详细讨论过公田制或井田制的问题。其中，他就曾经具体征引过钱穆《〈周官〉著作时代考》文中的观点。

　　井田制自然有其生产方式，但因为"井田"这个名词，乃是代表著一个政治制度，所以前边论生产方式，并未有把它列在里边，而只把它当作一个土地制度看。若说这时没有生产方式，那便错了。这时的生产方式，工具虽然多了，耦耕虽然废了，但恐怕还是蹠耕（一人蹠）居多数，其耕种的种类想亦不能十分多，耕种的技术想亦不能十分高明。我不知牛耕起于何时，犁之创造起于何时（当然可以考究出来），也许就在此时亦未可知。牛犁的使用是中国农业上划时代的一个时期，因为到现在还是用牛犁呵①！

如果说籍田制下的生产方式是从工具的使用方面看出的，那么，爰田制下的生产方式，牟宗三则是从耕种的方法上来加以观察的。首先，牟宗三对于什么是爰田制以及爰田制实行的时代进行了说明：

　　爰田制（亦作辕田制）是继续著井田制而来的。井田制还算是国家公有，至爰田制乃渐成为私有制的雏形了。爰者换也，爰田即是换田。换田制即是轮耕的办法。在爰田制的名目之下，有两种情形发生：（一）爰土易居，即又换土又换居的办法。譬如地分三等，上等百亩为不易之地；中等二百亩为一易之地，即每年耕百亩，二年而遍；下等三百亩为再易之地，即年耕百亩，三年而遍；此谓爰土。爰土三年而遍，便行易居，即前耕百亩者，今易居而耕二百亩，二百亩者耕三百亩，三百亩者耕一百亩。如此易法可得其平。这种爰土易居的办法，或在井田制之下施行，或在井田制之后施行，皆有可能。但总比爰土不易居的办法在前。（二）爰土不易居，这种制度是成立于商鞅。爰土易居又笨又麻烦，爰土不易居便可各安其处。商鞅提封疆开阡陌，以尽地利。提

---

① 《牟宗三先生早期文集》（下），《全集》，第26册，第803页。

者决也，开者废也（非开建之意）。把以前井田制时代的封疆阡陌尽行提废，使其成为可耕之地。这是商鞅的第一步工作。第二步工作便是改爰土易居为爰土不易居。爰土不易居即是只换田不易庐舍，令民自在其田不复易居。这个换田的办法，也与爰土易居之爰土一样；上田百亩，无须易换；中田二百亩，每年百亩，二年耕遍；下田三百亩，三年耕遍。土地之分配按地质之上下而多少之，得田者亦不必易居。这是又稳定又公平的办法①。

较之以往的籍田制和井田制，爰田制最为重要的意义是以私有制取代公有制，并且，所有权的观念随之产生。对此，牟宗三也做了提示。但是，牟宗三的关注显然不在于作为土地制度的爰田制，而是爰田制下所体现的生产方式。因此，他进而指出：

> 我所以要注意这种爰田制，就是因为他表示著一种生产的方式。这种方式就是轮流休耕的办法。轮流休耕可以养田，这已感觉到土地的报酬递减现象了。或许，这时还不知使用肥料，所以才换土休耕，但至人口繁多了，社会复杂了，换土休耕便不容易维持，肥料也知使用起来。所以爰田制的成立，不但私有权因之成立，即生产方式与工具也必随之而日形繁杂了②。

对于籍田制和爰田制在中国历史上具体所对应的时代，牟宗三并没有特别明确地指出。但是，从以上的引文中，我们可以看到，在牟宗三看来，籍田而耕大体是西周时期的生产方式，爰田制下爰土易居或者爰土不易居的轮流休耕的生产方式大体上实行于战国和秦朝。而对于所谓代田制，牟宗三则明确指出是西汉时

---

① 《牟宗三先生早期文集》（下），《全集》，第 26 册，第 804 页。
② 同上书，第 805 页。

期的产物。并且，和爱田制一样，代田制下的生产方式也是从耕种方式上来看的。对于代田制下的生产方式，牟宗三的讨论共有三个要点：一是说明什么是代田制；二是指出代田制较之爱田制的进步；三是对代田制的历史地位作出评价。

对于何谓"代田"，牟宗三在征引《汉书·食货志》和徐光启《农政全书》卷四《田制》的基础上进行了解释：

> 代田的办法是这样的："（赵）过能为代田，一亩三圳。岁代处，故曰代田。"（《汉书·食货志》）徐光启《农政全书》卷四《田制》云："古者耜一金，两人并废之，其陇中曰圳，圳上曰伐。伐之言发也。圳与伐高深广各尺。一亩之中，三圳三伐，广六尺，长三百尺。以此计亩，故曰终亩，曰竟亩。"①
>
> 他这段话还是指古者耦耕而言，但是一亩三圳的解析可适用于代田。代田所谓一亩三圳，照徐氏的解析，即是一亩之中，三圳三伐。伐者其高陵处，圳者其低平处。圳同于畎。一亩之间，广尺深尺曰畎，高尺曰伐。徐氏所谓"高深广各尺"，即言高伐一尺，广一尺，深一尺。广深之圳为耕种之处，高陵之伐为不耕之处。岁代处，言今年耕种的圳易为明年不耕的圳，今年不耕的伐易为明年耕种的圳。这种圳伐代耕的代田亦有爱田休耕之意，但所换者乃是圳伐更换，并不是百亩更换。并且这种圳伐更换，除去休耕之意，还有一种好处，就是能耐风旱②。

在牟宗三看来，代田和爱田的一个共同特点就是休耕。不过，代田较之爱田的差别，关键在于以"圳伐更换"取代了"百亩更换"。在这种转换之中，其进步之处在于两个方面：一是使

---

① 《牟宗三先生早期文集》（下），《全集》，第 26 册，第 805～806 页。
② 同上书，第 806 页。

农作物更能够抵御风寒，另一个是耕种工具的进步。对此，牟宗三指出：

> 《汉书·食货志》："苗生叶以上，稍耨陇草，因隤其土，以附苗根。〔……〕言苗稍壮，每耨辄附根。比盛暑，陇尽而根深，能风与旱。故儳儳而盛也。"此言苗长大后，锄去陇中之草，将其土隤下以附苗根。每锄一次草，辄附一次根。《诗·小雅·甫田》："或芸或芋，黍稷儳儳。"芸指除草而言，芋指附根而言，附根即指将陇伐之土隤下培植而言。这样芸芋下去，比至盛暑，陇土已尽，而根亦深，便能耐风耐旱，故禾苗儳儳而盛。这种递相圳伐的更代办法实在是很进步的一种生产方式，比爰田休耕经济得多了①。
>
> 至于耕种的工具也比以前大见进步："其耕耘下种，田器皆有便巧。〔……〕用耦犁二，牛三，人一。岁之收常过缦田圳一斛以上。善者倍之。"（《汉书·食货志》）"缦田谓不为晦者也。"（师古注）言代田以前之缦田决不能如现在收获之多，而代田一兴，其收获能过缦田所收一斛以上，善者且过缦田二斛以上。生产方法进步，生产力当然也进步。收获多，人乐为，故天下莫不耕种，但这是新兴之法，故须教民耕种："过使教田太常三辅，大农置工巧，奴与从事，为做田器。二千石遣令长、三老、力田，及里父老善田者，受田器，学耕种，养苗状。民或苦少牛，亡以趋泽，故平都令光，教过以人輓犁。过奏光以为丞，教民相与庸輓犁。率多人者，田日三十晦，少者十三晦，以故多垦辟。过试以离宫卒，田其宫壖地。课得谷皆多。"（同上——国翔按：指语出《汉书·食货志》）②

---

① 《牟宗三先生早期文集》（下），《全集》，第 26 册，第 806 页。
② 同上书，第 806～807 页。

依牟宗三之见，西汉时期兴起的代田制，使得中国农业的生产方式趋于完备。并且，代田制下的农业生产方式，一直维系到民国初年，并未有根本的改变。也正是在这一点上，牟宗三盛赞汉朝之伟大，认为两千来中国之所以为中国，无论在思想、政治还是经济上，都定型于汉代。

　　作田器，教耕种，人輓犁，宫墙地，真是极一时之盛。"民皆便代田，用力少而得谷多。至昭帝时，流民稍远，田野益辟，颇有畜积。"（同上——国翔按：指语出《汉书·食货志》）代田一兴，中国农业的生产方式便渐趋于完备，一直至今未稍变。犹如政治，自亲汉大一统后，便算成了定型，农业亦是如此。吾尝谓汉朝最伟大，中国二千年来之所以为中国皆定于此：思想系统定于此，政治格式定于此，经济形态定于此①。

以往常有人认为牟宗三重视宋明而轻视汉代，往往是仅仅读过牟宗三中国哲学研究方面的著作所致。读了以上牟宗三对于汉代代田制的描述尤其是对于汉代总体评价的这段话，应该会对牟宗三的思想有进一步的认识。

牟宗三以历史回溯的方式描述并评价籍田制、爰田制以及代田制下的生产方式，为的是要说明当时中国农村生产方式的特点。在前引文中，牟宗三指出了代田制下的生产方式"一直至今未稍变"，两千年来中国的经济形态定于汉代。对此，牟宗三有进一步的具体论证。汉代的《四民月令》一书中对于汉代的生产状况有详细的说明，他总结如下：

　　正月：粪畴可种瓜，可种?，可种葵，可种? 韭芥、大小葱蒜、苜蓿及杂蒜，可种蓼，可种芋。正月尽，二月可种

---

① 《牟宗三先生早期文集》（下），《全集》，第26册，第807页。

春麦、睥豆。

二月：可种蓝，可种大豆，可种胡麻，谓之上时。可种？禾，可种苴麻，可种瓜。

三月：可种稙禾，可种苴麻，可种瓜，可种胡麻，可种黍稷，可种梗稻。

四月：时雨降，可种黍禾，谓之上时，可种胡麻，可种大小豆。

五月：可种胡麻，可种黍，可种牡麻，可别种稻及蓝。

六月：可种小蒜，可种冬葵，可种芜菁。

七月：可种芜菁，可种大小葱，可种苜蓿，可种小蒜，可种芥。

八月：可种大小麦及穬，可种大蒜，可种芥，可种苜蓿，可种干葵①。

然后，对于20世纪30年代中国农村的生产方式，牟宗三概括为以下六点：

（一）春、秋两季耕田用一个犁，一牛一驴，或一骡，或二驴，或一骡一驴，或二牛。一人扶犁，耕完以后，再用杷以扒疏，凡大土块皆揉碎，畜工与人工与耕同。

（二）下种用漏斗，一畜拉，一人扶，一人牵引畜，不使偏斜。

（三）小农场，牲畜不便者，亦用人工輓漏斗，与汉时稍同，不过挽犁者则却无。

（四）从下种到收获之间的或芸或芋亦与汉时同，惟无甽伐之制就是了。

（五）收获时或用镰，或用小镢，或用人手。镰割麦割谷，但有时亦用人手拔麦拔谷，此不但小农场为然，即大农

---

① 《牟宗三先生早期文集》（下），《全集》，第26册，第808页。

场亦常见。这在吾乡为最普遍之事。这固然由于麦根与谷根入土之浅，但也有合农民的经济之处，即可以多得烧草是也。小□（缺字）是用来拔高粱一类入土深的作物。

（六）补充地方的方法是用肥料，以人畜之排泄物为主。防旱，园地可用灌溉，耕种之地灌溉者甚少，唯有祷天降雨而已。防潦，则简直无办法，亦只有祷天晴霁而已①。

将汉代的生产方式与20世纪30年代中国农村的生产方式加以对比，牟宗三认为二者之间并无根本的不同，所谓："这就是现在的生产方式，我看不出与汉时有什么大不同。所不同者在（一）耕种的细致一点，（二）土地的区分零碎一点，（三）工具完备一点，三者而已。"② 通过这种方式，对于当时中国农村的生产方式，牟宗三也作出了他自己的判断和说明。

3. 经济局面与社会形态

在对农村土地分配、人口分配以及生产方式研究的基础上，牟宗三进而分别从土地分配、农业生产和副业的生产与流通三个方面勾画出了关于中国农村经济的大体轮廓。这是他分析中国农村经济局面与社会形态的出发点。他认为，从土地分配方面来看，可以得出四个结论："（一）小农场的普遍存在；（二）土地分割的零碎；（三）大农场经营的日见稀少；（四）土地所有权集中，而耕种权却分散。"③

从农业生产方面来看，也可以得出四个结论："（一）生产的工具还是旧式的；（二）生产的方式与以前也无大别；（三）生产的动力还是人工与畜工；（四）生产的收支范围，平均在三百元左右。"④

至于从副业的生产与流通方面来看，则可以得出六个结论：

① 《牟宗三先生早期文集》（下），《全集》，第26册，第809页。
② 同上。
③ 同上书，第811页。
④ 同上。

"（一）副业的量日见其多；（二）副业的界限效用日见重要；（三）旧副业的范围日见缩小，但却不能消灭；（四）新副业应运而生，但却不能消灭旧副业；（五）新副业的生产方法与工具，与旧副业同其程度，还是手工业的、零碎的；（六）农业产品与副业产品的流通，采取两种形式：一是牙行经济，一是合作社，前者的势力远大于后者。"①

在牟宗三看来，这三个方面一共十四点结论，构成分析中国农村经济局面和社会形态的前提。从这些前提出发，牟宗三认为可以暗示出两个基本问题，一个是中国经济的程度问题，另一个则是自足自给的问题。关于当时中国农村经济的程度问题，牟宗三有两个判断：

（一）中国经济还未到充分利用自然与制裁自然的程度，还是在尽人事以听天命的，仰望自然的状态之下过活。

（二）农业的生产还是在旧式的工具与方法之下施行，它并未有进步②。

关于自足自给的问题，牟宗三也有两个判断：

（一）中国经济的现局是破坏的，不是发展的；换言之，中国经济并未有进步，但只是被破坏了。进步是自发的蜕变，趋于新形态；破坏是被动的割裂，搅成畸形的并存。

（二）因为这个缘故，所以中国经济一方可说是自足自给的，一方又可说不是自足自给的③。

不过，牟宗三并未对有关中国农村经济程度问题的两个判断

---

① 《牟宗三先生早期文集》（下），《全集》，第26册，第811~812页。
② 同上书，第812页。
③ 同上。

加以进一步的讨论，他认为，那样两个判断从上述作为前提的三方面的十四点结论中即可明白，不必重复。他具体加以分析论证的，是关于自足自给问题的两个判断。换言之，对于究竟在什么意义上可以说中国农村的经济是自足自给的，在什么意义上不能说中国农村的经济是自给自足的，牟宗三进行了详细的说明，提出了他自己的观察。首先，为什么说当时中国的经济是破坏的而不是发展的，牟宗三认为有三个原因："（一）中国不是一个独立的经济体；（二）为资本主义的商场，而资本主义并未扶助我们，使我们前进；（三）中国内部的政府也并未维持这个遗留下来的独立体，更说不上发展它，扶助它。"①

由于这三方面的原因，牟宗三认为中国的经济局面便成了一个停顿割裂的状况，"它成了周围环境的牺牲品，并成了寄生内部之蠹的腐臭品"②。

其次，牟宗三还从土地分配和副业生产两方面证明了中国农村经济那种破裂而不发展的局面：

（一）从土地的分配上说，零碎的小农场依然是小农场，而且江河日下，从前所有的富农经营，现在日见减少；生产的工具依然是祖宗传下来的原始工具，并未加以变化或现代化；生产方法也并未改进，也仍然是在原始的状态下，并未合理化、组织化。

（二）从副业的生产上说，旧式与新式并存，生产工具与方式也都是手工业的、零碎的、非组织的；生产的目的，旧式的为乡村农民日常生活所使用，新式的为资本家生产商品之原料③。

① 《牟宗三先生早期文集》（下），《全集》，第26册，第812页。
② 同上。
③ 同上书，第812～813页。

在以上说明的基础上，对于中国农村经济这种破裂不发展的局面的基本特征和症结，牟宗三进行了如下的总结和诊断：

> 经济的生产与消费，并未互应起来。都市与乡村也并未联系起来。停顿的农业生产，使著农民过旧式的生产与旧式的享受，自成一个局面而在那里潜伏著。游离阶段以其不劳而获的不生产的金钱，住在都市里作资本家的商品之消费者，这又是自成一个局面在那里点缀继著。产生副业者并非为自己之消费而产生，亦并非为自己制作而产生原料，他乃为资本家而产生原料以制作商品，以备都市游离阶级的享受；产生副业者却无力来享受，纵然这种享受品的前身是出之于他们之手而且是便宜的，但现在却不便宜，与他们无缘了。这又是自成一个局面在那里幽禁著。这种种不统一不谐和的畸形并存，就是不发展而割裂的局面。这个局面不能不说是中国政治之腐败与帝国主义之拘禁所造成的①。

关于当时中国农村的经济状况，30 年代的中国知识界有过一场广泛而集中的讨论，1935 年 9 月中国农村经济研究会编了一本《中国农村社会性质论战》，其中收录了当时有代表性的关于中国农村经济局面和社会形态的若干论文。将这些文章与牟宗三这里的观察相比较，我们不能不说牟宗三的观察是较为贴近中国农村社会的现实的。

在具体说明中国农村经济"不发展而破裂的局面"之后，对于他所理解的中国农村"自足自给"的经济状况，牟宗三进行了解释。他首先指出，一般所谓"自足自给"，可以有以下两种意思："（一）内部物产足够自给，不必假借外人；（二）内部物产虽不足自给，然以有易无，亦足出入相抵。"②"自足自给"最为

---

① 《牟宗三先生早期文集》（下），《全集》，第 26 册，第 813 页。
② 同上。

通常的意思当然是第一种，但牟宗三以为："随着社会的进化，人类是在关系中存在着，闭关自守成为不可能之事，则自足自给的意义也不得不随之扩大。如是，第二个意义现在亦可称为自足自给。"① 然而，对于当时中国农村的经济状况来说，在牟宗三看来，无论是就第一种意思还是第二种意思而言，中国的经济都不能说是自给自足。他的理由是这样的：

> 按著这两个意思说，中国本是可以闭关自守，自足自给。但是现在并不如此，不但不足自给，而且仰赖外人；不但与外贸易，而且入超成为家常便饭，年年如此。从这方面说，中国不但不能闭得住守得住，而且出入亦不相抵。自给自足的第一个意思与第二个意思，在中国皆不存在②。

不过，牟宗三并没有认为中国农村的经济不可以被称为"自足自给"。恰恰相反，牟宗三指出，就农村里边的农民生活而言，中国又的确是自足自给的。何以如此，他解释说：

> 但是，从潜伏在旧式生产与旧式享受的那一个局面方面着想，则中国又是自足自给的。这个自足自给就是农村里边的农民生活。他们无力与资本家的商品打交道，他们不得不自成一局面。纵然这个局面，因着资本主义的商品的输入，而范围日形缩小，但却不能蜕变而消灭。纵然在乡村里边，靠着交通方便的地方，有几种使用的机器是外来的制造品，然农民的日常生活、衣食住之所需，却总是自足自给的。那种外来的制造品并不是必须的，纵然有一部分人消费资本家的舶来品，那也只是某一部分人是如此。必须或使用是相对的，农民这一范围里是不必须的。因为在他那个阶段之下，

---

① 《牟宗三先生早期文集》（下），《全集》，第 26 册，第 813 页。
② 同上书，第 814 页。

这种外来品是可有可无，而力量不足过问，遂使之为不必须。所以这个自足自给不是如普通所谓是在将散而未散的，参杂错综的残局。掺杂错综则有之，然而说是一个东西的将散而未散，却未必然。因为本着不发展而破裂的局面，则这个自足自给是永远存在着，决不会消灭而蜕变。所以中国的自足自给，是范围并存的问题，不是消灭蜕变的问题。长此下去，也许会消灭，即所谓死亡，但决不会蜕变。若要蜕变而前进，则必须有其他条件加入。这便是一个政治问题①。

以上对于"自足自给"的说明应该说已经是比较清楚的了。不过，牟宗三并未仅止于此。在《中国农村经济局面与社会形态》这篇文章中，对于表明他所谓的"自足自给"以及"不发展而破裂的局面"的含义，牟宗三还加了两个很长的附注，以具体的实例和数据来论证和支持他的观点。在 1934 年 7 月 19 日《大公报乡村建设》第 14 期上，杨庆堃曾经发表过一篇名为《市集现象所表现的农村自给自足问题》文章，以山东邹平县为例，对于自足自给的问题有具体的说明。牟宗三在《中国农村经济局面与社会形态》的"附注一"中，在完整征引了杨庆堃的结论之后，提出了他的两点回应。杨庆堃的结论是这样的：

> 根据上面的事实，可以观察到在水陆交通运输都有相当便利的邹平县中，许多货物，尤其是机制品，是依靠着别的社会经济单位去供给。而县北每年输出大宗的棉花，县南输出生丝，有时县的北部和中部也输出粮食，去交换外来的货物。机械工业，和现代的运输，令它和三百里以外的社会经济单位发生互依的关系。自给自足的局面，可谓发生了重要的摇动。但在别的方面，在研究货物种类的时候，我们观察到邹平仍然自己供给着自己大部分的衣食住和生产的工具与

---

① 《牟宗三先生早期文集》（下），《全集》，第 26 册，第 814 页。

原料。洋布虽然开始从外输入，而它的人口大部分在穿着土织的土布。县北虽然输出大量棉花，但所产的粮食，还大部分留下来供给地方上的人口。在交换的组织上，零碎分隔的活动单位，仍然保持着自给自足的结构。这是一个将散而未散的、参杂错综的残局。这是鲁中农村现阶段的一个事实。我希望留意本问题的人，也详尽地用客观的眼光去观察各国内地的事实，令本问题得到一个较清晰的解白。现在流行着的"农村自给自足已完全崩溃"，或"中国农村仍然完全地保持着自给自足的局面"等论调，只等于哲学式的想象，而对于问题本身是不能有很彻底的解决的①。

在前文征引文献中，牟宗三曾经有过对于所谓"将散而未散"、"参杂错综"的议论，看来是出自杨庆堃的用法。正如牟宗三对于"将散而未散"、"参杂错综"并非简单地否定一样，对于杨庆堃这里的结论，牟宗三的回应也毋宁说是一种进一步的澄清与阐明。他的两点回应是这样的：

（一）他所谓自足自给是只限于一个经济单位而言，这种自足自给的事实，我们也承认，即我前边所说的旧式生产与旧式享受，自成一个局面，无力与资本家的商品打交道的乡村农民生活。不过在我们看来，自足自给不必限于一个经济单位，与三百里以外的社会经济单位发生关系，不必不自足自给，而且与三百里以外发生经济关系，也不自今日始。不过有一点须注意，即如果这种外来品是来自海外的资本家，便显示出不自足自给。如果来自内部的其他经济单位中的特产，即属外来，也仍属自足自给。自足自给不必限于一个经济单位。当然，各单位本身间的自足自给，我也并不否认。

---

① 《牟宗三先生早期文集》（下），《全集》，第26册，第815页。

245

（二）他说自足自给是一个将散而未散的残局，以反对完全自足论者与完全崩溃论者。这个见解，表面观之，也无什么错处。不过，仍（国翔按：此处疑缺一"有"字）未斟酌之余地。完全的绝对论者，固然是哲学式的想象，但这种相对的残局论者也未必恰如事实。试问这个残局，残到几时？它原因在哪里？他将来的结果如何？死亡还是蜕变？在一个单位内的衣食住之自足自给，究竟是渐趋于总崩溃，还是不渐趋于总崩溃？这些疑问，残局论者都未解答。在我们以为现在中国之地位下，这个自足自给的局面不是将散未散的残局，它只有缩小范围，不会趋于崩溃或蜕变，因为我们看中国经济是割裂的，不是发展的故也。我们看自足与不自足决不同于时论，非绝对论亦非残局论，乃是范围论，即割裂的、畸形的范围之并存。一方绝对的不自足，全靠外人（商品大量输入，入超为司空见惯）；一方绝对的自足，全靠自己（停顿的旧式的生产与享受，自成一无力向外的局面）。这种自足与不自足所造成的种种现象，交互错综，于是便把人们的眼睛撩乱了①。

这两点回应，应当说是牟宗三对于他所理解的"自足自给"和"不发展而破裂的局面"的含义的进一步说明。照他的说法，杨庆堃所批评的"农村自给自足已完全崩溃"，或"中国农村仍然完全地保持著自给自足的局面"，可以说称为"完全的绝对论"。杨庆堃自己的说法，可以称为"相对的残局论"。而牟宗三的看法，他自己称之为"范围论"，即所谓"我们看自足与不自足决不同于时论，非绝对论亦非残局论，乃是范围论，即割裂的、畸形的范围之并存。一方绝对的不自足，全靠外人（商品大量输入，入超为司空见惯）；一方绝对的自足，全靠自己（停顿的旧式的生产与享受，自成一无力向外的局面）"。

---

① 《牟宗三先生早期文集》（下），《全集》，第26册，第816页。

为了论证他的这种"自足自给"的"范围论"，牟宗三在《中国农村经济局面与社会形态》的附注二中，还引用了《民间半月刊》第 1 卷第 21 期李景汉的《定县输入各国货物之调查》一文中有关国货、英国货、美国货、日本货、德国货以及俄国煤油与印花布、法国菜品与饮料、荷兰红糖、瑞士钟表输入的比例与具体费用①。在牟宗三看来，"外货的输入不能扶助中国经济的发展，不能使中国经济成一独立体。因为中国的生产与消费，并未与资本家的生产与消费齐平起来。所以，虽有大量的输入，并未使中国经济消灭或蜕变或进步"②。并且，根据李景汉的调查统计数字，在定县全县，国货占百分之八十四，其余各国只占百分之十六。如此，牟宗三认为："百分之十六的舶来品，其从数量种类与效用上说，皆不足以蜕变或解体中国农村之停顿的旧式的局面，与自足自给的局面。"③

在牟宗三看来，经济局面与社会形态是密切相关的，所谓"要想了解中国的社会形态，非了解这个不发展而破裂的局面不可"。因此，在讨论了中国农村的经济局面之后，牟宗三接着提出了他对于中国农村社会形态的观察和判断。进一步来说，我们从以下的讨论可以看到，牟宗三批评将中国农村社会形态判定为"封建主义"和"资本主义"这两种不同的观点均不能契合真相，恰恰在于牟宗三认为两者同样对中国农村破裂而不发展的局面缺乏全面的与深入的了解。

牟宗三对于中国农村社会形态的讨论，是在对所谓"封建主义"说和"资本主义"说的批评中提出的。之所以如此，是因为当时对于中国农村社会形态，学界已经存在"封建主义"和"资本主义"这两种不同的主流看法。牟宗三在 20 世纪 30 年代对于中国农村问题的研究，决不是一个孤立的现象，而是在当时整个

① 《牟宗三先生早期文集》（下），《全集》，第 26 册，第 817～818 页。
② 同上书，第 817 页。
③ 同上书，第 818 页。

知识界甚至包括各党派和政治团体在内的整个社会人士普遍关注的思想和社会的整体脉络中发生出来的。因此，在那样一个整体脉络中检讨牟宗三早年对于中国农村问题的研究，实在是题中应有之义。不过，即便牟宗三对中国农村社会形态的研究是在对"封建主义"和"资本主义"这两种说法的批评中呈现的，我们这里还是要首先集中介绍牟宗三的研究本身。

牟宗三认为，将中国农村的社会形态视为"封建主义"，可以是两种视角下的产物。一种是"从脑袋方面看，从生活样式方面看"。这种意义上的"封建主义"，只是一般的流俗肤泛之见，并无可靠的理论依据。对此，牟宗三指出：

> "封建"一词，近人无确定的界说，用的时候，又不知何所指。然一般人心目中所指的，似乎既不是经济，又不是政治，乃是人们的脑袋，或生活的样式。这部分人即以这种脑袋的意识，生活的样式，来规定社会的形态。这方法甚不可靠。一般说中国现在是封建社会者，大都根据时下人们的脑袋而立论，或根据时下中国因为尚在与西洋资本主义的生活相反，所以说中国社会是封建社会。根据前者而言，则军阀是封建余孽，腐败官僚是封建余孽，古籍读经是封建余孽，家族观念是封建余孽，旧礼教是封建余孽，因此种种余孽，所以中国是封建社会。根据后者而言，则凡不看电影而看旧剧，不穿西服而穿大褂，不穿皮鞋、高跟鞋而穿千层底，不烫发，不跳舞，不袒胸露背，不能不要脸等等，皆是封建意识。中国现在这般人占势力，所以中国是封建社会①。

和"资本主义"一样，"封建主义"一说，自然是来自于马克思主义的社会发展五阶段论。但是，上述这种意义上的"封建主义"，却并不是马克思主义唯物史观的结果。由于牟宗三很熟

---

① 《牟宗三先生早期文集》（下），《全集》，第26册，第818～819页。

悉马克思主义的基本原理，因此，对于从这种意义上来说中国是
"封建主义"，牟宗三便首先批判它其实有悖于唯物史观。他说：

> 这种看法即是从脑袋方面看，从生活样式方面看。但
> 是，这种看法却大背于看者所信奉的唯物史观。即我们对于
> 唯物史观持批评态度的人们亦不能从这方面来看社会形态。
> 其唯一原因，即是礼俗不是决定社会形态的主要特征。从礼
> 俗方面看，经济史观便变成礼俗史观了。

另一种视角就是从经济方面来看，这是当时相当一部分受到
马克思主义影响的左翼知识分子的看法。而牟宗三所要批评的
"封建主义"，其实主要并不在于第一种视角，而恰恰在于这种马
克思主义的经济史观。

> 不从脑袋礼俗方面看，而知着眼于经济方面的，则说凡
> 是部落的、自封的经济局面都是封建社会；凡劳役地租、超
> 经济剥削的关系的，都是封建社会。中国现在还摆脱不了这
> 种局面，所以还是封建社会。这个看法，从农村经济方面着
> 想，并非不代表一部分事实，但"封建"一字却甚不妥。并
> 且又忽略了他方的种种事实。为正名起见，不得不予以
> 指正①。

从农村经济方面来看，着眼于劳役地租、超经济剥削的关系
等，牟宗三认为"并非不代表一部分事实"。但是，为什么牟宗
三仍然认为将中国社会视为封建社会"甚不妥"呢？在他看来，
这种论断犯了三个错误：

> 社会形态与经济形态并不相同。社会形态是整个的，经

---

① 《牟宗三先生早期文集》（下），《全集》，第26册，第819页。

济形态是部分的，认识整个与认识部分当然不能同日而语。现在一般人第一个错误即在以经济形态当作社会形态。封建是政治方面的一个范畴，是历史上的一种政治制度，本不是指示经济形态的。所谓封建经济只是封建时代的经济，或者说，与封建时代的经济相似的经济。与封建时代的经济相似，但却不必是封建社会。近人第二个错误即在某与某相似，遂即认某为某。政治形态与经济形态，随着社会的总进程，每有相应的关系。在总进程的某一阶段上，它们俩相融洽，凝结而成一个特殊的时代。认识某一特殊时代的形态即是认识该时代的整个社会形态。社会形态中的政治形态与经济形态只是巧合，并没有必然的因果关系，也没有上层下层决定的关系。政治形态变了，经济形态或不变，然而却另是一个新社会形态；经济形态变了，政治形态或不变，然而亦不得其为另一个新社会形态。譬如，说现在为封建经济的人们，必是以为现在的经济有些与封建时代相像，但是封建政制却早过去了，蜕变了。这是政治形态变，经济形态不变，而社会形态变的证明。再如，资本主义的生产方法与工具，虽然可以在社会主义时代同样存在，然而经济关系已不相同，一为私有财产，一为公有财产。经济关系虽不同，然而政治形态却仍不碍其为民主政治。在民主政治之下，既可以建立资本主义又可以建立社会主义，纵然在转变时期，或许需要一次革命。这是经济形态变，政治形态不变，而社会形态变的证明。这两个证明都足以表示政治形态与经济形态无必然的因果关系，但只有相应巧合的关系。近人第三个错误即在不认识这个关系，以为经济形态是什么，政治形态社会形态亦必随之是什么①。

经济基础决定上层建筑，这是马克思主义唯物史观的一个基

---

① 《牟宗三先生早期文集》（下），《全集》，第 26 册，第 819～820 页。

本原理。而牟宗三却认为，必须将社会形态与经济形态区分开来，社会形态是整体，经济形态与政治形态都是部分。并且，经济形态与政治形态二者之间并无必然的决定与被决定的因果关系。具体而言，在牟宗三看来，即便当时中国农村的经济与封建时代有些相似，也不能断言当时是封建政治和封建社会。这是上述批评的关键所在。

就牟宗三而言，认为中国农村社会形态是"资本主义"，和那种"封建主义"的观察一样，也分为笼统的一般感觉和稍有学理根据的观察两种。对于第一种所谓"表面的见解"，牟宗三指出：

> 资本主义者以为自鸦片战争而后，中国已入资本主义的初期，已成为资本主义的生产方法。这见解甚属笼统。他们也没有指出生产方法是关于什么的生产方法。我看，他们不过是看见中国已有了水陆商埠了，交通也发达了，也有什么工厂、什么机器，并也有东方的巴黎、有汽车、有电车、有舞女、有金迷纸醉、电灯的照耀、肉的鼓惑等等，遂认为是资本主义社会。不过，我以为这种看法，与以礼俗或脑袋看社会的封建论者，不相上下，同是一种表面的见解。我对于此等论调，不愿多所批评。我以为这些把戏不是资本主义的生产方法，倒只不过是资本主义式的消费而已。因为这些不是我们的生产，即或是出自中国人之手，也不能认为是中国经济的发展，只不过是为虎作伥而已；不是发自于自己的充实之内部，而是为人做嫁衣裳①。

另一种不是停留在肤泛的感觉之上，而是从农业的生产方式上断定中国已经进入资本主义。在牟宗三看来，这种判定的根据，在于富农的经营与商品生产。持论者认为富农的经营就是大

---

① 《牟宗三先生早期文集》（下），《全集》，第 26 册，第 821 页。

农场的经营，大农场的经营即带有资本主义的性质在内，所谓
"牛驴骡马，雇佣劳动，都是大农场经营的唯一特征。资本主义
与商品生产，即在这里得其朕兆"①。对于这种稍有学理依据的看
法，牟宗三的批评有两点。

首先，牟宗三指出，富农经营虽然可以是资本主义初期的一
个特征，但却不是决定资本主义之所以为资本主义的唯一要素。
在其他条件并不具备和配合的情况下，中国当时即便有富农经
营，其本身并不能决定整个中国农村的社会形态是资本主义的，
何况当时中国农村的富农经营正在日益萎缩而不是发展。用牟宗
三自己的话具体来说：

> 富农虽然可以达到资本主义的生产方法，然而现在中国
> 的富农却担负不起这个责任。换言之，资本主义虽可由富农
> 经营得其朕兆，然而现在的生产方法、生产工具至土地分配
> 之下，却不容易达到。在这三个条件未改变之前，富农纵然
> 有好多马匹、好多耕牛、好多佃农，也不能算是资本主义的
> 生产者。在以前，骡马成群，呼奴唤仆的富农多着哩！为何
> 不是资本家，到现在便是资本家呢？何况近来富农日形减
> 少，他们的使用畜，由骡变成驴，由驴变成人工（原因是怕
> 丘八的强占）；他们的佃农由多变少，由少变无（原因是大
> 农场分为小农场）。这种事实，在许多农村调查里都表现着。
> 所以富农即便有牲畜与人工，在现在状况之下，也不能变成
> 资本主义的生产方法，而何况牲畜与人工日形减少？②

显然，牟宗三对于农村土地分配、人口分配以及生产方式的
研究，为他对中国农村社会形态的观察提供了基础，也是他这里
批评所谓"资本主义"说不能成立的重要依据。

---

① 《牟宗三先生早期文集》（下），《全集》，第26册，第821页。
② 同上书，第821～822页。

其次，就农村社会而言，资本主义形态的成立，还必须具备一个前提，那就是地主、资本家和劳工相结合而形成商品生产的整体环节。这个前提，牟宗三认为当时的中国农村根本不具备。他说：

> 复次，农业的资本化必须地主、资本家和劳工三者结合而为商品的生产始可成立。但现在投资农村的却还很少，谓之为绝无亦无不可。有钱的人存银行，住租界。谁还肯冒险投资于农业生产？近来所谓银行投资，不过是信用借贷而已。金融资本家并未投资农业作大规模的商品生产。金融集中都市，为的是消费；富农日形减少，怕的是兵匪；没有办法的老实百姓才死守田园哩，稍有出路，便不耕种。此即所谓民不欲耕。到了民不欲耕之时，哪有所谓资本主义的生产方法？①

这里，牟宗三所指陈的社会现象包括农村金融枯竭以及兵灾匪灾等，的确是事实。当时许多知识分子、社会团体从事的社会调查和研究都显示了这种局面。

在分别批评了用"封建主义"和"资本主义"来形容中国农村的社会形态之后，对于这两种观点的错误，牟宗三进行了如下的总结：

> 封建主义者没有顾到全体，而只着眼于一部农村经济，见农村经济有些与封建时代的经济相似，遂断定中国是封建社会。资本主义者也没有顾到全体，而只着眼于一部农村经济，见农村经济有富农可以发展资本主义的生产方法，遂断定中国是资本主义社会。前者只注意了经济的停顿，忘记了社会政治以及国外环境；后者只注意了经济的发展，也忘记

---

① 《牟宗三先生早期文集》（下），《全集》，第26册，第822页。

了社会政治以及国外的环境。其失同在不认识这个破裂而不
发展的局面①。

由此可见，正如前文提到的，在牟宗三看来，了解中国农村
的经济局面，是正确认识中国农村社会形态的关键。"封建主义"
和"资本主义"的论断，都在于对"破裂而不发展"的经济局面
缺乏足够的认识。

既然"封建主义"和"资本主义"都不足以形容当时中国农
村的社会形态，那么，究竟如何来判断农村的社会形态呢？在批
评"封建主义"和"资本主义"说的基础上，牟宗三提出了自己
正面的见解：

> 我们的见解则以为：本着这个破裂而不发展的局面，从
> 政治方面说，中国究竟是民主国，所以还是民主政治式的
> （纵然有所谓独裁）；因而在经济制度方面，定义上或形式上
> 总是自由经济，随之也是资本主义式的；从经济方面说，都
> 市的消费，表面的虚荣是资本主义式的；而在农业生产上，
> 如果以西洋的现存经济为资本主义生产方法，则中国便不是
> 资本主义生产方法。如果以前有那么一个封建时代的经济，
> 倒与现在的中国农村经济有几分相似；那么，也可以说中国
> 的农村经济是与封建时代的经济相似的经济，但却不可说是
> 封建社会或封建经济。这是我们最后的解剖。
>
> 于是我们可以说：中国的经济在形式上或定义上是资本
> 主义式的；在实际上或内容上则是与封建时代的经济相似的
> 经济。如果避免"封建"一词，则可说是原始的、自然的
> （不能充分利用自然，克服自然的）经济形态。在此，经济
> 形态与政治形态不必一致共变，只是相应契合。换言之，经
> 济形态虽然带有原始性，但是政治形态可以是开明的。纵然

---

① 《牟宗三先生早期文集》（下），《全集》，第 26 册，第 822 页。

现在的政治无政制可言，亦不必引以为忧①。

需要指出的是，牟宗三这里的判断显然已经不限于农村社会，而是针对当时中国社会的整体。不过，由于当时农村构成整个中国社会的主体，关于农村社会形态的判断以及关于中国社会形态的判断，往往是彼此重合的。也只有对农村社会的性质有充分和深入的认识，才足以对整个中国社会的性质做出判断。

（三）牟宗三解决 30 年代中国农村问题的方案

牟宗三不仅对 30 年代中国农村的经济局面和社会形态做出了他的基本判断，并且，在 1934 年 8 月 1 日刊于《再生半月刊》第 2 卷第 11、12 期合刊的《复兴农村的出路何在?》一文中②，对于如何解决中国农村的问题提出了他的一整套具体方案。

1. 批评：针对当时流行的四种方案

农村问题是当时中国各界人士关注的焦点，因而当时存在着各种不同的解决农村问题的主张。事实上，正是从批评当时流行的几种主要解决农村问题的主张和路线出发，牟宗三对于所谓"复兴农村的出路何在?"这一问题提出了他自己的回答。牟宗三指出，当时许多的主张和路线大约可以分为四种：

（一）革命的路线。此派以革命的行动夺取政权，土根本推翻彻底改造，共产党即为此派之代表，当年之国民党亦走此路线。

（二）政党的路线。此派以欧美式的政党活动作选举上之竞争以参加政权或夺取政权，此种路线比较是消极的，在现在的中国恐怕不易发生很大的影响。

（三）君子的路线。此派多为知识阶级或士大夫阶级，

① 《牟宗三先生早期文集》（下），《全集》，第 26 册，第 823 页。

② 收入《全集》中的该文有若干文字缺漏。参见《牟宗三先生早期文集》（下），第 741 页末尾一句话，以及第 742 页末尾一句话。

他们多到乡村做实际的建设工作，做移风易俗的社会事业，例如定县的平教会、邹平的乡村建设，以及风起云涌的合作社等都是。

（四）政府路线。这是自上而下的一种举动，年来甚嚣尘上的统制经济就是这种路线的表示①。

牟宗三同时也指出："由此四种路线，我们可以看出不论在朝在野人士都注目于这种危亡的局面了。做法虽然不同，然而目标则一。"② 所谓"目标则一"，即是指不同的路线和主张都是要解决农村问题。不但牟宗三自己，在当时的社会各界人士看来，一旦农村的问题得到了解决，整个中国的问题也就迎刃而解了。

首先，牟宗三批评了革命的路线。在牟宗三看来，革命本来并非历史上的常态，而革命路线者却主张一种不断革命或循环革命论，希望将革命变成一种历史的常态。并且，革命也不必一定要诉诸武力和疆场厮杀，而革命路线者却以为只有运用武力才能称之为革命。按照革命路线的做法，只能导致内战频仍。牟宗三认为，这其实并不是真正的革命，而是争权夺利，对人不对事，最终的结果是同归于尽。同归于尽显然不是应当追求的结果，因此，不应当采取军事革命的路线。对于反对军事革命路线的理由，牟宗三从国内和国际局势出发，举出了以下三条：

（一）照现在中国本身的情况而论，它没有力量再容许你们破坏下去，这是全国一致的要求。不论你主张什么，国家的力量到了最后一着时，总不允许你们唱"由破坏而建设"的高调子。因为此时破坏已超过其限度了，再破坏就是消灭建设的可能，斩绝建设的基础。所谓同归于尽，就是指此而言。

---

① 《牟宗三先生早期文集》（下），《全集》，第26册，第741页。
② 同上。

（二）就革命与被革命的势力上而论，现在的中央军好像不是李自成时代的中央军所可比，至少在力量上中央军是雄厚于赤军，操对打的胜算是有把握的。即便消灭不了赤军，赤军也难突围而出。在此局面下，为赤军着想，最好是解甲归田，作隐而不显的组织民众建设乡村的实际工作以修养斯民，培养将来作进一步的建设事业之基础。**这是由建设而破坏，即建设即破坏的策略。**（国翔按：黑体为原文所有）如果硬着头皮死拼下去，则唯有同归于尽，徒苦斯民而已。社会主义的目的恐怕一变而为资本主义的宰割，亡国而后要想再作复国运动，那就难上加难了。不要认为这是危言，试问中国有几个东四省？

（三）就各帝国主义而论，他们为商场起见，他们不允许你长此混乱，他们虽然不允许中国成一个在政治经济上完全独立的国家，但是他们也不允许我们成一个无政府的混乱国家。其所以如此，目的就在使中国永远成一个次殖民地的国家。唯其如此，所以红军才不容易出（以下缺字）是事实总是如此。如果我们不肯认清这件事实而永远作相持不下的混乱，作循环不息的革命，则明末时代的满清是会进来收拾残局的。"殷鉴不远，其在夏后之世。"革命冲动的志士，最好是醒悟一点吧！①

显然，当时的牟宗三对于红军的力量估计不足，也并未能够料到后来会发生七七事变，使国民党中央军的力量大大消耗于侵华日军的作战中，而经过八年抗战，共产党军队的实力获得了巨大的发展。除此之外，第一点发自他自己希望和平建设的主观愿望，第二点则大体是对当时帝国主义在华势力基本态度的正确判断。另外，牟宗三这里提出的所谓"由建设而破坏，即建设即破坏的策略"，便是其解决中国农村问题的基本原则。至于如何实

---

① 《牟宗三先生早期文集》（下），《全集》，第26册，第741~742页。

现这一基本原则，牟宗三有一系列具体的主张。对此，我们后面会逐一介绍和讨论。

基于以上三条理由，牟宗三进一步表达了他反对革命路线的看法，他说：

> 由上述三方面来论，无论是从内看，还是从外看，循环革命的路线都足以使中国同归于尽，因此我们在现在不主张乱嚷一气，作无理性的冲动行动。须知这种革命主义的行动实在就是揭竿而起替天行道的心理在那里作祟。揭竿而起在当时未始无其揭竿而起的原因；但是他起来了以后，他又种下了下次揭竿而起的种子了。揭竿而起的时候就是胡闹混战的时候，各人心目中都是天子，都是替天行道，都以为非我不可，于是乱杀一气，杀到最后，剩下了谁，谁就是天子。到了这时，筋疲力尽，于是与民休息的无为政治便出现了。我常想中国这个民族从来没有有为过，有为的时候是胡闹的时候，无为的时候是疲倦的时候。胡闹疲倦，倦醒了再胡闹，这就是中国的政治史。这就是替天行道的表现史。一直到现在的革命主义还是在作继续的这个链子的梦，国民党当年是如此，现在的共产党还是如此。须知人之好为天子，人之好替天行道，谁不如我？照此下去，不混战胡闹而何？胡闹而后，不疲倦而何？我们为打断这个胡闹疲倦的因果链子，所以必须反对革命主义。须知这种革命主义还是一种野蛮行动，中国不能成为现代式国家就是为此。革命主义与人才主义相反。只要能革命能胡闹就是好家伙，什么知识、道德、学问都是无用的东西，都是资产阶级的把戏，都当该打倒。然而苏俄到了建设的时候，也知引用专门人才。似这等前后矛盾、出乎尔反乎尔的行动，都是十足的野蛮行动。所以这种革命主义实在是要不得的东西。天下事哪有这么容易、这么简单，以为非我干不可？国民党就是当年革命主义混战时剩下来的天子，我们现在因为怕同归于尽，所以暂且

让他一步，我们不主张直接的军事革命行动。我们要播下即建设既破坏的种子，我们要打断胡闹疲倦的因果链子，我们要组织现代式的国家，区区不顾一切而争一时之短长，实非智者之所为①。

革命的路线是牟宗三根本反对的。至于政党的路线和政府路线，在牟宗三看来，则是缺乏现实基础而行不通的。对于政党路线，牟宗三说："欧美政党式的路线我们也不赞成，因为这种行动是有组织有基础的国家里面所有的现象。中国现在就根本不成为一个国家；既然不成为一个国家，则欧美式的政党只是以小人做君子，单成了粉饰太平的东西，于内部的组织与健康毫无补益；所以这种浮面的行动我们也不赞成。"② 对于试图实行所谓统制经济的政府路线，牟宗三更是不以为然。他认为，"甚嚣尘上的统制经济之政府路线不过是东施效颦的出丑路线而已。"③ 所谓东施效颦，是指简单盲目地仿效世界上一些较为发达的资本主义国家。所谓出丑，则有四点表现：（一）效法各国资本主义之所为；（二）权力欲之发达；（三）各省经济割据之形成；（四）局促短浅的眼前应付④。牟宗三指出，统制经济只有在真正先进的资本主义国家才可以实行，所谓"有物可统，起了恐慌，便来统制"⑤。而"中国根本无物可统"，因此，"所谓统制经济只是随波逐流，投投时好，于国家社会之根本改造没有什么关系的"⑥。

对于从事乡村建设的所谓"君子路线"的批评，牟宗三的态度既不是像对待革命路线那样坚决反对，也不是像对待政党路线和政府路线那样认为根本缺乏可行性。事实上，牟宗三对于从事

---

① 《牟宗三先生早期文集》（下），《全集》，第 26 册，第 743～744 页。
② 同上书，第 744 页。
③ 同上书，第 749 页。
④ 同上。
⑤ 同上书，第 749～750 页。
⑥ 同上书，第 750 页。

乡村建设的君子路线是基本肯定的。他的批评实际上是指出了当时以乡村建设为方式的君子路线的种种不足，从而希望有所完善。因此，关于以乡村建设为途径的君子路线，牟宗三的批评或者说讨论最为具体和充分。他提出的一整套具体方案，其实也是一种乡村建设的路线，只不过与当时晏阳初、梁漱溟所代表的乡村建设有所不同而已。

首先，我们先来看牟宗三对于君子路线的总体批评。他指出：

> 那种君子式的无所谓的行动，虽然入了内部作健康的补救，但我们也认为不能有什么积极的效果的。可是，我们承认他们的方向是对的，因为他们能实际到乡村做即建设即破坏的工作。现在所成问题的是在他们是否能作积极的行动。我所谓积极有两种含义：（一）有一贯的大联络；（二）有一贯的自觉政策（政治主张与经济主张），这两者之中尤以后者为最重要。因为有了后者才容易联络，不然则所谓联络只是社交的门面话，其效力是非常之式微的。我们看现在作乡村运动的大半是缺乏这种足以成为积极的因素，因为缺乏这种东西，所以其行动的动机还是穷则独善其身，在莫可奈何的情况之下作一点人生天职的事业。这种事业是发于不忍之心的慈善家的事业，因为是慈善家的事业，所以所作的事情都是那种迟缓迂阔到万分，然而却在某种意义上来说，又是百年大计的根本办法。这种百年大计的根本办法就是教育救国论。然而在我们看来，这种百年大计根本则根本矣，其如无限年不能奏效何！这种工作只能在太平时为滋养的预备事业，于处变则不足。所以这种路线到底是君子路线，其本身之精神虽可佩，然而其效果则微①。

---

① 《牟宗三先生早期文集》（下），《全集》，第 26 册，第 744～745 页。

从这一段话我们可以看到，在基本的方向上，牟宗三是肯定乡村建设道路的，所谓"我们承认他们的方向是对的，因为他们能实际到乡村做即建设即破坏的工作"。牟宗三所批评的，在于他认为当时的乡村建设派缺乏自觉的政治与经济主张，而仅采取一种教育救国论的方式。在牟宗三看来，教育救国论虽然可以说是"百年大计的根本办法"，但却"迟缓迂阔到万分"，"只能在太平时为滋养的预备事业，于处变则不足"，以至于他不免发出了"这种百年大计根本则根本矣，其如无限年不能奏效何"的感慨。事实上，我们在后面讨论乡村建设派时会看到，当时最早和最主要的两种乡村建设运动的模式，无论是晏阳初在河北定县以中华平民教育促进会为组织进行的乡村建设运动，还是梁漱溟在山东邹平以山东乡村建设研究院为组织进行的乡村建设运动，其最初的理念与核心内容都是乡村教育。只是到了后来才越来越认识到经济和政治问题的重要性。如果说他们对经济和政治因素重要性的意识要在 1935 年之后才日渐充分自觉的话，牟宗三在 1934 年就提出的批评，不可不谓有先见之明。

在对君子路线进行了总体批评之后，牟宗三又征引了当时乡村建设运动两位最主要代表人物晏阳初和梁漱溟的一些文献，将其对乡村建设运动路线的批评加以进一步的展开。晏阳初曾经在《民间》第 1 卷第 11 期发表过一篇《农村运动的使命及其实现的方法与步骤》的文章。在这篇文章中，晏阳初认为，要通过农村运动来实现民族再造的使命，根本途径在于教育，所谓"中国的农村运动，要实现'民族再造'的使命，其方法非从'实验的改造民族生活的教育'下手不可"。定县的乡村建设运动最初也的确就是乡村教育运动。但是，在牟宗三看来，这种"十足的君子气"的"教育救国论"是难以行之有效的。他指出：

> 这种使命与"实验的改造民族生活的教育"的方法都是十足的君子气，其使命方法是如此，那么其所谓联合当然也是向这种使命与方法去联合的。……这种联合的方法当然没

有什么不可的地方。只是在这种使命与教育方法之下的农村工作的大联合，实在也只是联合而已，于国家社会必不能作一有力的推进。定县诸君十年如一日的吃苦挣扎，结果还是免不了定县农村的日趋破产。这种破产的情形可参看《民间半月刊》第 1 期及第 7 期李景汉先生的《定县农村经济现状》及《定县人民出外谋生的调查》两文，便可明白。我们固然不能以农村破产与否为一种运动成败之估定，但是这种农村破产却能证明教育救国论毫不能影响或改变其环境之恶劣，并也不能阻止这种恶劣环境的固有演变，如定县农村之破产。所以，农村破产就足以证明教育运动在推动或影响国家社会上是没有实际效力的。所以他的联合也是没有效力的；换言之，就是他走的路是没有效力的一条君子路线。所以如果要想有效力，则君子路向必须稍微改变一点①。

在批评了乡村建设运动仅仅从事教育之后，牟宗三又对乡村建设运动缺乏根本方向的认定提出了批评。梁漱溟曾经在《民间半月刊》第 1 卷第 11 期发表过《乡村建设几个当前的问题》一文，提出了认清路向的重要性和必要性的问题。但是对于乡村建设的路向问题，所谓"乡村建设是要建设到哪里去呢？或乡村建设是要建设什么样的社会？"梁漱溟并未给出明确的回答。牟宗三引述了梁漱溟该文中自己对这个问题的设疑，并且说："梁先生虽说'我不想在这篇文里作答'，然而于这段话中已含有一种政治制度与经济制度的憧憬了。"② 不论梁漱溟当时是否已经有政治制度和经济制度的憧憬，至少牟宗三当时是的确有政治制度和经济制度的考虑的。在他看来，没有这两方面的考虑，即他所谓"一贯的自觉政策（政治主张与经济主张）"，单纯从事乡村教育的那种乡村建设是没有出路的。因此，牟宗三指出：

---

① 《牟宗三先生早期文集》（下），《全集》，第 26 册，第 745 ~ 746 页。
② 同上书，第 746 ~ 747 页。

乡村建设运动必须在政治制度与经济制度的追求下始能发生力量，乡村建设运动必须在一贯的政治制度与经济制度的确定下始能发生实际的有效的联络。然而，现在的乡村运动却还没有作到这一步，梁先生的疑问只是一个萌芽的疑问，只是一个肇端的启示。定县始终如一还是以平民教育为出发点，而邹平则已有整个的实验县为其运用与支配，走他政教合一而最后仍归于平民教育的路，这即是他们的殊途同归，而为君子路线所必有的结果。在这种情形下，梁先生的疑问若不作一个自觉的确定并将其确定作一有效的推动，则邹平非步定县的后尘不可。定县的平教会不能阻止恶劣环境的固有演变，邹平的乡村建设也不能使邹平破其所应破的产，环境一变，他们是干瞪眼没有办法的①。

在《农村运动的使命及其实现的方法与步骤》一文中，晏阳初曾经有过这样的慨叹："国家日日都在危急存亡之秋，国人未尝不忙，忙学东洋，忙学西洋，忙办这样，忙办那样，结果怎样？没有把根本问题认清，瞎忙了几十年，又来了一个九一八的大祸，依然是坐以待毙，束手无策。就是九一八事变，到现在也已经三年了，在这三年当中又忙了些什么？我看照这样抓不着命脉，咬不定牙根，无远大的计划，无持久的耐力，只是一味的瞎忙下去，再过几十年，恐怕根本就用不着你忙了。"牟宗三抓住这句话说：

可不是！这段话正好用以自警。若再没有积极的认定，似这样迂阔迟缓的百年大计，恐怕不用十年，根本就用不着我们来忙实验了。这即表示要作乡村运动，非确定积极的行动政策不可。确定了以后，则你从教育出发也好，从政治出

---

① 《牟宗三先生早期文集》（下），《全集》，第 26 册，第 747 页。

发也好，从经济出发也好，都可以得到如身使臂，如臂使手的大联络。不然，则所谓联络只是友谊上的联欢，没有什么大效果的①。

在《乡村建设几个当前的问题》一文中，梁漱溟曾经就确定积极行动政策的问题提出过三点意思：（一）关于方针路向的认定，请千万不要逞主观的理想、哲学的议论。因为这不是尽着我们主观一面选择那条路，就可以走那条路的。我们如果提出一种主张，不但要合于理想要求，更要紧的是有其客观事实的可能。任何一件事能行不能行，都为其相关系的许多条件所规定：其相关系的各种条件自又各有其相关系者在。如是，参伍错综，关系重复而复杂，使其可能的路愈窄，只有我们不注意其关系的各方面，或不熟悉不周知其关系的时候，我们才看得东亦可西亦可，海阔天空，任我们走。其实是没有这么多的可能的。周围的形势所在，早已隐然限定只有一条路。所以我们要是从客观可能的机会里实现主观要求，所采取的方针即是将展开的前途。那么客观事实的分析，历史演变的观察，就是顶要用心的所在了。（二）乡村建设有无可能，诚然是严重的问题，然天下事常是转变不定的，逼促地只看眼前这一段，每不免为一时情势所蔽。要远从过去推测未来，才能看得通。那么，仍旧是要在客观事实历史演变上用心。（三）总而言之，是要有远识定见看清前途才行。今日乡村发达所以喧腾各处，虽大半为乡村破坏日重日急所刺激起来的。然若就以"救济乡村"、"复兴农村"为中心，那便局促短浅，限于两种结果：一、太偏乎应付眼前问题，没有根本方针以事远大企图；眼前问题既不会应付得了，更将走错了路，失了远大企图。二、系心于眼前之得失成败，容易短气丧气，失望绝望而干不下去。老实说罢，当兹人类社会大改造时代，问题已问到深处，则计划就要计算到远处，有企图便是大企图，没有什么

---

① 《牟宗三先生早期文集》（下），《全集》，第 26 册，第 747 页。

"救济"可言，没有什么"复兴"可言；说救济，说复兴便是错的，今日乡村已是救济不了。我们现在所向前走的一步一步，其意义原不在当前而在未来。这未来不是空希望，而是看得见拿得稳的前途。牟宗三认为梁漱溟的这三点意思很重要。在他看来，梁漱溟的三点意思关键就是一条，即所谓"其实就是按照客观的事实决定一条有远大企图的唯一可能的路向"①。不过，这样一条有远大企图的唯一可能的路向应当是什么，梁漱溟并未说透。正是顺着这一点，牟宗三继续发挥了他认为要自觉结合政治制度与经济制度的主张，作为批评以乡村建设运动为代表的所谓君子路线的总结：

> 所以乡村运动决不可成为"局促短浅"，眼前问题的应付，要有"根本方针"，"远大企图"。这种"远大企图"就是积极政策化的行动，就是有政治制度与经济行动。**这种乡村运动就是政治运动化的乡村运动**（国翔按：黑体为原文所有）。我们很希望梁先生能早早认定大企图的路向，并本这个路向作推广活动，作联络活动。我们现在认定政治运动化的乡村运动就是现在中国客观事实所隐然限定的唯一可能的路，我们很希望定县也能作到这样的自觉与认定，不要死守着那条"实验的改造民族生活的教育"的路向。如果作到了这一步，则乡村运动便不算得是盲然，而政治运动也不能算得是空洞。如果这两种运动不能结合在一起，则两种运动都变成了局促短浅。结果小问题应付不了，而社会的大改造也归成泡影。所以，我们现在愿本这两种运动的结合为自觉的目标，去作乡村运动，去作大的联结，与大的推广。这是我们所要唤醒国人的，这也是我们所要使一切作农村运动的团体极力注意的②。

———————
① 《牟宗三先生早期文集》（下），《全集》，第26册，第749页。
② 同上。

所谓政治化的乡村运动，在牟宗三看来，就是结合政治制度与经济制度的乡村运动。牟宗三认为，这种乡村运动有两种使命："（一）替政府作社会之大改造；（二）抽革命主义釜底之薪。这两种使命结合起来，即是即建设即破坏的策略。"① 在前文所引牟宗三文中，曾经出现过黑体字的"即建设即破坏的策略"这样一种说法。事实上，这一表述可以说是牟宗三所主张的乡村建设运动的基本原则。如果说对于上述当时流行的四种解决中国农村问题路线的批评是"破"的话，牟宗三所要正面"立"的，正是他所谓那种"即建设即破坏"的农村运动。并且，对牟宗三来说，这种农村运动是要通过一些具体的组织农民的方式来实现的。

2. 方式：从经济方面着手，从经济关系来组织农民

对于所谓"即建设即破坏的农村运动"，牟宗三并未只是提出一个简单的口号。究竟什么是"即建设即破坏的农村运动"？其基本特点是什么？牟宗三有过明确的说明。如何具体实行这种"即建设即破坏的农村运动"？牟宗三也进行了详细的讨论。

对于如何理解他所谓的"即建设即破坏的农村运动"，牟宗三是这样说明的：

> 即建设即破坏的农村运动，即是组织农民的运动。组织农民的资具，最具体而有效的莫若从经济方面着手。换言之，即是从经济关系来组织农民，联络农民，比较是有效果的。经济组织是其他方面的托命线。从经济方面联结再扩展到文化方面的联结，如教育等，若只从教育文化方面的宣传来联络农民，则农民本身是不容易组织起来的。我们的目的是要借着农民运动以组织农民而达到建国改造社会的企图，并不是传教的方式来灌输知识宣布精神。你说中国人穷，但

---

① 《牟宗三先生早期文集》（下），《全集》，第26册，第750页。

生计教育决不足以医治穷。你说中国人愚，但知识阶级的聪明却只能作坏不能作好，其实农民并不一定就是愚，他心里是雪亮，只是没有力量来反抗，不会用文字来表达。你说中国人弱，其实农民的身体也够强壮的了，弱只是文人的现象并不是农民的现象。你说中国人私，然公的思想决不能在教育上可以养成的，我们读的书，受的教育，哪一句话不是教我们作好，作圣贤，作伟人，作有道德的人，结果怎样？越受教育的人越是自私的人，然则以公的精神来教育农民是并不能去掉他们的私的。所以，穷，私，愚，弱是不能以教育能改正的。这种办法只是道学家的教训，听了这个教训，在当时未始不怦然心动，但时过境迁，仍是依然故我。所以我们认为现在的农村运动必须改个面目，决不可只从教训式的教育方面来联络，我们当从经济方面来组织他们。这是我们作农民运动者所当时时自觉的一点①。

这里，牟宗三所针对的认为中国人"穷"、"愚"、"弱"、"私"的说法，是来自于晏阳初。在1931年在平教专科学校开学典礼的讲话上，晏阳初曾经提到"一般人民最感困难的"这四个方面的问题②。在1933年的"中华平民教育促进会定县工作大概"中，他再次将"穷"、"愚"、"弱"、"私"总结为农村问题中的"四大基本问题"③。因此，晏阳初乡村建设的内容，就是针对"穷"、"愚"、"弱"、"私"而实行的"四大教育"。所谓"四大教育"，就是用生计教育攻穷，培养农民的生产力；用文艺教育攻愚，培养农民的知识力；用卫生教育攻弱，培养农民的强

① 《牟宗三先生早期文集》（下），《全集》，第26册，第750～751页。
② 宋恩荣编：《晏阳初全集》，第1卷，第175页，长沙：湖南教育出版社，1989。
③ 同上书，第247页。

健力；用公民教育攻私，培养农民的团结力①。显然，牟宗三上述言论后半部分的批评，正是集中指向晏阳初那种从教育入手的途径。而牟宗三自己则认为，由于经济组织是其他方面的托命线，因而农村运动应当首先从经济方面着手，从经济关系来组织农民和联络农民，然后再扩展到文化方面。这一点，是通过组织农民运动来解决农村问题的基本原则。如此组织农民的运动，也就是他所谓的即建设即破坏的农村运动。

至于如何从经济方面入手，从经济关系来组织农民，牟宗三具体提出了四种方式：（一）借金融的流通；（二）借商品的流通；（三）借农业的生产；（四）借手工业的生产。

首先，让我们来看何为"借金融的流通"。当时中国的经济状况是都市、农村普遍恐慌，工商业凋敝，只有都市的银行业不恐慌。银行业不恐慌的原因正是由于农村的恐慌，因为凡是稍有资产的人都将其资产集中到都市，接受他们资产的便是银行。当时银行充实，所谓游资集中都市，就是指的这种情况。但是，银行业的金融繁荣必须基于农工商各实业之上，通过流通而获得。如果农工商各实业不繁荣，只有都市的金融繁荣，那么，这种繁荣就不是真正的繁荣，资金不得流通，沦为死板的货币，充其量不过专为消费帝国主义国家的商品而用，结果就像人得了血栓一样。这种危险，银行界很明白，因此当时全国普遍有一股投资农村的声浪，银行界也大肆活动。其目的正是要使从农村集中到都市的游资重新归于农村，繁荣农业，从而实现真正的金融流通。牟宗三指出，这种办法就叫做借金融的流通以复兴农村。而在他看来，也可以通过这种金融流通的方式来组织农民。

牟宗三详细征引了上海《时事新报》1934 年 1 月 1 号、3 月 22 号、3 月 24 号、5 月 15 号、6 月 18 号的五条材料以及《申报》5 月 19 号、6 月 9 号的两条材料，以具体、大量的数据和实

---

① 参见晏阳初："中华平民教育促进会的演进"，《晏阳初全集》，第 1 卷，第 434 页。

例说明了当时银行界投资农村的运动过程和救济农村的概况。牟宗三指出，从这些数据和实例可以看到，当时银行界鉴于农村枯竭与银行膨胀的局面，急于向农村输血，其动机与热情固然蓬勃，但具体的救济方法实质上不外是贷款而已。对于都市银行向农村贷款的各种具体方式，在《银行周报》第 18 卷第 29 期《如何使上海游资及外国余资流入内地以为复兴农村准备》一文中，马寅初曾经归纳为六种：（一）自设机关；（二）设立农民银行；（三）办理跟单押汇；（四）收买内地期票；（五）银行委托内地著名商铺代为收放款项；（六）组织信用合作社，并对每一种方式均以实例加以说明。在援引马寅初总结的这六种方式的基础上，牟宗三进一步指出：

> 以上六种方式中前五种只是银行方面的流通方式。唯第六种即合作社才能算是农民中的团体组织。……此种合作社的组织才是联结农民的机会，金融是血，现在农村患贫血症，都市患脑充血，我们必须联结银行界，并使银行界互相联结，以使集中于脑中之血散布于四肢，我们就借着这种散布的机会以组织农民，在四肢血到之处必使各细胞成一种鲜红自觉的有力组织。各自觉的有力组织之大联合便是整个身体之再造，便是新精神出现之基础，改造社会，建设国家必于此始①。

至于合作社的组织形式，《时事新报》曾经在记载上海银行农业贷款的办法时分为五种：（一）运销合作；（二）信用合作；（三）农业仓库；（四）农民抵押借贷所；（五）合办事业。所谓"合办事业"，即上海银行与北平华洋义赈会合办的农业贷款事业。具体方法是由上海银行提供资金，再由北平华洋义赈会贷给农民。牟宗三也列举了这五种合作社的形式。而由上引文字可

---

① 《牟宗三先生早期文集》（下），《全集》，第 26 册，第 761 页。

见，在牟宗三看来，通过各种合作社的方式将农民联结起来，即是所谓"借金融的流通"来从经济方面组织农民的方式。

其次，我们来看牟宗三所谓的"借商品的流通"来组织农民的方式。牟宗三指出："所谓商品流通，即是商品贩卖或运销之意。借商品流通以组织农民，最显然的表示就是现在风起云涌的运销合作社之组织。合作就是组织的基础"。① 而对于以商品流通为目的的运销合作社，牟宗三又认为可以从两个方面来着眼："一为农业产品之运销，一为商人市场之买卖。"②

关于农产品的运销，牟宗三是以当时较为常见的棉运合作为例加以说明的。在他看来，"如没有合作的组织，则许多作为运销障碍的不方便都发生了"，"有了合作的组织，不但运销的手续简单，即金融的汇兑流通也简单了，敏捷了"③。他一共举了三个例子。一是山东邹平乡村建设研究院倡办的梁邹美棉运销合作社；二是上海银行先后与金陵大学及华洋义赈会所组织的合办事业；三是在河北深泽县梨元村由华北工业改进社干事卢广绵指导运营的西河棉运合作社。牟宗三指出，在 1933 年，与（二）有经济关系的运销合作社共计七处，其中属于棉花运销性质的有六处，分布于湖南津市、陕西永乐区、江苏东台、江浦、浙江余姚、安徽和县等地。剩下的一处属于杂粮运销，在江苏萧县。至于（三），牟宗三认为尤其值得注意。这个合作社没有政府机构、文化机构和金融机构的指导与帮助，完全只是由卢广绵个人促成的农民组织。因此，牟宗三觉得这种办法是"我们所当极力仿效的，也是有为的青年所当极力注意的"④。他还指出，这三个合作社在 1933 年度经合作运销的棉花一共有二万八千余担，代表棉田四万六千亩以上。基于这些数据，牟宗三认为："这些组织如果能有一贯的自觉的大联络，则不但是经济的出路，而且也是社

---

① 《牟宗三先生早期文集》（下），《全集》，第 26 册，第 761 页。
② 同上书，第 762 页。
③ 同上。
④ 同上书，第 763 页。

会改造与国家建设的出路之基础。"①

　　关于商人市场的买卖，牟宗三以中国社会古已有之的帮行制为例加以说明。牟宗三认为，虽然在几个大都市中出现了资本主义的新式组织，但中国传统的习惯和组织仍然在全国范围内广泛存在。那种传统的组织就是帮行制。帮行制相当于基尔特制，并不是某个国家特有的现象，而在世界各地普遍存在。他强调说："中国现在的经济机构，都市虽似渐入资本主义的阶段，而广大的内地经济仍然是中世纪式的。所以这种帮行制，在社会上仍有我们注意的必要。"② 并且，根据叶乐群在《复兴月刊》第3卷第1期发表的《我国帮行制史的发展》一文的研究，牟宗三将帮行的组织分为六种，对其来龙去脉进行了详细的说明：

　　　　（一）帮。帮为留居异乡之同乡商人团体，他们或搬运自乡之产物卖于他乡之市场，或自他乡购买货物贩卖于自乡，或在他乡设立店铺帮行一定的营业，从事于其所欲的业务。此等留居异乡之同乡商人团体便称之曰帮，如所谓宁波帮、湖南帮、四川帮、河南帮等是；但帮不必只限于异地人之组织，异业人之组织亦称曰帮。故帮一方为留居异乡之同乡商人团体，一方为同业商人团体，而职人即手工业者所组织之团体亦称之曰帮。

　　　　（二）行。行向为"行列"之意。因之用为陈列市列之意，昔时同业商店排列于市之一定场所，不特其组合称之曰行，即其街亦曰行；又因一定之商品列于一定之店铺，商店亦称之曰行。此风至尽犹存。盖亦本于"方以类聚，物以群分"之理故也。以后"行"又逐渐分而为两种意义：（1）行家。以买卖米业者曰米行，以买卖菜业者曰菜行，他们或为他人买卖货物，而以自己名义经营，或全为自己买卖货

———————
① 《牟宗三先生早期文集》（下），《全集》，第26册，第763页。
② 同上。

物，或为客户设备仓库，或为客商运输货物，或为客商办理通关手续，或为客商收付代金。现代的客栈、驿马店或其他类似的庄号，即由此蜕化而出。（2）牙行。牙行为媒介营业者，现在所叫做经纪人的便是。其发生甚早，因时代之推移而名称亦各异；呼曰"驵侩"、"牙侩"、"牙行"、"牙店"、"牙纪"。驵为骏马，侩为会员，驵侩向指以买卖马为业之批发商，后遂用于一般批发之义。牙向指天子之居处或一般官府而言，因之"牙侩"应视为官设驵侩之意，后应用于一切事业，不必指马而言，故曰牙行，曰牙纪，曰经纪。牙行之职务，为奉官设立以调剂商业价格之平衡，向系立于买卖两者之间，估定货物价格，按照其额而收牙钱。官设之意，无非欲明悉来往客商之姓氏籍贯、数目、以及货物质量等情，免掉偷关漏税之作弊。以后其业务逐渐扩张，不仅居间作批发事业，且兼询问所业，或更受商人之委托自行买卖货物，或代商人收付货金，或搬运货物，或代行通关手续，或设仓库而保管货物，或备客室而使商人寄宿；于是其所行之业务愈形广泛，而牙行因有多数买卖寄宿，恰若为此等商人之合宿交易所。如是，牙行因尽其力之所及企图客户便利，不通异地情形之客商亦得安全往来各地市场而经营商业，此种职务已与第一种"行家"之意渐相合一，并与现在之运销合作社亦一般无二。

（三）会馆。此为留居异地之同乡人以图互相亲善及救济为目的所组织的一种基尔特。

（四）公所。此为工商业者为增进其本业之共同利益所组织的同业组合事物所，亦称公会。

（五）公议会。为中国旧式工商业者团体之一种，会馆为一都市同乡客商之基尔特。公所为同业工商业者之基尔特，公议会为包括此两者之一都市全工商业者的基尔特。其称呼亦各不一定，曰公议会，曰商会局，曰商务公所，大半因地而异。其组织之动机，对内作异乡异业之联络，对外为维持自己之利益，譬如参加市政，干涉内政外交等。

（六）商会。即商业会议所组织的一种公法人之商政机关，与公议会之作用大略相同①。

由于这种种帮行组织的在中国社会尤其农村广泛存在并发挥着巨大的作用，所以商人市场的帮行制其实是一种重要的商品流通的组织方式。正是因为这一点，牟宗三将其视为运销合作社之外又一种借商品流通来组织农民进而改造社会建设国家的重要途径。恰如他所谓："统观以上帮行之组织实为商品运销之联络线，其在各方面之效用与势力颇大，我们要合作运动，不妨参与其中，即以之为合作组织之基础，改组之，运用之，支配之，以成为合理的一贯的组织。他们的公议会可以干涉内政，加以坚强的联络，独不可以改造社会建设国家吗？这要看我们活动的怎样了。"②

第三，我们来看牟宗三所谓"借农业的生产以组织农民的方式"。在30年代的中国社会，事实上已经存在一定的合作社形式，但主要都是信用合作社、运销合作社和消费合作社，生产合作社较为少见，而以农业生产为目的的合作社更是少之又少。牟宗三所谓"借农业的生产以组织农民的方式"，其实就是要建立农村的生产合作社。农村生产合作社在当时为数甚少，关键在于土地的问题。在土地私有的情况下，尤其是土地分配零碎的情况下，在农民之中推行合作生产是很难做到的。这也是当时国共两党几乎一致提倡平均地权以求解决农村问题的关键所在。牟宗三也看到了在土地私有制下合作生产的困难，但是，牟宗三对于国民党政府推行平均地权、节制资本的民生主义是持批评态度的。

在牟宗三看来，从事社会改造，必须注目于经济建设。而要达到经济建设，必须从生产合作入手。虽然在土地私有、土地分

---

① 《牟宗三先生早期文集》（下），《全集》，第26册，第763~765页。
② 同上书，第765页。

配零碎的情况下生产合作十分困难，但并非不可能，尤其是如果
有了前述的金融合作和运销合作，生产合作就是顺理成章的。牟
宗三指出：

> 从另一方面着想，我们可以说，有了金融的合作、运销
> 的合作，不愁没有生产的合作。只要前两种作好了，引起了
> 农民的兴趣，则自然会引他们入生产合作的门，因为谁不愿
> 增加生产？谁不愿事半功倍？而这两种好处，又除非合作不
> 能办。所以生产合作并不是不能办的①。

至于具体的办法，牟宗三认为可以"由其他合作开导而转
入，其种类或由自耕农自动的组合，或与地主合作而集中佃农的
组合，或承办官产，或耕种庙产，逐一以试验，由试验而推
广"②。并且，牟宗三还举了 1934 年 5 月 11 日《天津益世报》所
载定县通讯报道的定县小陈村合作社的消息，作为论证其所述办
法的例证。定县小陈村的经验是这样的：

> 本县一区小陈村合作社，近鉴于耕种合作之利益，特召
> 集村人集合私田，办理集团农场，俾利用科学生产方法以增
> 加生产，解决农村经济之恐慌，当经村民全体同意，遂正式
> 组织一合作农场委员会，议决耕种合作办法，由村中租地百
> 亩为农场根本地亩，其余私人可自由加入。现已向中国银行
> 借款一千五百元，以备该农场购置生产工具之用。现该村私人
> 参加者，已达二十余户，少数富庶农家，因不详其利害，尚持
> 观望态度。闻该农场，先定实验种棉，且开养猪场及粉房以为
> 副业，苟本办理有成绩时，来年必有空前之扩充与发展云③。

---

① 《牟宗三先生早期文集》（下），《全集》，第 26 册，第 766 页。
② 同上。
③ 同上。

这种生产合作的方式，关键在于集合私田，办理集团农场，由村民组成的合作农场委员会讨论决定合作耕种的办法。对此，牟宗三十分清楚。因此，他在援引小陈村的经验为例后当即指出："这实在是一个可模范的办法。农业生产的合作，就是集合农场的成立。集合农场一成立，就是建设社会主义国家的基础。苏俄能做到，我们独不能做到吗？唯于此，始可言平均，始可言经济建设。"①

最后，我们再来看牟宗三所谓"借手工业的生产以组织农民"是怎样的一种方式。在牟宗三看来，在当时的中国农村，除农业耕种以外的一切副业都可以称之为手工业。而提倡农村手工业的合作，目的在于"借此以维持农村自给自足的局面，减少农村的破产性"②。前文曾经提到，牟宗三在《中国农村经济局面与社会形态》一文中引用过杨庆堃刊于 1934 年 7 月 19 日《大公报乡村建设》第 14 期的《市集现象所表现的农村自给自足问题》一文，对杨庆堃的结论有所批评，认为杨庆堃的说法有未尽之处。不过，在提倡通过手工业的生产来组织农民这一语境中，牟宗三同样引用杨文对于中国农村自给自足经济局面的描述和判断，则更多地是在肯定的意义上。杨庆堃的观察仅以鲁中的邹平为例，而牟宗三则认为，"实在说来，不但鲁中如此，即鲁东、鲁西亦莫不如此。其实那种与外部的依存，远不如自给自足的势力占着主要的支持的地位。我想内地各省更是如此吧！"③ 但是，牟宗三毕竟没有只看到自给自足这一面。对他来说，提倡手工业的合作以维持自给自足只是第一步。在此基础上，进一步则是要以集团的生产从而转化为机器化的工业为目标。这也是所谓"即建设即破坏"的整体策略的一个环节。对此，牟宗三明确指出：

---

① 《牟宗三先生早期文集》（下），《全集》，第 26 册，第 766～767 页。
② 同上书，第 767 页。
③ 同上书，第 768 页。

现在中国的农村，天灾人祸区不算外，大部分在衣食住的生活资料方面是可以自足自给的；那种不能自足自给的，只是表示着他是资本主义商场的消费员，并不能表示着中国经济的日趋破产，闹成只消费不生产的局面，并不能表示着中国社会真正到了资本主义式的物质生活。在这种局面下，第一步的自救便是发展农村手工业以维持自给自足。第二步便是作合作的组织以期达到集团的生产而成为机器化的工业。这便是即建设即破坏的过程中的蜕变政策①。

陈一曾经在《中国经济》第 2 卷第 7 期上发表过一篇《发展农村经济提倡农村工业概要》的文章。其中，作者通过自己在江苏无锡农村的调查工作，指出无锡四乡许多农村通过农村工艺而避免了流离或破产的境况。这一事实，成为牟宗三提倡借手工业的生产以组织农民的例证。在牟宗三看来，许多农村手工业，诸如弓弦、打席、线麻、剥灯草、装蓑衣、削竹器、泥玩具、花边、竹扫帚等，都可以成为农民维持生计的方式。在此基础上，"再加以扩张与训练，则可由自给而出售多余，渐进为商品化，由商品的动机可以进而为集团的经营。'集合全村邻村所有人力、经济、信用、物质、共同合作、公社生产场，以村人的公产供村人的需要，并可使农业与工业者，以共存共荣的观念，互相提携，达产业复兴目的。'（国翔按：这是牟宗三引陈一文中的话）由集团经营，便可以由手工业转而为机械工业。集团经营的成立，也必须有合作的组织，始可倡导与推广。"② 这就是通过手工业的生产来组织农民的具体方式。

总之，由以上考察可见，牟宗三提出的组织农民的四种具体方式，从根本上可以说是一种经济合作化的思路。在这种思路中，合作社是基本的组织方式。

---

① 《牟宗三先生早期文集》（下），《全集》，第 26 册，第 767 页。
② 同上书，第 768 页。

3. 目标：结合资本主义与社会主义，建立国家社会主义的计划经济

就牟宗三而言，从经济方面着手、通过各种经济方式来组织农民，当然是为了要解决当时中国农村的问题。然而，上述种种组织农民的方式还只是手段，并不是最终的目标。对于中国农村问题乃至整个中国社会的问题来说，牟宗三其实有他更为通盘的考虑。换言之，采取多种经济方式组织农民来解决农村问题，最终是要以中国广大的农村社会为基础，兼采资本主义与社会主义双方之长而避其所短，建立一种国家社会主义的计划经济。牟宗三在批评乡村建设运动时之所以一直强调要有所谓"一贯的自觉政策"，关键就在这里。对于社会主义和资本主义各自的合理性与问题，以及所谓"国家社会主义的计划经济"，牟宗三都有他自己的理解和规定。

在当时中国内忧外患的局势下，牟宗三从经济入手组织农民从而建立国家社会主义计划经济的方案是否可行，其实是需要一些条件而可以质疑的。就像对于土地私有制下组织农民合作生产的困难不无认识一样，对于其方案可行性的疑问，牟宗三本人也有充分的自觉。他以设问的方式自己提出了两个关键性的疑问，然后进行了回答。

第一个疑问，是治安问题与政权问题。当时的社会治安问题，譬如兵灾、匪灾的问题，对于农村社会的干扰和破坏是及其严重的①。而政权问题，对于乡村建设的推行，也十分重要。没有政府的支持和直接参与，仅凭各民间团体，乡村建设运动是步

---

① 军阀部队对战区人民的掠夺甚巨。如 1928 年奉晋军阀在河北混战后，败兵对定县大肆掠夺，农民损失惨重。具体数字参见李景汉编：《定县社会概况调查》，中华平民教育促进会，1933 年初版，中国人民大学出版社，1986 年重印，第 775 页。土匪给农村百姓生活带来的灾难同样深重。1930 年胡汉民在《中央半月刊》第 2 卷第 24 期的一篇演讲词中曾经慨叹土匪之猖獗说："目前国内匪患之烈，已经破了民国以来的记录。"陈翰笙则曾经在《难民的东北流亡》中列举了一些匪患给农民所造成的损失的具体数字。参见陈翰笙编：《解放前的中国农村》（北京：中国展望出版社，1986），第 2 辑，第 463~464 页。

履维艰的①。对此，牟宗三的回答是这样的：

> 内地不安靖，国家不统一，合作的建设能作得稳吗？政权不到手，合作的建设能作得通吗？这固然是疑问。但我们既认为这是（国翔按：指从经济方面组织农民）运动的策略，所以我们并不梦想这一运动就可以马上脱民众于苦海。我们的目的是在唤醒国人，是在使国人有自觉，是在借着运动找到建国的本钱。我们在这种目的之下，当然希望当局能够修明政治，永息干戈。万一不能到此，我们也仍是埋头作下去，自然会有民众自觉地出来制裁他的那一天。所以统一更好，不统一我们也不必懊恼，我们自然有我们的一贯做法。至于政权问题，更不必介意，我们不能因为得不着政权就不作事。我们的目的是在作事，是在远大的计划的实现，并不在一时的官欲的满足。若只想满足一时的官欲，则根本就说不上是一个运动②。

第二个疑问，就是关于革命的问题。在当时的共产党人看来，中国当时之所以陷入困境，关键在于军阀、封建势力和帝国主义。只有打倒这三样东西，才能从根本上解决中国农村乃至整个中国的问题。而要打倒这三样东西，革命和暴动是唯一有效的办法。如此看来，不走革命的路似乎是不行的。前文我们已经谈到，牟宗三对于革命的路线是坚决反对的。因此，对于这种看法，他的回答也很明确。他说：

> 对此疑问，很易答覆。须知天下聪明并不尽中于共产

---

① 例如，金陵大学农学院在安徽和县乌江村设立的农业推广实验区由于起先未与当地政府合作，以至难以展开，甚至双方发生冲突。参见孙友农：《安徽和县乌江村建设事业概况》，章元善、许仕廉编：《乡村建设实验》（北京：中华书局，1935），第2集，第111~112页。

② 《牟宗三先生早期文集》（下），《全集》，第26册，第769页。

党。姑勿论这三种东西不必是根本问题，即便是根本问题，也未必就非对此三种东西拼命不可。譬如杀人者固然是甲，但你却不必即以杀还之于甲，你可以诉之于法庭；私相杀杀，两败俱伤，诉之于法庭者我们能说他没认清问题吗？①

客观而论，牟宗三这里对于革命必要性的回应过于简单。对于军阀、封建势力与帝国主义这三大症结的严重性，牟宗三的认识不免有所不足。如其所举诉讼之例，牟宗三是希望通过理性与和平的方式来解决问题的。但是，在当时的局势下，强权压倒公理，无论国内还是国际恐怕都难以找到伸张正义、理性与和平解决问题的地方。在这个问题上，牟宗三的认识与他所批评的以乡村建设派为代表的所谓"君子的路线"其实相去不远。双方提供的方案之所以都未能真正解决中国农村的问题，中国社会的演变之所以并未如他们所设计和预期，不能不说是有其历史必然性的。

如果说牟宗三解决农村问题的根本路线可以称之为合作社道路，那么，在对两个可能的疑问做出了回答之后，牟宗三援引了十月革命后苏联合作化道路中的经验，对其思路进行了论证。在牟宗三的援引和相关说明中，苏联合作社的经验甚至成为中国农村合作化道路所当仿效的对象。这一点很有趣，对牟宗三这样一个自始至终在学理上不能接受马克思主义、共产主义的人来说，苏联经验居然值得借鉴。这显然说明，无论对共产主义持何种态度，苏联的经验已经在无形中成为当时中国广大知识分子普遍的一个参照对象。

牟宗三所援引的苏联（他称为"苏俄"②）经验，包括两方面的内容。一是要说明合作社是使农业国逐渐发展为工业国，分

---

① 《牟宗三先生早期文集》（下），《全集》，第 26 册，第 769～770 页。

② "帝俄"与"苏俄"是 30 年代知识分子经常使用的两个概念，前者指十月革命之前沙皇时代的俄国，后者指十月革命之后苏维埃政权下的俄国。

散的手工业逐渐发展为有计划的机器工业的有效和必要步骤。一是要说明合作社的最终发展不必一定导致绝对的国有化和集权式的国家管理。

根据当时世界书局出版的黄卓的《苏俄计划经济》一书，牟宗三介绍了苏俄如何通过生产合作社的组织来解决传统手工业与发展国家计划经济之间的矛盾。牟宗三指出，在十月革命之前，俄国是一个农业国家，与当时的中国十分相似。农业国的特征之一就是小规模的手工业在全国的生产制度中占有重要的地位。由于大规模工业的不发达以及交通的不便，农村中便有从事手工业的农民，城市中也有从事手工业的工匠。在十月革命以后，随着大规模工业的发展，手工业逐渐萎缩。1924 年手工业的生产尚在全国工业生产总值中占据 50%，到了 1930 年，手工业的生产已经不到总额的 10%。不过，虽然手工业的规模日益缩小，却并不能完全将其消灭掉，因为日常消费品的轻工业还需依赖手工业。由于手工业的私有性质及其本身是一种不经济的生产事业，加之手工业者多半是小资产阶级或准小资产阶级，因此手工业仍然构成整个计划经济的障碍。在这种情况下，苏俄政府所采取的两全其美的办法，就是将各个独立的手工业者联合起来组成生产合作社，使手工业由私有企业逐渐变为政府管理的国有企业。如此便不再构成计划经济的妨碍。在这种新的制度下，手工业的资本大部分由政府提供。随着资本的增加，手工业就可以逐渐采用机器，改善生产方法从而进化为机器工业。如此一来，手工业方面的合作社组织和农业方面的集团农场就一道构成社会主义经济的重要组成部分①。显然，对牟宗三来说，这样一种经验是很值得中国的合作化道路加以借鉴的。

合作社的目的是要使传统的小农和手工业经济逐渐过渡到现代的社会主义经济。但是，在合作化运动的过程中，合作社的最终发展却不必发展成为纯粹国有的性质和绝对国家管理的模式。

---

① 参见《牟宗三先生早期文集》（下），《全集》，第 26 册，第 770 ~ 771 页。

十月革命后苏俄社会合作化的演变过程，便说明了这一特征。牟宗三指出，根据当时魏学智翻译的尼亚林、哈代合作的《苏联的经济组织》，苏联社会合作社的演化大体是这样的：

> 在大战和布尔什维克革命之前，合作运动在俄国已有了很深的根基。在一八六四年，中产阶级已经组织了消费合作社。后来劳工也组织了消费合作社，但他们的发起人却是雇主阶级。共产党得了政权之后，便和这些合作社立在仇视的地位。一九一八年四月十二日，苏维埃政府公布了第一道关于合作运动的法令。这法令虽则还保持着合作社的独立，却将权力授予国家经济机关，让他利用合作社来购买和分配他们所需要的货物，一九一八年十一月二日，又公布了一道法令，迫令各个消费者都需要加入苏维埃商店或合作社。一九一八年十一月二十九日，又公布了法令，终于禁止一切反革命者以及中产和雇主阶级被选为管理或主持合作社的人。一九一九年，政府又决定一切合作运动都须作为无产阶级整个活动中的一个轮子，不能只追寻他自己的合作的目的。以上是纯粹共产主义时代的合作社，但是，到了各国武力干涉和内战停止以后，合作社又逐渐的得着了独立的、不受国家机关管辖的购买或销售的权利。一九二一年四月七日公布的法令，虽然继续将合作社当作国家贸易的辅助机关，虽然仍旧保留着强迫入社制；但却把权柄授予合作社，让他们公开地在市场上经营商业，并替政府购买定货。最后，在一九二二年十一月十七日，政府将收归国有的财产又归还了他们，并且此后不许再收归国有了。在一九二三年和一九二四年中尚有其他政策的变更，如强迫入社制的废除，旧日的合作社的分类（消费、农业、工艺、信用）之重新采用，政府维持费的终止给付，在组织上和活动上合作社的独立权之取得。凡此等等，皆在质上起一大变，合作社将不是纯粹共产时代的

合作社了①。

由此可见，苏俄社会合作社的演变可以说经历了三个阶段。从 1864 年到十月革命之前，合作社已经在俄国社会自发地出现。这是第一阶段。十月革命后从 1918 年到 1919 年左右，苏维埃政府一步一步改造了合作社原来私有和独立的性质，将其强制性地纳入到国有经济的结构之中。所谓纯粹共产主义时代的合作社，就是指这一时期的合作社。这是第二阶段。外国干涉和内战停止之后到 1924 年，合作社又逐渐恢复其私有化的性质和独立组织与经营的权利。这是第三个阶段。该阶段是一个逐渐脱离纯粹共产主义的时期。

就这三个阶段而言，牟宗三特别强调的是第二阶段到第三阶段的转变。在牟宗三看来，这是所谓"质上起一大变"。这种转变在社会主义经济建设中颇为重要，也是由不合于人性到渐合于人性的表现。对于这一质的转变的重要性尤其是对于中国发展合作化道路的重要意义，牟宗三有如下的说明：

> 由以上的情形，我们可知合作社的组织在建设社会主义的程度中是如何的重要，并也可知苏俄政府的合作社是怎样的渐合于人性。其初是绝对的国家管理，后感觉到无谓的滥管，实无多大的利益，随又予以独立的自由，到此我们可知绝对的共产是办不到的，而且也实在是无意义，不过是权力欲发达的无事忙而已，忙到结果也终会感觉到这种办法实在是无谓的白费力气，随又恢复原来状态。所谓蛮干，其实就是盲动，即指此而言。此风一成，流到中国，还是不知殷鉴，真是无理性之极。所以我们现在的合作运动，决不可存着这个念头。现在中国的情形，和苏俄革命以前的情形一样，都是农业与手工业的国家。共产党以无产阶级为去取的

---

① 《牟宗三先生早期文集》（下），《全集》，第 26 册，第 771～772 页。

标准，然而须知在农业与手工业的国家里，根本就不易找到无产阶级。普天之下，大半都是小资产阶级，你把它先根本推翻了而又扶起来，这有什么意义？所以我们决不同于共产党，先去搅一番，然后再恢复；我们是以扶助他们造产为念头，以指导他们去组织为动机，以渐进于生产方式的蜕变为目的，而达到最后的国家建设与社会改造的企图，这是即建设即破坏的路向①。

中国社会的发展，并没有能够按照牟宗三的预期和希望。30年代以后中国历史所选择的道路，反倒恰恰是牟宗三所最为反对的革命的道路。然而，新中国的建立或许标志着革命道路的成功，但国家建设和社会改造的目的是否随着革命路线而最终实现了呢？反思建国以后中国合作化的道路，尤其是改革开放之前到改革开放之后的不得不然的转变，对照上述苏联的经验，我们不能不说牟宗三所谓"不知殷鉴"的批评具有某种先见之明。事实上，如果我们进一步考察牟宗三对于资本主义和社会主义的分析以及他所规定和提倡的所谓"国家社会主义的计划经济"，我们就会看到，牟宗三基于结合资本主义的"自然的合理主义"与社会主义的"当然的合理主义"而提出的国家社会主义计划经济的构想，和我们在十年浩劫之后改革开放的过程中逐步总结出来的社会主义的市场经济相比较，二者之间似乎不无异曲同工之处。

在20世纪30年代，社会主义思潮普遍为广大知识分子接受，资本主义一时成为众矢之的。但是，就是在那种氛围下，牟宗三仍然能够从学理上正视资本主义的某些内在合理性，而不是顺俗浮说，做简单和情绪化的批判。他说：

> 须知社会主义乃是为挽救资本主义的病态出的。资本主义，从根本上说，也是基于合理主义的：个人的、自由的、

---

① 《牟宗三先生早期文集》（下），《全集》，第26册，第772~773页。

比赛的，各竭所能，各享所得，并没有作土匪抢劫得来；不过比赛的结果，时有不合理的现象发生，然而所谓不合理也只是不合道德之理而已。乡间人把日子过去了，只能忌恨人家富，并未怨恨富人把他的田产抢去了，只能埋怨自己不好好过，却从未埋怨说人家叫他穷了。所以穷的结果只有铤而走险去抢劫的心理，却没有夺回财产去复仇的心理。古人云："匹夫无罪，怀璧其罪"，就是基于这种合理主义之上的现象。就是现在的资本家也是如此。按着道德法律说，你总不能把资本家拉来审问说：因为你是资本家，所以你犯罪，所以我要判你死罪。穷人因抢他可以打死他，法律却不能说出他有死罪的话来。说到这里，共产党们又可以说：你须知道德法律是统制阶级的工具呵！但是我说，设立道德法律之本意并不是专为资本家而设，它乃是一切都可以应用的①。

出于这种理解，牟宗三对于资本主义和社会主义提出了所谓"自然的合理主义"与"当然的合理主义"的说法：

> 根据以上讨论，我们可以说资本主义的合理主义是自然的合理主义，社会主义的合理主义是当然的合理主义。前者是合科学之理，后者是合道理之理。前者是自然的趋势，后者是发自于不忍之心。前者是兽性，后者是神性。前者是无所谓的，后者是有所谓的。前者是放任的，后者是拘束的。社会主义就是来拘束的，社会主义就是来拘束资本主义放任之流弊的。这个时代就是拘束的时代，也就是一切都要人的理想来管一管的时代②。

社会主义在当时是思想界的主流，这一点牟宗三并不例外。

---

① 《牟宗三先生早期文集》（下），《全集》，第 26 册，第 773 页。
② 同上书，第 773 ~ 774 页。

所谓"这个时代就是拘束的时代，也就是一切都要人的理想来管一管的时代"，也正说明了这一点。但由于牟宗三同时还能够对资本主义的合理性有充分的认识，所谓"资本主义，从根本上说，也是基于合理主义的：个人的、自由的、比赛的，各竭所能，各享所得，并没有作土匪抢劫得来；不过比赛的结果，时有不合理的现象发生，然而所谓不合理也只是不合道德之理而已"。因此，他所提出的国家社会主义的计划经济，其实基于一种试图结合资本主义和社会主义双方合理性而避免其不合理性的构想。

对于他所理解和规定的国家社会主义计划经济，牟宗三总结为以下六个特征：

（一）所谓计划也是对付自然活动之病态而产生的。

（二）因为**自然的合理主义**（国翔按：黑体为原文所有）之发于人性而不可磨灭，故确定资本主义之限度；凡在均富或均贫的状态范围之内而无可以造成特殊之富与特出之穷者，皆允许其在资本主义的合理主义之下活动。

（三）因为**当然的合理主义**（国翔按：黑体为原文所有）之发于人性而不可压抑，故确定社会主义之限度：凡在均富或均贫的状态范围之内，有可以造成特殊之富与特殊之穷者皆收回使其在社会主义的合理主义之下活动。

（四）凡个人所不能办不宜办，并足以妨碍社会公道的，皆在社会主义的范畴之下活动；凡人所能办所宜办而并不妨碍社会公道的，皆在资本主义之下活动。

（五）无论在资本主义之下活动，或是在社会主义之下活动，都须按照国家的一贯计划去发展。需要计划的当然要计划，不需要计划的当然也不必无事忙白费力气。需要计划与不需要计划都在自觉的一贯的状态之上活动，这便是计划经济的特色，这个特色总名之便即是理性的。

（六）在资本主义与社会主义两范畴的合作情形之下，再加上国家的计划与整理之运用，则公道的社会便即出现。

至若所有权与使用权的问题，在此毫不值得注意，可以说毫不成问题。成问题的是在怎样的运用所有权与使用权，即是说，在什么方式之下，运用所有权与使用权给地主作奴隶与给国家作奴隶。在人类文化上说，并不见得有什么悬殊的差别，所以我们现在并不注意"所有"与"使用"这种看不见摸不着的权利观念之移动，而只注意于计划方式之运用，好像物质的化合一样。同一物质，在这样的布置之下则是这种结果，在那样的布置之下，则又是那种结果。我们对于经济的计划也是如此。不妨把所有权与使用权都赋予人民（在可以施行资本主义的范围之内），然而把布置的方式之有利与否，这种理智上的计划运用之权，归之于国家，宣之于民众。民众明利之所归，必乐此而兴起，这又是计划经济之特色①。

显然，这六个特征的关键在于结合资本主义"自然的合理主义"与社会主义"当然的合理主义"。具有这种特色的国家社会主义的计划经济，便是牟宗三希望在解决农村问题的基础上所实现的建设国家与改造社会的最终目标。

在牟宗三看来，国家社会主义计划经济的建立与农民运动是密不可分的。以合作社的形式为中心的农民运动是实现国家社会主义计划经济的具体途径和策略，以结合资本主义与社会主义的合理性为特征的国家社会主义的计划经济是农民运动的目标与归宿。二者合在一起，构成牟宗三解决农村问题甚至整个中国社会问题的整体方案。对此，牟宗三本人具有高度的自觉。在《复兴农村的出路何在?》一文最后部分列举国家社会主义计划经济六点特性之后，牟宗三自己对于农民运动、合作组织（合作社）以及计划经济之间的关系如此总结说："实现之策略在农民运动，即组织农民之运动。组织农民之凭借在乎经济合作之组织。经济

---

① 《牟宗三先生早期文集》（下），《全集》，第 26 册，第 774 ~ 775 页。

合作之联络一贯，如轮齿之契合，即是我们建国之本钱，即是计划经济实现之基础。"① 显然，这也可以说正是对其整体方案的最为简明扼要的说明。

当然，历史似乎并没有采取牟宗三的方案。不过，当初历史对于革命路线的选择，未必意味着牟宗三所提方案或路向的错误。关键在于，如果要实行牟宗三的方案，需要一个基本前提，即推翻军阀、封建势力和帝国主义尤其是后者，或者说摆脱半封建半殖民地的状况，取得民族独立，建立一个真正统一的主权国家。不解决这一问题，牟宗三的方案是无法实现的。正如我们前面提到的，对于这一点，牟宗三是认识不够而有所忽视的。历史对于革命路线的选择，正是为了解决实行牟宗三方案的前提问题。但是，在民族独立、统一的主权国家建立之后，国家建设和社会改造如果继续奉行革命的路线，实行完全的公有化以及绝对的国家管理，不能充分顾及资本主义的合理性，恰如苏联1918年到1920年之间所谓"纯粹共产主义时代"推行的合作社路线，则势必行不通。1949至1979年的中国历史，在相当程度上可谓重蹈苏联"纯粹共产主义时代"的覆辙。牟宗三在20世纪30年代即指出苏联合作化运动的过程，强调苏联1921年之后的合作社不得不回归于产权私有和经营独立的状态，并提出"不知殷鉴"的批评，不能不说是对一味革命路线的弊端有先见之明。回顾1979年改革开放以来中国经济的发展方向，在一定意义上，所谓"有中国特色的社会主义"尤其是"社会主义的市场经济"，也可以说正是采取了一条试图结合资本主义和社会主义彼此合理性的道路，尽管这一道路上丰富和具有时代性的内容已经远远超出了牟宗三所总结的六点特色。

最后，笔者需要指出的是，牟宗三在20世纪30年代中期对于中国农村问题的研究，并不是孤立的行为，而是与当时中国农村社会性质论战和乡村建设运动这两大社会思潮紧密相关的。因

---

① 《牟宗三先生早期文集》（下），《全集》，第26册，第775页。

此，我们还需要进一步将牟宗三对于中国农村问题的研究放到这两大社会思潮的脉络之中来加以检讨和定位。在那样的脉络中观察牟宗三对于中国农村问题的研究，可以更为明确地掌握其问题意识的来源及其主张的针对性。反过来，鉴于牟宗三对中国农村问题的研究以往并未引起研究 30 年代中国农村问题的学者的注意，他的一些独特的看法，无论对于当时中国农村问题本身还是围绕农村问题所展开的讨论，或许都有助于我们产生进一步的认识。但是，限于篇幅，这一部分的内容无法在此得到反映，只能另文处理了。

五　唐君毅的哲学观——以《哲学概论》为中心

（一）引言

迄今为止，在有关现代新儒学的研究中，较之对牟宗三先生的研究，尽管对唐君毅先生的研究似乎相对有所不足，但仍然可以说已经具有了相当丰硕的成果①。不过，细检目前所有关于唐君毅先生的研究，几乎都没有对其《哲学概论》一书予以足够的重视②。虽然唐君毅先生自己谦称此书"乃一通俗性的哲学教科书"③，然而事实上，该书不仅体大思精，将当时包括中国、印度和西方差不多所有的重要哲学流派都囊括殆尽，更为重要的是，

---

①　比较有代表性的专门研究有．李杜．《唐君毅先生的哲学》（台北．台湾学生书局，1982）；霍韬晦主编：《唐君毅思想国际会议论文集（Ⅳ）：传统与现代》（香港：法住出版社，1991）；霍韬晦主编：《唐君毅思想国际会议论文集（Ⅲ）：哲学与文化》（香港：法住出版社，1991）；霍韬晦主编：《唐君毅思想国际会议论文集（Ⅰ）·思想体系与思考方式》（香港：法住出版社，1992）；张祥浩：《新儒学唐君毅思想研究》（天津：天津人民出版社，1994）；单波：《心通九境——唐君毅哲学的精神空间》（北京：人民出版社，2001）。单波在其《心通九境——唐君毅哲学的精神空间》一书附录三部分列有关于唐君毅研究的文献索引，可参看。

②　据笔者见闻所及，仅有刘国强曾以《哲学概论》为据讨论过唐君毅先生的哲学方法，参见其《唐君毅的哲学方法》，《鹅湖月刊》，第 20 卷第 1 期，总第 229 期，台北：鹅湖月刊杂志社，1994 年 7 月，第 35～39 页。不过，该文也并未涉及唐君毅的哲学观。

③　"哲学概论第三版序"，《哲学概论》（上），《唐君毅全集》，第 21 卷（台北：台湾学生书局，1989），第 3 页。下引《哲学概论》皆《全集》版，不另注。

正是在对比、包罗、融通世界上不同哲学传统的基础上，唐君毅先生在《哲学概论》中表达了他对于"哲学"这一观念的理解。

本文之作，即是以《哲学概论》为中心来探讨唐君毅先生的哲学观，如此既可以让我们"温故知新"，对于 21 世纪初一度出现的所谓"中国哲学合法性"问题的似是而非，能有进一步的认识。因为在唐君毅先生的《哲学概论》中，或者进一步说，在其《哲学概论》所蕴涵的哲学观中，其实已经对于中国哲学作为一种"哲学"的合理性做出了论证。同时，本文的研究详人所略，更是唐君毅研究的题中应有之义，希望可以初步弥补迄今为止唐君毅研究的一项缺失。

《哲学概论》一书 1961 年 3 月由香港孟氏教育基金会初版，分为上下两册。1965 年 3 月香港孟氏基金会再版时，附加了三篇文章。1974 年该书改由台湾学生书局与香港友联出版社分别在台湾和香港出了第三版，唐君毅先生当时还特意撰写了"第三版序"。此后，该书到 1978 年间一共发行了五版。1989 年，台湾学生书局出版了《唐君毅全集》共 30 卷 1 千万言，其中第 21、22 卷即《哲学概论》（上、下），是由全集编辑委员会以第三版为底本校订而成的，可以说是目前为止最可靠和权威的版本。2005 年，在唐君毅先生的弟子同时也是《唐君毅全集》编辑委员会主编的霍韬晦先生的支持下，中国社会科学出版社出版了《哲学概论》简体字版①，为大陆读者提供了极大的方便。不过，本文所

---

① 该书是"唐君毅著作选"之一，其他包括《人生三书》、《文化意识与道德理性》、《中国哲学原论·导论篇》、《中国哲学原论·原性篇》、《中国哲学原论·原道篇》（上、下）、《中国哲学原论·原教篇》和《生命存在与心灵境界》。需要说明的是，这一套"唐君毅著作选"8 部 10 册，都是以《全集》校订本为底本，以简体字重排出版的。

据，仍以《全集》版的《哲学概论》为准①。

（二）对中文"哲学"与西文"Philosophy"的自觉区分

无论是从 1916 年谢无量出版《中国哲学史》（中华书局）开始，还是从 1919 年 2 月胡适出版《中国哲学史》（商务印书馆）抑或冯友兰 1930 年代初先后出版的《中国哲学史》（神州国光社和商务印书馆）算起，自从 1914 年北京大学成立"哲学门"以来，至少在中国大陆大学哲学系的建制内，"中国哲学"一直是基本的二级学科和重要专业之一。可是，历史进入 21 世纪以来，"中国哲学"的"合法性"这一伪问题竟然一度喧腾人口。笔者曾经在相关的讨论中指出，提出该问题所援以为"法"的西方"philosophy"观，其实不免局限于西方近代以来以理性主义为主体的哲学传统，未能充分顾及整个西方哲学传统内部"哲学"观念的多样性和歧义性。同时，笔者也还强调，必须在两个命题之间加以区分：一个是所谓"中国哲学的合法性问题"；另一个则是"当前及将来应当如何研究和建构中国哲学的问题"。对于这两点，笔者已经有专门的讨论②。需要说明的是，在以前的文章中，笔者已经提到唐君毅先生曾经在《哲学概论》中对中文"哲学"以及西文"philosophy"加以区分，而这一点，实颇有意义。正是这一区分，构成唐君毅哲学观的重要基础和有机组成部分。

首先，唐君毅先生从解释中文里面"哲"与"学"的含义入手，对中文中"哲学"一词的含义进行了分析。他说：

①　这是由于笔者本文正式撰写和完稿时正在台湾东吴大学哲学系客座，图书馆并无中国社会科学出版社的简体字版。不过，本文原本是为参加 2006 年 12 月 1～3 日中国社会科学院哲学所和香港法住文化书院在北京共同主办的"唐君毅思想与当今世界研讨会暨唐君毅著作选出版纪念会"所作。当时限于时间，笔者仅提交论文大纲，但其实《哲学概论》的相关材料已经摘录下来。而阅读《哲学概论》所据的版本，即中国社会科学出版社惠赐的简体字版。因此，在正式成文时，由于改以学生书局的全集版为据，笔者还必须将原先摘录资料的页码由简体字版转换为全集版。这是要特别说明的。

②　参见本书第二部分"合法性、视域与主体性——当前中国哲学研究的反省与前瞻"和"中国哲学研究的三个自觉——以《有无之境》为例"。

我们要了解什么是哲学，当先知中国文字中哲字与学字之传统的意义。

哲字据《尔雅》释言，训为"智也"。学字，据伏生所传，《尚书大传》曰，"学效也"；据班固所编《白虎通》，"学之为言觉也，以觉悟所不知也"。《说文》教，亦训觉悟也。

如果依此学字之传统意义来看，则人之一切由未觉到觉，未效到效之事，都是学。大约"觉"是偏从自己内心的觉悟方面说，即偏在知的方面说。"效"是偏从仿效外在的他人行为，社会的风习方面说，即偏在行的方面说。而在所谓"效法古人"、"效法天地万象"之语中，则人之所效者，亦包括历史世界，自然世界中之人与事物。凡人有所效而行时，内心方面亦必多少有一点觉悟。人所效之范围，可无所不及，人之所觉之范围，亦可无所不及。故依此中国传统之学之意，可以概括人在宇宙间之一切效法于外，而自觉于内，未效求效，未觉求觉之全部活动。于是全部人生之事之范围，亦即人所当学之范围①。

从这里唐君毅对"哲"和"学"的解释来看，"哲学"的范围显然是极其广泛的，正如他在《哲学概论》"自序"中所说，"本书对哲学定义之规定，以贯通知行之学为言，此乃直承中国先哲之说。而西哲之言哲学者或重其与科学之关系，或重其与宗教之关系，或重其与历史及文学艺术之关系者，皆涵摄于下"②。

既然唐先生明确指出他对"哲学"的理解是秉承中国先哲之说，并且可以将西方哲学的内容涵摄在内，那么，正如上引文所显示的，他所谓的"哲学"这一概念的含义，就应当比西方的

---

① 《哲学概论》（上），第15～16页。
② 同上书，第8页。

"philosophy" 这一概念更为广泛，同时也可以将 "philosophy" 包含在内。当然，这也自然说明中文的 "哲学" 并不等同于西文的 "philosophy"。

唐君毅先生区分 "哲学" 与 "philosophy"，是从考察中文中 "哲" 与 "智" 这两个字的含义入手的。他说：

> 中国之所谓哲字之含义与智字之含义，又有进于西方之 Philosophy 一字，及一般所谓智识或知识之含义者。我们可以说，中国传统所谓智，并不只是西方所谓知识。知识是人求知所得之一成果。而中国传统所谓智，则均不只指人之求知之成果，而是指人之一种德性，一种能力。中国所谓智者，恒不是指一具有许多知识的人。而至少亦当是能临事辨别是非善恶的人，或是临事能加以观察，想方法应付的人，或是善于活用已成之知识的人。此种智与西方所谓 wisdom 或 Intellegence（国翔按：原文拼错，当为 "Intelligence"）之义略同。至中国所谓智之更深义，则是如孔子之所谓能具知仁而行仁之德者。在西方似尚无全切合于此 "智" 之一名。从此说，则如中国之哲字训为智，其含义又可比西方 Philosophy 一字之原义为深。人要成为哲人，不只是要爱知识爱真理，以归于得知识得真理；而且要有智慧。不仅要有智慧，而且要使此能爱知识真理智慧，能得知识真理智慧之人之人格本身，化为具 "智德"，以至兼具其他德的人①。

由于唐君毅先生认为，中文中被训为 "智" 的 "哲" 字含义比 "philosophy" 既宽又深，既兼涵知识、真理和智慧，又兼涵对知识、真理和智慧的 "知" 与 "行" 两个方面。因此，在唐先生看来，将中国传统的所谓理学、道学、道术等统称为 "哲学"，并无不妥。也正是在这个意义上，他在《哲学概论》初版 "序" 的

① 《哲学概论》（上），第 17～18。

第一句话就说："哲学与哲学概论之名，乃中国昔所未有。然中国所谓道术、玄学、理学、道学、义理之学即哲学。"①

如今有些人之所以反对用"哲学"来称呼中国传统的智慧，其实不过是因为一说到"哲学"，这些人自己心目中自觉不自觉地总想到"philosophy"而已，加上对整个西方传统中"philosophy"这一概念的复杂性不甚了解，因而产生了不必要的混乱和顾忌。说到底，其实是对中国传统中"哲"与"学"字的含义以及西方传统中"philosophy"的含义都缺乏全面深入的了解所致。唐君毅先生既对中国传统中"哲"字的本来含义有深入的把握，又对西方传统中"philosophy"的复杂性有充分的自觉，譬如，他曾经说过："我们首先当注意一个字的字原的意义，不必与后人用此字之意义相同。如西方之 philosophy 一字之意义，即历代有变迁，以至可能每一哲学家用此字之意义，皆不相同。"② 正是由于这一点，才足以使他不会产生那种混乱和顾忌。也正是基于这一点，唐君毅先生才认为，即便"哲学"一词最初是由日本人翻译而来，中文中本无"哲"与"学"连用这样一个整词，但回到中文原本的语境，"哲学"自可以有其自身的含义。我们完全可以将中国古代的理学、道学、道术等统称为"哲学"。他明确指出：

> 将"哲"与"学"，连为一名，乃一新名词。盖初由日本人译西方之 philosophy 一字而成之一名，后为现代中国人所习用者。在中国过去，只有《庄子·天下篇》所谓道术，魏晋所谓玄学，宋元明清所谓理学、道学、义理之学与西方 philosophy 之名略相当。故亦有人直译 philosophy 为理学者。数十年前章太炎先生亦说日译哲学之名不训雅，他主张本荀子之言译为"见"。其意是：所谓某人之哲学，即不外某人

---

① 《哲学概论》（上），第5页。
② 同上书，第19页。

对宇宙人生之原理之所见而已。但理学之名，依中国传统，不能概括玄学等。"见"之名，其意更晦。而哲学一名，既为世所习用，我们亦即无妨以之概指中国古所谓理学、道学、道术等名之义，及西方所谓 philosophy 一名之所指①。

既然"哲学"是"概指中国古所谓理学、道学、道术等名之义，及西方所谓 philosophy 一名之所指"，由此可见，在唐先生看来，"哲学"其实是一个比"philosophy"更为宽泛的概念。换言之，西方的"philosophy"不过是"哲学"的一种形态而已。

进一步而言，对唐君毅先生来说，除了中国传统的道术、玄学、理学、道学等之外，"哲学"还不仅仅兼指西方的"philosophy"，同时也还可以将印度的"哲学"包括在内。他说：

> 而我们则要以"哲学"之一中国字，兼指西方人所谓 philosophy，与及西方以外如中国印度之一切同类之学术思想②。

这里"一切同类"四个字很能说明问题。由唐君毅先生对这四个字的使用可见，"哲学"这一概念其实是超越了具体不同民族文化传统的一个具有普遍意义的概念，无论是西方哲学、中国哲学还是印度哲学，都可以说只不过是"哲学"的一种，任何一种"哲学"都并不足以代表或独占"哲学"这一概念本身。因此，如果我们借用"月印万川"这个源出于佛教的典故来说的话，对唐先生来说，无论西方、中国还是印度的哲学，都只能说是具体江河湖海中的月亮，不是天上的那个月亮本身。当然，每一个江河湖海中的月亮又的确都是天上月亮的真实反映。

---

① 《哲学概论》（上），第 16 页。
② 同上书，第 19～20 页。

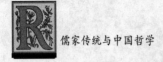

（三）"哲学"的范围与内容：涵摄性哲学观的建立

从以上的讨论可见，唐君毅先生所谓的哲学，是一个非常广泛的概念。可是，既然"哲学"这个中文词汇可以将中、西、印"一切同类之学术思想"都涵盖在内，那么，"哲学"这个字眼所反映的那个"同类"的东西又是什么呢？唐先生自己在上引文中紧接着也设问说："然则我们当如何规定此中国字之哲学一名之含义与范围，以确定哪些是哲学，或哪些不是呢？"

尽管唐先生对于"哲学"这一概念的分析是从中文中"哲"与"学"的字源分析入手的，但他也很明确地指出，现代语境中所使用的"哲学"这个概念，甚至与中文原来"哲"与"学"的含义也不完全吻合。因此，对于上述问题的解答，他首先指出：

> 要解答此问题，我们不能诉诸中国传统所谓哲字学字之原意。如诉诸此原意，则我们只能说，哲学是智之学，或如何完成智德，如何为哲人之学。但以此原意，与数十年来哲学一名流行于中国社会后，大家所想之意义相较，便已见其不能处处相合①。

这里所谓"数十年来"，是指 20 世纪"哲学"作为一门现代学科建立之后的几十年。而再进一步来看，20 世纪现代学术建立之后的几十年间，所谓"大家所想"的"哲学"这一概念的意义，也不是"百虑一致"的。也正是因为这一点，更有必要说明"哲学"的含义与范围。

唐君毅对"哲学"范围与内容的说明，基于他对于整个人类学问的分类。前已指出，对于整个人类的学问或者说什么是"学"，唐君毅的看法是："一切人之未知求知，未行求行，一切欲有所效所觉之人生活动皆是学。"即"学"首先不仅是"知"，

---

① 《哲学概论》（上），第 20 页。

也同时必须包括"行"。具体来说，唐先生则将整个人类的学问分为两类六种。他说：

> 在人类之学问范围中，我们可以方便分为二大类。一大类是主要关联于我们之行为的，一大类是主要关联于言语文字之意义之知的。我们可以说，前一类之学，是以"效"或"行"为主，后一类之学，是以"觉"或"知"为主①。

在第一类以"行"为主的学问中之中，唐先生认为又可以分为三种：

> 第一种我们称之为实用的生活技能及生活习惯之养成之学。此是一种人自幼至老，无时或离之学。由小孩生下地之学发音、说话、学爬、学坐、学走路、学穿衣吃饭，与学裁衣煮饭，练习日常的礼仪，到学种植、畜牧、工艺之生活技能，皆是。大约人在此类之学之开始，恒是不自觉的对他人所为，有一自然的仿效；而且常不自觉的受他人之经验教训，与一般社会风习之指导、约束、规定者、而此类之学之起源，亦恒不外人在自然与社会中的实际需要②。
>
> 第二种，我们称为艺术及身体之游戏一类之学。此如我们之学写字、绘画、唱歌、舞蹈等。此类之学，不好说全依于我们之实际需要而生，其目标亦不在求个人生活与自然或社会相适应；而常是原于个人先有一某种自动自发的兴趣③。
>
> 第三种之学，是自己自觉地规定其自己之如何行为，以达一为人之目标之学。此可谓一道德的实践之学。此所谓道德的实践之学，其最浅之意，乃指人在日常生活中，对其自

① 《哲学概论》（上），第21页。
② 同上书，第21～22页。
③ 同上书，第22页。

己身体之行为，自知其不妥当，并知何者为妥当时，即自觉的对其自己之身体行为，加以改变，重新安排之学。………而此学亦恒与人在自然与社会中，所从事之实用的生活技能之学相连。但其目标，不在求与自然及社会相适应，而在使自己之行为，与自己做人之标准及理想相适合①。

至于第二种以"知"为主的学问，唐君毅先生则认为包括历史、文学、科学三种。在他看来，这三种学问"是主要关联于语言文字之意义之'知'的"。而第二种学问之所以与第一种学问不同，唐君毅先生认为，其关键在于第二种学问始终离不开语言文字，而第一种语言文字有时是可以离开语言文字的。所谓："在前一类学问之中，我们虽亦时须用到语言文字，但我们之用语言文字，恒只是用以达行为之目标。如我们在日常生活之用语言文字，恒所以表示感情，传达命令，希望，要求。而在人了解此感情命令希望以后，我们亦即可不想此语言文字。在人之从事道德实践之行为与修养时，我们用语言文字，以自己命令自己后，亦复可超越舍弃此语言文字。但在历史、文学、科学中，则我们自始至终，都不能离开语言文字。"②

唐先生关于学问两类六种的划分，不论其合理性如何，重点恰如其自己所谓，是在"使人由了解学问范围之广大，而使我们能对于哲学之地位与意义，可渐有逐步之了解"③。那么，在他看来，在与上述两类六种学问的关系中，如何划定"哲学"的范围？或者说给"哲学"一个定位呢？对此，唐先生指出：

> 照我们的意思，是哲学与一切人类之学问，都可以有相类似之点，亦都有关系。因哲学之所以为哲学，就是要了解

---

① 《哲学概论》（上），第22~23页。
② 同上书，第24页。
③ 同上书，第26页。

各种学问之相互关系，及其与人生之关系。……在上述各种学问（国翔按：指两类六种）之外，人必须有一种学问，去了解此各种学问间可能有的关系；把各种学问，以种种方式之思维，加以关联起来，贯通起来，统整起来；或将其间可能有之冲突矛盾，加以消解。这种学问，可以说在各种学问之间，亦可说在各种学问之上，或各种学问之下。总之，这是人不能少的。这种学问，我们即名之为哲学①。

显然，唐君毅对于哲学范围的划定以及哲学与各种学问之间关系的定位，其实也是他的哲学观的一种反映。在他看来，可以将分为两类六种的人类一切学问"以种种方式之思维，加以关联起来，贯通起来，统整起来"，或者将这些学问之间可能有的矛盾加以消解的学问，就是"哲学"。他所谓"哲学"是在上述两类六种学问"之间"、"之上"或"之下"，也正是在这个意义上来说的。

在对整个人类学问进行分类的基础上，唐君毅先生确定了"哲学"的范围。而在确定了"哲学"的范围尤其是与其他学问之间关系的基础上，他又具体提出了对于究竟什么是"哲学"的看法。他将"哲学"的含义总结为如下五种：

（一）哲学是一种求关联贯通人之各种学问或消除其间可能有之冲突矛盾之一种学问。

（二）哲学是一种人感到各种分门别类之学问之分别独立，或互相分裂；与人所直觉之心灵之整个性，所愿望之人生之统一和谐，有一意义下之相违反，而求回复其整个性，以实现人生之统一和谐之一种自觉的努力。

（三）哲学是一种求将各种学科加以关联，并进而与文学历史相关联，再进而与人之生活行为相关联之一种学问。

---

① 《哲学概论》（上），第26~27页。

（四）哲学是一种去思维知识界、与存在界、及人之行为界、与其价值理想之关系之学。

（五）哲学是一种以对于知识界与存在界之思维，以成就人在存在界中之行为，而使人成为一通贯其知与行的存在之学①。

既然哲学的含义是在与其他学问之间的关系中得以确立的，那么，根据唐君毅以上对于哲学的理解，讲哲学就不能仅仅将哲学关联于科学，而应该将哲学关联于各种学问。事实上，我们知道，将哲学作为对科学的诠释，正是 20 世纪中期西方哲学尤其处于强势的分析哲学的特点。蒯因（W. V. Quine, 1908～2000）对于哲学与科学之间关系的说明，所谓"哲学就是科学的注脚"，正是如此。不过，唐先生对"哲学"的理解显然要比蒯因广得多。在他看来，"哲学"之所以为"哲学"，绝不仅仅是在与"科学"的关系中才能获得自身的界定，而必须在与几乎所有人类学问的关系中来建立自我。概括来说，就是"哲学"必须兼顾"知"与"行"，必须关联于各种学问来讲。

何以如此？唐君毅先生举出了四点理由：首先，他认为如此理解哲学符合中国"哲"与"学"这两个字的传统意义。这一点再次说明，唐君毅心目中的"哲学"，并非"philosophy"的简单对应。其次，他认为如此理解哲学符合中国历史上哲人所讲学问的主要内容。第三，他认为这样理解的哲学也符合于印度哲人对于哲学的理解。第四，他认为也符合西方传统中对于哲学的主要理解②。

正是由于这种哲学观，唐君毅先生将"哲学"所包含的内容概括为"名理论"、"天道论"、"人道论"和"人文论"四大部分。在他看来，"名理论"包括西方哲学中的逻辑、辩证法、知

---

① 《哲学概论》（上），第32页。

② 这四点理由是笔者的概括，原文表述参见《哲学概论》（上），第34页。

识论以及印度哲学中的因明。"天道论"包括西方哲学中的形上学、存有论或本体论、宇宙论以及印度哲学中的法相论、法界论。"人道论"包括西方哲学中的伦理学、人生哲学、美学、价值哲学以及印度哲学中的梵行论、瑜伽行论。"人文论"则包括西方的文化哲学、历史哲学、宗教哲学、艺术哲学、教育哲学等。而这四大部分中除了西方和印度哲学的内容之外,自然也包扩中国哲学的内容,如"名理论"中"知识论"的部分,唐先生就专节讨论"中国哲学中之知识问题"。在"天道论"的"形上学"部分,唐先生也有两节分别讨论"中国先秦之形上思想"和"秦汉以后中国形上思想之发展"。在"人道论"的部分,唐先生也分别从"先秦"和"秦以后至今"两个阶段来讨论"中国之人生哲学之发展"。

从唐君毅对于哲学基本内容四大部分的描述来看,可以说几乎将整个西方哲学、中国哲学以及印度哲学的所有内容囊括在内。在当时的时代,可以说唐君毅已经完全处在世界哲学的前沿。在西方世界中能否找到像他那样对其他民族文化中的哲学传统有如此深入了解者,笔者认为是很难的。也正是基于对世界中、西、印这三大最重要的哲学传统的深入了解,唐君毅对于哲学的理解才能够不为某一民族文化的哲学传统的特殊性所限定,从而成为一种涵摄性的哲学观。而这种哲学观的意义,如今更值得我们探讨。

（四）分析与评价

对于上述唐君毅先生那种涵摄性"哲学"观的意义,笔者认为至少有三个方面值得分析和讨论。

第一,是一元中心的破除。唐君毅1959年2月7日在香港为《哲学概论》所作的"自序"第一句话就说:"哲学与哲学概论之名,乃中国昔所未有。"在以往西方学者的各种《哲学概论》中,的确并无"中国哲学"的位置。罗素首次将其哲学史命名为《西方哲学史》（*History of Western Philosophy*）,说明他意识到所讨论的只是西方的哲学传统,而在西方传统之外,世界上其他文明也当有其自身的"哲学"传统。但在罗素之前，西方学者在单纯讨论西方的哲学史时，几乎无一例外都自然而然以《哲学史》（*History of Philosophy*）为名。显然，这是以西方哲学为唯一"哲学"或"哲学"本身这种哲学观的反映。而唐君毅先生的《哲学概论》同时将当时世界上包括中、西、印在内主要的哲学传统都包容在内，并对其哲学观有充分的自觉和交代，一个最为直接的效果，就是首先破除了以西方哲学为中心的哲学观。在唐君毅的《哲学概论》之前，中文世界鲜有同类的著作。即便偶有类似的著作[①]，也完全仅以西方哲学为限。唐著之后，一时同类的著作才将少量中国哲学的内容采纳在内[②]，但基本的框架，仍多以西方哲学为准。因此，在笔者看来，迄今为止，无论就"致广大"还是"尽精微"而言，就《哲学概论》这类的著作来说，恐尚无出唐君毅该书之右者。唐君毅《哲学概论》对于西方中心论的破除这一点，还算是比较容易为人所见的。除此之外，笔者希望特别强调而不免为人所忽略的则是：唐君毅先生的哲学观，同时也还超越了狭隘的民族主义。换言之，唐君毅的哲学观固然打破了西方中心论，但其哲学观也不是保守的东方甚至中国中心论。从上述唐君毅对中文"哲学"含义的界定以及他对于"哲学"是什么或"哲学"的范围与内容所作的解说，我们都可以清楚地看到这一点。

第二，是多元统摄的视野。所谓"多元统摄"，是指既能顾及到世界上不同哲学传统各自的特性，又能把握到这些不同哲学传统之间的共性。前者是"多元"的一面，后者是"统摄"的一面。唐君毅先生曾说："吾人真欲了解历史上之大哲学家或圣哲，

---

① 如范锜的《哲学概论》（上海：商务印书馆，1933 年 9 月初版。国翔按：该书是当时的"大学丛书"之一）、陈哲敏的《哲学导论》（北平：上智编译馆，1950年 12 月初版，1972 年辅仁大学哲学系重印）等。

② 如黄公伟的《哲学概论》（台北：帕米尔出版社，1965 年初版）、赵雅博的《哲学概论》（台北：中华书局，1965 年）、罗光的《哲学概论》（台北：辅仁大学出版社，1986 年 8 月初版）等。

必待于吾人自身对哲学本身之造诣，又必赖吾人先对彼大哲圣之哲学，有一崇敬之心；乃能自提升其精神，使自己之思想向上一着，以与所欲客观了解之哲学思想相契接。而吾人对此思想自身之体证、实践或欣赏，与对有此思想之为人之人格，能加以崇敬或欣赏，皆同所以使吾人对所欲了解之哲学，增加亲切感；而使吾人之了解，更能相应而深入，以成就吾人之高度之客观了解者。"① 并且，对于唐君毅先生来说，这一态度并不限于对"中国哲学"的了解，而是同样适用于西方哲学、印度哲学甚至其他一切人类的哲学传统。在《哲学概论》中，我们正可以看到，无论对于中国哲学还是西方哲学、印度哲学，唐君毅先生都是心存"温情与敬意"而尽可能予以"同情的了解"。而在深入了解各个不同的哲学传统之后，还需要一种超越诸家的反省方法，对于这种"超越的反省法"，唐君毅说："所谓超越的反省法，即对于我们之所言说，所有之认识，所知之存在，所知之价值，皆不加以执着，而超越之；以期翻至其后面、上面、前面，或下面，看其所必可有之最相切近之另一面之言说、认识、存在或价值之一种反省。"② 因此，唐君毅的哲学观之所以既能够打破西方中心论同时又不流于中国中心论，关键正在于其哲学观是在平等深入中、西、印三大哲学传统之后综合提炼而成，不是对其中某一种哲学传统的概括。不少人认为，牟宗三先生似乎比唐君毅先生更多具有判教的倾向，但是，就他提出的"哲学原型"这一重要观念而言③，和唐君毅先生的哲学观一样，其实也是对中、西、印这世界上三大哲学传统多元统摄的结果。在如今文明对话的时代，世

---

① 唐君毅：《中华人文与当今世界补编》（上），《唐君毅全集》，第 9 卷（台北：台湾学生书局，1989），第 385 页。

② 《哲学概论》（上），第 205 页。国翔按：超越的反省法是唐先生在《哲学概论》第十章"哲学之方法与态度"（下）中特别着墨讨论的一种方法，从中可见，这也是唐先生最为重视的一种哲学方法。

③ 参见牟宗三：《现象与物自身》，《牟宗三先生全集》（台北：联合报系与联经出版公司，2003），第 21 册。

界上不同哲学传统之间的对话与交流，尤其需要这种多元统摄或者"理一分殊"的视野，如此方能在"和而不同"的原则下彼此取益、互相丰富，同时对于人类共同面对的哲学课题予以回应。

第三，儒学价值的归宗。尽管唐君毅先生在《哲学概论》中能够既不以西方哲学为中心，也不以中国哲学为中心，而是以一种多元统摄的视野去观照中、西、印这三大不同的哲学传统，不过，很多人都认为，至少在价值观上，唐君毅仍然归宗中国哲学传统尤其是儒学，或者说以儒家哲学的境界为最高。这一点，笔者以为是正确的观察。对此，不但唐君毅在其晚年最后的著作《生命存在与心灵境界》一书中将人生最高的境界归为儒家的"天德流行境"足以为证①，就在《哲学概论》中，唐君毅亦有明确的说明。在《哲学概论》初版的"自序"中，对于"写作此书之时，特所用心之处"②，唐君毅曾有九点交代。其第二点云："本书各部门之分量，除第一部纯属导论以外，固以知识论之分量略多，形上学次之，价值论又次之。然实则本书论形上学，即重在论价值论在宇宙中之地位；知识论，亦重论知识论之真理价值，及其与存在者之关系。故本书之精神，实重价值过于存在，重存在过于知识。……而价值论之思想，则中国书籍中所夙富。即余平昔所作，亦以关于此一方面者为多。"③ 而在第九点中，对于儒学价值的认同和归宗，唐君毅说得更为直接和明确："本书价值论之部，表面以价值论之数问题为中心，而加以分别讨论。其分别讨论问题之方式，亦为西方式的。然贯于此部之一精神，即每讨论一问题，最后所归向之结论，则为中国通天地、

---

① 《生命存在与心灵境界》一书除台湾学生书局的《唐君毅全集》第23、24卷之外，还有两种简体字版，一是2005年中国社会科学出版社的"唐君毅著作选"之一；另一种则是1996年河北教育出版社出版的"中国现代学术经典"丛书的《唐君毅卷》，可便于广大大陆读者阅读。
② 《哲学概论》（上），第8页。
③ 同上书，第9页。

和阴阳以立人道、树人极之儒家思想。"① 既然如此，那么，又如何理解理解"一元中心的破除"、"多元统摄的视野"与"儒学价值的归宗"这两者之间的关系呢？或者说，这两者之间是否存在着矛盾呢？笔者以为，就唐君毅先生来说，在其价值观立场上的特殊性与其基本哲学观上的普遍性之间，其实并无矛盾。所谓"哲学观"，至少就本文而言，是指对什么是"哲学"或者说"哲学"研究的范围和内容的看法，它与价值论属于不同的层次。而一个哲学家或哲学研究者，其哲学观与其自身的价值立场之间，并不具有必然的对应关系。哲学观相同之人，其价值立场未必相同。而哲学观不同之人，其价值立场可能完全一致。事实上，价值论只是"哲学"的一个部分或向度。每一个哲学家都势必无法避免其特定的价值立场，但在基本的哲学观上，却无碍其采取一种普遍主义的态度。因此，唐君毅先生儒家的价值立场，决定了他在《哲学概论》中"实重价值过于存在，重存在过于知识"。但是，这一立场显然并没有使其"哲学观"局限于儒家。

　　在如今，这一点对于"儒家哲学"或整个"中国哲学"的发展尤具深远的意义。无论我们采取怎样的价值立场、具有怎样的价值认同，并不妨碍我们广泛、深入地了解"中国哲学"之外的各种哲学传统。那样不仅不会消解"中国哲学"，反而是"中国哲学"丰富和发展自身的必要条件。王国维早在1903年发表的《哲学辨惑》一文中即指出："余非谓西洋哲学之必胜于中国，然吾国古书大率繁散而无纪，残缺而不完，虽有真理，不易寻绎，以视西洋哲学之系统灿然，步伐严整者，其形式上孰优孰劣，因不可掩也。……且欲通中国哲学，又非西洋之哲学不易明也。……通西洋之哲学以治吾中国之哲学，则其所得当不止于此。异日昌大吾国故有之哲学者，必在深通西洋哲学之人，无疑也。"②

---

　　① 《哲学概论》（上），第11页。
　　② 佛雏辑：《王国维哲学美学论文辑佚》（上海：华东师范大学出版社，1993），第5~6页。亦见《王国维文集》，第3卷（北京：中国文史出版社，1997），第5页。

20 世纪以来，在全球各种不同的哲学传统中，西方哲学一直处于强势。但长期以来形成的"the west and the rest"的心态所导致的妄自尊大和对于中国哲学、印度哲学的无视，其实对西方哲学的发展很不利。因为它无法以西方以外其他的哲学传统为借镜，无法以之作为丰富并发展自身的资源。对比 17、18 世纪启蒙运动时期和 20 世纪西方哲学界对于中国哲学的不同态度，正好可以说明这一点。17、18 世纪西方哲学之所以会涌现一大批灿烂的群星，在相当程度上正是以包括中国哲学在内的东方思想为参照和借鉴的结果①。从文化双向交流和相互学习、彼此取益的角度来看，"吃亏"的并不是现代的"中国哲学"，而恰恰是"西方哲学"。西方的有识之士如今已经逐渐开始意识到了这一问题，晚近中国思想尤其儒学开始为更多一流的西方学者所取益，正是这一意识的反映。中国哲学目前相对仍然处于弱势，但这种弱势也未必就是坏事。正是对西方哲学的不断吸收和汲取，中国哲学在现代以来取得了重大的发展。唐君毅哲学和牟宗三哲学一样，都是融会中西而成的大的哲学系统。因此，发展中国哲学并不能希望在和西方哲学绝缘的前提下进行。我们当然不能以西方哲学为标准来裁剪中国哲学，但是却不能不以西方哲学包括印度哲学为参照。否则的话，中国哲学的将来的发展势必是断港绝河，其流不远。对于这一问题，由于笔者已经有不少专文论及，在此就不再赘述了②。唐、牟其实都是以西方哲学、印度哲学为参照而非标准。有一种流行的说法，所谓牟宗三是用康德解中国哲学、唐君毅是用黑格尔解中国哲学，不过是一知半解、道听途说和人云亦云，其实是对唐、牟的著作没有用过功的结果。因此，将来要想进一步发展中国哲学，至少在融会中西这一点上，从冯友兰到

① 参见朱谦之：《中国哲学对欧洲的影响》（石家庄：河北人民出版社，1996；上海：上海人民出版社，2006）。

② 参见本书第二部分"合法性、视域与主体性——当前中国哲学研究的反省与前瞻"、"中国哲学研究的三个自觉——以《有无之境》为例"和"中国哲学研究方法论的再反思——'援西入中'及其两种模式"。

唐君毅、牟宗三以来，那种"援西入中"而非"以西解中"的方法和取径，恐怕是必由之路，尽管在具体的诠释和建构上可以各有不同。这一点，笔者认为或许是唐君毅先生的哲学观给我们的最大启示。

六　当代儒家知识人的典范——余英时先生荣获人文诺贝尔奖的启示

（一）引言

或许由于本人是化学家的缘故，当初诺贝尔（1833～1896）临终前决定以其遗产的一部分（920万美元）设立诺贝尔奖时，在物理、化学、生理或医学、和平之外，人文学科中仅有文学一科。其后迄今，也只增加了经济奖（1968）和地球奖（1990）。前者授予在经济学研究领域中作出重大贡献的学者，后者则授予为环境保护作出重大贡献的杰出人士。

由诺贝尔生活的19世纪直到今天，可以说是一个科学技术在人类生活中不断趋于强势而人文学科日益退处边缘的过程。西方世界既然如此，在"尊西籍若神圣，视西人若帝天"的整个20世纪，东方以及中国自不免亦步亦趋。不过，作为人类自身经验的反映，人文学科既然无论如何终究无法消失，其意义所在也就自然会有有识之士念兹在兹。非但直接从事人文学科领域的人士如此，其他行业如科技、工商、媒体以及娱乐领域亦不乏其人。由于科技、工商领域易于累积财富，其中有所成就而深明人文学科的价值和意义者，如果对人文领域提供资助，反而更加容易直接推动人文学领域的发展。美国电视巨头约翰·克鲁积（John W. Kluge）先生可以说正是这样一位身在人文学科之外却又颇具人文关怀的明达之士。

有鉴于诺贝尔奖中人文学科只有文学一项，约翰·克鲁积于

2000 年向美国国会图书馆捐款 7300 万美元，设立"克鲁积奖"
（John W. Kluge Prize），也称为"约翰·克鲁积人文与社会科学
终身成就奖"，明确表示该奖项的目的在于弥补诺贝尔奖在人文
领域的不足。因此，该奖涵盖的学科就是历史、哲学、政治学、
人类学、社会学、宗教、文艺批评和语言学。无论在奖励对象还
是在遴选程序上，该奖几乎都一如诺贝尔奖。奖励的对象是那些
在上述人文学科中辛勤耕耘多年、作出重大贡献并获得举世公认
的杰出学者，其国籍和写作的语种不限。遴选的范围也是覆盖全
球，完全是"千里挑一"。2003 年第一届克鲁积奖授予了波兰哲
学家科拉柯夫斯基（Leszek Kolakowsky），2004 年授予了美国耶
鲁大学历史学家帕利坎（Jarslav Pelikan）和法国哲学家利科
（Paul Ricoeur）。去年该奖空缺。2006 年 11 月 15 日，美国国会图
书馆正式宣布，经过全球多所大学的校长、研究机构的负责人以
及众多杰出学者和知识人组成的不同层次的委员会对全球 2000
多位获得提名的候选人的层层筛选，2006 年该奖最终授予了普林
斯顿大学荣休教授余英时先生和杜克大学的荣休教授富兰克林
（John Hope Franklin）。后者今年 91 岁高龄，专治美国黑人史。
余英时先生则寿届 76 岁（2006），在海内外研究中国思想文化的
广大学者群中一直享有盛誉。

　　在海内外的整个华人世界中，获得诺贝尔奖历来被视为最高
荣誉，对于被公认为人文诺贝尔奖的克鲁积奖来说，余英时先生
作为第一位华人学者以精研中国思想文化史获此大奖和殊荣，尤
具深远的意义。全球华人为之欢欣鼓舞，自在情理之中。而如今
我们中国大陆的人文学者，则更应当深思这一盛事给予我们的启
示。当然，启示云者，或许不免见仁见智。但以下主要相关于中
国大陆境况的几点看法，笔者以为未必全属个人的私见，相信会
是若干同道的共识。

　　（二）全球语境中的中文写作
　　首先我们应当思考的，是全球语境中的中文写作问题。虽然
随着中国经济的快速增长，中文目前在西方渐受青睐。国家"汉

办"在全球以"孔子学院"的方式推广汉语,也是这一背景下的举措。但是,这决不意味着中文已经处于强势。即便在整个中文世界,如果说受过高等教育者尤其知识阶层对英文目前或至少十年之内仍然趋之若鹜,恐怕毫不为过。事实上,在中国大陆的人文学界甚至中国传统文史哲领域中,英文能力也成为各种评价机制和学者各方面胜出的一项非常重要的指标。从学术研究的角度来说,具备多种语文能力当然是成为世界范围内一线学者的必要条件之一。即便是中国传统文史哲的学问,也早已不再是专属中国学者的领地,欧美与日本等中文世界以外的地区都不乏精通"汉学"和"中国学"的大师。如果不能对那些海外汉学大师以及更多研究者以其自身语言写作的有关"中国"的研究成果消化吸收,势必画地为牢而难有大成。这一点,并不是什么高深的道理,不过是从事学术研究必须具备的基本自觉而已。也因此,相信和笔者一样,所有具备这一基本自觉的人文学者,都决不会反对尽可能广泛、深入地掌握外文以为研究工作之便。

然而,当前的问题是,不少人在"椟"和"珠"之间,未免本末倒置,在几乎构成近代以来国人文化心理结构的"一切为泰西是举"这一心态下,无形中成了"语言形式决定论"者,以为凡以外文撰著者,皆当较中文著作更具价值。殊不知,至少就学术研究的水准而言,关键并不在于语言文字的"形式",而实在于其"内容",所谓"言之有物",是否"有物"以及"物"的精良与否,较之以何种语言文字来"言之",是远为重要的。这一点,从余英时先生此次获得人文诺贝尔奖来看,足以为证。余先生虽不乏英文作品,如《东汉生死观》(*Views of Life and Death in Later Han China*, Doctoral Dissertation, Harvard University, 1962)、《汉代贸易扩张》(*Trade and Expansion in Han China: A Study in the Structure of Sino-Barbarian Economic Relations*, Berkeley, Ca.: University of California Press, 1967)、《魂兮归来:佛教传入中国之前灵魂与来生观念的演变》(*O Soul, Come Back! A Study in the Changing Conceptions of the Soul and Afterlife in Pre-Buddhist Chi-*

na, Harvard Journal of Asiatic Studies, 47：2, December 1987, pp. 363～395）等①。但 80 年代以来，余先生颇多自觉运用中文著述。因此，很多人尤其华人学者都认为，此次大奖颁给余先生，是对中文写作的充分肯定。正如国会图书馆正式发布消息时所谓"在整个中文世界，包括中国大陆、香港、台湾以及东亚的其他各个国家，其著作被广泛阅读和讨论"。其中还特别提到余先生的中文近著《朱熹的历史世界》。余先生自己也谦称："这个奖是对所有中国知识人的肯定，尤其肯定了以中文从事学术著述的地位与重要性。"

不过，如果我们再往深一层看的话，我想语言仍然尚在其次。以中文写作者，全球而言可谓多矣，为何单单是余先生以中文写作首次获得克鲁积大奖的桂冠？窃以为毕竟不是语言文字本身，而仍在于语言文字背后人文学术研究本身的"含金量"。对此，美国国会图书馆馆长毕灵顿（James H. Billington）在宣布余先生获奖时对其学问的盛赞可为注脚："余博士的学术显然极为深广，他对中国历史、思想和文化的研究已经跨越了许多学科、历史阶段和课题。并且，他也以深刻的方式对人性问题进行了检讨。"正是由于博大精深的学识，余英时先生早已望重海内外士林。这次获奖，其实不过是实至名归而已。

如此看来，为中文写作在全球语境中地位提升而感到振奋的同时，我们又不可因民族自豪感的提高而过分留情眷注于语言文字本身。问题的重点在于，著书立说的关键毕竟在于能否提供真知灼见。否则的话，无论运用何种语言文字，都难以在诸如诺贝尔奖和克鲁积奖这样严格、公正的评选系统中胜出，从而获得世界范围内有识之士的真正认可。这一点，应当是余英时先生荣获人文诺贝尔奖给我们的第一点启示。

---

① 《东汉生死观》和《汉代贸易扩张》两书 2005 年都由上海古籍出版社出版了中译本。"魂兮归来"一文的中译也收入了中译本《东汉生死观》一书中。

（三）如何做一个真正的知识人

第二点值得我们思考的，是当今之世如何作为一个"公共知识人"（public intellectual）（亦译"公共知识分子"）而发挥作用的问题。克鲁积奖在正式发布消息介绍余英时先生得奖时，还有这样一段描述："通过深入原始文献，他将儒学遗产从讽刺与忽略中挽救出来，并在'文革'之后一直激励着更为年轻一代的学者去重新发现中国文化的丰富与多样。"此外，其中也特别提到，余先生的影响远远超出了专业的学术领域而深入整个中文世界的人文领域，是"在中国和美国都最具影响力的华裔知识人"。即以整个中文世界为例，80年代以来，所有人文与社会科学专业学术与业余爱好者，几无不受余先生著作启蒙者。如果说"公共知识人"的主要特点即在于"关心政治、参与社会、投身文化"，那么，余先生无疑是一位当代的"公共知识人"。并且，作为一位"公共知识人"，余先生还具有鲜明的价值立场，那就是"以天下为己任"的儒家精神气质。事实上，"公共知识人"这一翻译语中所反映的"公共性"的含义，在中国古代传统中正是"天下"一词。所谓"天下为公"，"天下"一词所代表的对个人、小群体私利的超越，也正是儒家的价值立场与终极关怀所在。用孟子的话来表达儒家公共知识人的这种立场和关怀，就是"思天下之民，匹夫匹妇有不被尧舜之泽者，若己推而内之沟中，其自任以天下之重如此"（《孟子·万章上》）。

对于"公共知识人"与一般专业知识人之间的不同，余先生曾在其《士与中国文化》一书的"自序"中讲得很清楚："这种特殊含义的'知识人'（按：即公共知识人）首先必须是以某种知识技能为专业的人；他可以是教师、新闻工作者、律师、艺术家、文学家、工程师、科学家或任何其他行业的脑力劳动者。但是如果他的全部兴趣始终限于职业范围之内，那么他仍然没有具备'知识人'（指公共知识人）的充足条件。根据西方学术界的一般理解，所谓'知识人'，除了献身于专业工作以外，同时还必须深切地关怀着国家、社会以至世界上一切有关公共利害之事，而且这种关怀又必须是超越于个人的私利之上的。"① 在余先生看来，如果不能"深切地关怀着国家、社会以至世界上一切有关公共利害之事，而且这种关怀又必须是超越于个人的私利之上的"，严格而论顶多是"知识从业员"，其实并不能称之为"知识人"。换言之，对余先生而言，真正的"知识人"必须是"公共知识人"。

在当今媒体和网络的时代，"关怀国家、社会以至世界上一切有关公共利害之事"显然较之以往更为容易了。但是，这里所谓"容易"，仅仅指更为容易地使个人意见进入公共领域。至于是否能够在"超越于个人的私利之上"这一"必须"的前提之下，似乎历来都不那么容易。如今，则问题更大了。"公共知识人"自然是要在"公共领域"产生影响，而报纸、电视、广播等媒体以及足以让人产生"天涯若比邻"之感的网络，目前俨然构成公共领域的主要载体。但是，那些热衷于在媒体网络抛头露面、动辄发表议论的人士是否就是"公共知识人"？或者说，我们需要思考的是，在如今众口喧腾、意见多多的世界中，究竟如何做一个真正的公共知识人？

笔者以为，公共知识人首先必得是某一专业领域的深造自得者，否则，是没有资格在相关问题上"指点江山、激扬文字"的。上引余先生《士与中国文化》"自序"中的文字重在强调"以天下为己任"的政治社会关怀，但其一开始亦表示公共知识人"首先必须是以某种知识技能为专业的人"。在如今"道术为天下裂"、专业分工日益细密的情况下，这一点尤为重要。如果一个知识人不顾自己的学术训练，动辄在各种领域里和问题上发表意见并诉诸公共空间，以"通人"自居，或面对专业人士的批

① 余英时：《士与中国文化》（上海：上海人民出版社，1987），"自序"，第2页。按：此书1987年版仍用以往约定俗成之称作"知识分子"，但余先生2001年以后不再使用"知识分子"，而改用"知识人"一词，其意在突显人之为人的尊严和主体性，不使之沦为"分子"。因此，2003年新版《士与中国文化》中即将原来的"知识分子"一律改为"知识人"。

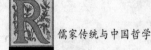
评动辄以"个人心得"为遁词，则即便其在某一领域有所建立，最终也不免会沦为布尔迪厄（Pierre Bourdieu）所谓的"媒体知识人"。这种"媒体知识人""既无批判意识，也无专业才能和道德信念，却在现实的一切问题上表态，因而几乎总是与现存秩序合拍"①。道理很简单，无论怎样的聪明才智之士，其时间、精力毕竟有限，若终日耳目、心神外弛，对各种问题都要回应，只能浅尝辄止而难以鞭辟入里，最后势必连自己原本有所立足的领域都要丧失。至于那些无一专业领域足以依托却喜谈"打破学科界限"并善于媒体运作的人士，就更是典型的"媒体知识人"而与真正的"公共知识人"相去甚远了。热衷于媒体"作秀"而刻意"推销"自己者，既不能沉潜而真正有成，其追逐名利之心，不必"诛"而可知矣。与此相对照，余英时先生学问淹贯，不仅对从先秦到现代长达三千余年的整个中国思想文化史各阶段都有深入的研究，同时对西方的思想文化同样也有深入的了解。就后者来说，如果我们读过余英时先生 20 世纪 50 年代中期已经出版的一系列著作，如《近代文明的新趋势》（1953 年初版）、《民主制度的发展》（1954 年初版）、《民主革命论》（1954 年初版）以及《自由与平等之间》（1955 年初版）等，即可知笔者所言不虚。而余先生中年以后众多著作中处处显示的对于西方思想文化史的熟知以及自觉以之作为研究中国思想文化史的参照而非标准，则更是广大读者深有所感而无需笔者赘言的。余先生学问如此，却仍然时常在行文中谦称自己只是一个"学历史的人"，"不能逾越历史研究的学术纪律"，较之那些"株守一隅"却"以为天下之美尽在己"者，境界与识见之高下，已不啻天渊，更遑论那些"媒体知识人"了。

事实上，只要是在学问上真正深造自得且有一贯的文化自觉与价值立场者，透过文字流传，自然会对社会、政治发生深远的影响力。余先生 1950 年初离开中国大陆，除 1978 年的短

---

① 布尔迪厄著、桂裕芳译：《自由交流》（北京：三联书店，1996），第 51 页。

期来访之外，其他时间未再涉足中国大陆。但是，余先生的文字自从 80 年代在大陆流传以来，其影响日益深远。2004 年起三联书店推出"余英时作品系列六种"，广西师范大学同时出版《余英时文集》，今年已出齐十卷本，一时洛阳纸贵。国会图书馆发布克鲁积奖得主消息时称余英时先生为"在中国和美国都最具影响力的华裔知识人"，正是看到了余英时先生作为一位真正公共知识人所发挥的作用。余英时先生也确实具有强烈的现实关怀，正如他自己所谓："一个知识人必须具有超越一己利害得失的精神，在自己所学所思的专门基础上发展出一种对国家、社会、文化的时代关切感。"不过，余英时先生这种对"国家、社会、文化的时代关怀"，始终自然地发之于其深厚的学养。也唯其如此，他对于现实种种问题的分析评判，才决不同于那些"媒体知识人"的"隔靴搔痒"甚或"无病呻吟"，而精辟透彻之见迭出，常令识者为之击节叹赏不已。余先生多年来一直潜心研究，从来与媒体保持一定距离，其写作更不是为了趋时从众。他曾戏言自己是"低调俱乐部之一员"，恰恰反映出一位真正知识人的操守。在当今这个喧嚣的时代，能够始终坚守学术岗位而不随波逐流的人文学者，必定背后有其文化价值的立场，如此，其从事学术研究的动力方能源源不断。其文化价值立场又必然且自然地会发为相应的政治与社会关怀。至于那些善于"与世浮沉"、"拉帮结伙"且热衷于媒体抛头露面者，既无"以天下为己任"之"心"，终无"审时度势"之"力"。看似颇有公共知识人的形象，实则恰恰相反，不过逢场作戏、逐名求利而已。简言之，来自于深造自得的真知灼见，必然深入人心，流传广泛而久远。否则的话，无论怎样"包装"和"推销"，充其量如"飘风"、"骤雨"（老子所谓"飘风不终朝，骤雨不终日"），博取外行一时的喝彩而已，难以赢得内行持久的肯定，最终更逃不过历史的检验。所谓"终久大"与"竟浮沉"之别，正来自于公共知识人的"真"与"伪"之辨。学者何去何从，值得反省和深思。这一点，是余英时先生获得人文诺贝尔奖给我们广

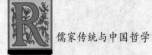

大人文学者尤其年轻一代的第二个启示。

余英时先生此次荣获人文诺贝尔大奖，无论从参与评奖的人士还是从了解余先生成就者的角度来看，都在情理之中。但对于余先生本人来说，却属意料之外。迄今为止，对于何人给他的提名以及他得奖过程中的有关环节，余先生都并不清楚。这固然反映了克鲁积奖评选的客观与公正，更说明该奖对余先生本人而言，实不过是一副产品。有固可喜，无亦欣然。余先生数十年来潜心学问、辛勤耕耘，完全以学术本身为其追求的目标。外在的荣誉和肯定，非其所虑。得奖之前，余先生正沉浸在顾颉刚日记的历史世界中，获奖的消息，丝毫没有牵动其专注的心神。就在得奖之后的最近，余先生又完成了顾颉刚的研究①。世人往往只见人收获，不问人耕耘，更以为耕耘者皆为求收获。殊不知为学往往只有只问耕耘不问收获，方才终能有所收获。余先生此次获奖，实可为儒家知识人的"为己之学"提供了极佳的佐证。真正投身学术并欲以之为终身志业的知识人，于此尤当三致意焉。

---

① 参见余英时：《未尽的才情——从日记看顾颉刚的内心世界》（台北：联经出版公司，2007）。该书是余先生为《顾颉刚日记》所写的序言，包括五个部分。第一部分讨论顾颉刚的事业心及其与傅斯年的关系；第二部分讨论顾颉刚与胡适的关系；第三部分讨论顾颉刚与国民党的关系；第四部分显示顾颉刚 1949～1980 年之间独特的生活境遇；第五部分篇幅最长，讨论了顾颉刚与谭慕愚之间绵延五十余年的情缘。一般人甚至学者对顾颉刚的了解多半仅限于"古史辨"，于顾颉刚一生丰富的其他方面往往忽略。余先生此书可谓别开生面，使一个有血有肉、至情至性的顾颉刚跃然纸上。

七 儒家的文化立场与价值关怀
——陈来《传统与现代：人文主义的视界》读后

1997 年，广西教育出版社出版了一套"跨世纪学者丛书"，当时学界青壮精英，一时多所网罗。其中第一本，就是陈来先生的《人文主义的视界》。2006 年 4 月，北京大学出版社再版了该书的修订版，书名改为《传统与现代：人文主义的视界》。

（一）内容与观点

除了"绪言：人文主义的视界"和"跋语：世纪之交话传统"之外，该书收录了作者从 1988 年到 1997 年十年间撰写的各类文字共 16 篇，包括"中国近代思想的回顾与前瞻"、"化解'传统'与'现代'的紧张——'五四'文化思潮的反思"、"'五四'思潮与现代性"、"20 世纪文化运动的激进主义"、"现代中国文化与儒学的困境"、"梁漱溟早期的东西文化观"、"冯友兰文化观的建立与发展"、"新理学与现代性思维的反思"、"儒家思想与现代东亚世界"、"儒家伦理与中国现代化"、"现代化理论视野中的东亚传统"、"困境意识与相互依赖"、"梁漱溟与马克斯·韦伯的中国文化观"、"价值、权威、传统与中国哲学"、"90年代步履维艰的'国学'研究——'国学热'与传统文化研究的问题"、"中国文化传统的价值与地位"。这些文字大体可以分为论文、专论和述评三类。文章虽体裁各异、长短不一，但无一不是对于文化问题的深度思考，且宗旨宛然，鲜明地反映了作者的

文化立场与价值关怀。

　　该书的主要内容，是围绕儒学价值在现代社会的意义，对近代以来的文化讨论和社会科学研究进行的一种反思。在作者看来，从新文化运动的"东西古今之争"到20世纪80年代的"传统现代"之争，争论的核心始终是：在不可避免且必须进行的现代化过程中，我们要不要"传统"？如何对待"传统"？围绕这一问题，始终以两种对立的观点为主导线索，那就是对中国传统文化尤其儒家传统全面否定的激进观点和主张肯定并继承传统文化中优秀遗产的温和观点。这两种观点，作者称之为"反传统主义与反—反传统主义"。而该书的宗旨，简言之，就是在揭示"反传统主义和反—反传统主义"的对立中，谋求化解近代以来传统与现代的紧张，肯定中国文化特别是儒学传统的核心价值在现代社会仍有其意义，批判全盘反传统的文化观。作者的文化立场与价值关怀，或者说作者的文化价值观，全书一以贯之，始终是肯定儒家思想的价值并反对"反传统主义"。用作者自己的术语来说，这种文化立场即是所谓"反—反传统主义"。在作者看来，这种立场有两个基本含义：一是指在近代社会变迁过程中，反对"反传统主义"的文化观和对传统文化的全盘、粗暴地破坏，在吸收新文化的同时注重保持传统的文化精神和价值。另一是指在商业化、市场化的现代社会里，注重守护人文价值、审美品位、文化意义及传统与权威，抗拒媚俗和文化庸俗化。而这两点，也正是作者所理解并予以澄清的"文化保守主义"的基本特点。作者反复指出，"反—反传统主义"与"反传统主义"的不同，决不在于前者拒绝政治、经济和社会的进步和变革，而仅在于后者重在文化改造，前者强调文化认同。事实上，近代以来被视为"文化保守主义"者的许多人物都曾经有力地推动过社会的进步和变革。在吸收西方文化，推进中国现代化的方面，双方其实"所异不胜其同"。总体上看，双方都是20世纪中国政治进步、经济改革和文明延续的参与者与推动者，各自从不同方面在不同程度上对中华民族的伟大复兴作出了贡献。

正如书名所示以及"绪言"和"跋语"所明确交代的，该书根本的问题意识在于谋求化解传统与现代之间的紧张。书中的各篇文字，可以说都是从不同角度、侧面对于这一核心问题意识的具体分析和深入探讨。随着时间的推移尤其是社会的变迁，传统与现代的紧张虽仍余音袅袅，但似乎已渐成历史的回响。恰如作者1999年末已经敏锐看到的："经历了90年代的经济起飞，今天很少再有人把现代化受挫的满腔怨气喷向中华民族先贤创造的古代文化。尽管对传统仍然需要有理性的分析和对其中消极成分的批判，但那种把中国文化说得一无是处的论点，对人们已经没有说服力了，人们更为关心的是如何发挥传统的积极性和优秀精华。与20世纪'批判与启蒙'的基调相比，我们迎来的是一个'创造与振兴'的新的时代。在这个新的时代里，'传统与现代'的问题可能不再突出，甚至完全消失，而让位于其他适应中国社会新发展的讨论，那正是我们理论发展和民族成熟的标志。"（第289页）到了今天，作者的这一点前瞻似乎进一步得到了现实的论证。在一定意义上，中国文化尤其儒家传统如今不仅似乎早已不再是批判的对象，反而成为整个社会从上到下的追捧对象，颇有"忽如一夜春风来，千树万树梨花开"之势。那么，在这种世易时移的情况下，作者这本从"化解传统与现代之间紧张"的问题意识出发的著作，是否还有其再版的意义呢？

（二）意义与启示

从"五四"的"打倒孔家店"到六七十年代的"文革"、"批林批孔"、"破四旧"，再到80年代晚期的"河殇"，整个20世纪思想文化界的主流无疑是反传统主义。但是，无论真正了解和接受的程度怎样，1990年尤其2000年以来，以儒家传统为代表的中国传统文化的确从"五四"以来批判的焦点渐渐转换成为官方肯定和社会大众认同的对象。对儒家传统而言，如果说整个20世纪的主流简直是"山穷水尽疑无路"，2000年迄今虽为时尚短，却也不能不说是"柳暗花明又一村"了。在如今的形势下谈儒学复兴，中外论者可谓多矣，但其中不无"风派"。"风派"云者，要么识见浅陋，人云亦云而已；要么其实"中无特操"，不过名利之所在，趋之若鹜，反之则避之惟恐不及罢了。不过，从80年代起就能够一直坚定不移地表明自己的文化立场，旗帜鲜明地主张并坚信儒学的复兴，则非有真正信守的"移风易俗"或至少"不为风俗所转"之士不可。如果我们充分意识到《传统与现代》一书的文字恰恰是作者80年代到2000年之间的作品，那么，立足当下，回顾过去，细读该书，我们不能不说，这部著作通篇所彰显的，正是作者对于儒学价值与复兴的真正信守。恰如作者自己所说："本书作者所持的文化立场始终是肯定儒家思想和价值的'反—反传统主义'的鲜明立场。"（第290页）这一点，在作者1991年冬撰写而发表于《二十一世纪》1992年4月号的《贞下起元》一文中，有更为明确的说明："无论21世纪前半世纪的历史如何进行，21世纪后半纪必将迎来整个儒家文化地区的强劲发展，儒家思想与中国文化必然随之重新活跃。"（第292页）同时，作者进一步指出："这种中衰传统的复兴，正如希尔斯（Edward Shils）所说，当然并不意味着对社会中心的重新征服，但毫无疑问，这有助于摆脱漂泊不定的摇摆，使中国文化在多元性发展中具有一种统一的气质作为稳定的基础。"由此可见，作者在信守儒学复兴的同时，又并不是天真或狭隘地认为儒学将要或应该像历史上那样重新成为一种一元统治性的意识形态。这就将作者与那些肤浅的所谓儒学复兴倡导者区别开来。事实上，古往今来，真正能够于儒家传统深造自得者，都是最具开放的心灵而能充分吸收其他文化之优秀成分者，都是"以天下自任"而能超越一己与小群体之私的。因此，《传统与现代》一书再版的意义，首先在于向我们显示了，在80年代后期，中国大陆1949年之后成长起来的真正具有儒学信守的知识人即已指出了未来儒学复兴的前景并表白了自己的文化立场与价值关怀。

如果1989年的"河殇"标志着中国大陆反传统主义的顶峰，那么，《传统与现代》的作者当时即以深沉的思考和清晰的论辩表达其儒家的文化立场和价值关怀，可以说是力抗流俗。如今来看，更可谓着了时代的先鞭。而作者之所以当时"不为势转"，对儒学价值深信不疑并立场鲜明，其实来自于作者对于儒家传统的深造自得。换言之，作者在《传统与现代》一书中所坚持的儒学的立场与关怀，与其《朱熹哲学研究》（北京：中国社会科学出版社，1987；2000 年该书由华东师范大学出修订版时改为《朱子哲学研究》）、《朱子书信编年考证》（上海：上海人民出版社，1989）、《有无之境——王阳明哲学的精神》（北京：人民出版社，1991）、《宋明理学》（沈阳：辽宁教育出版社，1992）、《古代宗教与伦理》（北京：三联书店，1996）等一系列纯学术研究的著作其实具有密不可分的内在关系。事实上，文化立场、价值关怀与学术研究之间的密切关联，也正是该书如今重版应当引起广大人文学者思考与反省的一个重点所在。

在儒学复兴"忽如一夜春风来"的当下，很多人士与机构纷纷奔赴儒学的旗下，也争先恐后地表白自己对于儒学传统的价值认同。但是，假儒学名号而别有用心者固然不值与论，文化立场与价值关怀的表达如果不流于肤浅的口号和感性的喧嚣，而是深造自得的真知灼见，则必须植根于儒家传统的深厚学养。朱子所谓"问渠哪得清如许，为有源头活水来"，儒家学术研究的深厚学养，正是儒家文化立场与价值关怀的"源头活水"。如今颇有一种似是而非之见，认为儒学研究的知识化扼杀了儒学在广大社会和民间的生命力。当然，儒学假如仅仅成为学院里面知识人的"观念的游戏"，自然背离了儒学作为"生命的学问"的本旨。并且，儒学也的确应当深入社会和民间。但是，目前的问题是，我们必须充分意识到，儒家传统与我们断裂已经百年有余。可以毫不夸张地说，我们目前仍然生活在一个"反传统的传统"（tradition of anti-tradition）之中。可以试想，"五四"以后出生的中国人，尤其是在中国大陆，无不生活在这样一个反传统的传统里面。90 年代时哪怕是七八十岁的老人，出生之日已身处反传统、批儒学的氛围之中，因而对儒家传统、中国文化究竟能有多少认识，是很值得思考的。长者尚且如此，1949 年以后"生在红旗下、长在新中国"者，就更不必论了。如果对这一历史背景有充分的自觉，我们就应当看到，目前我们的问题或许并不是儒学的"知识化"。在一定意义上，我们如今对儒学的知识恰恰不是太多了，而是太少了。如果让一些皮相或似是而非的对儒学的理解左右人们的认识，则重建儒学传统，从儒家传统中汲取身心受用的资源，将是无从实现的。佛教有"正见"与"正行"的说法，"见"是思想、观念、意识，"行"是实践。先要有"正见"，然后才能有"正行"。借用这个讲法，我们可以说，要发挥儒家传统的价值，从中汲取有益的资源而有所"受用"，首先在于确立"正见"。讲儒学的学者对儒家传统一定要有比较深入、全面的了解之后，才能够真正站稳儒学的文化立场、实践儒学的相关价值，把真正儒家的信息传达到社会上去。有了"正见"，无论采用怎样的形式来讲儒学都无妨。但如果并无"正见"甚或根本是别有所图，则各种表面上推波助澜的力量弄不好会成为儒学的"死亡之吻"（kiss of death）。儒学复兴的"契机"也就会变成"危机"。在对中国文化、儒家传统已经隔膜甚深的情况下，要获得"正见"，除了激情之外，更需要清明和深沉的理性。没有孟子"掘井及泉"和荀子"真积力久则入"的工夫，很难真正接上儒家传统的慧命。因此，在当下这个众口喧腾、网络和各种媒体足以让人产生"天涯若比邻"之感的多元与多变的世界中，真正的文化立场与价值关怀必然需要坚实的学术研究作为基础。就儒学而言，尤其如此。是否具有真正的儒家的文化立场与价值关怀，并不在于是否终日在公共领域抛头露面、摇旗呐喊。反倒那些看似沉潜于纯学术研究而对各种问题不是动辄发表意见的人文学者，背后其实才真正具有坚定的文化立场与深切的价值关怀。也正由于此，其从事学术研究的动力方能源源不断。基于坚实深厚学养而表达的文化立场与价值关怀，也才不会成为"竟浮沉"的"飘风"和"骤雨"（老子所谓"飘风不终朝，骤雨不终日"），而自然"终久大"，深入人心，流传广泛而久远。事实上，儒家知识人的典范，所谓"士"，正是立足学术而胸怀天下。正如余英时先生所说："一个知识人必须具有超越一己利害得失的精神，在自己所学所思的专门基础上发展出一种对国家、社会、文化的时代关切感。"

回到《传统与现代》，我们可以看到，该书所表达的儒家的文化立场与价值关怀，正是在作者"所学所思的专门基础上"发展出来的。除了前文所引作者那些关于儒家传统的专门研究著作不论，即便就《传统与现代》一书本身来说，作者文化立场与价值关怀的表达也不是空洞的口号和情感的宣泄，而同样是基于具体坚实的学术研究。正是通过对近代以来一系列问题和人物的具体分析，作者对全盘反传统的文化观进行了较为全面的检讨和批判，从而明确了其"反—反传统主义"的鲜明立场，充分肯定了儒学对现代和未来的价值。总之，如何使专业的学术研究与文化价值关怀相互支援、有机结合，"如车之两轮、鸟之两翼"，既避免韦伯（Max Weber）所谓的知识从业员"没有心肝"，又避免晚明王学末流学养未逮而误以"情识"为"良知"的感性挥洒和气魄承当，陈来先生的《传统与现代》可以说为我们提供了一个极佳的范例。这一点，至少在笔者看来，或许是该书在 2006 年重版最为重要的意义所在。

【第四部分】

儒家传统的政治哲学资源

儒学：自由主义与社群主义之间

如果说儒学是中国传统文化的主干，自由主义则是近代以降西方文化中最具影响力的主流思潮。但奇怪的是，在近代以来中西文化冲突与融合的背景下，中国学界对儒学传统与自由主义相关性的探讨，较之该问题的重要性而言，却几乎是微不足道的。较之儒学与自由主义在当代东亚社会已经取得相当程度结合的现实形态，我们似乎更缺乏应有的理论反省。不过，尽管对这一极为重要的课题的研究目前仍远远滞后于其需要，但毕竟已经进入了当代学者的视域。北京三联书店最近出版的《儒家与自由主义》（2001 年 10 月版），便是探讨这一历史与理论课题的重要成果之一。

（一）内容介绍

该书是一部文集，既包括像杜维明、白鲁恂（Lucian Pye）、狄百瑞（Wm. T. de Bary）、孟旦（Donald J. Munro）、罗思文（Henry Rosemont Jr.）等海外儒学研究大家在儒学与自由主义这一论域之内的相关论说，也包括当今自由主义大师罗尔斯（John Rawls）、德里达（Jacques Derrida）对自由主义若干思想的阐发。当然，当代自由主义的代表罗尔斯本人并未直接撰文，但罗尔斯的亲密友人、已故哈佛大学哲学系德雷本（Burton Dreben）教授"论罗尔斯"的演讲文，却对罗尔斯先后在《正义论》和《政治自由主义》两书中表达的自由主义的基本理念和原则进行了勾玄提要的精辟解说，无异于罗尔斯的现身说法。

在这部文集中，以杜维明教授的论说所占篇幅最长，达全书的三分之一。杜维明教授的论说并非以论文的形式，而是通过与陈名先生的系列对话来展开。由于这种对谈的形式，杜维明教授的论说似乎无法就某个专门的问题进行严密深入的论证，但也正是这种非论文的对话形式，使杜先生能够思如泉涌，在古今中西的宏大思想世界中穿梭游弋，因而这篇题目是"儒家与自由主义"的对谈，便广泛涉及到了儒学与自由主义这一宽阔论域中的方方面面，可以说为进一步的研究提示了许多线索和方向。将杜维明教授的这篇谈话与德雷本教授论罗尔斯的演讲文章加以串读（tandem reading），显然能够对儒学与当代自由主义各自的纲领与彼此的交涉得其津要。该文集编辑者将此两篇作为一栏置于首位，或许正是将其视为了解儒学与当代自由主义的入门导论。

该文集的第二栏包括白鲁恂的"儒学与民主"、狄百瑞的"《大学》作为自由传统"、孟旦的"一种证明论理规则的现代方式：约翰·斯图亚特·穆勒、孟子和当代生物学"、罗思文的"谁的民主？何种权利？——一个儒家对当代自由主义的批评"、David B. Wong 的"和谐、分离与民主之礼"、德里达的"一个世纪里的饶恕"、爱得加·莫寒的"饶恕是对残酷世界的抵抗"以及一篇批评狄百瑞《亚洲价值与人权——从儒家社群主义的观点看》的书评文字。显然，这一组文章是在儒家与自由主义这一论域中探讨某些相对具体的问题。民主与人权是该组文章讨论的两个核心观念。

无疑，这两栏文章构成《儒家与自由主义》一书的主体。但是，在比较与参照中无论是要深入了解儒家传统还是自由主义，恐怕都还需要引入当今世界中另一个重要的话语系统，那就是社群主义。这不仅是当今学术界自由主义与社群主义两大对立思潮相互激荡的语境所使然，更为重要的是，对于深究精察我们自己文化传统的主干——儒学——来说，仅以自由主义为参照系尚不足够，还需充分考虑社群主义所开辟的理论空间，只有在与自由主义和社群主义双方同时三边互镜的情况下，儒学才能继往开来，既深化对自身的觉解（self-understanding），又为世界范围的文明对话提供一笔丰厚的资源。事实上，由批评狄百瑞《亚洲价值与人权——从儒家社群主义的观点看》的文章"儒家的社群主义如何可能？"来看，不论作者的观点我们如何看待，至少已经说明：即使在"儒家与自由主义"的标题之下，有关社群主义的问题也已经构成无从闪避的题中之义了。

（二）笔者评论

在这个意义上，笔者在向读者推荐《儒家与自由主义》这部书的同时，就不打算囿于儒学与自由主义的双边框架，而是希望在儒学、当代自由主义和社群主义的三方互动中略陈己见。更为准确地说，是要在自由主义与社群主义这两大典范的参照之下，力求使儒学的某些基本特征在现代的话语中获得进一步较为明确的定位。当然，这是一个巨大的课题，可以而且应当分解成若干不同层次和不同视角的具体问题分别加以专门研究，决非三言两语所能道尽。因此，在这样一个极为有限的篇幅内，笔者只能对一些基本的问题稍作提示。

即使在当代，自由主义也是一个内部异彩纷呈的阵营，不同流派甚至不同学者之间的差异不可胜数，但个人主义（individualism）的自我观、权利优先（primacy of right）的政治理论以及义务论（deontology）的伦理取向（ethical orientation），大概可以说是维系自由主义统一性的三个基本特征。其中又以个人主义的自我观最为基本，它可以说是整个自由主义的哲学基础（philosophical ground）。权利优先的政治理论和义务论的伦理取向都可以说是由个人主义的自我观中派生而出。对此，当代自由主义的最大代表罗尔斯可以提供一个最佳的例证。社群主义尽管内部也是所同不胜其异，但在对自由主义的批评上，不同的社群主义学说与学者又表现出某种大体上的一致性。与罗尔斯所代表的当代自由主义针锋相对，社群主义也有三个基本特征，即群体主义（collectivism）的自我观、公益优先（primacy of common interest）的

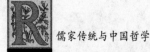

政治理论以及目的论（teleology）的伦理取向。在沈岱尔（Michael J. Sandel）、麦金太尔（Alasdair MacIntyre）等人对罗尔斯的批判中，这三方面得到了不同形式和程度的表现。

以当代自由主义和社群主义的对立为参照，在自我观、政治理论和伦理取向这三个方面，儒家具有非常特殊的表现形态。在政治理论方面，儒家相对淡化行为主体的权利意识而比较重视责任与义务，这与社群主义较为一致。而在伦理取向方面，儒家的"义利之辨"强调"义"优先于"利"，且指出义之为义不在于其能否产生或促进利，则基本上接近自由主义"正确优先于善"（the priority of the right over the good）的义务论立场。至于作为政治理论和伦理取向哲学基础的自我观，情况较为复杂。约略而言，儒家的自我不是单子式的个体，而是一个由家庭到社会再到天下万事万物的公共关系网络中的结点。只有在与他人、自然之间横向的彼此感通中，以及在与天、地之间纵向的三参一体中，自我才能够获得其本真的规定性。社群主义对当代自由主义最根本的批判就是认为后者的自我是一种"先行个体化的主体"（antecedently individuated subject）或"无牵无挂的自我"（unencumbered self），而这种主体或自我不过是一种先验的虚构。就此而言，儒家的自我观显然接近社群主义的思路，但是，儒家的自我也决非淹没于纭纭众生之中而丧失个性的 Das man，不是那种牺牲个体的集体主义。强调人格独立与主体自由是儒家从孔、孟到陈寅恪、余英时一以贯之的共识。儒家既肯定个体与社群的密不可分，同时又突显独立人格，在深入社群的同时成就鲜明的自我，自我对社会构成一种既内在又超越的关系。余英时先生与狄百瑞曾经不约而同地以 personalism 而非 individualism 一词来指称儒家对于个体性的重视，就是看到了儒家这种独特的自我观与自由主义的自我观相似而又有所不同。

由于儒学历来被视为与自由主义势同水火，在当今自由主义受到社群主义强烈挑战的情况下，许多学者便试图寻觅儒学与社群主义的公分母。而由我们以上简略的说明可见，儒学固然与社群主义有诸多不谋而合之处，与自由主义却也同样有着可以互相支持的接榫点。在中国现代思想史上，新儒家与自由主义者的关系演变，也在经验的层面上论证了儒学与自由主义其实是"合则两美，离则两伤"。在自由主义与社群主义的二元对立中将儒学做非此即彼的通约，只能是既不谙熟当代的自由主义与社群主义又不精通儒学传统的结果。事实上，就像自由主义与社群主义参照之下的儒学一样，在西方很多二元对立的范畴面前，包括儒学在内的中国传统思想在许多方面都体现出某种非此非彼而亦此亦彼的"之间"或"居间"特征。《儒家与自由主义》中"儒家的社群主义如何可能？"一文批评狄百瑞教授"儒家社群主义"的说法不能成立，殊不知西方学者中指出儒家有自由主义传统的也恰恰是狄百瑞。而这只能说明，不论狄百瑞教授本人是否自觉如此，当我们无论有"儒家社群主义"之说还是有"儒家自由主义"之论时，只要是着眼于儒学与社群主义和自由主义的两头相通，而并非在 communitarianism 和 liberalism 彼此相斥情况下的单一求同，那么，"儒家社群主义"和"儒家自由主义"这两种表述，都未必没有其合法性以及自身特殊的含义。事实上，正如将儒家注重个体性的特征称为 personalism 而非 individualism 那样，我相信狄百瑞教授所谓的"儒家社群主义"也并非将儒家传统简单地纳入到 communitarianism 的架构之中。顺带一提的是，安乐哲（Roger T. Ames）教授近年来力倡的"儒家民主主义"，也同样是在了解儒学与西方民主思想各有其历史脉络和理论内涵的前提下进行创造性理论建构的尝试，而不是不明分际的单向格义。总之，在明同别异的前提下展开儒学、当代自由主义与社群主义三边的深度互动，无论对于儒学还是当代自由主义、社群主义来说，恐怕都会收到相互滋养、彼此取益的效果。

　　全面检讨儒学与自由主义、社群主义之间的复杂关涉，既不为篇幅所许，也似乎不当是这篇简短的介绍与评论文字的主旨。回到《儒学与自由主义》一书，最后我想说的是，如果我们留意到其中绝大部分文字都是西方学者所作，我们就不能不益发感到中国学者在面对儒学与自由主义（还有社群主义）这一研究课题时的紧迫。当然，仔细检索晚近整个汉语文化圈中有关儒学与自由主义以及社群主义的研究成果，我们其实会发现，虽然严重短缺，但这个领域也并非不毛之地。事实上，至少已经有好几篇中国学者撰写的颇有分量和见地的关于儒学与自由主义或儒学与社群主义的论文①。大概由于某些原因，《儒学与自由主义》一书未能将其收录在内，这或许是美中不足而不免让人稍觉遗憾的地方。

---

① 如何信全、李明辉和刘军宁等学者的相关论著。参见何信全：《当代新儒家自由观念的性格及其问题》，收入刘述先等著：《当代新儒学论文集——外王篇》（台北：文津出版公司，1991），第95～118页。何信全：《在传统中探寻自由民主的根源——徐复观对儒家政治哲学之新诠释》，收入李明辉主编：《当代新儒家人物论》（台北：文津出版公司，1994），第261～280页。何信全：《儒学与自由主义——梁启超的诠释进路》，收入政治大学文学院主编：《中国近代文化的解构与重建——康有为、梁启超》（台北：政治大学文学院，2000），第63～78页。何信全：《唐君毅论儒学中的自由精神》，《国立政治大学哲学学报》，1995年第2期，第93～114页，收入其《儒学与现代民主》（台北："中央研究院"中国文哲研究所，1996）。何信全：《儒学与自由主义人观的对比——以孟子与罗尔斯为例》，《台湾哲学研究》，1999年第2期，第141～162页。李明辉：《徐复观与殷海光——当代新儒家与中国自由主义的争论之一个剖面》，收入《东海大学徐复观学术思想国际研讨会论文集》（台中：东海大学，1992），第491～522页；并收入张斌峰、张晓光编：《殷海光学术思想研究——海峡两岸殷海光学术研讨会论文集》（沈阳：辽宁大学出版社，2000），第25～56页；亦收入李明辉：《当代儒学之自我转化》。李明辉：《儒家传统与东亚的现代化——从李光耀与彭定康关于"亚洲价值"的争论谈起》。李明辉：《儒学、义务论与社群主义》，两文均收入其《儒家视野下的政治思想》（繁体字版，台北：台湾大学出版中心，2005；简体字版：北京：北京大学出版社，2005）。刘军宁：《儒家自由主义的趋向》，收入刘军宁：《共和、民主、宪政——自由主义思想研究》（上海：上海三联书店，1998）。

二　牟宗三的"自由"与 "自由主义"观

（一）引言

迄今为止，学界对于现代新儒家重镇牟宗三的思想，大都集中于其中、西哲学的部分，对于其政治思想的研究，并不多见。而即使是对于其政治思想的研究，也主要集中在他关于如何从儒家传统中"开出"民主政治的论说①。至于其政治思想的其他方面，则基本上并无专门的讨论。其实，牟宗三一生具有强烈的政治与社会关怀，绝非躲在"象牙塔"里"独与天地精神相往来"。笔者曾有专文讨论其 1930 年代关于中国农村问题的研究，就是以往的牟宗三研究从未涉及的内容②。这里，笔者将专门考察牟宗三对于"自由"和"自由主义"的论说。在以往学界牟宗三研究的领域中，这一方面也同样是几乎素未为研究者所措意的。

除了弥补牟宗三研究的一项缺失之外，本节还有另外一个意义。那就是：牟宗三关于"自由"和"自由主义"的相关看法，既可以视为研究儒家传统与自由主义之间关系的极佳素材，而检讨牟宗三关于"自由"和"自由主义"的一套论说，更可以发掘现代儒学中所蕴涵的政治哲学资源。事实上，现代新儒学绝不仅

---

① 参见何信全：《儒学与现代民主》（台北："中央研究院"中国文哲研究所，2004），第四章，第 75～98 页。

② 参见本书第三部分"当代儒学的课题与人物"中"牟宗三早年对中国农村问题的研究"。

仅只是所谓"心性儒学"，其政治哲学的蕴涵和视角深厚且独到①，不仅不与自由主义相抵触，反而可以弥补自由主义的一些缺憾。如今讨论自由主义多囿于现代西方的话语脉络，仅在政治、经济建制的意义上立说，往往无视道德、宗教意义上的自由，更不深究道德自由与政治自由之间的关系。牟宗三论"自由"和"自由主义"，恰恰是要指出二者之间的应有关系以及顾此失彼所导致的弊端。并且，在他看来，只有始终不放弃道德和精神上的自由，如陈寅恪所谓保持"独立之人格，自由之思想"，才能称得上一个真正的自由主义者。而这一点，如果放在整个20世纪迄今的思想脉络中来看，其实未尝不可以说是那些融贯中西而同时立足或植根于儒学价值立场的一流知识人的共识。

（二）道德自由与政治自由：中国传统的自由观与西方近代以来的自由观

在发表于1949年9月1日《民主评论》第1卷第6期的《儒家学术之发展及其使命》一文中，牟宗三将黑格尔的"精神"与儒家的"仁"关联起来，认为"自由"的本质在于"自我觉悟"所透露的"精神"。或者说，在他看来，自由主义的根本在于精神性的自由。他说：

> 此具有普遍性之原理，儒家名之曰"仁"。吾人现在亦可转名之曰"绝对理性"。此绝对理性在人文的实践的过程中彰著其自己。吾人即由此实践而认识其为指导历史或贯穿历史之精神原则，即吾人上文所说孔子经由反省而显之"意义"。黑格尔名之曰精神。黑格尔谓此精神之本质曰"自由"。此所云之"自由"与时下"自由主义"中之自由不同。下文再稍论此两者之关系（按：即下一段引文）。此言

---

① 关于现代儒学中政治思想的内容，目前为止可以称得上深入研究的著作，除了上注何信全的著作之外，当以李明辉的著作为其中的代表，参见李明辉：《儒家视野下的政治思想》（台北：台湾大学出版中心，2005；北京：北京大学出版社，2005）。

自由乃系于精神自己而言。即人类在实践过程中亦即历史发展中，自我之觉悟所透露之精神之自己①。

这里，牟宗三已经指出了"精神的自由"与当时西方的"自由主义"的"自由"之间有所不同，但同时，他也认为二者之间不无关系。对此，我们后文再加以考察。这里，首先要说明的是，在牟宗三看来，西方近代以来的自由主义，由于已经具体化为政治上的民主制和经济上的资本主义，其所面临的问题，正在于丧失了其背后的精神性。他在上引文之后进而指出：

> 但吾默察今日之自由主义已不复能作为领导时代之精神原则。在文艺复兴时，自由之实践具备其充分之精神性，因而下开近代之西方文明。然而演变至今日言自由，已具体化而为政治之民主制度、经济之资本主义，而今日之自由主义者其心思亦粘著于政治经济之范围而不能超拔。自由主义显然已失其精神性。自由固是必须者，……然而问题乃在如何能恢复其精神性。自眼前言，自由主义有其应付现实之时效性，此俨若对付特殊问题之特殊思想。然特殊思想必有普遍原则作根据。其精神性之恢复，端赖此普遍原则之建立。此普遍原则即儒家学术所代表之推动社会之精神原则也。惟精神透露，自由主义始能恢复其精神性，变为可实践者。精神（即吾人所说之心理合一之理性或仁）之本质曰"自由"（此黑格尔所说之自由）。惟此"自由"得其呈露，现实之自由，即自由主义所函摄之自由，方能得到②。

在牟宗三看来，自由主义之所以为自由主义，就其根源来说

---

① 《道德的理想主义》，《牟宗三先生全集》（台北：联经出版公司与联合报系，2003），第9册，第10~11页。

② 《儒家学术之发展及其使命》，《道德的理想主义》，《牟宗三先生全集》，第9册，第14~15页。

在于其"精神性",这一点在文艺复兴时期是可以看到的,但后来的演变却使自由主义具体化为政治上的民主制度和经济上的资本主义。在牟宗三看来,作为一种精神价值的"自由",必须要客观化。现代政治上的民主制度和经济上的资本主义,正是"自由"精神的客观落实。现代自由主义,也主要是在客观化的意义上来说的。但是,如果"自由"客观化之后失落了原先的那种"精神性",牟宗三认为问题甚至会更严重。

牟宗三意识到,儒家传统的"自由"只是道德意义上的自我觉悟,他称之为"主观自由",而这种主观自由并不是现代民主政治意义上的自由。对于民主政治意义上的自由,他称为"客观自由"。在《人文讲习录》第28讲"中西思想诸问题之讨论"中,牟宗三说:"孔、孟与理学家固亦常讲觉悟,讲自我作主。此当然有个性有自由。然此乃道德意义,是主观自由,故能成人格成圣贤,而不是客观自由,故未能开出近代化的政治意义。"①必须指出的是,牟宗三这里的"主观自由"和"客观自由",前者是道德意义的,后者是政治意义的,这与黑格尔的"主观自由"和"客观自由"含义有别。而他也曾经援引黑格尔的"主观自由"和"客观自由"说来说明自由的问题。

1957年5月29日到6月1日,《台湾日报》发表了牟宗三一篇题为《"五四"与现代化》的讲辞,其中,牟宗三就援引黑格尔之说,明确指出中国文化缺乏西方意义上的自由,中国人所有的只是道德宗教意义上的自由,也就是他所谓的"精神的"自由。他说:

> 黑格尔认为中国文化停留在"儿童期"的理由,是因为中国没有"主观的自由"(subjective freedom)。所谓"主观的自由"是相对于"客观的自由"而言(objective freedom)。"客观的自由"代表的是国家、法律、政治各方面的自由等

---

① 《牟宗三先生全集》,第28册,第165页。

等。黑格尔认为"客观的自由"要靠"个体的自觉"来实现，没有"个体的自觉"，国家、法律、政治等所谓"客观的自由"就无法实现。所谓"客观"，不是指的在"我"以外的其他"对象"；"客观"是超越所有"个体"之上，从上一层鸟瞰所有"个体"所联结而成的那个"结构"。国家、政治、法律的所谓"客观自由"，应该由此去理解。如何达到这种"客观的自由"呢？那就要靠每一个人"个体的自觉"。这里所谓的"个体的自觉"，就叫"主观的自由"，是黑格尔的名词。黑格尔认为中国人没有"主观的自由"，只有"合理的自由"（rational freedom）。这个 rational freedom 中国人很难了解，其意就是 substantial freedom。中国人不懂这个意思，中国人讲"天民"，"天民"和"公民"不一样；"公民"是拿权利义务来规定的，"天民"则否。中国人一向认为老百姓自由得很，天高皇帝远，没有谁能给予束缚。国家的统一、政府的构造、政治的运用、法律的制定，老百姓从来也不参与，都是由大皇帝颁布下来。黑格尔认为在中国，这种经过大皇帝"合理安排"，而不是通过每一个人"个体的自觉"情形，正是中国人没有"主观自由"的表现。……

但黑格尔认为这种自由是出于大皇帝"合理的安排"，而不是经由权利义务所规定的自由，随时会受到摧残，没有保障。这种通过大皇帝"合理的安排"的自由，就叫做 rational freedom，它不是经过"主观自由"的实践而来的"客观的自由"。rational freedom 就叫做 substantial freedom，就是"实体上的自由"；也就等于是一种潜伏的自由，没有经过"个体的自觉"而来的自由，这是虚的、不实的、要落空的，黑格尔在这种意义上，把中国文化归入"儿童时期"。黑格尔的话不无道理，但是要注意，这种划分必须有其限制，只单就政治而言，从政治立场上来看待这个问题。最初我对黑格尔的这种观点，也不能心服。中国人怎么会没有"个体的

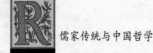

自觉"？从孔子开始，中国人就一向重视个人的自觉，讲修养；宋明理学家天天讲"克己复礼"、"反省"、"省察"，那不都是自觉吗？但是从某一方面看，黑格尔对中国文化的观念与批评也是很正确的。问题很显明，这是两个立场，从道德宗教立场讲，中国人有高度的自觉，这是属于 moral subjective freedom。黑格尔讲的，是从政治立场来看，中国人没有"主观的自由"，所以是"儿童时期"的文化状态①。

这里，牟宗三区分得很清楚，黑格尔所谓的自由，无论是"主观的自由"还是"客观的自由"，都是政治意义上的，而中国文化中的"个体自觉"所表示的自由，只是道德宗教意义上的，或者说是精神意义上的。因此，牟宗三所谓的"主观自由"就和黑格尔的"主观自由"不同，前引牟宗三《人文讲习录》中的"主观自由"是道德、精神意义上的主体自由，而黑格尔的自由则是就政治而言的，"客观自由"如此，"主观自由"也是同样。

对于西方政治意义上的自由主义的哲学基础，牟宗三其实很清楚。同样在《"五四"与现代化》这篇讲辞中，牟宗三指出，自由主义的基本精神是个体主义（按：即个人主义）：

> 所谓自由主义（liberalism）的基本精神还是个体主义（individualism）。个体主义不是讲究自私自利的个体主义。个体主义所重视的"个体"，是政治上的意义，是由权利义务来规定的"个体"。譬如国民享有国家所保障的权利，同时他也对国家负有应尽的义务，像当兵纳税就是。独立的"个体"，才能享权利、尽义务；如果不是独立的"个体"，也就没有权利义务可言。这些都是政治上的意义。因此，在这种个体主义的意义下，自然就包含了自由主义的意义。自

---

① 《时代与感受续编》，《牟宗三先生全集》，第 24 册，第 270～272 页。

由主义由此而来，这才是自由主义的基本精神①。

而对于现代西方自由主义的所指，牟宗三也很明确。在 1983 年 1 月 23～24 日刊于《联合报》的《汉宋知识分子之规格与现时代知识分子立身处世之道》这篇讲辞中，牟宗三指出：

> 自由主义自西方十七、十八、十九世纪以来是一个政治概念，它的作用要在政治上见。自由主义跟着个体主义来，个体主义、自由主义讲的是人权，故要扣紧人权运动来了解。这根本是政治的。西方自由主义的表现就是如此，由之而开出了现代的文明②。

也正是由于对西方政治意义上的自由与中国传统道德意义上的自由这两者之间的差别有着明确的自觉，牟宗三表示反对生活态度上的"泛自由主义"。同样是在《"五四"与现代化》这篇讲辞中，牟宗三接着指出：

> 自由主义传到中国以后，大家都误解了。像胡适之先生所表现的就有问题。胡先生并不是不了解西方的自由主义，可是胡先生回国后在生活上的表现，特别是他解释自由主义的时候，就不够清楚。从行动上讲，自由主义既是政治上的观念，就必须从政治立场、从宪法基础的民主政治立场来说明、来实践。胡先生仅把自由主义表现在社会日常生活上。固然这也并非完全错误，但是这种表现应该有其限制。由于我们的日常生活问题复杂得很，从日常生活中学习训练自由主义、个体主义，仍然只能依靠政治生活达其目的。譬如我们开一个会议，就是学习民主政治的最好机会；但是我们的

---

① 《时代与感受续编》，《牟宗三先生全集》，第 24 册，第 264～265 页。
② 同上书，第 264 页。

日常生活，并不是天天在开会。因此，自由主义表现在社会
日常生活上就不免于泛滥，变成了所谓的泛自由主义（pan-
liberalism）。子女抗拒父母管教，学生不服老师教导，一切
不正常的社会现象，都以自由主义为借口；……我们不能不
承认，这就是从五四运动以后延续而来的流弊①。

这里，牟宗三批评胡适要对自由主义泛化成一种生活态度负
有责任，需要加以分析。一方面，就胡适个人的生活而言，他恐
怕并没有将自由主义作为自己的生活态度。相反，他在个人生活
中几乎完全可以说是传统儒家道德价值的身体力行者。这一点，
牟宗三恐怕反倒是有所不及的。至于就政治立场而言，胡适则可
以说是将自由主义的立场贯彻于其一生的政治实践②。不过，另
一方面，牟宗三指出自由主义泛化为社会日常生活的一般态度所
造成的流弊，则是颇有所见的。正如民主泛化成日常生活的一般
态度一样，自由主义如果泛化成为一般生活态度，不免变为"掩
护生活堕落的防线"③。

（三）道德自由与政治自由之间的关系

不过，区分道德与政治两种不同意义的自由，并不意味着二
者之间没有关系。牟宗三之所以要批评当时自由主义者丧失了精
神性，正在于要指出二者之间具有密切的关系，不能采取政治归
政治，道德归道德的方式"一刀两断"，彼此割裂。在他看来，
道德宗教上或精神性的自由以及政治上的自由（现代自由主义所
重政治经济上的自由）这二者之间的关系，其实应当是一种体用
的模式。牟宗三对此有所说明：

---

① 《时代与感受续编》，《牟宗三先生全集》，第24册，第265页。
② 关于这一点，余英时先生曾经有很好的论述。参见余英时：《重寻胡适的历
程——胡适生平与思想再认识》（桂林：广西师范大学出版社，2004）。
③ 《关于文化与中国文化》，《道德的理想主义》，《牟宗三先生全集》，第9册，
第331～332页。

自由民主发展到 19、20 世纪，亦不能无僵化之弊、停滞不前之弊。其弊不在自由民主本身，而在其成为制度后的时风与学风。盖民主政治及其下之出版、言论、结社等自由，都是文艺复兴后的自由主义（精神解放）之成果。那时的自由主义的"自由"是从前一个阶段中的压迫、拘束、僵化而来的解放，是人性、个性、价值观念之觉醒，是迫切要求的呼声。在此觉醒与呼声中，人们是从被动僵化不自觉的物质凝结的生活中，深深反省自觉而直透到精神生命之源，直接透露出精神人格之光辉。此之谓大自由、大欢喜。故那时的"自由"是精神人格之树立，是耳目之爽朗，是从冻结中直接透露出光与热之本源。故精神人格中的客观之情与意是一切要求活动的推动机：一切理想要求、价值要求，皆从此出。故带有充分的理想性与精神性，而可以披靡一世。在此种情形下的人心及时代精神是构造的、综合的、立体的。直接从客观的情与意而贯注到行动之末与外，故为立体的。那时的"智"也是根据客观的情与意之要求而发其光辉，是统于这个立体中，决不是颓堕下来而成为平面的、干枯的、浅薄的、近视的，所以能有科学之出现。及其理想要求、价值要求，实现而为制度，成为经济上的自由经济、资本主义，政治上的民主政治、权利义务等，则其理想性、精神性，不能不停滞。吾人须知"精神人格之树立"中的自由（freedom）是精神的、本原的，而其成之政治制度，以及此制度下的出版、言论、结社等自由（liberty），则是些文制的。这些文制是精神自由的客观形态①。

在 1954 年人文友会第七次聚会的讨论中，牟宗三再次表达了他的这种看法：

---

① 《道德的理想主义》，《牟宗三先生全集》，第 9 册，第 312～313 页。

今之讲"自由"，只下定义，认为自由是 liberties（多数的），只成为外在的，不讲 freedom，认为 freedom 是抽象的。其实 freedom 是从人格上讲，道德意义上讲的。讲自由，不从人格上讲，而只从外在的权利上说，其自由只成了享受上的自由①。

简言之，依牟宗三之见，精神性的自由是"体"，自由主义的自由包括民主政治和资本主义是"用"，前者是"内"，后者是"外"，后者是前者的客观形态。要论轻重的话，则不得不说前者是"本"，后者是"末"。如果对自由的理解仅局限于社会制度的层面，则会有僵化之弊。这一点，也正是牟宗三对于 19、20 世纪西方自由主义发展的批评所在。

鉴于当时自由主义对道德意义上的精神自由的忽略，牟宗三进而提倡精神性的自由所具有的现实意义，在 1954 年第八次人文友会的聚会中，牟宗三讲得很清楚：

至于自由世界虽讲自由民主，但这民主自由，早已客观化，成了制度，已失掉其理想性，不能吸引青年为之奋斗，现在还是在现实生活上过其寡头的自由民主生活，再加上科学唯物论，当然没有理想，不能号召了。我们现在要使自由民主成为理想，恢复其号召性，必须在这寡头的自由民主与科学唯物论以外，加上一个东西②。

必须指出的是，牟宗三并不是反对制度化的民主自由，而是要指出仅有作为制度的民主自由的不足。当然，之所以要恢复自由民主的理想性，从牟宗三的这段话中显然可见，是要对抗马克思的唯物论。

---

① 《人文讲习录》，《牟宗三先生全集》，第 28 册，第 38 页。
② 同上书，第 42 页。

在 1990 年 11 月 8 日刊于《联合报》的《中国文化的发展与现代化》这篇书面讲辞中，时年 81 岁的牟宗三再次重申了人文教育与作为政治制度的自由之间相辅相成的关系以及人文教育的特别意义。他说：

> 文化文明必本乎自由，则文化文明不是虚文；自由必要求于文化而创制文明，则自由不蹈空，亦不放纵。……从西方来的"正视自由与民主政治"固有贡献于自由与文制，然而必须有人文教育以培养其理性生命，然后自由方能成其为自由，文制方能成其为文制，否则两方皆可以恶化而成为其自身之否定——自由恶化而为放纵无度，民主亦可以恶化而为暴民混乱①。

由这段话可见，在牟宗三看来，人文教育可以说是自由得以真正落实的保障。早在 1978 年 12 月，牟宗三在批评美国与中国拉邦交时，他就曾在讨论索忍尼辛对美国的批评时指出：

> 自由、人权，是个民主政治的体制问题；在有自由、有权利之下，如何能够运用我的自由，如何能够充分实现我的权利，这是另一个问题，是"文化问题"，是个"教养问题"②。
>
> 政治自有它的限制性，它不能无所不管。这里一定要分清楚。而在此也显出民主政治的可贵，这是近代文明可贵的地方。民主政治这个限制，就是要尽量限制政府的权力，不使它无所不管。假如你把一切事情一切责任都推给政府，就表示你的头脑是一个没有近代化的头脑。须知政府只是保障

---

① 《时代与感受续编》，《牟宗三先生全集》，第 24 册，第 432 ~ 433 页。
② 《从索忍尼辛批评美国说起》，《时代与感受续编》，《牟宗三先生全集》，第 24 册，第 238 页。

你的权利，如何运用权利是个人自己的事情。不是给了你自由，你马上就能付之于恰当的运用。这不是政治的问题。是什么问题呢？这里是文化的问题。说得具体一点，就是教育问题，是教育、学术、文化的问题。这是政治管不着的①。

换言之，牟宗三认为，即便在自由的政治制度得以建立的情况下，如果没有"文化"和"教养"，一个人也是不懂得如何去充分实现其自由和权力的。牟宗三强调道德自由、精神自由的意义所在，正是要指出这一点。

（四）自由主义的根本精神与真正的自由主义者

在区分自由的根本精神（道德自由）及其外在和客观的表现形态（政治自由）并指出二者之间关系的同时，牟宗三进一步讨论了儒家道德意义上的自由与西方政治意义上的自由两者之间的关系。一方面，他指出了儒家传统与西方近代以来"自由主义"在起源上的不同，另一方面，他则认为，儒家传统与自由主义不仅是相通的，而且更能反映自由主义的基本精神。这一点，在1962年6月发表于《人生杂志》第24卷第3期《观念的灾害》一文中，牟宗三有明确的说明：

> 说到宽容与了解，中国的儒家传统是最具备这种通达的智慧与雅量的。所以我常说自由主义精神的老祖宗当该是孔子，真正能表现宽容精神的，最早的也当该是孔子，是儒家传统。我们当然不能说孔子或儒家是现在的所谓"自由主义"，但他的确能表现自由主义的宽容的精神。自由主义只是一种态度，它本身无内容。来自西方近代的这个特定的自由主义，其提出是有它的特定背景的。它是在人权运动下产生下（按：此"下"当为衍字，或当为"的"之误）。它是

---

① 《有关"美国与中共拉邦交"之谈话》，《时代与感受》，《牟宗三先生全集》，第23册，第57页。

对宗教信仰上的迫害而成产生，对阶级制度而产生，对专制暴君而产生。儒家传统所表现的宽容精神不是这样产生的，所以在中国以前也无"自由主义"这一个名称。儒家所表现的宽容精神是跟据克己、慎独、明明德而来的，是他们的道德修养所达到的一种通达的智慧与雅量或德量。不是从社会上对某一客观问题，如宗教、如阶级、如专制而发的一种运动。此其与西方近代所出现的自由主义不同之处。它是由克己慎独的圣教所透射出的一种宽容的精神或敞开的精神。这是由克己慎独而来的智慧与德量，但却与从根本上对客观问题而发出的自由主义相契合，而且可以说这是更根本的、更真实的，比特定的自由主义更高一层。它可以使那从社会上而发出的自由主义更真实化、更充实化、更能提得住而站得住①。

在此基础上，牟宗三接着表达了他对西方近代所产生的"自由主义"根本精神以及一个真正自由主义者的理解。他说：

> "自由主义"在西方之产生是从社会上对宗教信仰而发、对阶级而发、对专制暴君而发，总之，是在人权运动下而产生。它是从社会上对那些拘禁、限制、不合理的既成势力而逼出的一种宽容、开明的态度，它本身并无特定的内容，它不是一个思想系统。从正面说，它是在一切基层学问或思想系统之上的一种超然的态度或宽容、开明的精神。从反面说，它反对并拆穿一切政治的、思想的或宗教的"立理以限事"的意底牢结（按：牟译"ideology"）之拘禁与封闭。照此正反两面所表现的宽容与开明的态度说，自由主义这个超然的态度也可以有其态度上的一定内容或特性，那就是：一、尊重个性；二、尊重人格价值；三、宽容；四、理性。

---

① 《时代与感受》，《牟宗三先生全集》，第23册，第35～36页。

一个具有这四点内容的健康的自由主义者，他可以相信某种宗教，但不反对旁人相信另一种宗教，却必反对以某一种宗教拘禁或封闭人民的信仰。他也可以不相信任何宗教，但不反对旁人相信，也不抹杀宗教本身的价值。他可以相信某种哲学系统，但必宽容其他系统的存在与价值，但却不能宽容成为意底牢结的某种系统以封闭社会。他可以研究某种学问，但不抹杀旁人所研究的学问。他可以肯定科学，但不是独断的科学主义。他当然要肯定自由民主，但不因而抹杀一个国家的历史文化与道德宗教。他愿使一切基层的学问，如科学、艺术、道德、宗教皆各归于其自己而并存；他愿使一切思想系统，如哲学上的各种立场，皆有其存在的价值。它唯一反对的就是拘禁与封闭，政治的、思想的、或宗教的①。

在牟宗三看开，自由主义的根本精神首先是"一种宽容、开明的态度"。这种态度可以从正反两方面来说，所谓"从正面说，它是在一切基层学问或思想系统之上的一种超然的态度或宽容、开明的精神。从反面说，它反对并拆穿一切政治的、思想的或宗教的'立理以限事'的意底牢结之拘禁与封闭"。在这种根本精神之下，一个真正的自由主义者必须具备四点特征，即"一、尊重个性；二、尊重人格价值；三、宽容；四、理性"。如果我们可以将牟宗三视为一个自由主义者，那么，以上这一段话可以说正是牟宗三对其自由主义的最好的表白。

正是基于对自由主义的这种理解，牟宗三甚至对"自由主义"一词的译法提出了自己的看法。在《观念的灾害》一文的"附识"中，牟宗三说：

> liberalism 译为"自由主义"是不甚恰当的。到中国来，译成这四个中国字，很易令人望文生义，而丧失其原来的应

---

① 《时代与感受》，《牟宗三先生全集》，第23册，第36～37页。

有之意。所以"自由主义"一词在中国生出许多误会与流弊（以在中国无发生此词的社会背景之故）。以自由主义自居或借口自由主义说话的人无一能表现出这词的应有的原意，亦无一能有 liberal 的精神。西方人使用此词的主要含义是宽容。为什么以宽容为其主要的特征？正是因为有宗教信仰上的不宽容，干涉私人的信仰、干涉人的学术思想；有阶级制度的不平等、有特权；有专制暴君的侵害与压迫。到处是拘禁、是封闭，所以才有人权运动、才有民主政治、才有个体主义，亦因而有 liberalism 一词之出现，这都是相连而生的。就 liberalism 一词说，首先当看其所反对的是什么。这也是遮显。有其所遮，看其所显。它所遮的是不宽容，它所显的就是要求宽容；它所遮的是封闭拘禁，它所显的就是敞开，一无禁忌。所以这词的表意首先就是宽简、解放、敞开、不专断、尊重对方、体任自然。但是这些表意，在此词，都是自社会上对客观问题而发，不是自德性的修养上而显，如中国儒家传统之所至。所以此词的那些表意是外在形态，而德性修养之所显则是内在形态。一个人在内在德性上很可以达不到这种境界，但在 liberalism 一词之下，很可以想到在以前不宽容的灾害，我既要求宽容，所以我现在也应当表现一点宽容精神。所以在此词下，和一个人争讲宽容，你不能和他讲"明明德"那一套，你只能和他对证人权运动那一套。这就是此词的那些表意之所以为外在形态之故。譬如"宽简"一词就很好。宽者宽容，简者简易。但中国说这些字时，则不说宽容、容忍（这些是西来语意），而说宽和、宽弘、宽平、宽恕、宽简有度。容则说"休休然若有容"、"容乃公"。"简易"对苛烦支离而言。这些字都是德性字眼，直承德性而发，并不是自社会上对客观问题而发。"体任自然"尤好，是对矜持拘谨而言。……但在西方 liberalism 一词之下，敞开是对外在的封闭、拘禁（不是拘谨）而言。若由一个人的不专断、无禁忌，而想到"体任自然"，说这人是 liberal，则必

须就人权运动那一套想其外在的意义（其实宽简、宽简有度，亦太中国式，不易用得上）。比较还是宽容、容忍、忍让，能合原义。所以此词译为"宽容主义"、"宽任主义"或"宽忍主义"，也许比译为"自由主义"较妥。至于中国那些德性字眼，则根本属于另一套。西方人权运动下的"宽容主义"比较是外在的、形式的、社会的，而中国儒家传统中那些德性字眼则是内在的、真实的、实体性的、个人德性的，是更高一层的①。

在这一段关于"自由主义的"译法的说明中，牟宗三再次交代了他所理解的儒家传统和西方近代自由主义中"自由"的不同。在他看来，儒家传统中的自由主要是一种德性修养的结果，是一种主体的精神境界和人生态度，而由于起源于反对外在的束缚，西方近代自由主义的自由则主要体现为一种社会制度上客观的形式架构。所谓"内在形态"与"外在形态"，就是要对比二者的差异。不过，牟宗三同时也指出，西方近代那种客观的、外在的、形式的自由主义背后根本的精神，仍然不外于精神的自由。也正是在这个意义上，他才可说儒家传统的宽简、宽容、宽任、宽忍，较之自由主义是"更高一层的"。至于他所谓"实体性的"中的"实体"，应当是"有实质内容"而可以"真实体证到"的含义，并不是指西方哲学传统中的"实体主义"中的"实体"（substance）。如今人们大都习于西方话语，对中文一些词汇的本来含义反而遗忘。这里是要提请读者注意的。

由于他自己对自由主义的理解，对于什么是真正的自由主义者，牟宗三也有相应的表达。除了前引文中他所表达的一个自由主义者当具的"尊重个性、尊重人格价值、宽容、理性"这四点特征之外，牟宗三还曾经因金岳霖的例子对于什么是一个真正的

---

① 《时代与感受》，《牟宗三先生全集》，第23册，第39~40页。

自由主义者有进一步的说明。

1950 年代初，中国大陆正在进行"思想改造"运动，许多以往的知识人纷纷自我检讨。当时，牟宗三听到了金岳霖的检讨词。在 1952 年 1 月 2 日刊于《自由人》的《一个真正的自由人》这篇文章中，牟宗三即针对金岳霖的自我检讨，反省当时中国知识人的问题，表达了他对于什么是一个真正的自由主义者的看法。他说：

> 真正自由的人，都有极强的生命内蕴，都有极丰富的理想主义的情调。尽管他注重于抽象的分析、技术的训练，这是他的理智兴趣所发的理智工作，人不能不有工作，但在他所发在外面的工作背后的生命内蕴，理想主义的情调中，有些基本信念不能摇动。个性尊严不能摇动，人格价值不能摇动，不为阶级所决定的客观而普遍的真理不能摇动，家庭生活内的父子兄弟夫妇的伦常不能摇动。这些基本信念，正是一个自由人所万死不肯放弃的①。

这里牟宗三所谓"个性尊严不能摇动，人格价值不能摇动，不为阶级所决定的客观而普遍的真理不能摇动，家庭生活内的父子兄弟夫妇的伦常不能摇动。这些基本信念，正是一个自由人所万死不肯放弃的"，不由人不想到孟子所谓"富贵不能淫，贫贱不能移，威武不能屈"（《孟子·滕文公下》）的"大丈夫"精神。尽管这种主体的精神自由并不是政治意义上的自由，但正如牟宗三所说，即便是政治意义上的自由主义，其背后的精神也仍然不外这种道德意义上的主体的精神自由。

（五）结语

由以上的讨论可以看到，牟宗三关于自由和自由主义的思考从 20 世纪 40 年代末期至少一直持续到 20 世纪 80 年代中期。事

---

① 《时代与感受续编》，《牟宗三先生全集》，第 24 册，第 51 页。

实上，如果说自由主义是近代以降西方文化中最具影响力的主流思潮，那么，清末民初以来中国知识人在中西文化冲突融合这一大背景下思考自由和自由主义及其与中国传统尤其儒家思想之间的关系，可谓"理有固然，势所必至"。牟宗三对自由和自由主义的思考决非偶然和个别的现象，而牟宗三对于自由主义与中国传统思想尤其儒学之间关系的看法，更是代表了 20 世纪相当一部分学贯中西而能立足中国传统的知识人的共识。由于本文并不是要全面讨论这一问题，而只是希望以一个具体的个案来收一斑全豹之效，因此，这里仅举一例对此稍事引申。

与牟宗三基本精神方向一致的当代新儒家如唐君毅、徐复观等人不必说①，不以新儒家的名号为意而反倒更能体现传统儒家士君子精神气质并以中国思想文化史享誉海内外士林的余英时先生，在对西方自由和自由主义及其与儒学之间关系这一点上，也与牟宗三的看法颇多相合之处。一般人仅知道余先生在中国思想文化史方面的成就，其实，早在 1955 香港出版的《自由与平等之间》一书中，时年仅 25 岁的余英时先生就对西方的自由观念做了极为详细和深入的专门探讨，同时也指出了中国传统思想与西方自由观念之间的关系。对于"自由"这一观念，余先生曾有"精神自由"和"社会自由"的区分："我们追溯西方文化中的自由概念，很容易发现它是分成两大系统的：一是讲意志自由、道德自由的自由，一是讲个人自由的自由。前者我们不妨统称之为精神自由，后者则应称之为社会自由。"② 大体就相当于牟宗三的"主观自由"（道德自由）和"客观自由"（政治自由）。并且，余先生也进一步指出，西方近代以来的自由虽然主要是讲社会自由，但"自由"观念本身却并不仅限于"社会自由"，同样，中国古代虽然没有明确的社会自由的观念，但精神自由的资源却

---

① 关于唐君毅和徐复观对儒学与自由的看法，参见何信全：《唐君毅论儒学中的自由精神》、《徐复观论儒学与自由民主》，两文俱收入其《儒学与现代民主》。

② 余英时：《自由与平等之间》（香港：自由出版社，1955），第 2 页。

极其丰富。而说到底，精神自由和社会自由又是密切相关的。所谓"自由的极致乃是一种最高的文明境界；它是每一有文化的民族所共同企求向慕的理想。从这一方面看，所谓精神自由与社会自由也只是同一理想的两面，并非截然不同的东西。因而古代印度也有自由的思想，有些印度学者甚至早就提倡过民主制度、人民议会，以及个人自由等概念。中国过去虽没有明确的社会自由的观念，但并不缺乏共同的自由理想。"① 顺便值得一提的是，晚近美国印度裔思想家、1998 年诺贝尔经济学奖得主阿马蒂亚·森（Amartya Sen）大力发掘印度传统中的民主传统，以"公议"（public reasoning）来界定民主的本质②，颇引起西方思想界的重视。由以上的引文可见，殊不知余英时先生早在 20 世纪 50 年代就已经注意到了包括印度在内的非西方传统中的自由、民主的因素。其中余先生提到的印度学者虽未指明，但显然是在森之前。除了指出并不能用精神自由和社会自由来简单两分中西方之外，强调精神自由与社会自由之间的密切相关性，也同样是余先生和牟宗三的一致之处。而这一点，则是现代中国知识人中的许多自由主义者在接受西方自由主义时大都有所忽略的。事实上，20 世纪以来，仅就中文世界而言，所谓文化保守主义者对自由主义者的批评，大都并不在于后者对于西方自由和自由主义理念的接受本身，而在于后者往往将自由仅仅限于政治社会的领域，忽略了"社会自由"或"客观自由"与"精神自由"或"主观自由"之间的关系，或者说，将余英时先生所谓"同一理想的两面"割裂了开来。当代新儒家徐复观对于殷海光

---

① 余英时：《自由与平等之间》，第 3 页。

② 参见 Amartya Sen, "Democracy and Its Global Roots: Why Democratization is not the Same as Westernization", *New Public*, Vol. 229, October 6th, 2003, pp. 28~35; *The Argumentative Indian: Writings on Indian History, Culture and Identity*. Farrar, Straus and Giroux, 2005.

的批评①，以及本文上述牟宗三对于自由主义的批评，重点正在于此。

如此来看，有两点我们需要特别注意：其一，自由主义深度进入中国知识人自觉反省的层次，决不是在 20 世纪 90 年代才开始的；其二，如今回顾西方自由观念和自由主义在中国知识人中的接受史，尤其是关于儒学与自由主义关系这一重要课题的探讨，尚有许多以往研究者失落的环节，像牟宗三、余英时先生对于自由和自由主义的讨论，就是如此。深究自由观念和自由主义者，其实并非只有那些一般为人所知的被贴上"自由主义者"标签的知识人。即便在被视为保守主义者的群体中，也不像一般流俗之见那样，似乎只有张君劢、徐复观等人才对自由主义有较为同情的了解。如本文所论，牟宗三和余英时两位先生对西方自由观念和自由主义的认识，反倒有时超过那些自由主义标签之下的人物。

如今，中文世界最新一代研究自由主义的知识人对西方自由观念和自由主义的了解，或许已经超过了牟宗三先生，甚至或许也超过了 1955 年的余英时先生，但是，对于中国传统尤其儒家思想是否能有如牟、余两位先生那样博大精深的认识，则恐怕需要扪心自问了。如果不能植根并立足于自己的传统，如何真正吸收西方自由主义的精华并使之落地生根，就始终会是一个问题。在 20 世纪 90 年代后期，中国大陆有一些学者曾对儒学与自由主义的关系进行了非常有意义的探索。比如，有学者就曾经试图结合儒学与自由主义，并提出了"儒教自由主义"的主张，所谓

---

① 通过讨论徐复观与殷海光之辩来说明儒学与自由主义之间的关系，可参考李明辉：《徐复观与殷海光——当代新儒家与中国自由主义的争论之一个剖面》。收入李明辉：《当代儒学之自我转化》（繁体字版，台北："中央研究院"中国文哲研究所，1994；简体字版，北京：中国社会科学出版社，2001）。亦见《东海大学徐复观学术思想国际研讨会论文集》（台中：东海大学，1992），第 491～522 页；以及张斌峰、张晓光编：《殷海光学术思想研究——海峡两岸殷海光学术研讨会论文集》（沈阳：辽宁大学出版社，2000），第 25～56 页。

"儒教自由主义是自由主义在儒教传统文化的土壤中安家落户后对儒教加以融合，形成了带有浓厚儒教色彩的自由主义。在政治上，儒教自由主义表现为代议政治、宪政法治、政党政治加上儒家的施政作风。在经济上，实行自由市场经济，加上克勤克俭、互帮互助的儒家工作伦理，同时政府受儒家富民养民的影响对经济生活进行积极的调控管理。在道德文化上，儒教自由主义既引入自由主义对个人权利、自立自主和竞争精神的强调，又保留了儒教忠恕孝顺、尊老爱幼、重视教育和注重集体利益的价值倾向"①。这里对结合自由主义和儒学所形成所谓"儒家自由主义"的描述是美妙并的确令人欣赏的。但其中隐含的对儒家传统的一些判断，仍不免似是而非，未能深入底里，窥其全豹②。由此我们不能不扼腕而叹，很可惜，由于历史的原因，在 1949 到 1980 年代所造成的断层与鸿沟之下，新中国的不少认同自由主义的知识人似乎未能接上 1949 年以前中国知识人以及 50 年代以后海外中国知识人关于自由主义和儒学的思考所形成的传统，对这些失落的环节似乎未有足够深入和全面的了解。"温故"既然不足，所知之"新"，至少在涉及儒家传统方面，也就难免有限了③。

---

① 刘军宁：《儒家自由主义的趋向》，《共和、民主、宪政——自由主义思想研究》（上海：上海三联书店，1998），第 282 页。

② 相关的批评可参考李明辉：《儒家传统与东亚的现代化——从李光耀与彭定康关于"亚洲价值"的争论谈起》。收入刘述先编：《儒家思想在现代东亚：韩国与东南亚篇》（台北："中央研究院"中国文哲研究所，2001），第 125～166 页。亦收入李明辉：《儒家视野下的政治思想》（繁体字版，台北：台湾大学出版中心，2005；简体字版，北京：北京大学出版社，2005）。

③ 相较而言，同时期海外一些中国学者的研究则颇值得肯定，如何信全对当代新儒学与自由主义的研究。参见其《当代新儒家自由观念的性格及其问题》，收入刘述先等著：《当代新儒学论文集——外王篇》（台北：文津出版社，1991），第 95～118；《儒学与现代民主》（台北："中央研究院"中国文哲研究所，1996）；《儒学与自由主义人观的对比——以孟子与罗尔斯为例》，《台湾哲学研究》，1999 年第 2 期，第 141～162 页；《儒学与自由主义——梁启超的诠释进路》，收入政治大学文学院主编：《中国近代文化的解构与重建——康有为、梁启超》（台北：政治大学文学院，2000），第 63～78 页。

本文回顾牟宗三对于自由和自由主义的讨论，也同样正是为了"温故知新"。而如果我们能够掘井及泉，对以往中国知识人接受和探讨西方自由观念和自由主义的历史有充分的认识，在对西方的自由观念和自由主义有更为深入了解的同时，再能够和老一辈中国知识人如牟宗三、余英时先生那样，对中国以儒学为主的传统思想真正"入乎其内"，儒家传统与自由主义的融合将会在理论和实践两方面都结出更为丰硕的成果。如果我们肯定人性中存在着许多普遍的价值，如陆象山所谓"心同理同"，那么，正如余英时先生在接受克鲁积奖颁奖典礼的致词最后部分所说："如果历史可以作为指引，则中国文化与西方文化对许多基本价值似乎存在很多重叠共识，毕竟，中国的'道'讲的就是承认人类共通的价值和人类尊严。"①

---

　　①　余英时：《我对中国文化与历史的追索》，《当代》（台北），第 232 期，2006年 12 月 1 日，第 27 页。

三 公议社会的建构：黄宗羲民主思想的真正精华——从《原君》到《学校》的转换

（一）《原君》再分析：历史脉络与思想含义

作为黄宗羲政治思想的代表性著作，《明夷待访录》自晚清以来一直受到中外学者的高度重视。梁启超、谭嗣同的表彰是其得以成为思想焦点之一的重要原因。无论是将《明夷待访录》直接与西方的民主、民权思想相连①，还是认为《明夷待访录》不能直接与西方的民主、民权思想相比附，只能说是中国传统民本思想的体现和极致②，在认为《明夷待访录》具有反对君主专制的思想这一点上，则几乎是众口一词，没有异义的。美国学者司徒琳曾经指出不能过分强调《明夷待访录》的独创性，而应当将其视为当时东林和复社一些儒家知识人所试图推行的政治思想的总结。换言之，在司徒琳看来，《明夷待访录》的许多思想其实并非黄宗羲个人的独唱，而是当时思想界的共识③。但尽管如此，

---

① 譬如，钱穆的《中国近三百年学术史》，直接起于对梁启超《中国近三百年学术史》的不满，二书立论之不同，处处可见。但在认定《明夷待访录》为中国民主思想的体现这一点上，双方则并无不同。

② 譬如，萧公权对西方政治思想了如指掌，他的《中国政治思想史》，历来被认为持论公允的经典之作。其中即认为不能以民主来比附黄宗羲的《明夷待访录》。

③ 参见司徒琳：《〈明夷待访录〉与〈明儒学案〉的再评价》，吴光主编：《黄宗羲论》（杭州：浙江古籍出版社，1987），第287～293页。

在认为《明夷待访录》具有反对君主专制思想这一点上，司徒琳也并未有所怀疑。

进一步来说，认为《明夷待访录》具有反对君主专制思想，主要根据的文献在于其中的《原君》一篇。考察以往几乎所有相关的研究文献，我们可以确定无疑地指出这一点。但是，《原君》政治思想的宗旨是否可以概括为反对君主专制，其实是很值得深入检讨的。

《明夷待访录》特别其中《原君》一篇在晚清之所以受到格外表彰，其实与当时的环境有关。梁启超、谭嗣同等人宣扬黄宗羲这一文献的用意，在于希望借表彰该文献来营造一种反对当时清政府专制的思想氛围。另外，自现代学术建立以来，学界基本上以启蒙思潮来界定明清之际的思想转型①。而反专制、平民意识、思想解放等所谓"启蒙意识"，便几乎成为学者研究明清之际思想家的基本问题意识。在这种问题意识之下，发现并强调《原君》所代表的《明夷待访录》之中的反对君主专制的政治思想，便在所难免。这两点，是《原君》被塑造为黄宗羲反对君主专制政治思想的基本原因。

其实，如果紧扣《原君》文本进行分析，我们会发现，得出所谓"反对君主专制"的结论，可以说是经过了"二度抽离"的结果②。所谓"二度抽离"，首先，是指持论者历来反复征引的用以支持"反对君主专制"的依据，不过《原君》中的一两句话，其理解和判断脱离了《原君》一文的整体脉络；其次，是指以《原君》作为批判君主专制的文献依据，脱离了黄宗羲个人所在的当时的历史脉络，未能将此篇与黄宗羲个人的生活经历尤其

---

① 这一点以侯外庐开启的思想史学派最为典型，参见侯外庐：《中国早期启蒙思想史》（北京：人民出版社，1956）；《中国思想通史》（北京：人民出版社，1956）；《宋明理学史》（北京：人民出版社，1984）。

② 此"二度抽离"语，借自余英时先生《朱熹的历史世界：宋代士大夫政治文化的研究》（台北：允辰文化公司，2003；北京：三联书店，2004）一书"导论"部分。

晚明的政治现实结合起来考虑。

为便于分析和论证，尽管《原君》一篇似乎学者已经耳熟能详，笔者在此仍然全文征引。《原君》全文，一般分为如下四段：

1. 有生之初，人各自私也，人各自利也。天下有公利而莫或兴之，有公害而莫或除之。有人者出，不以一己之利为利，而使天下受其利；不以一己之害为害，而使天下释其害；此其人之勤劳，必千万於天下之人。夫以千万倍之勤劳，而己又不享其利，必非天下之人之情所欲居也。故古之人君，去之而不欲入者，许由、务光是也；入而又去之者，尧、舜是也；初不欲入而不得去者，禹是也。岂古之人有所异哉？好逸恶劳，亦犹夫人之情也。

2. 后之为人君者不然。以为天下利害之权皆出於我。我以天下之利尽归於己，以天下之害尽归於人，亦无不可。使天下之人不敢自私，不敢自利，以我之大私为天下之大公。始而惭焉，久而安焉，视天下为莫大之产业，传之子孙，受享无穷。汉高帝所谓"某业所就，孰与仲多"者，其逐利之情，不觉溢之於辞矣。此无他，古者以天下为主，君为客，凡君之所毕世而经营者，为天下也。今也以君为主，天下为客，凡天下之无地而得安宁者，为君也。是以其未得之也，屠毒天下之肝脑，离散天下之子女，以博我一人之产业，曾不惨然，曰："我固为子孙创业也。"其既得之也，敲剥天下之骨髓，离散天下之子女，以奉我一人之淫乐，视为当然，曰："此我产业之花息也。"然则为天下之大害者，君而已矣。向使无君，人各得自私也，人各得自利也。呜呼！岂设君之道，固如是乎？

3. 古者天下之人爱戴其君，比之如父，拟之如天，诚不为过也。今也天下之人怨恶其君，视之如寇雠，名之为独夫，固其所也。而小儒规规焉以君臣之义无所逃於天地之间，至桀、纣之暴，犹谓汤、武不当诛之，而妄传伯夷、叔

齐无稽之事，使兆人万姓崩溃之血肉，曾不异夫腐鼠。岂天地之大，於兆人万姓之中，独私其一人一姓乎？是故武王职圣人也。孟子之言，圣人之言也。后世之君，欲以如父如天之空名禁人之窥伺者，皆不便於其言，至废孟子而不立，非导源於小儒乎！

4. 虽然，使后之为君者，果能保此产业，传之无穷，亦无怪乎其私之也。既以产业视之，人之欲得产业，谁不如我？摄缄縢，固扃鐍，一人之智力，不能胜天下欲得之者之众。远者数世，近者及身。其血肉之崩溃在其子孙矣。昔人愿世世无生帝王家，而毅宗之语公主，亦曰"若何为生我家？"痛哉斯言！回思创业时，其欲得天下之心，有不废然摧沮者乎？是故明乎为君之职分，则唐、虞之世，人人能让，许由、务光非绝尘也；不明乎为君之职分，则市井之间，人人可欲，许由、务光所以旷后世而不闻也。然君之职分难明，以俄顷淫乐不易无穷之悲，虽愚者亦明之矣。

历来引文献论证所谓反对君主专制者，其实反复征引的，多仅为"然则为天下之大害者，君而已矣。向使无君，人各得自私也，人各得自利也"（第2段）两句，甚至只引其中的前一句。不过，如果我们仔细阅读这两句话的上下文，充分考虑其前后左右的文意，就会发现黄宗羲根本并无反对君主制或者说反对"设君"的意思。首先，所谓"向使无君，人各得自私也，人各得自利也"，表面上看似乎是希望"无君"。但"向使"二字，说明黄宗羲这里不过是假设的虚拟语气。并且，即便是要"无君"，还要看黄宗羲是在一般意义上主张"无君"，还是在特定的意义上主张"无君"。换言之，即使要"无君"，也要看是"无"什么"君"。事实上，在《原君》整个文字中，黄宗羲通篇有一个对比，即"古之人君"和"后之为人君者"。前者是"不以一己之利为利，而使天下受其利；不以一己之害为害，而使天下释其害"（第 1 段）。后者则是"以为天下利害之权皆出於我，我以天下之利尽归於己，以天下之害尽归於人"（第 2 段），并且"视天下为莫大之产业，传之子孙，受享无穷"（同前）。前者的例子是许由、务光、尧、舜、禹，后者的典型则是汉高帝。在"古"和"今"的这种对比之下，黄宗羲所要"无"的"君"，其实只是后者，所谓"今也天下之人怨恶其君，视之如寇雠，名之为独夫，固其所也"（第 3 段），但并非"君"本身。否则的话，他就不会在第 3 段开头说"古者天下之人爱戴其君，比之如父，拟之如天，诚不为过也"这样的话了。总体来说，对黄宗羲而言，像桀、纣那样作为"独夫"的"君"是应当革去的。在那种情况下，不能讲什么"君臣之义无所逃於天地之间"（第 3 段），否则不过是"规规焉"的"小儒"。而"无"去那种"君"，却恰恰是为了要得到像汤、武那样受百姓爱戴而尊为"父"、"天"的"君"。黄宗羲"岂设君之道固如是乎"的反问，正是透显了这一点。黄宗羲如果根本要"无君"，即在一般意义上反对君主制本身，他就根本不必做"古之人君"和"后之为人君者"的对比，更不必提出"设君之道"的问题了。

　　除了回到《原君》整个文本的脉络之中，我们还应当回到黄宗羲当时所在的政治与社会现实，结合其自身的生活经验，如此才能对《原君》的思想旨趣获得恰当的理解。其父为阉党所害，黄宗羲仇恨刻骨铭心。其年轻时为父报仇的传奇经历，充分显示了这一点。需要指出的是，表面上看，迫害黄尊素以及当时清流者为魏忠贤及其手下的阉党，其实，若非当朝皇帝的纵容，阉党决难有当时的权势与气焰。有明一代皇权绝对至上，太祖借胡惟庸案废除宰相制度之后尤其如此。魏忠贤及其党羽气焰熏天，但崇祯即位后不久即将其一举剿灭，可见生杀大权绝对系于皇帝一手。因此，黄尊素之祸，根源实不在魏忠贤，而在熹宗朱由校（1605～1627）。熹宗虽然以沉于木工活、不理朝政闻名，但最终的权柄始终在握。没有他的默认容许，生杀定夺大权是不会一任魏忠贤之辈的①。对此，黄宗羲不可能不了然于胸。因此，在其父被逮、被杀一事上，黄宗羲内心深处最为痛恨的恐怕并不是魏忠贤，而是昏聩的熹宗。以"离散天下之子女"来谴责"后之为人君者"，不能不说是道出了黄宗羲心中的隐痛。而所谓"今也天下之人怨恶其君，视之如寇雠，名之为独夫，固其所也"，作为黄宗羲的心声，就其实际的遭遇来看，恐怕矛头所指，正是熹宗。另外，《原君》一篇对于"君害"的痛陈，也更多的不是泛泛而言，而是与有明一代的政治现实密切相关。换言之，《原君》中所谓"后之为人君者"，固然可以笼罩三代以下几乎所有的君主，其中举汉高祖"某业所就，孰与仲多"的话作为君主以天下为一己之私业的证据，即是一例，但更多的或者说直接的所指，应当是有明一代的君主。《原君》中提到的所谓"废孟子而不立"，指朱元璋的罢孟子陪享。而与黄宗羲别处所谓"有明无善治，自高皇帝罢丞相始"一句合观，更可说明《原君》中所谓"后之为人君者"，主要当针对有明一代的君主而言。这同样说明，黄宗羲所欲"无"之"君"，实乃如明代大多数君主一样的"昏君"和"独夫"，而非君主之位本身。

过去对于黄宗羲作《明夷待访录》的动机，历来有不同的看法。一种如章太炎、陈寅恪、赵俪生等人，认为黄宗羲是自比箕子，以待清朝新君的来访而"将以有为也"。另一种自全祖望以降至邱汉生等人，则持不同态度，认为并非如此。本文不涉入该问题的具体讨论，所欲指出者，唯在一点。无论黄宗羲本人是否欲待新君来访，有一点可以肯定。至少就《原君》本文可见，黄宗羲并非一般地否认君主之位在异姓之间转移或者说改朝换代的合法性。在上引《原君》第三段文字中，这一点显而易见。如果说面对的是像桀、纣那样民"视之如寇雠"的"暴君"、"独夫"，还认为汤、武革命的改朝换代不合法而有悖于"无所逃於

---

① 典型的例子，即魏忠贤图谋陷害张皇后由于熹宗卫护而未果一事。参见林金树、高寿仙：《天启皇帝大传》（沈阳：辽宁教育出版社，1993）。

天地之间"的所谓"君臣之义",置"兆人万姓崩溃之血肉"于不顾,则不过是"规规焉"的"小儒"之见。直斥"伯夷、叔齐"之事为"妄传"的"无稽之事",并发出"岂天地之大,於兆人万姓之中,独私其一人一姓乎"(第3段)的质问,也正说明了黄宗羲的这一看法。至于最后一句话:"后世之君,欲以如父如天之空名禁人之窥伺者,皆不便於其言,至废孟子而不立,非导源於小儒乎",则可以说将君主之位在异姓之间的转移以及改朝换代的合法性直接与明清鼎革相关。因为这里"废孟子而不立"的君主,说的即是明朝的建立者朱元璋。事实上,黄宗羲在明末清初的抗清义举与其晚年对清朝太平盛世的肯定,以及他自己始终不肯入仕而后来又并不反对其后人和学生入朝为官,并不构成不可理解的矛盾。正是基于对君位异姓之间转移以及改朝换代合法性的肯定,反对"独私其一人一姓",黄宗羲被后人讥为"晚节"有亏的一系列肯定清朝政府的行为,作为并不"有亏"的自然结果,才是可以理解的。

(二)《学校》新诠释:公议思想的核心地位

以上,我们结合历史脉络与思想内涵两个方面,澄清了对于《原君》的"过度诠释"。本文的重点并不在于对那种过度诠释的"破",而在于对《学校》一篇中所蕴涵或者说可能发展出的"公议"思想甚至制度设计的"立"。依笔者之见,后者才是黄宗羲政治思想的真正精华。在目前已经并不存在君主制的情况下,在民主作为一种普遍价值早已成为世界大多数国家和地区人们的日常生活经验的情况下,后者如何从人类的传统中发掘资源,反省目前民主在思想蕴涵和制度设计方面的问题,或许更为重要。《学校》中的思想甚至具体的举措,恰恰与西方当今政治理论前沿的"公议"思想有颇多相合之处,可以提供一笔丰富的资源。并且,对黄宗羲来说,只有他心目中的"学校"的建立,可以"比之如父,拟之如天"的真正的"君",才有可能出现。《学校》中所谓:"学校之法废,民蚩蚩而失教,犹势利以诱之。是亦不仁之甚,而以其空名跻之曰'君父,君父',则吾谁欺!"由此可见，学校甚至构成健康的君主制度的必要保证和前提。在这个意义上，即使我们回到黄宗羲《明夷待访录》的文本以及当时的历史脉络本身，也足见《学校》一篇的重要性。

和《原君》一样，严格而论，《学校》的思想也并非黄宗羲个人"前不见古人，后不见来者"的绝唱。譬如，有学者就曾指出，《学校》一篇的思想与张溥（1602～1641）领导的复社的政治议程有相当的一致之处①。但是，是否对复社的政治议程进行深入的理论反省，从而提炼出其中蕴涵的思想内容，是否将这种思想内容加以系统的论述，则又的确非黄宗羲的《学校》莫属。进一步来说，即便复社的政治思想是黄宗羲《学校》的近源，其远源实则一直可以上溯到儒家传统初期"庶人议政"的精神。《左传·襄公三十一年》条载：

> 郑人游于乡校，以论执政。然明谓子产曰：毁乡校如何？子产曰：何为？夫人朝夕而游焉，以议执政之善否。其所善者吾则行之；其所恶者吾则改之，是吾师也。若之何毁之？我闻忠善以损怨，不闻作威以防怨。岂不遽止，然犹防川。……仲尼闻是语也，曰：人谓子产不仁，吾不信也。

孔子从不轻易以"仁"许人，但当他听说子产不仅不毁乡校、维护庶人议政的风气并且能够根据众人所议政之"善"、"恶"来"行"、"改"时，竟以"仁"许之，可见孔子对于"庶人议政"精神的肯定。事实上，"天下有道，则庶人不议"（《论语·季氏第十六》），正是孔子自己说过的话。鉴于春秋乱世的背景，这句话显然可以理解为，在孔子看来，在天下无道的情况下，庶人议政就更是必需的。由此可见，黄宗羲《学校》的思想来源决不止于晚明的东林和复社，从春秋时期的"庶人议政"，历经汉代的太学清议、宋代的太学生运动，直到晚明的东林和复

---

① 前引司徒琳文，参见《黄宗羲论》，第289页。

社，可以说一脉相承。黄宗羲《学校》的思想，正是对儒家这一思想和实践传统的高度理论概括。

以往在讨论《明夷待访录》的政治思想时，研究者们也并没有忽略《学校》这篇文字。不过，尽管也有不同的意见，但以往从胡适开始，大多数研究者往往将《学校》之中的思想和制度设计与西方近代以来的议会制度相比照①。前文已经提及，现代学术建立以来，将整个明清之际纳入所谓"启蒙"的视野，是一种迄今为止仍有相当影响力的诠释视角。是否可以以西方近代以来的议会来比较黄宗羲《学校》中的构思？以及在何种程度上、什么层面上我们可以进行这种工作，不是本文要讨论的内容。换言之，本文以下对《学校》的分析，并不构成对以往诠释模式的质疑甚至挑战，而毋宁说只是笔者基于自己的观察视角而提出的进一步的补充。

《学校》一篇文字颇长，本文将其分为如下 17 段：

> 1. 学校，所以养士也。然古之圣王，其意不仅此也，必使治天下之具皆出于学校，而后设学校之意始备。非谓班朝，布令，养老，恤孤，讯馘，大师旅则会将士，大狱讼则期吏民，大祭祀则享始祖，行之自辟雍也。盖使朝廷之上，闾阎之细，渐摩濡染，莫不有诗书宽大之气，天子之所是未必是，天子之所非未必非，天子亦遂不敢自为非是，而公其非是于学校。是故养士为学校之一事，而学校不仅为养士而设也。

> 2. 三代以下，天下之是非一出于朝廷。天子荣之，则群趋以为是；天子辱之，则群擿以为非。簿书、期会、钱谷、戎狱，一切委之俗吏。时风众势之外，稍有人焉，便以为学

---

① 参见胡适：《黄梨洲论学生运动》，姜义华主编：《胡适学术论集》（北京：中华书局，1998）。后来如侯外庐《中国思想史》所代表的以"启蒙"作为明清之际思想范式的解释模式，更是持此一说。

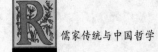

校中无当于缓急之习气。而其所谓学校者，科举嚣争，富贵熏心，亦遂以朝廷之势利一变其本领，而士之有才能学术者，且往往自拔于草野之间，于学校初无与也，究竟养士一事亦失之矣。

3. 于是学校变而为书院。有所非也，则朝廷必以为是而荣之；有所是也，则朝廷必以为非而辱之。伪学之禁，书院之毁，必欲以朝廷之权与之争胜。其不仕者有刑，曰："此率天下士大夫而背朝廷者也。"其始也，学校与朝廷无与；其继也，朝廷与学校相反。不特不能养士，且至于害士，犹然循其名而立之，何与？

4. 东汉太学三万人，危言深论，不隐豪强，公卿避其贬议。宋诸生伏阙捶鼓，请起李纲。三代遗风，惟此犹为相近。使当日之在朝廷者，以其所非是为非是，将见盗贼奸邪慑心于正气霜雪之下！君安而国可保也。乃论者目之为衰世之事，不知其所以亡者，收捕党人，编管陈、欧，正坐破坏学校所致，而反咎学校之人乎！

5. 嗟乎！天之生斯民也，以教养托之于君。授田之法废，民买田而自养，犹赋税以扰之；学校之法废，民蚩蚩而失教，犹势利以诱之。是亦不仁之甚，而以其空名跻之曰"君父，君父"，则吾谁欺！

6. 郡县学官，毋得出自选除。郡县公议，请名儒主之。自布衣以至宰相之谢事者，皆可当其任，不拘已任未任也。其人稍有干于清议，则诸生得共起而易之，曰："是不可以为吾师也。"其下有《五经》师，兵法、历算、医、射各有师，皆听学官自择。凡邑之生童皆裹粮从学，离城烟火聚落之处士人众多者，亦置经师。民间童子十人以上，则以诸生之老而不仕者充为蒙师。故郡邑无无师之士，而士之学行成者，非主六曹之事，则主分教之务，亦无不用之人。

7. 学官以外，凡在城在野寺观庵堂，大者改为书院，经师领之，小者改为小学，蒙师领之，以分处诸生受业。其寺产即隶于学，以赡诸生之贫者。二氏之徒，分别其有学行者，归之学官，其余则各还其业。

8. 太学祭酒，推择当世大儒，其重与宰相等，或宰相退处为之。每朔日，天子临幸太学，宰相、六卿、谏议皆从之。祭酒南面讲学，天子亦就弟子之列。政有缺失，祭酒直言无讳。

9. 天子之子年至十五，则与大臣之子就学于太学，使知民之情伪，且使之稍习于劳苦，毋得闭置官中，其所闻见不出宦官官妾之外，妄自崇大也。

10. 郡县朔望，大会一邑之缙绅士子。学官讲学，郡县官就弟子列，北面再拜。师弟子各以疑义相质难。其以簿书期会，不至者罚之。郡县官政事缺失，小则纠绳，大则伐鼓号于众。其或僻郡下县，学官不得骤得名儒，而郡县官之学行过之者，则朔望之会，郡县官南面讲学可也。若郡县官少年无实学，妄自压老儒而上之者，则士子哗而退之。

11. 择名儒以提督学政，然学官不隶属于提学，以其学行名辈相师友也。每三年，学官送其俊秀于提学而考之，补博士弟子；送博士弟子于提学而考之，以解礼部，更不别遣考试官。发榜所遗之士，有平日优于学行者，学官咨于提学补入之。其弟子之罢黜，学官以生平定之，而提学不与焉。

12. 学历者能算气朔，即补博士弟子。其精者同入解额，使礼部考之，官于钦天监。学医者送提学考之，补博士弟子，方许行术。岁终，稽其生死效否之数，书之于册，分为三等：下等黜之；中等行术如故；上等解试礼部，入太医院而官之。

13. 凡乡饮酒，合一郡一县之缙绅士子。士人年七十以上，生平无玷清议者，庶民年八十以上，无过犯者，皆以齿南面，学官、郡县官皆北面，宪老乞言。

14. 凡乡贤名宦祠，毋得以势位及子弟为进退。功业气节则考之国史，文草则稽之传世，理学则定之言行。此外乡

曲之小誉，时文之声名，讲章之经学，依附之事功，已经入祠者皆罢之。

15. 凡郡邑书籍，不论行世藏家，博搜重购。每书钞印三册，一册上秘府，一册送太学，一册存本学。时人文集，古文非有师法，语录非有心得，奏议无裨实用，序事无补史学者，不许传刻。其时文、小说、词曲、应酬代笔，已刻者皆追板烧之。士子选场屋之文及私试义策，蛊惑坊市者，弟子员黜革，见任官落职，致仕官夺告身。

16. 民间吉凶，一依朱子《家礼》行事。庶民未必通谙，其丧服之制度，木主之尺寸，衣冠之式，宫室之制，在市肆工艺者，学官定而付之；离城聚落，蒙师相其礼以革习俗。

17. 凡一邑之名迹及先贤陵墓祠宇，其修饰表章，皆学官之事。淫祠通行拆毁，但留土谷，设主祀之。故入其境，有违礼之祀，有非法之服，市悬无益之物，土留未掩之丧，优歌在耳，鄙语满街，则学官之职不修也。

以下在具体分析时，将随文根据需要再做相应的征引。大体来说，《学校》一篇分为两个部分：一是明确学校的职责和功能；二是一些具体的设计。

关于具体的设计，黄宗羲考虑得十分细致周密。首先，从学校在整个社会的涵盖性来讲，下起郡县，上至太学，甚至远离城市的"烟火聚落之处"以及"民间童子十人以上者"（第6段），如何建立学校，黄宗羲都有说明。其次，在不同的学校形式中，如何选择主教的学官，黄宗羲也有说明。譬如，对于郡县学官，黄宗羲认为"毋得出自选除。郡县公议，请名儒主之。自布衣以至宰相之谢世者，皆可当其任，不拘已仕未仕也"（第6段）。对于太学祭酒，则"推择当世大儒，其重与宰相等，或宰相退处为之"（第8段）。对于少儿教师，则"以诸生之老而不仕者，充为蒙师"（第6段）。第三，学校教化的对象几乎涵盖所有的人士。

甚至天子本人，亦当定期于太学受教，所谓："每朔日，天子临幸太学，宰相、六卿、谏议皆从之。祭酒南面讲学，天子亦就弟子之列。政有缺失，祭酒直言无讳"（第8段）。至于统治阶层的子弟，更是学校教育的对象，所谓"天子之子年至十五，则与大臣之子就学于太学，使知民之情伪，且使之稍习于劳苦"（第9段），为的是要避免这些纨绔子弟"闲置宫中，其所闻见不出宦官宫妾之外，妄自崇大也"（同前）。第四，如第11段所示，学校教师的选拔具有相当的独立性，不在通常的官僚体系之内，其考核亦有一套独立运作的机制。第五，虽然教师代表"道统"而具有在政权之外的独立性，但是，正因为其如此重要，所以学校的教师并不具有绝对和单方面的权威，如不合格，学生有权将其更换。譬如郡县学官，黄宗羲就指出，"其人稍有干于清议，则诸生得共起而易之，曰：'是不可以为吾师也'"（第6段）。至于那些"僻郡下县"，如果无法请得"名儒"担任"学官"，暂时由学行兼优的行政长官代行教师职责的，一旦代行者并无真才实学，反而"妄自压老儒而上之者"，则更当由"士子哗而退之"（第10段），以正视听。除此之外，还有一些更为细致的设计，如第13到17段所显示的，主要与当时的风俗有关，在普遍性的意义方面较为缺乏。有些主张，如废除佛寺道观，没收其产业，一律改为学校，则无论在什么时候都不合理。

关于学校的职责和功能以及丧失其应有的功能所带来的危害，主要在于《学校》的前5段文字。在黄宗羲看来，学校的直接功能和目标是所谓"养士"，所谓"学校所以养士也"（第1段）。但"养士"并非最终目的，学校的设立和存在，更是为了培养一种正确的舆论监督和制约力量。所以黄宗羲紧接着又说："然古之圣王，其意不仅此也。必使治天下之具，皆出于学校，而后设学校之意始备"（第1段）。换言之，对黄宗羲而言，学校应当是一切价值判断的最终来源和根据，而士人群体包括学校的"学官"以及受教的诸生，则是这种价值判断的具体实施者。一旦"治天下之具，皆出于学校"，自然"朝廷之上，闾阎之细，

渐摩濡染，莫不有诗书宽大之气"（第1段），而最终的结果，就是"天子之所是未必是，天子之所非未必非，天子亦遂不敢自为非是，而公其非是於学校"（第1段）。如此一来，也就自然不会出现《原君》中所述的"君害"了。正是在这个意义上，黄宗羲在第一段最后说"是故养士为学校之一事，而学校不仅为养士而设也"。总之，正如牟宗三先生曾经指出的，在黄宗羲看来，学校应当是一个教化的系统，它有三方面的作用：一是司教；二是养士；三是议政①。这三方面的作用合在一起，就是要使是非判断的价值标准不在于天子一人，而在于学校的公论；不在于朝廷，而要公诸天下。当前者与后者发生冲突时，当以后者或者说天下士人的公论为准。儒家传统中从来就有"道"高于"势"的主张和信念，黄宗羲"公其是非于学校"的思想，就是给这一主张和信念提供了具体的制度安排。

不过，学校与议会不同者，在于学校并不是直接讨论国家大事、进行立法和决策的地方。以往多认为黄宗羲学校的职能为"议政"，其实并不准确。如果说西方议会"议政"的功能主要是对于政策本身内部问题进行具体讨论的话，在黄宗羲的心目中，学校的功能则并不仅仅在于政策本身内部问题的讨论。譬如，学校确有议政的职责，所以对于"政事缺失"，黄宗羲也说要"直言无讳"（第8段）、"小则纠绳，大则伐鼓号于众"（第10段）。但是，除了为政策的制定和实施提供广泛和宏观的价值指导，学校的功能更在于在整个社会营造一种独立于权力系统之外的"公议"的世界。这个世界代表着社会上正义的价值判断和舆论导向，亦即所谓"正气"。黄宗羲所举的历史典故："东汉太学三万人，危言深论"和"宋诸生伏阙挝鼓，请起李纲"，正是通过"公议"而最终在政治和社会的重大问题上产生了的"正义"的例证。所谓"公卿避其贬议"，正是"正义"高于"权力"的结

---

① 牟宗三：《政道与治道》，《牟宗三先生全集》（台北：联经出版公司与联合报系，2003），第10册，第193页。

果。因此，对黄宗羲而言，这种公议社会，最接近儒家传统理想的政治社会，所谓"三代遗风，惟此犹为相近"。

以往我们对民主的理解，主要是从一种选举文化的角度。譬如，大都根据熊彼特（Joseph Alois Schumpeter，1883～1950）的理解，认为民主的实质就是选举，就是政治上的轮流坐庄。这种理解当然没有错，但其实并不全面，甚至不够深入。事实上，晚近西方对于民主的理解开始更强调民主作为一种人的素质和生活方式。比如，安乐哲（Roger Ames）和郝大维（David Hall）曾经结合杜威的思想与儒家传统并从中汲取资源来阐释这样一种民主观[①]。尤其是，同样有代表性并且与黄宗羲《学校》一篇的思想可以参照的，最近则有 1998 年诺贝尔经济学奖获得者、经济学家兼哲学家阿马替亚·森（Amartya Sen）从 "public reasoning" 的角度来界定的民主[②]。在森看来，从选举文化以及由此而来的大多数人统治这一角度来理解民主，只是一种较为狭义的民主观，而从他所谓 "public reasoning" 来理解的民主，才具有更为广泛和深刻的含义，也更接近民主本来所应有的意义。

具体来说，作为印度裔学者，森对于印度的文化传统具有相当的了解和认同。对于 "public reasoning" 这一观念的阐发，森就主要是从印度历史文化中的所谓 "论辩传统"（argumentative tradition）来加以说明的[③]。在森看来，"论辩传统" 的一个核心就是 "public reasoning"。森指出，"public reasoning" 主要涉及三个方面：一是对于不同观点和生活方式的容忍；二是对于公众关

---

① 参见 Roger Ames and David Hall, *The Democracy of the Dead*: *Confucius*, *Dewey*, *and the Hope for Democracy in China*. La sale, IL: Open Court, 1999. 中译本有何刚强译《先哲的民主》，（南京：江苏人民出版社，2002）。

② "public reasoning" 一词笔者最早听闻于和杜维明教授的交谈。但杜先生并未告诉笔者这一观念的来源。后经笔者自己的考察，虽目前不敢谓这一观念最早源自 Amartya Sen，但当前几乎所有关于 "public reasoning" 的讨论都与 Amartya Sen 有关，且对这一观念的解释和运用，以 Amartya Sen 为最。

③ 具体讨论参见 Amartya Sen , *The Argumentative Indian*: *Writings on Indian History, Culture and Identity*. Farrar, Straus and Giroux, 2005.

怀的各种问题需要进行公开的讨论；三是鼓励人们参与到转化和改善社会的公共行为之中。而在这三个方面之中，贯穿其中的一个主要精神，则恰恰是如同黄宗羲在《学校》中所倡导的那种"公其非是"的原则。换言之，即将权力的运作置于一种公开、透明的舆论监督和控制的机制之下。所谓监督控制机制的舆论，是透过广大知识人的普遍参与和反复讨论所形成的一种"风教"，并且，这种作为"风教"的舆论并不是在各种决策"之外"和"之后"才发生作用的，各种决策行为的发生必须是要在这种"风教""之中"或至少"之下"来形成的。由于《学校》第6段本有"公议"一词，且在笔者看来，"公议"颇能反映森所谓"public reasoning"的根本精神方向，在本文中，笔者即以"公议"来翻译"public reasoning"。

一个社会是否能够成为一种"公议社会"，对于一个社会的发展至关重要，更是一个社会是否能够被称为一个民主社会的关键。如果只具有一人一票的选举形式，却不具备一种"公其是非于天下"并由广大知识人普遍参与、充分讨论的"公议"的条件，那么，具备了形式合理性的选举却很可能导致并不能真正体现民意的、不具备实质合理性的"恶果"。由于缺乏"公议"，在黑金、豪强的幕后操作之下，很多选举产生了鱼肉乡里的领袖，便是明证。有趣的是，森本人就曾经对比过最近几十年来印度和中国在医疗保险方面各自的成败。他指出，印度之所以能够在医疗保险取得很大的进展，很重要一个原因就是一系列相关的决策和执行都是诉诸于"公议"的结果。而中国医疗保险制度的失败①，很大一部分原因相反正是政治和社会整个缺乏一种"公议"的机制。他特别举了2003年SARS在中国蔓延的例子，作为缺乏"公议"的恶果的一个例证②。因此，在森看来，只有在一

---

① 最近，在政府工作报告中，温家宝总理已经明确承认医疗保险和义务教育系统改革的失败。

② 参见森的文章 "Democracy and Its Global Roots: Why Democratization is not the Same as Westernization", *New Public*, Vol. 229, October 6th, 2003, pp. 28~35.

个"公议"社会中，一人一票的选举才会真正体现并最终实现民主的精神。而在这个意义上，"公议"而非"选举"，也更能够体现民主的本质。

需要指出的是，森并没有说"公议"只属于印度的文化传统。相反，他指出，"公议"的精神和资源存在于每一个文明和文化传统之中。譬如，他还特别指出了在伊斯兰文明尤其其中的苏菲（Sufis）传统中，同样具有培养"公议"的传统。事实上，森之所以强调要从"公议"而非"选举"的角度来理解民主的精义，恰恰是要反驳那种民主为西方所独有的陈见。这一点，目前在整个西方世界也并非是森个人的独唱，而其实可以说是许多优秀的西方知识人批判性的群体自我反思的结果之一。既然"民主"并非西方世界的特产，也就无所谓"输出"的问题了。而既然民主的精义更在于"公议"，那么，如果我们从"公议"而非单纯"选举"的角度来界定民主，认为《学校》之中蕴涵了丰富的民主思想，根据以上的文本分析，就并非"比附"，而不过是揭明其题中应有之义罢了。

当然，笔者绝无意说黄宗羲《学校》中的"公议"思想与森的"public reasoning"彼此若合符节，无分轩轾。其间的差别所在，亦自不可掩。譬如"public reasoning"中所强调的以肯定多元为前提的容忍问题，至少就不是《学校》所涉及到的。但是，这并无伤其价值。原本所无，并不意味着及目前和将来不可能有。一种思想和学说的价值，本不在于其包罗万象，已经穷尽了所有的问题，而恰恰在其给后人提供一定思想资源的同时，又为进一步的诠释提供了展开的空间。

（三）结语：公议社会的建构

现代学术建立以来，对于黄宗羲政治思想的认识和评价，在中国大陆经历了演变的过程。起先是称颂《明夷待访录》尤其《原君》一篇所具有的民主思想，后来又强调不能与西方的民主思想简单比附，因而基于"民主"和"民本"的区分，认为黄宗羲的政治观还是民本思想的表现，顶多可以说是民本的极致。这里面其实有两个关键问题，一是以往的焦点多在《原君》，于《学校》一篇着力不多；另一个则是对"民主"含义的理解似是而非，至今不免雾里看花。如果我们放宽并深入对于民主的了解，不以单纯的选举文化为限，并将注意的焦点从《原君》转换到《学校》，或许就不必执著于所谓"民本"与"民主"在名相上的"虚妄分别"（借用佛教语），更无需在今天对于其有关君主制的问题多费口舌了。

不过，我们引入最近西方世界关于"public reasoning"的观念，并指出与黄宗羲《学校》中的"公议"思想多有相通合拍之处，并不是要获得一种"人有我亦不乏"的满足。而是希望借此说明，第一，在目前的情势之下，要想从中国文化自身的传统中发掘挈接现代民主的资源，至少就黄宗羲而言，我们的重点当从《原君》转换到《学校》，后者所蕴涵的"公议"思想才是黄氏民主思想的真正精华。第二，在国家领导人发表公开信肯定黄宗羲民主思想的情况下，我们应当深入思考"公议"问题的重要性，以之作为民主建设的核心内容。选举制度层面的民主建设固然重要，也是迄今我们所急需的。但如上所述，单纯的制度建设只能保证"形式合理性"而无法使"实质合理性"成为必然。西方制度层面的民主已经很成熟，目前他们的自我反省和批判正在于单纯制度层面民主的不足。如欲避免"步人后尘"，"公议"就不能局限于单纯的制度层面。事实上，整个社会如果缺乏一种作为"风气"的"公议"，制度层面的真正民主也是难以建立的。第三，结合西方现代的民主理论，发掘并发展《学校》中的"公议"思想，并不只能"坐而论道"。如何在建构"和谐社会"的诉求之外，同时致力于建构一种"公议社会"，恐怕更是执政者和广大知识人所当再三致意的。缺乏"公议"的社会，恐怕很难臻于真正的"和谐"之境。

参 考 文 献

一、中文部分

A

艾柯（Umberto Eco）等著，王宇根译：《诠释与过度诠释》，北京：三联书店，1997。

B

布尔迪厄（Pierre Bourdieu）著，桂裕芳译：《自由交流》，北京：三联书店，1996。

C

蔡仁厚：《宋明理学·南宋篇》，台北：台湾学生书局，1980。

蔡仁厚：《王阳明哲学》，台北：三民书局，1992。

蔡仁厚：《牟宗三先生学思年谱》台北：台湾学生书局，1996。

蔡仁厚：《人文讲习录》，台北：台湾学生书局，1996。

陈翰笙编：《解放前的中国农村》，第2辑，北京：中国展望出版社，1986。

陈来：《朱熹哲学研究》，北京：中国社会科学出版社，1986。

陈来：《有无之境——王阳明哲学的精神》，北京：人民出版社，1991。

陈来：《哲学与传统——现代儒家哲学与现代中国文化》，台北：允晨出版公司，1994。

陈来：《现代中国哲学的追寻——新理学与新心学》，北京：人民出版社，2001。

陈来:《传统与现代——人文主义的视界》，北京：北京大学出版社，2006。

陈哲敏:《哲学导论》，北平：上智编译馆，1950。

D

杜维明:《儒家自我意识的反思》，台北：联经出版公司，1990。

杜维明:《东亚价值与多元现代性》，北京：中国社会科学出版社，2001。

杜维明:《现代精神与儒家传统》，《杜维明文集》第二卷，武汉：武汉出版社，2002。

杜维明:《儒学第三期发展的前景问题——大陆讲学、问难，和讨论》，台湾：联经出版公司，1989。

该书亦收入《杜维明文集》第一卷，武汉：湖北出版社，2002。

杜维明:《道、学、政——论儒家知识分子》，钱文中、盛勤译，上海：上海人民出版社，2000。

杜维明:《论儒学的宗教性》，《杜维明文集》，第三卷，武汉：湖北出版社，2002。

杜维明:《对话与创新》，桂林：广西师范大学出版社，2005。

杜维明:《儒家传统与文明对话》，石家庄：河北人民出版社，2006。

F

范锜:《哲学概论》，上海：商务印书馆，1933。

冯友兰:《中国哲学史》，北京：中华书局，1984。

冯友兰:《三松堂自序》，北京：三联书店，1984。

佛雏辑:《王国维哲学美学论文辑佚》，上海：华东师范大学出版社，1993。

G

郭颖颐著，雷颐译:《中国现代思想中的唯科学主义》，南京：江苏人民出版社，1989。

H

哈佛燕京学社编:《儒家与自由主义》，北京：三联书店，2001。

华梵大学哲学系编：《劳思光思想与中国哲学世界化学术研讨会论文集》，台北："行政院"文化建设委员会，2002。

何信全：《儒学与现代民主》，台北：中央研究院中国文哲研究所，2004。

黄公伟：《哲学概论》，台北：帕米尔出版社，1965。

黄俊杰：《东亚儒学史的新视野》，台北：台湾大学出版中心，2006。

霍韬晦主编：《唐君毅思想国际会议论文集（IV）：传统与现代》，香港：法住出版社，1991。

霍韬晦主编：《唐君毅思想国际会议论文集（Ⅲ）：哲学与文化》，香港：法住出版社，1991。

霍韬晦主编：《唐君毅思想国际会议论文集（Ⅰ）·思想体系与思考方式》，香港：法住出版社，1992。

J

姜义华主编：《胡适学术论集》，北京：中华书局，1998。

景海峰：《学科创制过程中的冯友兰——兼论"中国哲学史"的建构及其所面临的困境》，《开放时代》，2001年第7期。

K

康德著，蓝公武译：《纯粹理性批判》，北京：商务印书馆，1960。

L

赖品超、李景雄编：《儒耶对话新里程》，香港：中文大学崇基书院宗教与文化研究中心，2001。

劳思光：《中国哲学史》，台北：三民书局，1981。

李杜：《唐君毅先生的哲学》，台北：台湾学生书局，1982。

李景汉编：《定县社会概况调查》，中华平民教育促进会，1933年初版；中国人民大学出版社，1986年重印。

李明辉：《儒学与现代意识》，台北：文津出版社，1991。

李明辉：《当代儒学之自我转化》，台北：中央研究院中国文哲研究所，1994。

李明辉：《儒家与康德》，台北：联经出版公司，1997。

李明辉：《中西比较哲学的方法论省思》。《东亚文明研究通讯》（台湾大学东亚文明研究中心），第3期（2004年4月），第30~34页；亦刊于《中国哲学史》，2006年第2期，第17~20页。

李明辉：《儒家视野下的政治思想》。台北：台湾大学出版中心；简体字版：北京：北京大学出版社，2005。

李泽厚：《己卯五说》，北京：中国电影出版社，1999。

梁漱溟：《东西文化及其哲学》，北京：商务印书馆，1935。

列文森（Joseph Levenson）著，郑大华、任菁译：《儒教中国及其现代命运》，北京：中国社会科学出版社，2000。

刘述先：《朱子哲学思想的发展与完成》，台北：台湾学生书局，1982。

刘述先：《现代新儒学之省察论集》，台北：中央研究院中国文哲研究所，2004。

刘述先：《全球伦理与宗教对话》，台北：立绪文化出版社，2001；石家庄：河北人民出版社，2006。

刘笑敢：《老子古今——五种校勘与析评引论》，北京：中国社会科学出版社，2006。

罗光：《哲学概论》，台北：辅仁大学出版社，1986。

M

牟宗三：《现象与物自身》，台北：台湾学生书局，1984。

牟宗三：《中国哲学十九讲》，上海：上海古籍出版社，1997。

牟宗三：《从陆象山到刘蕺山》，台北：台湾学生书局，1979。

牟宗三：《牟宗三先生早期文集》，《牟宗三先生全集》，台北：联经出版公司与联合报系，2003，第26册。

牟宗三：《道德的理想主义》，《牟宗三先生全集》，第9册。

牟宗三：《政道与治道》，《牟宗三先生全集》，第10册。

牟宗三：《人文讲习录》，《牟宗三先生全集》，第28册。

牟宗三：《时代与感受》，《牟宗三先生全集》，第23册。

牟宗三：《时代与感受续编》，《牟宗三先生全集》，第 24 册

牟宗三：《中国哲学的特质》，《牟宗三先生全集》，第 28 册。

牟宗三：《认识心之批判》，《牟宗三先生全集》第 18、19 册。

牟宗三：《中西哲学会通之十四讲》，《牟宗三先生全集》第 30 册。

P

彭国翔：《良知学的展开——王龙溪与中晚明的阳明学》，台北：台湾学生书局，2003；北京：三联书店，2005。

彭国翔：《儒家传统：宗教与人文主义之间》，北京：北京大学出版社，2007。

S

塞谬尔·亨廷顿（Samuel P. Hungtington）：《文明的冲突与世界秩序的重建》，北京：新华出版社，1999。

单 波：《心通九境——唐君毅哲学的精神空间》，北京：人民出版社，2001。

沈有鼎：《沈有鼎文集》，北京：人民出版社，1992。

宋恩荣编：《晏阳初全集》，长沙：湖南教育出版社，1989。

T

唐君毅：《哲学概论》（上），《唐君毅全集》，第 21 卷，台北：台湾学生书局，1989。

唐君毅：《中华人文与当今世界补编》（上），《唐君毅全集》，卷九，台北：台湾学生书局，1989。

唐君毅：《文化意识与道德理性》，《唐君毅全集》，第 20 卷，台北：台湾学生书局，1989。

唐君毅：《中国哲学原论·导论篇》，《唐君毅全集》，第 12 卷，台北：台湾学生书局，1989。

唐君毅：《中国哲学原论·原性篇》，《唐君毅全集》，第 13 卷，台北：台湾学生书局，1989。

唐君毅：《中国哲学原论·原道篇》（上、下），《唐君毅全集》，第 14、15、16 卷，台北：台湾学生书局，1989。

唐君毅：《中国哲学原论·原教篇》，《唐君毅全集》，第 17 卷，
　　台北：台湾学生书局，1989。

唐君毅：《生命存在与心灵境界》，《唐君毅全集》，第 23、24 卷，
　　台北：台湾学生书局，1989。

X

希尔斯（Edward Shils）著，傅铿、吕乐译：《论传统》，上海：
　　上海人民出版社，1991。

Y

余英时：《自由与平等之间》，香港，自由出版社，1955。

余英时：《士与中国文化》，上海：上海人民出版社，1987。

余英时：《中国思想传统的现代诠释》，南京：江苏人民出版社，
　　1989。

余英时：《钱穆与中国文化》，上海：远东出版社，1994。

余英时：《现代儒学论》，上海：上海人民出版社，1998。

余英时：《论戴震与章学诚》，北京：三联书店，2000。

余英时：《朱熹的历史世界：宋代士大夫政治文化的研究》，台
　　北：允辰文化公司，2003；北京：三联书店，2004。

余英时：《东汉生死观》，上海：上海古籍出版社，2005。

余英时：《汉代贸易扩张》，上海：上海古籍出版社，2005。

余英时：《重寻胡适的历程——胡适生平与思想再认识》桂林：
　　广西师范大学出版社，2004。

余英时：《未尽的才情——从日记看顾颉刚的内心世界》，台北：
　　联经出版公司，2007。

Z

章元善、许仕廉编：《乡村建设实验》，第 2 集，中华书局，
　　1935。

张君劢：《中西印哲学文集》，台北：台湾学生书局，1981。

张君劢：《新儒家思想史》，台北：宋文馆出版社，1986。

张祥浩：《新儒学唐君毅思想研究》，天津：天津人民出版社，
　　1994。

赵雅博：《哲学概论》，台北：中华书局，1965。

郑宗义：《论二十世纪中国学人对于"中国哲学"的探索与定位》，《劳思光思想与中国哲学世界化论文集》，第 1 ~ 23 页。亦见《中国哲学史》（北京），2006 年第 1 期。

中国农村经济研究会编：《中国农村社会性质论战》，民国丛书，第四编，第 13 册。该书于 1935 年 9 月由新知书店初版。民国丛书所收者乃据新知书店 1936 年版影印。

朱谦之：《中国哲学对欧洲的影响》，石家庄：河北人民出版社，1996；上海：上海人民出版社，2006。

二、英文部分

A

A. C. Graham, *Disputers of the Dao*: *Philosophical Argument in Ancient China*. LaSalle, III. : Open Court, 1989.

Alan Race, *Christians and Religious Pluralism*: *Patterns in the Christian Theology of Religions*. London: SCM, 1983.

Amartya Sen "Why Democratization is not the Same as Westernization: Democracy and Its Global Roots", *New Public*, Nov. 2003.

Amartya Sen, *The Argumentative Indian*: *Writings on Indian History, Culture and Identity*. Farrar, Straus and Giroux, 2005.

Arvind sharma, *Our Religions*. HarperCollins Publishers, 1995.

C

Carine Defoort, "Is There Such a Thing as Chinese Philosophy? Arguments of an Implicit Debate", *Philosophy East and West* 51 : 3 (2001), pp. 393 - 413.

Carine Defoort, "Is ' Chinese Philosophy' a proper name? " *Philosophy East and West*, 56 : 4 (2006).

Cheng Chung - ying and Nicholas Bunnin, edit. , *Contemporary Chinese Philosophy*, Blackwell Publishers, 2002.

David Hall, *The Uncertain Phoenix*: *Adventures Toward a Post – Cultural Sensibility*. New York: Fordham University Press, 1982.

David Hall, *Eros and Irony*: *A Prelude to Philosophical* Anarchism. Albany: SUNY Press, 1982.

F

Frederick Streng, *Understanding Religious Life*. Third edition. Belmont, Calif.: Wadsworth, 1985.

G

Gilbert Rozman, ed., *The East Asian Region*: *ConfucianHeritage and Its Modern Adaptation*. Princeton, N. J.: Princeton University Press, 1991.

J

John Berthrong, *All Under Heaven*: *Transforming Paradigms in Confucian – Christian Dialogue*. Albany: SUNY Press, 1994. 中译本有彭国翔译:《普天之下——儒耶对话中的典范转化》,石家庄:河北人民出版社,2006。

John Berthrong, *The Divine Deli*: *Religious Identity in the North American Cultural Mosaic*. Mary Knoll, NY: Obis Book, 1999.

John Berthrong, *Concerning Creativity*: *A Comparison of Chu Hsi*, *Whitehead, and Neville*. Albany: SUNY Press, 1999.

John Berthrong and Mary Evelyn Tucker, *Confucianism and Ecology*: *The Interrelation of Heaven, Earth, and Human*. Center for the Study of World Religions, Harvard University, 1998.

John Hick, *An Interpretation of Religion*: *Human Responses to the Transcendent*. New Haven: Yale University Press, 1989. 中译本有王志成译:《宗教之解释——人类对超越者的回应》,成都:四川人民出版社,1998。

John Hick, *The Rainbow of Faiths*. SCM, 1995. 中译本有王志成、思竹译:《信仰的彩虹:与宗教多元主义批评者的对话》,南京：江苏人民出版社，1999。

John Makeham, edit., *New Confucianism: A Critical Examination*, Palgrave Macmillan, 2003.

Julia Ching, *To Acquire Wisdom: the Way of Wang Yang – ming*, New York: Columbia University Press, 1976.

L

Leonard Swidler, *After the Absolute: The Dialogical Future of Religious Reflection.* Minneapolis: Fortress Press, 1990.

M

Martha Nussbaum, *The Therapy of Desire: Theory and Practice in Hellenistic Ethics.* Princeton: Princeton University Press, 1994.

Micheal Confino, "On Intellectuals and Intellectual Traditions in Eighteenth and Nineteenth – Century Russia", S. N. Eisenstadt and S. R. Graubard, *Intellectuals and Tradition*, Humanities Press, 1973.

N

Nicolas Standaert, *Yang Tingyun, Confucian and Christianity in Late Ming China.* Leiden: E. J. Brill: 1988. 中译本有香港圣神研究中心译：《杨廷筠——明末天主教儒者》，北京：社会科学文献出版，2002。

P

Paul Knitter, *Introducing Theologies of Religions.* Maryknoll: Orbis Books, 2002. 中译本有王志成译：《宗教对话模式》，北京：中国人民大学出版社，2004。

Paul Martinson, *A Theology of World Religions: Interpreting God, Self, and World in Semitic, Indian, and Chinese Thought.* Minneapolis, Minn: Augsburg Publishing House, 1987.

Paul Tillich, *Theology of Culture.* Edited by Robert C. Kimball, New York: Oxford University Press, 1959. 中译本有《文化神学》，《蒂利希选集》（上），上海三联出版社，1999。

Peter K. H. Lee, ed. , *Confucian – Christian Encounters in Historical and Contemporary Perspective.* Lewiston/Queenstown: The Edwin Mellen Press, 1991.

Pierre Hadot, *Philosophy as a Way of Life: Spiritual Exercises from Socrates to Foucault.* Translated by Michael Chase. Blackwell Publishers Ltd. 1995.

Pierre Hadot, What is Ancient Philosophy?. Translated by Michael Chase. Cambridge, Mass. : Harvard University Press, 2002.

R

Robert Neville, *Behind the Masks of God: An Essay toward Comparative Theology.* Albany: SUNY Press, 1991.

Robert Neville, *Normative Cultures.* Albany: SUNY Press, 1995.

Robert Neville, *Boston Confucianism: Portable Tradition in the Late – Modern World.* Albany: SUNY Press, 2000.

Roger T. Ames, *The Art of Rulership: A Study in Ancient Chinese Political Thought.* Honolulu: University of Hawaii Press, 1983. Albany: SUNY Press, 1983, 1994。中译本有滕复译:《主术: 中国古代政治艺术之研究》, 北京: 北京大学出版社, 1995。

Roger T. Ames and David Hall, *Thinking Trough Confucius.* Albany: SUNY Press, 1987. 中译本何金俐译:《通过孔子而思》, 北京: 北京大学出版社, 2005。

Roger T. Ames and David Hall, *Anticipating China: Thinking Through the Narratives of Chinese and Western Culture.* Albany: SUNY Press, 1995

Roger T. Ames and David Hall, *Thinking From the Han: Self, Truth, and Transcendence in Chinese and Western Culture.* Albany: SUNY Press, 1998。中译本有施忠连译:《汉哲学的文化探源》, 南京: 江苏人民出版社, 1999。

Roger T. Ames and David Hall, *The Democracy of the Dead: Confucius, Dewey, and the Hope for Democracy in China*, La sale, IL:

Open Court, 1999。中译本有何刚强译：《先哲的民主》，南京：江苏人民出版社，2002。

Roger T. Ames and Henry Rosement, Jr. , *The Confucian Analects*：*A Philosophical Translation based on the Dingzhou Manuscripts*. New York：Ballantine, 1998.

Roger T. Ames, *Focusing the Familiar*：*A Translation and Philosophical Interpretation of Zhongyong*. With David Hall. Honolulu：University of Hawai' i Press, 2001.

Roger T. Ames, Thomas P. Kasulis and Wimal Dissanayake, *Self as Body in Asian Theory and Practice*. Albany, NY：SUNY Press, 1993.

S

Sachiko Murata, *Chinese Gleams of Suf i Light*：*Wang Tai – yu' s Great Learning of the Pure and Real and Liu Chih' s Displaying the Concealment of the Real Realm*. Albany , N. Y. ：State University of New York Press, 2000.

T

Tu Wei – ming, eds, *Confucian Traditions in East Asian Modernity*：*Moral Education and Economic Culture in Japan and the Four Mini – Dragons*. Harvard University Press, 1996.

Tu Weiming and Mary Evelyn Tucker, ed. , *Confucian Spirituality II*, New York：Crossroad Publishing Company, 2003 and 2004.

W

W. C. Smith, *The Meaning and End of Religion*. New York：Harper & Row Publishers, 1978. 中译本有董江阳译：《宗教的意义与终结》，北京：中国人民大学出版社，2005。

W. T. de Bary, *East Asian Civilizations*：*A Dialogue in Five Stages*. Cambridge Harvard University Press, 1988. 中译本有何兆武、何冰译：《东亚文明——五个阶段的对话》，南京：江苏人民出版社，1996。

儒家传统与中国哲学

Wing – tsit Chan, *Instructions for Practical Living and Other Neo – Confucian Writings by Wang Yang – ming*. New York: Columbia University Press, 1964.